Reinhard Tausch
Anne-Marie Tausch

Wege zu uns

Menschen suchen sich selbst
zu verstehen und anderen
offener zu begegnen

Rowohlt

1.–15. Tausend März 1983
16.–25. Tausend Mai 1983
26.–31. Tausend Mai 1984
Copyright © 1983 by Rowohlt Verlag GmbH,
Reinbek bei Hamburg
Alle Rechte vorbehalten
Umschlaggestaltung Werner Rebhuhn
unter Verwendung des Gemäldes «Woher kommen wir?
Was sind wir? Wohin gehen wir?» (Ausschnitt)
von Paul Gauguin
Foto auf der Umschlagrückseite Michael Teufert
Satz aus der Garamond von LibroSatz, Kriftel
Gesamtherstellung Clausen & Bosse, Leck
Printed in Germany
ISBN 3 498 06475 4

Inhalt

Vorwort

Während unserer dreißigjährigen beruflichen Tätigkeit haben sich uns viele Menschen persönlich anvertraut, mit ihren Sorgen und Nöten, mit ihrem Wunsch, seelisch reicher, bewußter und befriedigender mit sich und anderen zu leben. Häufig sind wir diesen Menschen in Augenblicken begegnet, in denen sie sich in einer Lebenskrise befanden und sich zu klären suchten. Mit vielen dieser Menschen waren wir in Gesprächsgruppen zusammen, die zum Teil auch im Fernsehen gezeigt worden sind. Wir haben sie oft noch Monate oder Jahre danach begleitet.

Manche von ihnen brauchten zeitweise weitere seelische Hilfe, andere konnten neu aufgetretene Krisen allein bewältigen. Einige, denen wir halfen, wurden Helfer für andere und haben uns selbst in schwierigen Situationen begleitet. Wir denken, daß in jedem Hilfesuchenden zugleich auch ein Helfer steckt, der sich selbst und anderen heilsame Erfahrungen ermöglichen kann.

Viele haben sich uns auch in Briefen oder telefonischen Gesprächen anvertraut. Manchmal hat uns die Flut der Briefe oder Anrufe fast überfordert. Aber wir haben uns immer wieder beschenkt gefühlt durch die uns anvertrauten persönlichen Erfahrungen dieser Menschen, durch ihre Offenheit und ihr Bemühen, sich selbst und anderen tiefer begegnen zu wollen.

In vielen Begegnungen und Gesprächen mit Menschen haben wir die große Vielfalt der Möglichkeiten erfahren, die jeder von uns hat, sich selbst zu zerstören oder zu heilen, andere zu zerstören oder anderen ein Helfer zu sein.

In dem vorliegenden Buch lassen wir viele Menschen mit ihren persönlichen Erfahrungen zu Wort kommen. In ihren Äußerungen wird deutlich, wie Menschen schädigend mit sich und anderen leben, aber auch, wie viele Möglichkeiten der seelischen Entwicklung, des Werdens sie haben.

Die Menschen in diesem Buch sind auf dem Weg zu sich und anderen. Sie kommen aus verschiedenen Richtungen; die seelischen Welten, in denen sie leben, sind einzigartig. Gemeinsam ist ihnen der Wunsch, seelisch zu reifen. «Ich suche einen Weg zu mir selber. Ich suche meinem Selbst näherzukommen. Ich möchte mit mir besser zurechtkommen können und damit auch mit meinen Mitmenschen.» Wir sehen im Werden, im seelischen Sichentwickeln und Sichbewegen das wesentliche Geschehen, nicht im Erreichen eines bestimmten Ziels. Der Weg ist das Ziel.

Der Leser wird manche Erfahrungen und Äußerungen von Menschen in diesem Buch als seine eigenen Gedanken und Erfahrungen wiedererkennen. Er wird so angeregt, sich stärker seinem gefühlsmäßigen Erleben zuzuwenden, sich mit ihm offener auseinanderzusetzen und aufrichtiger darüber zu sprechen. Er kann lernen, sich selbst besser zu hören, zu verstehen und eine positivere Einstellung zu sich selbst und dem Leben zu gewinnen. Durch den verständnisvolleren und sorgsameren Umgang mit sich selbst kann er sich seinen Mitmenschen wieder offener zuwenden und ihnen mit mehr Einfühlung und Achtung begegnen.

Wir denken, daß der Leser den einen oder anderen Menschen in diesem Buch gleichsam ein Stück begleitet, sich von ihm begleitet fühlt, um dann wieder seinen eigenen Weg weiterzugehen. ‹*Wege zu uns*› ist ein Buch der Lebenserfahrungen von Menschen, und der Leser schreibt es für sich weiter. Der Prozeß des Werdens und Wachsens verläuft – so berichten uns Menschen – wellenförmig: Manchmal mit großer Intensität und Beschleunigung, manchmal langsam, kaum wahrnehmbar. Sind wir jedoch hellhörig geworden für die Bewegung in uns, selbst für die kleinen Wachstumsbewegungen, dann werden wir erfahren: Es gibt keinen Stillstand. Leben ist Bewegung. Wir sind auf dem Weg zu uns und anderen.

In unserem Wunsch, die Erfahrungen vieler Menschen dem Leser in diesem Buch zugänglich zu machen, sind wir durch Helga Mueller, Cornelia Tausch und insbesondere Daniela Tausch unterstützt worden. Sie haben uns in entscheidender Weise geholfen, uns einfach, klar und verständlich auszudrücken. Erika Bednarczyk und Gertrud Wriede danken wir sehr für ihren unermüdlichen Einsatz bei der maschinenschriftlichen Herstellung vieler hundert Gesprächsausschnitte und der verschiedenen Fassungen des Buchmanuskripts. Unser Lektor, Jens Petersen, hat durch seine engagierte, wertvolle Arbeit das Werden des Buches sehr gefördert.

Vielleicht wird mancher Leser befremdet sein durch die große Offenheit, mit der Menschen in diesem Buch über ihre gefühlsmäßigen Erfahrungen sprechen und sich mit ihnen auseinanderzusetzen und zu klären suchen. Wir selbst sehen in dem feinfühligen Hören und Leben unserer Gefühle, die wir einander mitteilen, eine große Kraft, uns weiterzuentwickeln, angemessenere Entscheidungen zu treffen und befriedigender mit anderen zusammenzuleben.

Wir möchten hier aber keinen Weg vorschreiben. Jeder wählt selbst seinen Weg und entscheidet, wann und wie er ihn gehen möchte. Jeder kann dort beginnen, wo er jeweils ist.

Wir hoffen, daß dieses Buch auch eine Verbindung zwischen den vielen Menschen schafft, die überall vereinzelt auf dem Weg sind, die in ihnen liegenden Möglichkeiten zu entwickeln.

Anne-Marie Tausch   Reinhard Tausch

Echter werden

Menschen leben hinter Fassaden

Viele Menschen leben nach außen hin anders, als sie innerlich fühlen und denken. Sie bemühen sich, sich dem anderen nicht so zu zeigen, wie sie sind. Ihr eigentliches Erleben ist verdeckt. Sie versuchen, einen anderen Eindruck zu vermitteln, oft wollen sie sicherer wirken, ihre Angst und Unsicherheit verbergen.

«Irgendwo hab ich immer eine Maske auf», sagt eine Siebenunddreißigjährige. «Wenn ich etwa abends mit Leuten zusammen bin, dann bin ich lustig und fröhlich, und die sagen: ‹Das ist bei dir ja alles gut und schön.› Wenn ich dann nach Hause fahre, fällt die Maske irgendwie ab.»* Sie fährt fort: «Nein, die anderen kennen mich nicht. Sie haben *auch* alle Masken auf. Das ist wirklich so. Die legen ihre Masken eben nicht ab. Manchmal kann ich jetzt schon meine Maske ablegen, hier und da. Und ich kann heute schon mal sagen, wie ich mich wirklich fühle.»

Viele Menschen kennen dieses Gefühl. Rolf, ein Student: «In Situationen, in denen ich Angst habe und mich unsicher fühle, gebe ich mich überlegen und sicher, zum Beispiel im Seminar. Ich tu so, als ob mich das alles kaum etwas angeht und als ob ich alles wüßte und beherrschte. Aber wenn ich dann nach Hause komme, dann bricht alles in mir zusammen. In Wirklichkeit fühle ich mich so unsicher und unterlegen. Aber ich wage nicht, jemandem das zu

---

* Die meisten der in diesem Buch zitierten Äußerungen entstammen auf Tonband oder vom Fernsehen aufgezeichneten Einzel- und Gruppengesprächen, Briefen und Tagebuchauszügen. Die Namen haben wir zumeist geändert.

sagen.» Eine junge Frau: «Ich habe dieses Lächeln an mir, dieses
verbindliche, freundliche, Gunst heischende Lächeln. Das hab
ich sehr leicht, daß ich lächle und im Grunde traurig bin.» Ihre
Schwäche, ihr Unglücklichsein, ihre Unsicherheit versteckt diese
Frau hinter einer Fassade; sie möchte glücklicher, stärker wirken.

Oft sind Menschen wenig echt, indem sie ihr Verhalten bewußt
oder unbewußt nach einer Rolle, einem Berufsbild oder einem
Klischee ausrichten. Sie handeln, wie «man» handelt. Manche Männer richten sich nach dem Geschlechtsklischee «Mann» aus. Sie
bemühen sich, hart zu sein, weniger gefühlsbetont, verbergen ihre
Schwächen und Tränen. Nachrichtensprecher im Fernsehen setzen
eine «Amtsmiene» auf, Pastoren verändern sich oft in Sprache und
Verhalten, wenn sie die Kanzel betreten, Lehrer, Professoren, Richter, Psychotherapeuten verhalten sich gemäß einer berufsspezifi-
schen Rolle. Dabei handelt es sich zumeist nicht um bewußte
Schauspielerei. Aber die Handlungen und Äußerungen dieser
Menschen entsprechen nicht dem, was sie fühlen und denken. Sie
richten sich danach, was ihrer Berufsrolle angemessen ist und was
andere von ihnen erwarten. Manche Menschen, zum Beispiel Politiker, verstehen sich als «Träger von Ideologien». Sie handeln als
Sprachrohre ihres Parteiprogramms.

Diese Verleugnung des Selbst, der eigenen Person, erfahren auch
viele Studenten an den Hochschulen: «An der Universität verstecken sich viele Professoren und Studenten hinter einer Maske
der Gelehrsamkeit. Kaum einer sagt etwas Persönliches von sich,
öffnet sich. Fast jeder versteckt sich hinter Sachlichkeit und Wissenschaftlichkeit.»

Bei vielen Menschen besteht oft ein krasser Unterschied zwischen ihrem Handeln und Fühlen im Beruf und im Privatleben.
Dies kommt zum Beispiel in den Äußerungen einer fünfunddreißigjährigen Lehrerin zum Ausdruck: «Ich bin in einer Schule und
werde von den Schülern, dem Kollegium und den Eltern als
engagierte Lehrkraft sehr geschätzt. Ich komme mit allen gut aus.
Dies aber nur, weil niemand von meinem Innenleben etwas weiß.
Ich lebe mit einer Fassade, mit einer Maske, die ich nur zu Hause,
wenn ich allein bin, abnehme. Dann kann es geschehen, daß ich
stundenlang weine, am Sinn meines Lebens zweifle und mich

immer wieder frage, warum ich eigentlich so ungeliebt leben muß.
Ich lebe ständig in einem Zwiespalt.»

So leben und arbeiten die meisten Menschen zusammen, ohne
einander zu offenbaren, was sie fühlen und denken. Sie zeigen sich
nur in ihren Rollen, verstecken sich hinter Fassaden und Mauern.
Sie tarnen und verbergen ihre innere Welt.

Welche Auswirkungen haben seelische Fassaden?

Von den ungünstigen Folgen berichten uns viele Menschen, die
häufig und längere Zeit hindurch unecht und fassadenhaft gelebt
haben. Zwar empfanden sie die Tarnung und das Verstecken in
manchen Situationen als vorteilhaft: Ein Konflikt wurde vermieden, sie fühlten sich geschützt, der andere ahnte nichts von ihren
Schwächen. Doch die Nachteile wurden deutlicher, je länger sie
ihre Fassadenhaftigkeit beibehielten:

○ Das Aufrechterhalten von Fassaden und seelischen Mauern ist
mit inneren Spannungen und mit ständigen intensiven Anstrengungen verbunden; und das erfordert Kraft und Energie: «Es
kostet mich ungeheuer viel Anstrengung, meine Umgebung nicht
merken zu lassen, daß es ständig in mir brodelt.» – «Wenn man
ständig eine Rolle einnehmen muß, ständig aufpassen muß, kämpfen muß, das ist einfach zuviel für mich! Ich fühle mich oft sehr
verkrampft.» «Ich baue leicht eine Fassade vor mir auf. Und dabei
habe ich Angst, daß ich sie nicht durchhalten kann.»

Die Angst dieser Menschen, andere könnten ihre Fassade, ihre
Verteidigungswand durchschauen, führt häufig zu noch stärkerer
Kontrolle. Sie versuchen, sich noch sicherer oder unnahbarer zu
geben. Dies ist mit einer Vergrößerung der Spannungen und Anstrengungen verbunden.

○ Unechtsein und Fassadenhaftigkeit behindern die persönliche
Entwicklung, die Entfaltung der seelischen Möglichkeiten eines
Menschen, weil er sich durch diese Haltungen in seinen Möglich-
keiten einschränkt, sich im Kontakt mit anderen selbst zu erfahren.
Er hat dadurch weniger Zugang zu seinem Fühlen und Denken, er
lernt sich selber weniger kennen und kann nur in eingeschränktem

Maße Klarheit über sich gewinnen. Er kann weniger Energie in eine persönliche Weiterentwicklung investieren: «Leider gelingt es mir nur selten, wirklich ich selbst zu sein. Ich bin dadurch sehr eingeschränkt und kann nicht zu mir selbst finden, und ich kann mich auch nicht mit mir selbst auseinandersetzen.»

○ Fassadenhaftigkeit führt zu einer starken Minderung der seelischen Lebensqualität, zu gefühlsmäßiger Leere und Passivität. So ergab sich in einer Untersuchung, die an mehr als vierhundert Personen durchgeführt wurde: Von denjenigen, die nach ihren eigenen Angaben deutlich unecht und fassadenhaft waren, litt jeder zweite unter größeren seelischen Beeinträchtigungen und depressiven Verstimmungen. [3]* «Ich fühle mich völlig passiv. Ich sehe keinen Sinn mehr in meinem Leben. Es kostet mich sehr viel Anstrengung, meine Umgebung nichts merken zu lassen, und das schon seit Jahren.» − «Nein, ich weiß gar nicht, wie ich eigentlich bin. Ich habe mich über Jahre ständig vergewaltigt und mir das anerzogen. Ich kann gar nicht mehr natürlich sein. Manchmal gab es Augenblicke, wo andere Menschen das mitbekommen haben. Und das habe ich mir übelgenommen, daß ich mich in meinen Augen habe hängenlassen. Ich meinte, ich müßte immer stark sein.»

So entfremden sich Menschen allmählich durch ihr Unechtsein von sich selbst. Sie können sich selbst nicht mehr verstehen, und das ist für sie eine Quelle der Beunruhigung und Angst. Sie verlieren den Kontakt zu ihrer seelischen Wirklichkeit: «Ich habe manchmal das Gefühl, seelisch tot zu sein.»

Diese Verleugnung des Selbst und die damit verbundene seelische Erstarrung hindern sie daran, sich persönlich weiterzuentwickeln.

○ Bei einigen führt das Unterdrücken des Fühlens und der Unterschied zwischen äußerem Handeln und innerem Fühlen zu körperlichen Störungen, zu sogenannten psychosomatischen Erkrankungen: «Seit zirka zehn Jahren lebe ich in Angstzuständen, was sich auch in Herzanfällen und Weinkrämpfen zeigt», schreibt uns ein

---

* Die in Klammern gesetzten Zahlen verweisen auf die Quellenangaben im Literaturverzeichnis am Ende des Buches.

zweiundvierzigjähriger Mann. «Meiner Umwelt zeige ich mich nur als Freund und Helfer. Alle halten mich für den großen ‹harten Kerl›. Aber die Wirklichkeit sieht ganz anders aus. Nachts wache ich vor Angst auf, mit Hilfe von Tabletten wie Valium will ich dann alles vergessen, aber die Angst kommt wieder. Es führte so weit, daß ich im November einen Herzinfarkt bekam. Weder Ärzten noch Freunden konnte ich mein Herz ausschütten. Oft kommt mir jetzt der Gedanke, meinem Leben ein Ende zu setzen.»

○ Menschen mit Fassaden und Schutzpanzern kommen auch selten in eine tiefere persönliche Beziehung zu anderen, in der Partnerschaft, in der Familie, im Betrieb, mit Freunden und Mitmenschen. Die anderen erfahren von ihnen nichts über ihre wirkliche Person und empfinden sie deshalb eher als kühl und ablehnend. Die Mitmenschen wissen nicht, woran sie sind, mit wem sie es zu tun haben. Dies erschwert die gegenseitige Beziehung. Eine Folge derart beeinträchtigter zwischenmenschlicher Beziehungen ist die Isolierung: «Ich habe das Gefühl, daß meine Partnerin mir oft was vormacht, und so weiß ich nicht, woran ich bei ihr bin. Und das verunsichert mich.» Die achtunddreißigjährige Uschi über eine Bekannte: «Hella ist jemand, der sich oft versteckt. Ich möchte sie selbst doch wirklich sehen. Sie hat so 'n ziemliches Stück Fassade. Und das macht mich so mürbe, weil die Beziehung zu ihr für meine Begriffe kalt ist. Das finde ich traurig. Traurig, weil vieles so lieblos wird, so arrangiert wirkt. Ich mag es nicht, wenn alles so schön und neutral bleibt. Die echte Hella erleb ich nicht.»

Unter der Kälte und Unnahbarkeit, die andere an fassadenhaften Menschen wahrnehmen, leiden diese zumeist selbst. Eine zweiunddreißigjährige Kindergärtnerin: «Ich komme mir manchmal vor wie hinter einer großen Schaufensterscheibe. Und ich möchte so gerne Kontakt aufnehmen mit draußen, aber die Scheibe ist so dick, daß ich gar nicht durchkomme. Aber diese Scheibe durch eine Tür zu verlassen – das ängstigt mich stark, und ich versuche, mich dann doch nach allen Seiten abzusichern.»

○ Menschen erfahren wegen ihrer vorgespielten Sicherheit, Arroganz oder Fröhlichkeit wenig Hilfe von anderen. Sie zeigen nicht ihre wirklichen Gefühle wie Traurigkeit oder Einsamkeit und können nicht um Hilfe bitten: «Wenn ich total in der Luft hänge,

kann ich auf keinen zugehen und ihm sagen, daß ich ihn brauche»,
sagt die fünfunddreißigjährige Sophie. «Dabei wünsche ich mir so
sehr, zu jemandem hingehen zu können und zu sagen: Ich brauche
dich. Aber ich kann es nicht. Ich habe Angst, zurückgestoßen zu
werden, das wäre das Allerschlimmste. Und darum gehe ich schon
vorher auf Distanz.»

○ Menschen mit einem seelischen Panzer neigen dazu, gegenüber
anderen mißtrauisch zu sein. Sie nehmen an, daß auch andere sich
hinter einer Fassade verstecken und unecht sind. Bruno, etwa
35 Jahre alt, äußert in einem Gruppengespräch im Fernsehen: «Ich
könnte keinem vertrauen, also grundsätzlich nicht. Es bleibt immer
etwas hängen, wo ich sage: Also ich muß ihm mißtrauen . . . Und
so nagt da eigentlich ständig so ein Mißtrauen in mir.»

Anne-Marie: «Ist das so, daß du viele Menschen als Gegner
erlebst?»

Bruno: «Ach, ich würde sagen: Nur!»

Anne-Marie: «Hast du Menschen, die dir irgendwo nahe sind?»

Bruno: «Nein. – Ja, ich hab Bekannte, ich hab Freunde, was man
so sagt. Das ist ein schöner Eimer Wasser, wollen wir mal sagen,
aber das Wasser ist vergiftet. Auch die Bekannten und die Freunde.
Das sieht ja alles schön und klar aus, aber das ist wirklich etwas
Faules, ich könnte daran sterben.»

Ein Gruppenmitglied: «Fühlst du dich denn damit wohl?»

Bruno: «Weißt du, indem ich meinen Schutzpanzer hab, fühl ich
mich wohl damit.» [61]

○ Menschen mit Fassaden veranlassen andere dazu, sich ebenfalls
hinter Fassaden zu verstecken. Sind Eltern oder Lehrer unecht und
fassadenhaft, ist die Gefahr groß, daß Kinder und Jugendliche
dieses Verhalten von ihnen übernehmen. Verstecken Personen der
Öffentlichkeit, etwa Politiker, ihr persönliches Fühlen und Denken, so tragen sie mit dazu bei, daß viele Menschen annehmen,
Fassadenhaftigkeit sei ein angemessener Lebensstil.

Warum leben Menschen hinter Fassaden?

O Die Angst, abgelehnt, verletzt, nicht verstanden zu werden, die Anerkennung anderer zu verlieren oder vor anderen nicht bestehen zu können, ist der häufigste Grund, der Menschen veranlaßt, sich zu tarnen: «Ich spüre: Wenn andere mich gut kennen, werden sie mich ablehnen.» – «Ich versuche immer die Rolle des Sicheren zu spielen. Ich glaube, daß andere mich nur dann anerkennen, wenn ich sicher bin.» – «Trifft mich ein eisiger Windstoß, ziehe ich mich in mich zurück und verkrieche mich hinter einer meiner erfolgreichen Masken.» – «Ich habe Angst, daß andere etwas an mir entdecken, worüber sie lachen könnten und womit ich sie enttäusche.»

Viele unserer Gesprächspartner berichteten, daß gerade auch in der Schule, während des Studiums und am Arbeitsplatz die Angst, nicht anerkannt und abgelehnt zu werden, zu Fassadenhaftigkeit führe. Die Folge ist ein kühler, sachlicher, ja manchmal sogar unmenschlicher Umgang, bei dem das gefühlsmäßige Erleben und persönliche Probleme ausgeklammert sind. «Ich habe eben diese wahnsinnige Angst, daß mich keiner versteht und mich alle ablehnen, wenn ich mich gebe, wie ich mich wirklich fühle», sagt eine Studentin. «Ich kann nicht von den Studenten und vom Dozenten verlangen, daß sie in einem Seminar, wo über fachliche Dinge gearbeitet wird, sich mit meinen Problemen beschäftigen.» Diese Aussage ist typisch für Zehntausende unserer Schüler und Studenten.

Durch diese Furcht vor Ablehnung oder Verletzung richten sich viele Menschen nicht nach ihrem eigenen Fühlen und Denken, sondern passen sich dem allgemein üblichen Verhalten und den Erwartungen anderer an. «Wenn ich mit Menschen zusammen bin und über mich spreche, dann kommt Angst in mir hoch. Das, was ich erzähle, kann ja in den anderen Ärger auslösen. Und ich habe nicht die Sicherheit, ob ich die Erwartungen, die die anderen von mir haben, erfülle.» – «Ich habe ständig das Gefühl, daß andere etwas von mir erwarten. Und deshalb verhalte ich mich meist so, daß ich die anderen nicht enttäusche. Und so traue ich mich nicht, offen das zu sagen, was ich möchte.» Eine neunzehnjährige Handelsschülerin: «Ich befürchte immer, es kann sich im Unterricht eine Situation herausstellen, in der ich ausgeschlossen bin oder sogar noch mehr: in der alle gegen mich sind, wenn ich meine wirkliche Meinung sagen würde. Und das hindert alle meine Beiträge. Denn ich bemühe mich wahnsinnig, mich wohlzuverhalten und nirgends anzuecken. Ich formuliere sehr vorsichtig, um bloß nicht irgendwo Aggressionen hervorzurufen. Und das paßt eigentlich gar nicht zu dem, wie ich sein möchte. Ich möchte schon irgendwie mitmischen.»

Diese Angst, abgelehnt zu werden, hängt wesentlich mit geringer Selbstachtung und geringem Selbstvertrauen zusammen. «Mein schon ewig währendes Minderwertigkeitsgefühl», sagt eine Vierzigjährige, «hindert mich daran, mich in der Beziehung zum Partner so zu geben, wie ich wirklich bin.»

○ Die Angst vor Nähe ist ein weiterer Grund für Menschen, gleichsam eine Schutzbekleidung anzulegen. Eine Neunundfünfzigjährige: «Obwohl ich nicht kontaktarm bin, empfinde ich fast ständig eine gewisse Angst und Scheu im Umgang mit Menschen, sei es bei Bekanntschaften in der Nachbarschaft, bei Veranstaltungen, aber auch im Berufsleben. Wenn ich öfter mit jemand zusammen bin, so werde ich das unwillkürlich eintretende Gefühl nicht los, nicht mehr frei zu sein – daß ich meine Unabhängigkeit und Anonymität dabei verliere, daß ich von meinem privaten Bereich etwas verraten könnte und daß mir jemand zu nahe tritt. Nach einiger Zeit möchte ich mich dann am liebsten wieder in mein ‹Schneckenhaus› zurückziehen.» Die dreiunddreißigjährige Sachbearbeiterin Brigitte: «Ich spüre oft, daß ich den Leuten nicht viel bedeute. Besonders bei Leuten, die eine höhere Bildung genossen haben. Da fühle ich mich ihnen sehr unterlegen, unsicher. Das ist ein Fehler von mir, das weiß ich. Aber ich komme nicht dagegen an . . . Ich habe mich immer mehr von den Menschen zurückgezogen. Ich bin so auch viel allein, manchmal fast wochenlang. Manchmal spiele ich die Clown-Situation. Ich zieh alles erst mal ins Lächerliche hinein. Ich glaube, der Hauptgrund ist: Ich möchte von den Leuten angenommen, anerkannt werden. Ich hab schon früher in der Schule solche Schwierigkeiten gehabt, Kontakte zu bekommen. Und da hab ich im Grunde mit dem Clown angefangen. Von außen her war alles gut, und bei mir innen hinein hat niemand geblickt. Ich hielt das für die einzige Chance, akzeptiert zu werden.»

○ Durch eine seelische Panzerung suchen Menschen unangenehme Teile oder Erfahrungen vor sich selbst zu verbergen. Sie haben Angst davor, Eigenschaften ihrer Person zu entdecken, die sie ablehnen oder die sie verunsichern würden: «Wenn ich über mich selbst nachdenke und zugebe, wie ich mich selbst sehe, dann ist das schlimm. Und deshalb lasse ich mir auch von den anderen nicht in meine Karten gucken. Ich habe Angst vor meiner inneren Leere, die hinter meiner Fassade ist.»

Manche Menschen fürchten, sich selbst näherzukommen, etwa ihrer Traurigkeit oder ihrer eigenen Unzulänglichkeit. Deshalb flüchten sie vor anderen und vor sich selbst hinter eine Fassade, in Beschönigungen, in Unaufrichtigkeit. «Wenn ich jemandem sage, wie aggressiv ich bin, dann bekommt er ein schlechtes Bild von mir. Deshalb verberge ich es, und deshalb kontrolliere ich mich. Aber ich verberge es damit gleichzeitig vor mir selbst.» – «Meist empfinde ich andere Menschen eher als Bedrohung. Sie könnten mich nämlich von meinem selbsterrichteten Podest herunterstoßen, auf das ich mich gestellt habe und das so ist, wie ich sein möchte, aber nicht bin.»

○ Die Angst davor, andere zu verletzen, hält viele davon ab, offen und aufrichtig zu sein. «Ich habe mitunter das Gefühl, daß ich mich zwiespältig verhalte, weil ich niemandem wehtun will, gewissermaßen aus Höflichkeit», sagt ein Fünfunddreißigjähriger. «Es fällt mir schwer, Stellung zu beziehen, weil ich mich fürchte. Ja, ich fürchte mich, ich könnte den anderen verletzen, ihm wehtun, ich finde vielleicht nicht die richtigen Worte. Wenn ich im Gespräch dem anderen zuhöre, meine ich, daß innerlich in mir noch irgend so ein anderer Motor ist, der die Kontrolle übernimmt, auch nur ja dann einzuhaken, wenn's Höflichkeit, Takt und Erziehung erfordern. So fühle ich mich irgendwie immer unfrei, immer unter Druck gestellt, daß ich dann immer so diese Kopfschmerzen habe.» – «Wenn ich jemandem sagen würde, ich hab Aggressionen gegen dich», sagt ein Achtundzwanzigjähriger, «dann fühle ich mich gezwungen, alles zu sagen. Ich verletze den anderen dann dabei. Ich hab irgendwie mir gegenüber nicht das Vertrauen, wo ist mein Stop jetzt dem anderen gegenüber. Und aus Angst, ihn zu verletzen, sage ich es dann nicht, halte mich zurück.»

o Der Wunsch, andere nicht zu belasten, sie nicht zu beeinträchtigen, und die Befürchtung, ihnen ihre negativen Gefühle nicht zumuten zu können, hindern viele daran, echt zu sein: «Ich erzähle meiner Freundin nicht viel von den Streitereien mit meinem Mann. Ich denke, daß ich sie damit belaste, mit meinen Problemen. Früher habe ich ihr schon ab und zu etwas gesagt, um es ihr irgendwie verständlich zu machen, warum ich so gereizt bin. In letzter Zeit aber hat sie öfter gesagt: Renate, du siehst so traurig aus. Und dann sage ich ihr einfach nur: Ach, ich bin nur ein bißchen müde. Ich bin gar nicht traurig. Ich streite vor ihr meine Gefühle ab. Ich weiß nicht, ob es richtig ist. Denn seitdem ist eine ziemliche Verschlechterung in unserer Beziehung eingetreten. Sie spürt die Spannungen, sie liegen ja in der Luft.»

o Mißtrauen anderen gegenüber verleitet viele dazu, sich hinter einer Fassade zu verbergen. Diese soll ihnen vor anderen Menschen Schutz bieten. Hans, ehemaliger Kranführer: «Ich bin immer vorsichtig. Ich leg die Karten nie voll hin. Ich behalt immer einen im Sinn. Das ist so 'ne Art Schutzpanzer. Das hat mich die Zeit gelehrt. Ich bin vorsichtig.»

Auch «gute Ratschläge» beeinflussen viele in ihrem Verhalten: «Man» soll seine Gefühle nicht äußern. «Man» muß sich zusammennnehmen. «Man» muß vor anderen auf der Hut sein. Ein sechsundzwanzigjähriger Angestellter: «Jetzt, wo ich meinen Arbeitsplatz wechsele, sagt mein Abteilungsleiter: ‹Passen Sie auf, daß Sie nicht den gleichen Fehler machen, den Sie hier gemacht haben! Sie müssen immer ein Schlitzohr sein! Sonst werden Sie nie weiterkommen.› Das hat mich zuerst sehr deprimiert, daß ich praktisch nicht so sein kann, wie ich möchte, so offen, hilfsbereit und so kollegial, sondern immer so ein Schlitzohr, egoistisch und so. Und ich dachte mir: Mensch, was ist das für eine Welt, in der du leben mußt.» Ein Achtzehnjähriger schildert, wie ihm geraten wurde, mißtrauisch zu sein: «Die haben mir gesagt: ‹Du bist viel zu offen zu den Menschen. Du darfst nicht immer das Gute im Menschen sehen. Du mußt auch bedenken, jeder ist sich selbst am nächsten. Du traust den Menschen viel zuviel!› Ich hab danach eine lange Zeit bei jedem Menschen immer gedacht: Wie gut ist der eigentlich, wieweit kannst du dem eigentlich trauen? Immer habe ich jedem

Menschen gegenüber gleich Angst gehabt. Erst allmählich habe ich mich davon freigemacht und hab gelernt: Wenn ich offen bin, gewiß, dann wird's nicht leichter. Aber irgendwie komme ich dann besser mit den anderen klar.»

○ Manche suchen durch Masken und Fassaden andere über ihre wahren Absichten zu täuschen, um so Vorteile aus einer Situation zu ziehen. Sie wollen andere bewußt unwissend halten, um sie besser beherrschen und manipulieren zu können. In Verhandlungen etwa verstecken sie ihre wirklichen Absichten hinter Schweigen oder Äußerungen, die nicht ihren ehrlichen Auffassungen entsprechen: «Viele Menschen haben ein Poker-Gesicht. Sie tragen eine Maske und lassen andere nicht wissen, was in ihnen vorgeht.» Wir sind der Auffassung: Sich hinter Masken und Fassaden zu verstecken, um den anderen zu täuschen, vergiftet menschliche Beziehungen und beeinträchtigt die Lebensqualität erheblich, ja ist häufig körperlich krankmachend. Besonders für Menschen, die füreinander eine größere Bedeutung haben, etwa bei Familienangehörigen, in der Partnerschaft oder bei engen Mitarbeitern im Betrieb, sehen wir dies als seelisch sehr schädigend an.

Herrscht ein derartiges Klima im öffentlichen Leben, zum Beispiel bei politischen Verhandlungen, die in den Medien übertragen werden, dann lernen Millionen von Menschen unbewußt diesen Stil des Miteinanderumgehens.

Auch in der Wissenschaft gibt es das «Poker-Gesicht». Eine schwer verständliche Ausdrucksweise, die als «wissenschaftlich» gilt, ist oft eine Fassade, um andere zu bluffen, um die eigene Wissenschaftlichkeit herauszustellen und um sich selbst zu erhöhen. Dahinter steckt des öfteren die Angst vor Fehlern und Unzulänglichkeiten, ein geringes Selbstvertrauen und Kontaktarmut.

○ Viele errichten Fassaden, um es bequemer zu haben oder um Nachteile zu vermeiden. Sie spüren unmittelbar die Entlastung, die es für sie bedeutet, wenn sie in einer Situation ihr Fühlen nicht äußern. Wir haben oft erfahren, daß sich leitende Personen hinter Formalitäten oder bürokratischen Techniken zurückziehen, um Schwierigkeiten und persönliche Risiken zu vermeiden: «Fassaden und Abwehrhaltungen machen mich unangreifbar», sagt ein Abteilungsleiter. «Wenn ich Härte zeige, das schreckt andere ab, mich

anzugreifen. Wenn ich an andere appelliere, das lenkt von mir ab.
Wenn ich den anderen beschuldige, brauche ich mich nicht selbst zu
offenbaren. Ich richte Ansprüche, die ich an *mich* richten müßte, an
andere. Ich lenke von problematischen Teilen meiner Person ab.
Ich vermeide Gespräche darüber und schiebe Sachinhalte vor.» Der
Dekan eines Fachbereichs an der Universität: «Wenn es für mich
schwierig wird, was ich tun soll und wie ich mich entscheiden soll,
dann mache ich es rein formal, nach den Vorschriften. Ich habe mir
in den letzten Jahren eine Fassade der Selbstsicherheit nach außen
hin zugelegt. Diese Fassade schützt mich vor Übergriffen.»

.Ob Menschen, die sich auf diese Weise vor Schwierigkeiten zu
schützen und Bequemlichkeiten zu erlangen suchen, ahnen, daß sie
damit eine befriedigende zwischenmenschliche Begegnung unmöglich machen? Auch wenn wir die unverbindlichen Äußerungen eines Regierungssprechers hören, seine vorsichtig und mit
Bedacht gewählten, zumeist aber nichtssagenden Formulierungen,
dann wird es uns deutlich, daß hier jemand ängstlich vermeidet,
seine persönliche Meinung zu sagen oder eine Auffassung, die auf
andere ungünstig wirken könnte.

○ Ein letzter Grund für die Errichtung seelischer Fassaden ist die
Tatsache, daß viele Menschen keine Möglichkeiten sehen, ihre
Panzer und ihre Mauern zu durchbrechen: «Durch die vielen Jahre
der Selbstbeherrschung kann ich lachen, wenn ich innerlich weine.
Ich möchte gern ganz frei sein von dieser Maske und Gefühle
zeigen und einfach zulassen können. Ich möchte das, aber es geht
nicht, ich kann überhaupt nicht mehr weinen.» Bei vielen verstärken und festigen sich die Masken und Fassaden im Lauf der Zeit –
es wird immer schwieriger, aus dem Gefängnis, das sie sich selbst
geschaffen haben, auszubrechen. Hinter dieser Panzerung sind sie
seelisch weitgehend unbeweglich, unberührbar geworden. Oft
wurde diese Fassadenhaftigkeit schon während der Kindheit in der
Familie und in der Schule gefördert. Viele Eltern, Lehrer und
Mitmenschen erziehen andere dazu, zu verbergen, was sie fühlen,
ihre persönlichen Gedanken zu leugnen. Und viele passen sich
dieser Norm schon als Kinder an, aus Angst vor Nachteilen und
Strafen und der Vorteile wegen, die sich daraus für sie ergeben. Als
Erwachsene sind sie dann tagtäglich mit vielen Menschen zusam-

men, die auch hinter einer Fassade leben und sich nicht hervorwagen. Das sehen sie oft als Bestätigung ihres eigenen Verhaltens an: «Ich habe gemerkt, daß es eigentlich viel natürlicher, normaler wäre, wenn ich mich nach draußen so gebe, wie ich bin. Aber draußen in der Welt, da ist das normal, daß man sich hinter einer Fassade versteckt.»

So ist der Gedanke oder der Versuch von Menschen, die Fassade aufzugeben, oft mit großer Angst verbunden – der Angst, sich von etwas zu lösen, was ihnen sehr vertraut ist, was sie lange aufgebaut haben und was sie schützt, der Angst, sich auf Unbekanntes einzulassen, sich schutzlos preiszugeben: «Ich schaffe es nicht, alle meine Stützmauern und Gerüste abzulegen», sagt ein Rechtsanwalt. «Ich weiß nicht, was danach kommt, wenn ich sie beseitigt habe.» Eine Frau erklärt: «Ich hab hierzu ein Gefühl, als ob alles in mir zerbrechen würde, in tausend kleine Scherben, und nur eines würde übrigbleiben: mein eigenes kleines, schwaches, schutzloses Ich.»

Diese Menschen haben selten Informationen von anderen, die es wagten, ihre Rüstung abzulegen. Dieser Schritt ist zwar zunächst schmerzvoll, aber auch befreiend und befriedigend. Sie haben selten Informationen darüber, daß sich das Gefühl des Zerbrechens auf ihre Fassaden und Panzerungen bezieht, nicht aber auf das Ich, das dabei frei wird.

Vor allem Menschen mit geringem Selbstwertgefühl wagen es selten, auf ihre Fassade zu verzichten. «Mein Selbstwertgefühl ist auf Null gesunken, weil ich erkannt habe, daß ich vor mir selbst nicht mehr bestehen kann und vor anderen perfektes Theater spiele», sagt ein Fünfunddreißigjähriger. «Ich hielt mich für eine stärkere Persönlichkeit, als ich bin. In Wirklichkeit bin ich sehr schwach. Leider muß ich dieses Theater weiterspielen, denn ich fürchte, Schwache werden zertreten. Ich fühle mich sehr elend dabei.» Und diese Vorstellung, weiter Theater spielen, weiter hinter einer Fassade leben zu müssen, wirkt für viele entmutigend und beeinträchtigt zusätzlich ihr Selbstgefühl. Sie fühlen, daß sie in einem Gefängnis leben.

Die Angst, diese Mauer, die sie schützt, aber zugleich wie ein Gefängnis einengt, zu verlassen, beschreibt auch ein zweiundfünfzigjähriger Mann: «Ich habe sehr, sehr viel Angst, besonders seit der Gesprächsgruppe am letzten Wochenende. Hier spürte ich zum erstenmal deutlich, wie schwer es sein wird, den Schutz abzulegen, den ich anderen Menschen gegenüber seit der Kindheit benutze. Dieser schützt mich nicht nur, sondern er isoliert mich stark und macht mich unglücklich. Noch nie habe ich meine Abwehr anderen Menschen gegenüber so genau wahrgenommen und meinen Widerstand, in mich hineinschauen zu lassen, an mir Anteil nehmen zu lassen, so stark empfunden. Aber auch noch nie habe ich so deutlich gemerkt, wieviel Anspannung und Energie es mich kostet, diese Mauer instand zu halten und sie nicht schadhaft werden zu lassen. Als ich schließlich so müde wurde und nahe dran war, meinen Widerstand aufzugeben, der im ganzen Körper und in jeder Seelenfaser steckte, da bekam ich solche Angst und Panik davor, auf welches bisher ganz unbekannte Gebiet ich wohl kommen werde. Ich kann gar nicht schildern, was es heißt, zu spüren, daß man vielleicht nicht mehr weit weg davon ist, sich einzulassen auf etwas ganz Neues, ganz Fremdes, vor dem man sich aus bitterer Kindheitserfahrung heraus sein ganzes weiteres Leben gehütet hat. Ich empfinde viel mehr Angst als Freude. Aber im Moment habe ich eigentlich schon die Bereitschaft, auf das Wagnis einzugehen.»

Echter werden – wieder zu sich finden

Wie können wir uns persönlich entwickeln, zu Menschen werden, die sich nicht mehr hinter einer Fassade, einer Rolle oder Maske verstecken? Wie können wir mehr wir selbst, realer sein? Wie finden wir zu einer Lebensweise, bei der wir uns sagen können: «Was ich äußere, entspricht dem, was ich fühle und denke» – «Ich lebe ohne Fassade und panzere mich nicht ab» – «Ich verleugne mich anderen gegenüber nicht, ich gebe mich so zu erkennen, wie ich wirklich bin»?

Was ist hilfreich und förderlich auf diesem Weg?

Manche Menschen haben eine große Sehnsucht, sich von ihren Masken und Fassaden zu befreien. Eine vierzigjährige Frau:

«Warum trage ich eigentlich eine Maske? Warum lasse ich sie nicht fallen? Das möchte ich gern. Weil ich weiß, in Wirklichkeit bin ich ganz anders. Die Menschen sehen mich nicht, wie ich in Wirklichkeit bin. Ich habe immer das Gefühl, daß ich mich eigentlich nur von einer guten Seite zeige. Aber in Wirklichkeit stimmt das überhaupt nicht. Viele Leute haben Angst vor mir. Ich möchte so leben, wie ich bin. Und auch von den anderen nach Möglichkeit so erlebt werden. Ich versuche, mich freundlich zu geben, zu lächeln, nach außen hin nicht zu zeigen, daß ich häufig innerlich traurig bin und problembeladen. Ich möchte meine Umwelt damit nicht konfrontieren. Aber das ist wohl ganz verkehrt.» − «Ich möchte so gern das Gefängnis meiner Seele, diese Mauer, die ich um mich gebaut habe, verlassen und wieder voll leben.» − «Ich möchte, daß sich meine Partnerschaft zu einer aufrichtigen Partnerschaft entwickelt», sagt eine achtundzwanzigjährige Frau, «daß ich dem anderen wirklich alles sagen kann, was mich bedrückt, stört, was mir Freude macht.» Siegmund, ein dreiunddreißigjähriger Angestellter: «Ich möchte auf andere offen zugehen können und sagen: ‹Seht, so bin ich›, ohne in ein Rollenverhalten zu fallen und zu denken: ‹Was erwartet der andere von mir, wie muß ich jetzt sein?›» In einer Gesprächsgruppe mit dem amerikanischen Psychologen Carl Rogers berichtet eine Frau über sich: «Zuerst bemerkte ich nicht, daß ich diese Maske habe . . . Vor einiger Zeit entdeckte ich, daß da offenbar etwas ist, was die Menschen von mir fernhält. Ich bemühte mich ganz verzweifelt, da herauszukommen, und ich wollte mich öffnen. Aber ich weiß nicht, wie ich da herauskommen soll . . . Vielleicht ist es das, was ich die ganze Zeit suche: Ganz plötzlich packe ich die Maske und lasse die Sonne herein. Ich weiß wirklich nicht wie, ich weiß nur, daß ich das will.» [44]

Dieses Bewußtwerden der eigenen Sehnsucht ist oft ein entscheidender Anstoß, den ersten Schritt auf dem Weg zu einem echteren und aufrichtigeren Leben mit anderen zu gehen; doch bei den meisten reicht allein das Wissen um die inneren Bedürfnisse nicht aus. Sie brauchen Menschen, die ihnen Verständnis entgegenbringen, wenn sie sich öffnen, die sie achten, wenn sie sich ohne Fassade zeigen. «Wenn ich mich bei Leuten sicher fühle», sagt ein Fünfundvierzigjähriger, «dann kann ich mich fallenlassen und mich öffnen.

Wenn ich mich aber unsicher fühle, dann bin ich in einer Rolle. Sicherheit ist für mich, daß ich ein Gefühl von Zuwendung habe und die Leute kenne – daß ich darauf vertrauen kann, daß sie mich auch mögen, wenn ich mich anders gebe.» – «Ich habe mich so sicher unter Euch gefühlt», schreibt eine Frau, «daß ich es zum erstenmal schaffte, offen und ehrlich zu mir selbst zu sein. Eure Reaktion darauf hat mich sehr ermutigt und darin bestätigt, die Veränderung anzustreben. Dabei wurde mir so erschreckend mein Eingeengtsein klar.» Mißverstehen, Geringschätzung, Fassadenhaftigkeit der Mitmenschen beeinträchtigen dagegen das Sich-Öffnen von Menschen sehr.

Das Zusammensein mit Menschen, die echt und fassadenfrei leben, hat uns selbst sehr ermutigt und unterstützt auf unserem Weg, mehr wir selbst zu sein. Für manche ist auch das Zusammensein mit Kindern, die meist spontan und ohne Maske sind, eine Hilfe. «Bei meinen Kindern schaffe ich es am ehesten, ich selbst zu sein und ohne Angst», sagt der fünfunddreißigjährige Jakob.

Selbst kleine Fortschritte auf diesem Weg werden als Ermutigung empfunden. «In Arbeitsgruppen und im Kontakt mit anderen Menschen habe ich es oft als bedrohlich erlebt – und erlebe es zum Teil heute noch –, meine Schwäche zu zeigen», sagt ein Angestellter. «Ich mache mich damit verletzbar. Wenn ich aber meine Verteidigungshaltungen aufgab, dann hatte ich einen viel lebendigeren Kontakt zu meinen Arbeitskollegen und Mitmenschen bekommen. Ich habe viel mehr Anteilnahme und Wärme gespürt, wenn ich meine Fassade aufgab.»

Bei manchen führen erst tiefe persönliche Krisen, eine schwere Krankheit, Verlust eines Menschen oder Partnerschwierigkeiten dazu, sich selbst und ihr bisheriges Leben mehr zu hinterfragen, oft mit dem intensiven Wunsch, sich selbst näher kennenzulernen und die eigene Person offener zu leben. Meist durchleben Menschen, die sich auf diesen Weg begeben haben, zunächst Zeiten der Einsamkeit und der Schmerzen.

Die Teilnahme an einer Gesprächsgruppe kann das Echterwerden wesentlich erleichtern. Das ist unsere Erfahrung in den vergangenen zehn Jahren, an uns selbst, unseren Kindern, an Hunderten von Gruppenmitgliedern. Sie wird durch Untersuchungen bestätigt, bei denen fast tausend Personen befragt wurden [40, 54]. In einem Klima des gegenseitigen Vertrauens, Verständnisses und Offenseins erfährt der einzelne vielfältige Hilfe durch andere Gruppenmitglieder. Er fühlt sich in seinem Schmerz und seiner Angst nicht allein. Seine Selbstachtung und sein Mut, offener zu sein, wachsen. Dieses intensive Erlebnis in der Gruppe führt bei vielen zu einem erstmaligen Öffnen und Aufbrechen des Panzers seit Jahren. Und dieses intensive Erlebnis ist meist ein guter Start für die weitere persönliche Entwicklung.

Es ist ein Weg, der in vielen tastenden kleinen Schritten zurückgelegt wird, manchmal aber auch kühne, oft mit Schmerz verbundene Sprünge erfordert. Die Entwicklung verläuft bei den meisten Menschen in drei Bereichen:

○ Der einzelne wird echter gegenüber anderen: Er gibt seine Fassade auf, spielt gegenüber den anderen keine Rollen mehr, er tut nichts, um sich zu verstellen.

○ Er wird fähig, den anderen Persönliches von sich zu sagen, sich zu öffnen, sein Fühlen mitzuteilen. Dabei neigt er jedoch häufig dazu, andere Menschen zu bewerten und zu verletzen.

○ Der einzelne wird echter gegenüber sich selbst: Er wird sich bewußter, was in ihm vor sich geht, er kann sich selbst besser klären. Und er wird fähig, ohne Wertungen auszudrücken, was er fühlt.

Wahrscheinlich ist es günstig, wenn der einzelne bei dieser Entwicklung zuerst sich selbst gegenüber echter wird, sich selbst mehr hören kann und dann anderen gegenüber ohne Fassade lebt und sich persönlich öffnet. Er öffnet sich ihnen als Person, der bewußt ist, was in ihr vor sich geht. Damit ist er zumeist fähig, andere nicht zu bewerten und auch nicht zu verletzen. Wir haben jedoch erfahren, daß sich die Wandlung bei vielen in einer anderen Reihenfolge vollzog: Zuerst geben sie ihre Rollen, Fassaden und Mauern auf, dann öffnen sie sich gegenüber anderen, und schließlich werden sie sich selbst gegenüber ehrlicher und können ihr Fühlen ohne Wertungen mitteilen. Wenn Menschen zusätzlich lernen, bei ihrer Selbstöffnung nicht nur sich selbst wahrzunehmen, sondern auch den anderen, dann ist das Echtsein auch für den anderen hilfreich.

Insgesamt ist dieser Weg des Echterwerdens ein schrittweises persönliches Lernen, das sich über Monate und Jahre erstreckt. Es ist ein Weg, den uns manche Mitmenschen erleichtern, der aber auch von manchen beeinträchtigt und erschwert wird. Wir sehen dieses langsame seelische Wachsen und Lernen als eine persönliche Entwicklung an, bei der wir allerdings nur selten die angestrebte Lebensweise ganz erreichen: «Ich empfinde mich als Übende im Ausdrücken von eigenen Gefühlen. Ich bin ganz offen und bereit, dieses zu lernen, glaube aber nicht, daß es mir in der Gruppe immer gelungen ist, obwohl ich es wünschte. Intimste Gefühle direkt auszusprechen gelingt mir nicht, höchstens erst auf Umwegen und verklausuliert.»

Im folgenden möchten wir einzelne Stufen dieses Werdens genauer darstellen.

Menschen befreien sich von ihren Fassaden, Masken und Rollen

Menschen sind am ehesten bereit, ihre Fassade aufzugeben, wenn ihre Offenheit erwünscht ist. Wenn andere sich hierdurch nicht bedroht fühlen und wenn auch sie selbst das Gefühl haben, daß ihnen aus dieser Entwicklung keine Nachteile erwachsen, sondern daß sie von den Mitmenschen anerkannt werden. «Dort, wo ich angenommen werde, wie ich bin, kann ich jetzt schon echt und ohne Fassade sein», sagt die einunddreißigjährige Bibliothekarin Nicole. «Durch diese positive Atmosphäre bei den Leuten hatte ich nie das Gefühl, vorsichtig sein zu müssen, daß das jemand verkehrt auffassen könnte.»

Für viele ist dies der erste Schritt in ihrer Entwicklung, echter zu werden: In günstigen zwischenmenschlichen Situationen unternehmen sie weniger Anstrengungen, sich anderen gegenüber anders zu geben, als sie sind. Sie bemühen sich, ihre Mauern durchsichtiger zu machen. Viele sind auch bereit, sich in ihrem Beruf mehr so zu zeigen, wie sie sind, wenn sie auf Verständnis stoßen. So haben uns zum Beispiel Lehrer von ihren Bemühungen berichtet,

ihre Autoritätsrolle gegenüber den Schülern aufzugeben und zu
vermeiden etwas anders auszudrücken, als sie fühlen: «Ich habe
erfahren, daß meine Schüler mich auch ohne Abwehrmauern mögen. Ich brauche nicht mehr anzugeben und den starken Mann zu
spielen. Ich bin mir und den anderen gegenüber ehrlicher geworden.»

Menschen mit Selbstvertrauen und der Bereitschaft, sich zu
wandeln, fällt es oft leichter, ihre Fassaden zu vermindern. «Ich
denke, ich muß vorher innerlich aufrüsten, um nach außen meinen
Panzer abrüsten zu können», sagt ein Vierzigjähriger. «Aufrüsten
heißt Vertrauen zu mir haben, zu mir selbst stehen, mich selbst
achten – und bereit sein, auf Äußeres, auf Prestige, Eitelkeit,
Ansehen und Anerkennung zu verzichten. Wenn ich innerlich sehr
zu mir stehe und mich achte, dann kann ich auch ohne Fassade
gegenüber denen sein, die mich nicht darin achten und annehmen.
Entscheidend ist: Ich nehme mich selbst an.»

Das Vertrauen zu sich selbst und die Bereitschaft, sich zu sich
selbst und ihrer Situation zu bekennen, halfen auch der vierzigjährigen Margot: «Eine Zeitlang habe ich zu niemandem irgend etwas
über meine Schwierigkeiten in der Partnerschaft gesagt. Ich sagte
mir: Das ist meine Privatangelegenheit. Aber das ist anders geworden. Ich bekenne mich voll dazu, daß es nun einmal so ist, daß
unsere Partnerschaft so schiefgelaufen ist. Und ich versuche, nichts
mehr zu verstecken. Ich habe mir gesagt: Mensch, wenn die Situation anscheinend wirklich so unveränderbar ist, dann mußt du eben
den Tatsachen ins Auge schauen und dich und die Situation so
darstellen, wie sie ist.»

Ein Mann berichtet, wie wichtig es für seine Entwicklung war,
sich von seinen Erwartungen und denen anderer freizumachen:
«Ich bin dahintergekommen, daß Erwartungen an mich und an
andere mich daran hindern, in einer Beziehung oder in einem
Moment wirklich echt, wirklich ich selber zu sein. Erwartungen
von mir: Der andere wünscht sich das von mir. Und Erwartungen
an mich: Ich müßte der und der sein, und ich müßte mich anderen
so darstellen. Und so habe ich mich dann verstellt. Ich lerne jetzt,
alle Erwartungen aufgeben und in jedem Moment der zu sein,
der ich bin.»

Das Fallenlassen der Fassade erfolgt bei manchen nach Überwindung großer Hemmungen und Spannungen in Gesprächsgruppen.
Dort kommt es zum Teil zu Ausbrüchen intensiver Gefühle. Im
folgenden beschreibt der achtzehnjährige Joachim eine solche Erfahrung in einem Brief: «Am ersten Tag in der Gesprächsgruppe
hatte ich panische Angst, mich selbst zu zeigen. Aber ich sagte dies
niemandem. Ich verdrängte die Angst. Am nächsten Tag brach
dann ein Kartenhaus zusammen, das viele Jahre gehalten hatte.
Jemand äußerte, daß er mich nicht als echt erlebe. Ich spürte zu
meiner Verblüffung, wie ich zunehmend unruhiger wurde. Gespielt kühl wollte ich wissen, was die anderen davon hielten. Es
waren einige andere da, die ihn bestätigten. Sie hatten sich nur
noch nicht getraut, es mir zu sagen. Ich begann zu zittern. Das
durfte doch nicht wahr sein. Innerlich wehrte sich etwas in mir wie
eine verletzte Raubkatze, doch ich fühlte mich hilflos. Ich wandte
mich an die Helferin, sie wenigstens müsse doch die Echtheit
gespürt haben. Aber auch sie fühlte wie die anderen. Da war es aus.
Ich hatte das Gefühl, als wäre mir mit einemmal der Boden unter
meinen Füßen weggerissen. Ich kam mir so unendlich allein vor.
Ich hatte den starken Wunsch, mich umzubringen, aus dem Zimmer zu laufen. Doch auch darin sah ich keine Hoffnung. Nach
kurzer Zeit geschah das für mich Merkwürdige. Plötzlich wurde
ich ganz ruhig, das Zittern hörte auf, und ich sagte: ‹Wißt ihr, das
komischste ist, ihr habt recht.› Auf einmal sah ich, daß ich tatsächlich gespielt hatte, nicht ich selbst gewesen war und das schon
jahrelang. Ich konnte es nicht begreifen. Doch ich konnte es mir
jetzt eingestehen. Ich hatte das Gefühl, als sei ein seltsamer Druck
fort. Es war so merkwürdig, ich verstand es nicht. Aber auf einmal
wußte ich, daß es auch gar nicht so notwendig war; daß es einfach
gut war, wie es war. Ich war erstaunt, daß ich dann alles über mich
sagen konnte. Dinge, die ich noch eine Stunde zuvor nicht einmal
mir selbst zugegeben hätte, konnte ich auf einmal wie selbstverständlich erzählen. Ich merkte, daß ich bisher kaum wahre Gefühle
gezeigt hatte. Mir wurde bewußt, daß ich meine eigenen Gefühle
einfach nicht hatte zulassen können, sondern überdeckt hatte. Leise
begann ich zu weinen. Ich war verwirrt, aber ruhig.»
    Hilfreiche, personzentrierte Gruppengespräche sind für viele der

Anstoß, fassadenfreier und offener zu werden. Die Förderung des Echterwerdens in solchen Gruppen mit einem einfühlsamen Psychologischen Helfer wird durch ein Klima von Verständnis, Akzeptierung, Ehrlichkeit und Offenheit ermöglicht. [40, 54] So ergab sich auch bei einer Untersuchung, die an über hundert Teilnehmern von Gruppengesprächen durchgeführt wurde: Jeder zweite, der vor der Teilnahme an der Gruppe angegeben hatte, daß er sich weitgehend hinter einer Fassade verbirgt, erlebte sich ein halbes Jahr nach der letzten Gruppensitzung wesentlich fassadenfreier. [65]

Zwei Äußerungen über solche Gruppenerfahrungen: «Die Gruppe half mir, die Maske der Überlegenheit abzulegen. Ich wurde mir selbst gegenüber ehrlicher und den anderen gegenüber mutiger.» – «Meine Einstellung anderen Menschen gegenüber war immer auf Abwehr von Angriffen gerichtet, weil ich glaubte, meine Schwächen verbergen zu müssen. Bei der Gesprächsgruppe erlebte ich, daß ich auch ohne Abwehrmauern akzeptiert werde. Ich komme mir jetzt zwar wehrloser, aber doch stärker vor. Ich brauche nicht mehr anzugeben und den starken Mann zu spielen. Ich bin mir und den anderen gegenüber ehrlicher.»

Welche Auswirkungen hat es, wenn wir aufrichtiger
und freier von Fassaden werden?

Wir sind sehr beeindruckt von den seelischen Vorgängen, die bei Menschen eintreten, die echter werden:
○ Diese Personen werden seelisch lebendiger, selbstbestimmter, haben mehr persönliche Kraft: «Ich kann mir gar nicht mehr vorstellen, wie ich früher gelebt habe», berichtet eine Frau. «Es muß unheimlich anstrengend gewesen sein, hinter dieser Fassade zu leben.» – «Ich brauche viele meiner Gedanken nicht mehr daran zu verschwenden, wie ich auf andere wirke!» Diese Menschen verbrauchen ihre Energien nicht mehr zur Aufrechterhaltung ihrer Fassade. Sie werden frei für die vielen Möglichkeiten, die in ihnen liegen, für das, was sie sind und werden möchten. Ihre Gefühle können sie intensiver leben und empfinden. Viele Teile ihrer Persönlichkeit, die vorher verkümmert waren, werden neu belebt.

Diese Auswirkungen wurden in Untersuchungen bestätigt: Personen, die sich überwiegend als echt einschätzten – die zum Beispiel zugaben, wenn sie sich schwach und unterlegen fühlten –, waren meist frei von deutlichen psychoneurotischen Beeinträchtigungen. [3] Ferner: Personen, die in Gesprächsgruppen fähig waren, mehr sie selber zu sein, die sich deutlich öffneten und ehrlich zu sich selbst und den Gruppenmitgliedern waren, waren danach auch in ihrem alltäglichen Leben echter. Sie erlebten die Wandlungen ihrer Persönlichkeit im Alltag als positiv und wertvoll. Personen dagegen, die sich in den Gruppengesprächen nicht öffneten und sich selbst als wenig echt gegenüber der Gruppe bezeichneten, änderten sich in ihrer seelischen Lebendigkeit und in ihrem alltäglichen Leben wenig. [54]

○ Menschen können ehrlichere, tiefere und vertrauensvollere Beziehungen zu anderen eingehen, wenn sie ihre Fassaden, Rollen und Masken aufgeben. Die Furcht, von anderen nicht angenommen zu werden, erweist sich oft als unbegründet. Joachim: «Nach der Gruppe begann ich mich in ganz anderem Licht zu sehen. Ich hatte jahrelang die Überzeugung gehabt, daß jeder, der mein wahres Selbst sehen würde, mich sicherlich ablehnen müßte. So aber spürte ich nun gerade, wenn ich ich selbst war, viel mehr Zuneigung. Am Anfang fiel es mir noch recht schwer, diese Zuneigung von anderen anzunehmen. Doch ich muß sagen, es ist wunderbar, was ich heute alles erfahre. Leute kommen auf mich zu und sagen, sie würden mich ganz anders erleben, viel ruhiger, offener, und ich wäre ihnen so viel lieber . . . Ich habe in den letzten Monaten und Wochen Erfahrungen gemacht, die mein Leben wirklich lebenswert machen. Ich weiß, daß es mir nicht immer so gut gehen kann. Aber ich weiß heute, daß das auch zu meinem Leben gehört. Und daß ich immer die Möglichkeit habe, zu anderen hinzugehen und ihnen zu sagen, wie es mir geht, und auf ihr Verstehen hoffen kann. Vielleicht irre ich mich, aber meine momentanen Erfahrungen weisen mich in diese Richtung. Ich habe in diesen Monaten gesehen, daß es eigentlich nur eines kleinen, aber sehr wichtigen Anstoßes bedarf, wirklich Mensch zu werden, wirklich frei zu werden.» Nicole ist erstaunt, wie positiv andere ihre Offenheit aufnahmen, im Gegensatz zu ihren Befürchtungen: «Ich habe eben am Telefon meinem Vater zum erstenmal in meinem Leben gesagt, daß es mir seelisch schlecht geht. Und er hat gesagt, dann komm doch mal, daß wir uns aussprechen. Und ich dachte immer, er tobt gleich los, wenn ich ihm das sage. Weil er sonst immer sagte: Alle Neurotiker müßte man ins Arbeitslager stecken oder erschießen.»

Dagegen berichtet uns ein Priester, Leiter einer großen Schule, der gemeinsam mit uns an einem siebzehntägigen Gesprächsgruppen-Workshop in den USA teilnahm, in einem Brief über seine Schwierigkeiten, die er auf Grund seiner größeren Offenheit im Umgang mit Kollegen hat: «Menschen fürchten sich. Viele, mit denen ich zusammenlebe, sind einfach nicht offen. Sie lassen weder mich noch jemand anderen wissen, wie sie wirklich sind. Sie fühlen sich durch mich bedroht und verschließen sich noch mehr als vorher. Ich fühle mich fremd, und das ist schmerzlich. Ich denke: Diejenigen, die frei sind, sie selbst zu sein, verschrecken andere, die noch nicht so sein können. Wenn ich versuche, sie zu ermutigen und mit ihnen zu sprechen, ernte ich oft zuerst Mißtrauen und Angst. Die Menschen müssen glauben, ich habe irgendeine geheime Absicht. Und das ist entmutigend für mich. Aber ich werde es weiterhin versuchen. Es wird eben nur langsam vorangehen.»

Geringere Fassadenhaftigkeit ermöglicht vielen den Weg zu tieferen, lebenswerteren Freundschaften und erfüllten Partnerschaften. Renate: «Die Kontakte mit Bekannten, Freunden und Kollegen haben sich verbessert. Der Kreis meiner Freunde ist zwar kleiner geworden, aber die Beziehungen sind sehr viel intensiver. Ich merke, daß die Leute gern zu mir kommen oder auch ihre Sachen gern mit mir bereden wollen. Ich lasse mich auch nicht mehr auf irgendwelche oberflächlichen Gespräche mit Leuten ein. Und das kommt auch gar nicht so unbedingt schlecht bei Leuten an, wenn ich ihnen ganz klar sage: Red mal nicht herum, warum rufst du eigentlich an? Ja, und dann sagen sie es. Ich habe auch das Gefühl, mir ist mein Leben einfach zu schade und zu kurz, daß ich um irgendwelchen Scheiß immer herumrede. Und so habe ich die Erfahrung gemacht: Je offener ich bin, je günstiger ist es für mich und meine Freundschaften.»

Die Möglichkeit, durch eine größere Ehrlichkeit sich selbst und anderen gegenüber intensivere Freundschaften und Beziehungen eingehen zu können, dabei aber auch oberflächliche Beziehungen aufzugeben, zeigen die nachfolgenden Äußerungen. Reinhold: «Margret und ich haben sogenannte Freunde verloren, weil sie von uns gegangen sind, als sie merkten, daß wir begonnen haben, uns nach unseren Erfahrungen zu richten und nicht nach ihren oftmals offenen und versteckten egoistischen Vorstellungen. Und wir haben in zunehmendem Maße Freunde bekommen, die leben wollen wie wir: offen zu- und füreinander und uns in unseren eigenen Erfahrungen achtend. – Jetzt leben wir echter, bewußter, ohne Maske, wir fühlen uns zugleich freier, uns und den anderen viel näher.» – «Ich bin anspruchsvoller in meinen Beziehungen geworden», sagt Therese, «weil ich lieber mit Menschen zusammen bin, die echter sind. Mich ärgern die Versteckspiele, die ich früher auch mitgemacht habe. Ich weiß jetzt mehr, daß ich von bestimmten Personen etwas will, von anderen nicht.»

Von ihrer verbesserten Beziehung zu ihrem Mann berichtet Eva: «Hans-Jürgen ist jetzt ehrlicher mit mir. Denn in der Zeit vor der gemeinsamen Wochenendgruppe haben wir zum Beispiel viel häufiger zusammen geschlafen, obwohl wir uns viel schlechter verstanden haben. Das war irgendwie eine Möglichkeit für uns, zu überspielen, daß wir uns nicht so gut verstanden haben, und uns durch diesen regelmäßigen Sexualverkehr zu beweisen: Ist ja doch alles in Ordnung. Das hat sich nach der Gruppe für uns geändert. Es ist seltener, aber auch bewußter, ehrlicher und tiefer.»

Menschen öffnen sich und vertrauen anderen ihr persönliches Erleben an

Verstellen sich Menschen nicht mehr, so fällt es ihnen leichter, anderen ihre persönlichen Gedanken und Gefühle mitzuteilen. Sie lernen dies und erfahren sich selbst dabei. «Ich kann den Menschen freier und offener entgegentreten und meine eigenen Wünsche und Gedanken besser äußern. Ich kann jetzt einfach über mich reden und muß nicht immer auf Sachen ausweichen, zum Beispiel: ‹Ich möchte mir einen Fotoapparat kaufen, weißt du nicht, welches da der beste ist?» Ich kann auch eher auf den anderen eingehen. Und ich kann jetzt von mir aus mal jemand einfach ansprechen. Das finde ich gut.»

Oft geht diese Selbstöffnung einher mit größerem Mut und weniger Angst vor anderen und sich selbst. «Ich bin mutiger geworden, meine Gefühle zu äußern, freier, meine wahre Meinung zu sagen und andere Menschen um etwas zu bitten.» − «Ich habe nicht mehr die Angst davor, abgewiesen zu werden. Mir fällt es leichter, spontaner zu sein, eher zu sagen, was ich im Moment empfinde.»

Menschen lernen auf diese Weise, anderen mitzuteilen, was in ihrem Fühlen und Erleben von großer Bedeutung ist. Sie verstecken nicht ihre Empfindungen, sie offenbaren sich dem anderen. Sie äußern, wie sie sich selbst sehen, wie sie sich fühlen. Der andere erhält so einen wesentlichen Einblick in die innere Erlebniswelt und die Erfahrungen des Mitmenschen. So mag einer sagen: «Ich hatte solche Schuldgefühle, ich konnte nächtelang kaum schlafen.» Oder jemand äußert sein augenblickliches Fühlen: «Jetzt, während ich das sage, habe ich furchtbare Angst.» Oder er spricht über seine persönlichen Gedanken und Gefühle, die in die Zukunft gerichtet sind: «Ich werde es kaum schaffen.» Oder er äußert sich mehr über die eigene Person: «Ich bin jemand, der sehr verschlossen ist.» Oder er teilt mit, wie er gefühlsmäßig zu einem anderen steht: «Ich bin gern mit Ihnen zusammen.»

Mit Selbsteröffnung ist nicht die unbegrenzte Offenlegung der sogenannten Intimsphäre jedem beliebigen Menschen gegenüber gemeint. Es ist vielmehr eine seelische Wandlung, durch die wir fähig werden, uns Menschen zu öffnen: denen, die diese Offenheit verstehen und als eine Bereicherung der Beziehung ansehen. Wir meinen mit Selbstöffnung auch nicht die Mitteilung aller Gefühle, etwa eines Anflugs von Ärger, Unlust oder Langeweile, bei denen wir spüren, daß sie rasch vorübergehen, geringfügig und nicht bedeutsam für die Beziehung zum anderen sind.

In einem Klima gegenseitigen Vertrauens, in dem sich Menschen angenommen fühlen, fällt es den meisten leichter, sich zu öffnen: «Bei Menschen, denen ich mich zumuten kann, habe ich es jetzt schon des öfteren gewagt, ehrlich über meine Gefühle zu spre-

chen.» – «Wenn ich mich bei Leuten sicher fühle, dann kann ich es –
mich fallenlassen und mich öffnen. Wenn ich mich aber unsicher
fühle, dann bin ich in einer Rolle. Sicherheit ist für mich, daß ich die
Leute kenne oder das Gefühl von Zuwendung habe. Daß ich
darauf vertrauen kann, daß sie mich auch mögen.»

Manche wagen und lernen es am ehesten, sich gegenüber Familienangehörigen zu öffnen: «Ich bin echter geworden. So daß ich
jetzt meinen Angehörigen sage, wenn mir etwas gefällt oder wenn
mir etwas nicht gefällt. Ich vertrete öfter meine Meinung. Zwar mit
einem großen Unsicherheitsgefühl, aber ich geb mir dann richtig
einen Ruck und denke: Einmal mußt du es ja lernen. Ich merke
auch, wie es mir jetzt oft leichter fällt, einmal etwas von mir zu
erzählen.» Eine Mutter berichtet, wie sie mehr Offenheit in ihrer
Familie zu erleben beginnt: «Was das Verhältnis von mir und
meinen Kindern angeht, so erzählen wir uns jetzt mehr, was uns
privat bedrückt, was wir machen. Wir tauschen einfach mehr
persönliche Eindrücke aus. Sie erzählen mir dann auch, was sie
erlebten und woran sie rumknabbern. Das war vorher eigentlich
nicht so. Das war auch *mein* Fehler, *mein* Verhalten. Ich habe immer
versucht, mich zu vertuschen oder im Hintergrund zu verstecken –
nach dem Motto: Das geht meine Kinder nichts an, das ist *mein*
Problem. Wir sind jetzt offener zueinander.» Durch ihre Selbstöffnung trägt die Mutter dazu bei, daß sie und ihre Kinder sich
persönlich mehr mitteilen. Sie gibt sich und ihren Kindern damit
etwas sehr Wesentliches für ihre seelische Gesundheit und für das
Zusammenleben.

Partnerschaften sind ein weiterer Bereich, in dem Menschen es
wagen und lernen, sich zu öffnen. Barbara, 37: «Unsere Partnerschaft ist offener geworden, weil ich einfach nicht mehr herunter-
schlucke. Wenn ich Unklarheiten verspüre, mache ich einfach den
Mund auf und rede darüber und versuche, auch Hans zum Reden
zu bewegen.» Eine zweiundvierzigjährige Frau sagt: «Ich denke,
wir beide versuchen, unsere Probleme und Konflikte vorsichtig,
schonend genug anzusprechen. Und wir sind auch mit viel Verständnis aufeinander eingegangen, und es hat auch Entsprechendes
gebracht. Früher habe ich es so erlebt, daß Andreas möglichst
überhaupt nicht aus sich herausgekommen ist. Das, was er gesehen

oder empfunden hat, das war alles *sein* Problem. Das hat er für sich behalten, und er hat nur vor sich hingemurrt und war mürrisch. Ja, er hat es heruntergeschluckt. Er hat nur Ablehnung signalisiert, und ich konnte nie damit umgehen. Ich wußte ja nie: Was ist es? Wie ist es? Dadurch konnte ich Andreas nie verstehen oder auch nie hilfreich sein. Das war so meine ganze Ohnmacht. Jetzt ist mir das alles bewußt geworden.»

Menschen lernen jedoch auch, sich außerhalb der Partnerschaft und der Familie anderen allmählich zu öffnen, zum Beispiel gegenüber Freunden oder im Beruf: «Ich habe unter meinen Freundinnen Mut gefunden, meine Schwächen aufzudecken, mich auch mit meinen Kanten und Ungereimtheiten und mit Unausgegorenem zu zeigen, und – was das Schönste ist – das Gefühl bekommen, auch damit angenommen zu werden.»

Joachim, 17, berichtet von seiner Erfahrung in der Schulklasse: «Meine Mitschüler finden, seitdem ich offener bin, bin ich auch für sie viel zugänglicher, menschlicher geworden. Seitdem haben sie mir auch viel von sich erzählt, wahrscheinlich, weil sie sich nicht mehr so minderwertig bei mir vorkamen, weil ich ja so eine Fassade des Sicheren und Problemlosen hatte. So übe ich mich sehr darin, nicht mit meinen Schwierigkeiten und mit meinem Innern für mich zu bleiben.» – «Ich zeige mich jetzt so im Unterricht, wie ich bin, ohne mich zu verheimlichen und ohne Panzer», sagt ein fünfundvierzigjähriger Lehrer. «Ich zeige meine Unzulänglichkeiten und auch meine Fehler. Und auch das, was ich schön und gut finde.» Ein anderer Lehrer berichtet ein halbes Jahr nach seiner Teilnahme an einer Gesprächsgruppe: «Die Gespräche mit den Schülern waren schon immer offen. Aber ich kann jetzt auch gefühlsmäßig offener sein, meine eigenen Empfindungen so hineingeben in die Klasse. Ich habe zum Beispiel sehr ausführlich von meinen Erlebnissen in der Gesprächsgruppe erzählt. Das hat die Schüler ganz stark berührt. Ich kann jetzt weniger kontrolliert sein. Ich kann mich eher reingeben und hab damit automatisch positive Erfahrungen gemacht.» Ein dreiundvierzigjähriger Angestellter: «Ich schaffe das jetzt schon eher, auch in der Firma, so zu sein, wie ich bin. Ich bin jahrelang den Weg der Anpassung gegangen. Jetzt sag ich eher, was ich fühle.» – «Verbessert hat sich, daß ich gelernt habe,

freier zu sein, freier zu leben, mich Konflikten zu stellen, auch
wenn ich weiß, das geht bitter für mich aus. Auch wenn ich
negative Reaktionen zu erwarten habe, sage ich trotzdem meine
Meinung. Das hat mir schon eine Menge gebracht. In der Firma
akzeptieren mich die anderen jetzt ganz anders. Früher habe ich
mich immer so wie ein Aal durchgewunden, immer jede Möglichkeit mitgenommen, aber immer an dem Problem vorbei, nicht
mittendurch. Und jetzt gehe ich direkt darauf zu, und das ist eine
starke Verbesserung.»

Beeindruckend ist für uns im folgenden Beispiel, wie sich eine
junge Universitätsdozentin bemüht, in ihrem Berufsalltag menschlicher zu werden: «Früher habe ich gedacht: Die merken das nicht
und verstehen das nicht. Meine Probleme, die muß ich für mich
lösen, da darf ich niemand anderen mit belasten. Ich war immer
strahlend, immer vergnügt, immer ausgeglichen, immer ruhig. Das
hat die vielleicht auch irgendwie aggressiv gemacht. Von mir ist da
nie etwas durchgekommen. Seitdem ich den Leuten aber erzähle,
daß ich Schwierigkeiten habe, da öffnen sie sich mir. Weil ich vorher
immer das Bild von mir gegeben habe: Bei mir ist alles okay, und ich
bin toll, und ich bin glücklich, ich habe immer einen Haufen Kraft,
bei mir könnt ihr alles abladen. Und die kamen immer mit ihren Problemen zu mir, aber ohne daß sie *mich* wahrnahmen, eher so als seelischen Mülleimer. Jetzt haben sie ein ganz anderes Verhältnis zu mir.
Es erleichtert sie ungeheuer, daß auch ich Schwierigkeiten habe.
Der menschliche Kontakt ist sehr viel besser geworden. Es ist viel
mehr Offenheit. Häufig klopft es an meiner Tür in meinem Uni-
Zimmer. Auch Leute, die früher gelegentlich auf der Treppe mit
mir gesprochen haben oder im Seminar, die kommen jetzt und
wollen einfach nur reden. Das finde ich toll. Ich bin irgendwie
menschlicher geworden, dadurch, daß auch ich mich mal gezeigt
habe – auch, daß ich mich manchmal schlecht fühle.»

Werde ich den anderen durch meine Selbstöffnung verletzen? Die
Befürchtung, die in dieser Frage steckt, hindert viele daran, sich zu
öffnen: «Früher habe ich Angst gehabt, meiner Frau etwas zu
sagen. Ja, ich habe regelrecht Angst gehabt. Weil ich gedacht habe,
es geht vielleicht noch mehr kaputt, als schon kaputt ist.»

Was können wir tun, damit unsere Selbstöffnung für den anderen leichter annehmbar ist? Wie können wir es erreichen, daß er durch sie nicht verletzt wird?

Wenn wir uns in den anderen einfühlen und auf seine Gefühle Rücksicht nehmen, vermindern wir die Gefahr, daß wir ihm durch unsere Selbstöffnung seelischen Schaden zufügen. Es ist darüber hinaus sehr wichtig, eine Zeit und eine Situation zu wählen, in der uns der andere fähig erscheint, uns zu hören und anzunehmen.

Drücken wir ferner nur das *eigene* Fühlen aus, ohne den anderen zu bewerten und ohne ihm Vorwürfe zu machen, dann sind unsere Äußerungen selten verletzend. Das Aussprechen von Empfindungen («Ich spüre Spannungen, Ärger, Angst usw. in mir») verletzt den anderen nicht oder zumindest weniger als Äußerungen wie «Du nervst mich», «Du machst mir das Leben zur Qual», die Wertungen und Vorwürfe enthalten und häufig beim anderen zu ungünstigen Reaktionen führen. Vielen fällt es anfangs schwer, nur das zu äußern, was *sie* fühlen, wünschen und mögen. Eine wichtige Voraussetzung ist, daß wir in uns selbst zentriert sind und daß wir uns unseres Fühlens bewußt werden. Eine solche Selbstöffnung ist förderlich und hat eine ganz andere Wirkung als geäußerte Ablehnung, Kritik, Beschuldigungen oder Wertungen: «Ich versuche, andere nicht zu kritisieren, etwa wenn ich Schwierigkeiten mit ihnen habe. Sondern ich versuche, meinem Gegenüber etwas von dem mitzuteilen, was ich fühle.»

Günstig ist es, wenn wir unsere Gefühle frühzeitig äußern. Je länger wir sie in uns anstauen, desto größer ist die Gefahr, daß es schließlich zu Gefühlsausbrüchen kommt, die den anderen verletzen können. «Wenn ich früher endlich gewagt habe, meinem Partner die Dinge so zu sagen, wie ich wollte, dann sind sie meistens schon so lange angestaut gewesen. Ich habe dann einen ziemlichen Druck gespürt. Sie kamen dann sehr polterig und massiv heraus. Ich habe mich dann immer total im Ton vergriffen.» Arnold berichtet: «Früher hat Charlotte ihre Gefühle mehr zurückgehalten. Heute sagt sie mir die gleich. Das begrüße ich. Das finde ich besser, als wenn ich immer nur von ihrem Gesicht ablese, daß etwas nicht stimmt und sie dann Wochen später plötzlich sagt: Ich kann nicht mehr mit dir zusammenleben, weil du neulich das getan hast. So

wie wir das jetzt machen – frühzeitig unser Gefühl auszudrücken –
das hat auch dazu geführt, daß unsere Diskussionen nicht so endlos
sind. Es ist jetzt mehr ein beständiges Gespräch, ein beständiger
Austausch.» Und Charlotte ergänzt: «Ich versuche jetzt, das, was
ich fühle, in Worte unterschiedlicher Stärke zu kleiden, den Zeitpunkt abzupassen, bewußt von *mir* zu reden. Ich sehe auf der
anderen Seite, daß Arnold selber aufnahmefähiger ist und daß er
mir irgendwie auch mehr Verständnis gibt, oder zumindest will er
mich hören. Er ist nicht mehr so wie früher. Wir sind jetzt mehr
einander zugewendet, offener. Wir wissen jetzt voneinander mehr.
Wir wollen uns nicht weh tun.» Dies ist eine hilfreiche Selbstöffnung: Der Ausdruck des eigenen Fühlens steht im Vordergrund,
und die Partner nehmen aufeinander Rücksicht.

Die Selbstöffnung in der Auseinandersetzung mit Partnern, Familienangehörigen, Kollegen usw. kann durch eine Vertrauensper-
son, die fähig ist, zuzuhören und sich einzufühlen, sehr gefördert
werden. Personzentrierte Gruppengespräche bieten uns die Möglichkeit zu lernen, unser Fühlen deutlich wahrzunehmen und es
ohne Wertungen über andere zu äußern.

Mit der Selbstöffnung ist oft ein gewisses Risiko verbunden:
Wie werden andere unsere Gefühle aufnehmen? «Ich glaube», sagt
eine etwa 45 Jahre alte Hausfrau, «daß ich auch gerade bei Leuten,
die ich nicht so gut kenne, das Risiko eingehe, zu sagen, was ich in
dem Moment empfinde. Früher dachte ich immer, ich stoße damit
die anderen vor den Kopf. Aber heute habe ich kaum mehr Angst
davor, meine Gefühle zuzulassen. Auch wenn Leute sagen, sie
haben etwas ganz Tolles, und wenn ich das nun gar nicht so gut
finde, dann bringe ich es eher fertig, das zu sagen. Ich sage dann,
daß es mir eigentlich nicht so gut gefällt.» Diese Äußerung zeigt,
wie wichtig es ist, daß Menschen sich persönlich mitteilen und sich
dabei selber anzunehmen und zu achten lernen, auch wenn andere
die Nähe nicht erwidern können.

Margot macht neben diesen schmerzlichen Erfahrungen aber
auch solche, die sie sehr bereichern: «Ich bin immer wieder beglückt,
wenn mir ein Mensch von sich, seinen Gefühlen erzählt oder wenn
ich das ihm gegenüber tun kann und wenn wir uns dabei ein Stück
näherkommen.» Und sie fährt fort: «Ich bin in meiner Entwicklung,

mich anderen zu öffnen, andere zu respektieren und verstehen zu lernen, noch lange nicht am Ende angelangt. Diese Entwicklung, anderen näherzukommen, wächst von Tag zu Tag. Oft kann ich die Schritte vorwärts dabei genießen, sie bringen mir Freude. Ein Ende erwarte ich nicht, da die Entwicklung für mich das Ziel ist.»

Welche Auswirkungen hat die Selbstöffnung?

Welche Erfahrungen machen Menschen, die – auf den anderen Rücksicht nehmend und ohne zu werten – ihr persönliches Fühlen und Denken ändern?

○ Das Aussprechen bedeutsamer persönlicher Empfindungen gegenüber verständnisvollen Mitmenschen führt meist zu gefühlsmäßiger Entspannung, zu seelischer Erleichterung, zu einem größeren Wohlgefühl. Diese Menschen haben größere Chancen, sich persönlich weiterzuentwickeln. Sie fühlen sich freier und erweitern ihre Erfahrungsmöglichkeiten. Manchen hilft das Aussprechen von jahrelang geheimgehaltenen Schwierigkeiten, sich allmählich von diesen zu befreien: «Das Aussprechen half mir bei der Beseitigung meines seelischen Mülls.» – «Je mehr ich von mir offenbare, um so besser geht es mir. Und ich möchte mich weiter mitteilen, denn das habe ich 31 Jahre lang nicht getan.»

Auch in Untersuchungen stellte sich heraus: Selbstöffnung, die Fähigkeit, über persönliche Erlebnisse mit anderen zu sprechen, hängt mit seelischer Gesundheit und mit der Entwicklung der eigenen Persönlichkeit zusammen. [23, 54] Dies trifft auch auf erkrankte Menschen zu: Eine Untersuchung ergab, daß Patienten mit langjährigen schweren Rheumaerkrankungen, die mit anderen offen über ihre Krankheit sprachen, diese besser anzunehmen vermochten und trotz der Erkrankung eine höhere seelische Lebensqualität hatten als verschlossene Patienten. [22] In ‹Gespräche gegen die Angst› finden sich zahlreiche Äußerungen von Krebspatienten, die die gleiche Erfahrung zum Ausdruck bringen. Zwei Beispiele: «Ich habe meine Krankheit überall abgelegt, indem ich mit vielen Menschen darüber gesprochen habe. Sie helfen mir, meine Krankheit zu tragen. Ich trage die Last nicht mehr allein.» – «Dadurch,

daß ich gelernt habe, mit anderen über meine Krankheit zu sprechen, bin ich viel ungehemmter und freier geworden. Das ist ja
auch für meine Heilung wichtig.» [51]
○ Selbstöffnung erleichtert es Menschen, sich mit sich selbst auseinanderzusetzen und sich selbst besser zu verstehen. Sie steht am
Anfang ihres Weges zu sich selbst. Durch das Aussprechen'erhalten
sie mehr Einblick in ihre innere Welt und lernen, sie zu verstehen.

Diese persönliche Entwicklung, dieses Sich-selbst-näher-
Kommen, drückt sich auch in einem veränderten Sprachstil aus.
Menschen, die sich selbst gegenüber offener sind, geben ihre Gedanken und Gefühle weniger in «Man-Sätzen» wieder, sondern
sprechen persönlicher von «ich», «mich» usw. Sie sagen nicht «Der
Vorschlag ist . . .», sondern «Ich schlage vor», nicht «Es tut weh»,
«Es ist langweilig», sondern «Ich habe Schmerzen», «Ich langweile
mich».
○ Eine weitere günstige Auswirkung von rücksichtsvoller, nicht-
wertender Selbstöffnung ist: Die Beziehungen zu anderen Menschen werden intensiver und beständiger: «Ich habe erkannt, daß
mein Offensein eine sehr wichtige Bedingung für die Entstehung
von Kontakt zwischen mir und meinen Mitmenschen ist.» Thomas
äußert, wie die Selbstöffnung anderer auf ihn wirkte, was er dabei
empfand: «Wenn die einzelnen Leute über sich selbst und ihre
Schwächen sprachen, dann dachte ich: Die sind dir näher als deine
eigene Familie. Das sind deine besten Freunde. Und ich fühle mich
so gut, ich riskiere immer mehr Offenheit und bekomme Offenheit,
ich lerne Menschen kennen und mich selbst.»

Rücksichtsvolle Selbstöffnung kann auch die Beziehungen zwischen den Generationen verbessern: «Ich gehe heute nicht mehr
mit meinen Kindern um, indem ich sage: So und so ist das richtig,
das sollt ihr so tun, so sollt ihr euch verhalten, sondern ich sage: ‹So
denke ich.› Ich kennzeichne immer: Das ist meine Meinung. Heute
kann ich sie mehr und mehr als vollwertige Persönlichkeiten ansehen. Und ich erlebe die Veränderung so, daß damit freiere Gespräche, auch über für sie persönlich heikle Themen, möglich sind, daß
weniger Aggressionen da sind und weniger Opposition.»

In einer Untersuchung wurde diese Erfahrung bestätigt: Menschen, die sich öffnen konnten, waren fähiger zu hilfreichen Bezie-

hungen, etwa im Beruf. Krankenschwesternschülerinnen, die sich ihren Eltern und ihren Mitschülerinnen öffneten, hatten engere und hilfreichere Beziehungen zu den Patienten, die sie betreuten, als Schülerinnen mit geringer Selbstöffnung. [23]

○ Teilen wir unsere inneren Erfahrungen und unser Fühlen einem anderen mit, so hat dies auch für diesen bedeutsame Auswirkungen. Wir geben ihm durch unsere Offenheit die Möglichkeit, uns zu verstehen, unsere innere Welt wahrzunehmen. Er fühlt sich uns gegenüber sicherer, er weiß, mit wem er es zu tun hat. Eine Frau sagt zu ihrem Psychologischen Gruppenhelfer: «Das fand ich toll, als du von deinen Schwierigkeiten sprachst und sagtest, wie du dich fühltest. Das hat mich unheimlich erleichtert, daß auch du nur ein Mensch bist wie wir. Deshalb fühlte ich mich auch so wohl.» Menschen, die sich selbst öffnen – sei es in der Familie, im Freundeskreis, in Institutionen oder in der Politik –, lassen den anderen erfahren, daß sie selbst nichts Besonderes sind, sie vermindern den Abstand zu ihren Mitmenschen. Die anderen fühlen sich weniger unterlegen, und sie spüren, daß sie es mit einem echten, aufrichtigen Menschen zu tun haben.

○ Rücksichtsvolle Selbstöffnung kann eine Partnerschaft erheblich verbessern und Konfliktsituationen entspannen. Dies teilten uns viele mit: «Wir können jetzt direkter miteinander sprechen, ohne daß es so viele Nachfragen oder so ein Drumherum gibt. Es ist befreiend, zu wissen, woran man beim anderen ist. Wir hatten beide sehr lange Zeit das Problem miteinander – und es wurde mit den Jahren immer stärker –, daß wir immer versucht haben, zu erraten, was der andere eigentlich erwartet. Das wurde dann teilweise sehr kompliziert. Wir trauen uns jetzt beide mehr, unsere Wünsche und Meinungen zu sagen. Und es ist dadurch auch sehr viel einfacher für uns, miteinander umzugehen.» – «Die Gefühle, die Jochen mir entgegenbringt, haben sich verändert – daß Jochen zum Beispiel sagt: ‹Du, ich fühle mich jetzt so und so›, daß er offener über seine Gefühle spricht. Früher murrte Jochen irgendwie herum, wenn er etwas hatte, aber ich wußte nicht, was er hatte. Aus solchen miesen Stimmungen sind wir dadurch herausgekommen, daß Jochen ganz offen ist, daß wir das dann miteinander besprechen können. Dadurch kommen wir uns wieder nahe. Das

ist für mich auch eine ganz neue Erfahrung, daß er sich zum
Beispiel leistet, sich hinzustellen und zu heulen, wenn ihm danach
ist ... Das ist eine Riesenverbesserung. Und das ist für mich
besonders wichtig. Es ist für mich ganz toll – das Gefühl: Der ist
eben auch ein Mensch. Der steht nicht über den Dingen mit seinem
Verstand.» Dieses Paar ist sich viel nähergekommen, indem die
Partner sich ihre Gefühle mitteilen.

Wenn sich Partner gegenseitig ihre Gefühle offenbaren, wird
ihre Beziehung intensiver. Größere Offenheit ermöglicht es ihnen,
sich ihre Zuneigung deutlicher zu zeigen, zärtlicher zueinander zu
sein: «Wir haben jetzt im Sexuellen einen Neuanfang. Früher war
es eben ein Eheleben, wie man es nach zwanzig Jahren so hat,
belastet von Unstimmigkeiten. Aber auch die Intensität war nicht
da. Und jetzt erlebe ich diese Verbesserung sehr stark. Wir haben
über einige Dinge direkt gesprochen, über unsere Wünsche und
Vorstellungen. Wir haben uns auch darüber ausgetauscht, wo man
sich nicht klar war, mag der andere das oder mag er das nicht.» –
«Im sexuellen Bereich, wenn wir da zusammen sind, das hat sich in
den letzten Jahren deutlich verändert. Weil wir viel mehr als früher
über unsere augenblicklichen Gefühle sprechen, sie uns mitteilen
und dadurch viel mehr Gemeinsamkeit im sexuellen Bereich bei
uns vorhanden ist und jeder nicht so sehr für sich ist. Das habe ich
bei Brigitte besonders positiv empfunden, daß sie mir ihre Gefühle
deutlicher zeigt und daß sie mir ihren Körper verdeutlicht und die
Empfindungen, die davon ausgehen durch Berührungen. Ja, sie
läßt mich eben daran teilhaben. Früher war sie mehr so hinneh-
mend und abwartend, ob sie auch zu einer befriedigenden Erfüllung kommt, und wenn nicht, dann habe ich das auch oft gar nicht
gemerkt. Jetzt ist es für mich durch ihr Verhalten viel deutlicher
geworden, so daß sie für mich viel wahrnehmbarer ist als früher. So
haben wir im sexuellen Bereich eine sehr starke positive Veränderung.»

○ Menschen können durch ihr Geöffnetsein anderen helfen, sich
ebenfalls mehr zu öffnen, weniger fassadenhaft zu sein. [23]
«Wie da einer von den Schwierigkeiten mit seiner Frau erzählte, da
mußte ich plötzlich das von mir erzählen. Ich war hinterher richtig
erleichtert, daß ich das sagen konnte. Ich fühlte mich frei und

unbeschwert. Das war völlig neu für mich.» – «Die Schüler treffen sich auch privat», sagt ein Lehrer. «Und denen konnte ich, als sie mal einen Tag bei mir waren, offen sagen, daß ich mich von meiner Partnerin getrennt hatte, was mich Überwindung kostete. Das hat mir eine starke menschliche Zuwendung gebracht. Da kam plötzlich heraus, daß einige etwas Ähnliches erlebt hatten und daß einer der Schüler sich gerade von seiner Freundin trennt. Das war eine unheimliche Offenheit, toll!»

So kommt es durch gegenseitiges Offensein zu tieferen, bereichernden, fruchtbaren Beziehungen zwischen Menschen. Wir lernen auf diese Weise, miteinander zu sprechen und uns zu ändern.

Menschen werden sich selbst gegenüber echter

Sich selbst gegenüber aufrichtiger und echter werden ist ein seelischer Vorgang, der uns sehr bedeutsam erscheint. Es ist notwendig, daß er mit dem Freiwerden von Fassaden und der Selbstöffnung einhergeht, damit diese Wandlungen gleichsam von innen heraus erfolgen und somit erst wirklich förderlich für uns und andere werden können.

Was verstehen wir unter diesem Echtsein sich selbst gegenüber? Dem Bewußtsein ist das unmittelbare Erleben zugänglich, das, was im Moment jeweils in uns vorgeht. Ein Mensch, der sich selbst gegenüber echter zu werden versucht, bemüht sich, dieses unmittelbare Fühlen und Erleben und ihre Bedeutung für ihn möglichst deutlich zu spüren: «Ich höre in mich hinein – auf das, was ich fühle, ich akzeptiere dieses Fühlen und versuche, es vor dem anderen auszudrücken.» Bei diesem inneren Echtsein werden wir uns mehr bewußt, in welcher Stimmung wir sind, was wir möchten, was wir fühlen, welche Bedeutung etwas für uns hat – ob wir Anerkennung wünschen, Liebe, äußeres Prestige, ob wir einen anderen übervorteilen möchten usw.

Ein Mensch, der sich selbst gegenüber echter wird, läßt also seine eigene seelische Wirklichkeit zu und sucht sie wahrzunehmen, zu verstehen und sie danach dem anderen mitzuteilen. Er wird sich deutlicher seines Erlebnisstroms, dessen, was in ihm vorgeht, bewußt. Er spürt zum Beispiel, wenn er sich verteidigt, wenn er etwas zu verleugnen sucht oder wenn er andere für seine Gefühle verantwortlich macht.

Sich des eigenen Erlebens deutlicher bewußt sein, die eigene innere Welt zu hören, sie zu verstehen und schließlich ohne Wertungen über andere mitzuteilen – das ist für die meisten von uns nicht einfach. Es ist ein lebenslanges Lernen, bei dem wir uns immer wieder fragen: Sage ich das, was ich *wirklich* fühle und denke? Entspricht das, was ich dem anderen gegenüber äußere, wirklich meinem augenblicklichen Erleben? Was fühle ich wirklich?

«Ich empfinde es als sehr befriedigend, wenn ich echt sein kann», schreibt Carl Rogers, «wenn ich alldem, was in mir vorgeht, nahe bin. Ich mag es, wenn ich mir selbst zuhören kann. Wirklich zu wissen, was ich im Augenblick erlebe, ist keineswegs leicht, aber ich fühle mich etwas ermutigt, weil ich glaube, im Laufe der Jahre darin Fortschritte gemacht zu haben. Ich bin jedoch überzeugt, daß es eine lebenslange Aufgabe ist und daß es keinem von uns je völlig gelingt, mit allem, was sich in unserem Erleben abspielt, in enger Berührung zu sein.» [37]

Welche Auswirkungen hat es, wenn wir
uns selbst gegenüber echt sind?

Wenn wir überwiegend in uns selbst zentriert sind und unsere seelische Wirklichkeit bewußt wahrnehmen können, so sind die Folgen für uns und unsere Mitmenschen sehr bedeutsam:

○ Menschen, denen das eigene Erleben bewußter ist, die offener und echter sich selbst gegenüber sind, sind sich selbst weniger entfremdet. Sie sind sich näher, sind mehr eins mit sich. Sie haben weniger innere Spannungen. Sie neigen weniger zu widersprüchlichem Denken und Handeln, nehmen – um ein Beispiel zu nennen – kaum Privilegien in Anspruch, die ihren sozialen Auffassungen widersprechen.

○ Menschen, die ihr Inneres deutlicher wahrnehmen, dazu stehen und somit aufrichtiger und echter sich selbst gegenüber sind, neigen seltener dazu, eine Fassade aufzubauen oder eine Rolle zu spielen: «Ich versuche, ein Gespür dafür zu entwickeln und zu merken, wann ich wieder eine Fassade zeige oder Vorurteile habe. Stimmt das, was ich sage, wirklich? Entspricht mir das völlig? Je mehr ich von mir selbst spüre, um so weniger kann ich eine Fassade haben.» Für diese Menschen ist es einfacher, ihr Äußeres mit ihrem Inneren in Übereinstimmung zu bringen.

○ Menschen, die sich selbst gegenüber echter werden, passen sich seltener anderen und deren Meinungen konformistisch an. Sie können sich besser mit sich selbst auseinandersetzen, weil sie sich ihrer inneren Vorgänge deutlicher bewußt sind. «In Auseinandersetzungen oder in schwierigen Situationen versuche ich, aus meinem Erleben heraus meine Meinung zu sagen. Ich nehme keine Argumente, die ich von irgend jemand übernommen habe, sondern suche zu hören, wie ich fühle – ich denke über mich nach.»

○ Menschen, die sich ihrer eigenen seelischen Vorgänge bewußt sind, empfinden weniger Ängste über das, was sie zukünftig tun und sein werden, was ihnen passieren könnte. Sie haben mehr Vertrauen zu sich selbst.

○ Menschen, die sich ihres unmittelbaren Erlebens bewußt sind, drücken sich meistens persönlich und verständlich aus. Damit erleichtern sie sich selbst und anderen das Verstehen schwieriger Inhalte.

○ Ihr Echtsein ist hilfreich, nicht rücksichtslos. Sie lasten anderen nicht eigene Schwierigkeiten oder Ängste an, da sie sich ihres Erlebens bewußt sind. Sie vermeiden es, zu werten oder andere für ihr Fühlen verantwortlich zu machen. Das Echtsein eines Menschen erleichtert es anderen, eine vertrauensvolle, reiche Beziehung zu ihm zu haben.

○ *Eine der wichtigsten Auswirkungen von größerem innerem Echtsein ist, daß Menschen sich anderen gegenüber weniger aggressiv verhalten.* Aggressives Verhalten hängt unserer Auffassung nach häufig damit zusammen, daß Menschen Angst empfinden, sich bedroht, hilflos, kraftlos und ohnmächtig fühlen, daß sie große innere Spannungen und Unsicherheit verspüren. Selten äußern sie, was sie fühlen. Sie sind sich dessen meist auch gar nicht deutlich bewußt. Aus diesen unklaren Gefühlen und Spannungen heraus werden sie aggressiv, beschimpfen andere, schlagen sie, kritisieren und verletzen sie. So werden zum Beispiel Kinder geschlagen, weil sich ihre Eltern hilflos fühlen, und Jugendliche schlagen andere, weil sie sich durch diese verunsichert und bedroht fühlen.

Im folgenden beschreiben zwei Männer, wie ihr aggressives Verhalten in ihrer Partnerbeziehung damit zusammenhing, daß sie oft nicht ehrlich sich selbst gegenüber waren, und wie sich mit Zunahme innerer Echtheit auch die Beziehungen verbesserten: «Wenn meine Frau mich früher kritisierte, war ich persönlich beleidigt, denn es tat mir weh. Und das wehrte ich ab, indem ich sie kritisierte, statt es anzunehmen. Ich überspielte also mein Verletzt- und Beleidigtsein dadurch, daß ich sie kritisierte, angriff und herabsetzte. Heute dagegen kann ich mein Verletztsein eher annehmen und es ihr offener mitteilen.» – «Bei mir ist das so: Wenn meine Freundin wütend wird, dann wehre ich das einfach ab und mache mich lustig darüber. Dann wird sie noch wütender, und dann mache ich sie noch mehr lächerlich. Bei mir ist das so eine Schutzreaktion. Ich kriege einfach nicht die Kurve, ehrlich zu sein. Eigentlich fühle ich mich vollkommen hilflos, wenn sie wütend ist. Ich kann schwer damit umgehen. Aber ich kann es ihr nicht sagen. Und da ich keine Lust habe, mich mit mir zu beschäftigen, greife ich dann dazu, daß ich mich über sie lustig mache und meine eigenen Gefühle von Hilflosigkeit vollkommen verleugne.» Regina, etwa 35 Jahre alt, berichtet: «Das war eigentlich mein Hauptproblem mit meinem Partner. Wir haben uns verletzt mit Worten und so. Und ich hatte mich dadurch sofort immer angegriffen gefühlt und dann mit Aggressionen reagiert.»

So äußern Menschen häufig in schwierigen Situationen nicht ihr Fühlen – daß sie zum Beispiel verletzt sind oder daß sie sich hilflos fühlen. Häufig ist ihnen dieses Erleben nicht deutlich bewußt. Bewußt sind ihnen meist nur Spannungen, Gereiztheit, Unwohlsein. Sie greifen den anderen an, setzen ihn herab. So sind aggressive und verletzende Äußerungen und Handlungen von Menschen, die uns als echt erscheinen, in Wirklichkeit oft ohne Beziehung zu dem, was sie in jenem Augenblick fühlen.

Sind Menschen hingegen fähig, ihr Verletztsein, ihre Hilflosigkeit, ihre Bedürfnisse nach Anerkennung, Verständnis oder Liebe zu äußern, so führt dies zwischen einzelnen oder Gruppen zu befriedigenderen, ehrlicheren Beziehungen, in denen Aggressionen seltener auftreten und rascher geklärt werden können. Gertrud: «Für mich ist es sehr wichtig, in meiner eigenen Wut bei mir selbst zu bleiben, die eigene Wut und den eigenen Schmerz zu erkennen – wirklich nur bei mir selber zu bleiben und nicht dem anderen vermitteln: er hat was Böses gemacht, er soll sich ändern, ihn also bewerten. Ich bin schon manchmal wütend auf den anderen, aber eigentlich erkenne ich, daß ich Verständnis von ihm haben will. Es ist sehr schwer, dann bei mir zu bleiben und nicht die Wut dem anderen überzustülpen. Bei mir in der Wut bleiben heißt, sie nicht unterdrücken, aufstauen, sondern sie ausdrücken als mein Gefühl.»

Wir möchten nicht mißverstanden werden: Dieses In-sich-Hineinhören und Ausdrücken der eigenen Gefühle in bedrohlichen Situationen ist kein Unterdrücken von Aggressionen, von Wut oder Ärger. Es bedeutet auch nicht, daß wir die Heftigkeit unserer Gefühle herunterspielen. Im Gegenteil: Wir lassen unser Verletztsein und unser Gefühl, bedroht zu sein, deutlicher zu. Es ist auch keine Schwäche oder Unfähigkeit oder Schüchternheit, die uns davon abhält, uns zu wehren. Es ist keine Unterwerfung unter den anderen, sondern eine Handlungsweise, die vom einzelnen viel seelische Stärke und Kraft erfordert.

Dieses nicht wertende Echtsein uns selbst und dem anderen gegenüber sehen wir als eine wesentliche, bislang selten genutzte Möglichkeit an, zwischenmenschliche Beziehungen tiefgreifend zu verbessern und uns nicht in Aggressionen gegen andere zu verlieren, wenn wir Angst haben, uns hilflos oder bedroht fühlen.

Zum Abschluß dieses Kapitels über das Echterwerden möchten wir einen sechsundzwanzigjährigen Psychologiestudenten zu Wort kommen lassen. Er beschreibt seine persönliche Entwicklung und die Auswirkungen, die diese auf andere Menschen gehabt hat: «Ich habe lange Zeit Schwierigkeiten sowohl mit dem Begriff der Echtheit gehabt als auch damit, echt zu sein, echt zu leben, mir selbst und anderen gegenüber. Als ich begann, mich offener meinen Gefühlen zuzuwenden, habe ich anfangs hauptsächlich den ganzen

Ärger und Unmut über andere entdeckt, den ich bisher nicht zum Ausdruck gebracht hatte. Weil ich echt sein wollte, habe ich meinen Ärger über das ‹unzulängliche Verhalten› anderer mitgeteilt. Die Folge war anfänglich, daß sich meine Freunde und Bekannten von mir zurückzogen und ich mich häufig allein fühlte. Genau das Gegenteil dessen trat ein, was ich erhofft hatte, nämlich in näheren Kontakt zu anderen zu kommen. Ich habe erst später durch andere erfahren, was der Grund für den Rückzug war. Ich mag zwar echt gewesen sein, aber zugleich verletzend und abweisend. Durch solche Erfahrungen habe ich gelernt, Echtheit nicht getrennt und isoliert von Achtung und Einfühlung zu betrachten.

Indem in meinem Ärger oft auch Verletzungen enthalten waren, habe ich mein Gegenüber nicht akzeptiert. Mehr noch: Ich habe meine eigenen Gefühle nicht verstanden, ich war mir selbst gegenüber nicht einfühlend. Mein eigenes Gefühl des Verletztseins durch andere konnte ich nicht wahrnehmen. Ich konnte es nur ausdrücken, indem ich andere verletzt habe. Nachdem ich diese Zusammenhänge in Gruppen erfahren habe und meine eigenen Verletzungen wahrnehmen konnte, habe ich den notwendigen Zusammenhang dieser drei Haltungen erst begriffen. Damit ist es mir möglich geworden, *meine* Gefühle zu zeigen, indem ich sie lebe. Ich konnte ärgerlich sein, wenn wirklich Ärger in mir war, ich konnte mich verletzt zeigen, wenn ich mich verletzt fühlte. Ich konnte mehr die schwachen Gefühle zulassen und mein Ich-Bild um sie erweitern. Ich habe solche Gefühle nicht länger als schwach oder schlecht oder als meist nicht zu mir passend angesehen. Ich habe festgestellt, daß alle diese Gefühle in mir ihren Platz haben. Zugleich ist meine Beziehung zu anderen enger und auch offener geworden. Ich sehe, daß das Ausdrücken meiner Gefühle für mich förderlich für wichtige Beziehungen ist, mich in engeren Kontakt zu anderen bringt. Es scheint sogar so zu sein, daß sich die Gesamtheit dieser Gefühle in einer für mich selbst und für andere konstruktiven Harmonie bewegt. Und etwas weiteres scheint die Folge dieser Entwicklung zu sein: In gewisser Weise bin ich ‹Herr› über meine Gefühle geworden. Damit meine ich, daß sie nicht explosionsartig aus mir herausbrechen, sondern ich selbst bin in der Lage, zu entscheiden, wann und wem gegenüber ich meine Gefühle

darlegen möchte. Es gelingt mir eher, abzuwägen, ob es mir sinnvoll erscheint, mich wegen einer Sache zu streiten, die nicht von
großer Bedeutung für mich ist. Meine Gefühle habe ich als *meine*
Gefühle erkannt. Und die lange Zeit von mir aufrechterhaltene
Einstellung, daß andere auch so fühlen wie ich, daß sich das Fühlen
nur nach objektiven Ereignissen und nicht nach ihrer Wahrnehmung richtet, habe ich aufgegeben. An ihre Stelle ist die Bedeutung
der Einzigartigkeit meiner inneren Welt und der anderer getreten.
Und je mehr ich sie erforsche, je mehr ich gleichsam ‹zu Hause› in
ihr bin, desto echter kann ich leben.»

Offener werden
für gefühlsmäßiges Erleben

Menschen verschließen sich ihrem Fühlen

Viele Menschen sind nicht oder nur selten in der Lage, offen für ihr gefühlsmäßiges Erleben zu sein, vielfältig und intensiv zu fühlen. Eine einunddreißigjährige Frau sagt von sich: «Ich bin vollkommen gefühlskalt und an allem nur noch wenig interessiert, auch wenig interessiert an mir selbst. Es ist mir peinlich, über mich zu reden. Ich weiß überhaupt nicht, was ich da erzählen soll.» – «Ich habe das Gefühl, daß eine Seite in mir verschüttet worden ist. Ich kann mich gefühlsmäßig nicht ausleben, weder richtig wütend noch spontan sein. Ich fühle mich gar nicht mehr lebendig.» – «Ich komme mir vor wie in einem Käfig», sagt ein Sechsundzwanzigjähriger. «Ich kann meine Gefühle zwar irgendwie ahnen, aber meine Gedanken, mein Kopf haben sie fest im Griff. Ich wünsch mir so, daß dies nicht immer durch meinen Kopf geht. Aber ich sehe im Moment keinen Ausweg aus diesem Käfig.»

Gefühlsmäßig verschlossene Menschen empfinden sich häufig als kalt, gleichgültig, desinteressiert, leer. Oft verspüren sie auch Angst. Sie fühlen sich wie eingesperrt, nicht frei, ihr Fühlen zu erleben und sich ihm zuzuwenden. Ein Dreißigjähriger sagt in einem Gespräch im Fernsehen: «Ich bin ganz weit weg von mir. Als vorhin die Helga erzählt hat von ihrer seelischen Leere, da wußte ich ganz genau, du bist auch tot. Menschen erreichen mich nicht gefühlsmäßig und berühren mich nicht mehr. Ich komme mir vor wie eine Maschine, die nur funktioniert. Vielleicht als ganz kleines Kind, so bis zu zehn Jahren, da hab ich mich noch wohlgefühlt. Aber jetzt – ich hab so ein Gefühl, als ob ich mich ins Eisfach gelegt hätte. Tiefschlaf, Deckel zu . . . Ja, ich müßte mir selbst näherkommen. Aber

ich sehe keinen Weg. Ich habe eigentlich nur das Gefühl, ja, es tut gar nicht weh. Es schmerzt mich, daß es mich nicht schmerzt, so ungefähr. Ich bin im Kühlschrank, so erlebe ich es. Ja, ich will mich ändern. Aber alleine schaffe ich das nicht. Ich dreh mich im Kreis. Da ist dieses Gefühl von Fremdheit – daß ich gar nicht richtig da bin. Wenn jemand auf mich zukommen täte und wollt mich umarmen, ich könnte das gar nicht annehmen. Also spür ich ganz deutlich, daß irgendwo starke Bedürfnisse da sind, nach Zärtlichkeit auch. Aber ich sehe gleichzeitig, daß ich nicht fähig bin, die zu verlangen oder so. Ich stehe mir gleichsam selber im Weg. Ich sehe momentan, daß ich das nicht kriege, was ich will. Vorhin, da hat Eva geweint, und ich sitze da seelenruhig nebenbei. Vielleicht habe ich Gefühle. Ich möchte gerne hingehen und möchte sie umarmen. Aber da kommt gar nichts raus.» Und wenige Minuten später sagt er: «Ich hasse mich. Aber noch nicht einmal dieses Gefühl lasse ich richtig zu. Das ist irgendwie im Hinterkopf. Aber es kommt nicht voll heraus. Also weinen oder so etwas – nein. Es ist wirklich wahr, die einzigen Gefühle, die ich rauslassen kann, sind Aggressionen und Haß. Sonst kommt gar nichts. Und um meine Aggressionen abzureagieren, da betrinke ich mich, oder ich höre wahnsinnig laute Musik. Oder ich fahr wie ein Wilder mit dem Auto durch die Gegend . . . Daß meine positiven Gefühle so abgestorben sind, das schockt mich so sehr.»
[56] Volker, 27 Jahre: «Ich habe überhaupt kein Gefühl von mir selbst. Ich verneine mich nicht, aber ich hab auch kein positives Gefühl. Ja, ich bin ein Neutrum für mich selbst. Ich lebe nur so vor mich hin, ohne mich selbst zu spüren.» – «Intellektuell bin ich völlig erwachsen und intelligent. Aber es nützt mir nichts. Gefühlsmäßig bin ich tot. Ich kann mich gefühlsmäßig nicht ausdrücken. Ich habe manchmal gar kein Gefühl für meinen Körper.»

Wahrscheinlich ahnen viele Menschen, daß ihr Fühlen wenig entwickelt ist und daß sie ihre Gefühle häufig nur sehr eingeschränkt, verkümmert und verflacht zum Ausdruck bringen können – selbst dort, wo sie es in bestimmten Situationen sehr wünschen, etwa gegenüber ihrem Partner, ihren Kindern, in der Familie, wo es ihnen «ungefährlich» erscheint. Manche Menschen teilten uns mit, daß sie sich selbst und ihre Umgebung wie hinter einer Glasscheibe erleben, steril und distanziert.

Welche Auswirkungen hat es,
wenn wir uns gefühlsmäßig verschließen?

Die kurzzeitigen Folgen mögen bisweilen günstig erscheinen: Unangenehme Gefühle werden nicht oder nur schwach erlebt. Unterdrücken und vernachlässigen wir jedoch über lange Zeit unser Fühlen, so ist unsere seelische Lebendigkeit erheblich eingeschränkt:

○ Durch die Einengung des gefühlsmäßigen Erlebnisstromes verkümmern Menschen innerlich. Ihr Bewußtsein ist eingeschränkt. Sie spüren häufig eine innere Leere, sehen keinen rechten Sinn in ihrem Leben und fühlen sich nicht ausgefüllt, «unlebendig». Durch das Unterdrücken unangenehmer Gefühle empfinden sie oft weniger Angst, aber sie spüren auch weniger Freude und positive Erregung.

○ Ein gefühlsmäßig leerer Mensch ist sich selbst kein guter Partner. Er spürt sich selbst wenig – vor allem, wenn er allein ist. Manche suchen diese innere Leere durch starke äußere Reize auszugleichen: durch ein Übermaß an Aktivitäten, hohe Geschwindigkeit beim Autofahren oder häufigen Wechsel sexueller Partner. Andere versuchen, das Gefühl der Leere durch Drogen, Alkohol, starken Konsum oder überreichliches Essen zu betäuben. «Ich möchte meine Gefühle gern spüren. Ich fühl mich nicht vollwertig, und das Leben ist langweilig dadurch. Unwillkürlich greife ich zu Hilfsmitteln, nehme Tabletten oder versuche, mich sonst irgendwie hochzubringen.»

○ Menschen, die ihr Fühlen vernachlässigen, fehlen oft wichtige Informationen. Denn unsere Wahrnehmungen, unser Denken und unsere Einstellungen, die für uns von Bedeutung sind, werden von sehr verschiedenartigen Gefühlen begleitet. Wenn wir uns diesen zuwenden, werden uns die Bedeutungen bewußter, die Ereignisse und Wahrnehmungen für uns haben. Wenn uns diese Bedeutungen klarer sind, können wir besser für uns selber sorgen.

○ Die Vernachlässigung des eigenen Fühlens fördert psychosomatische Erkrankungen. Wenn ein Mensch seine Empfindungen ignoriert, liegt ein wichtiger seelischer Bereich brach. Daraus entstehen Spannungen, die sich ungünstig auf den Körper auswirken können. «Ich kann meine Gefühle nicht rauslassen und bin daher körperlich vollkommen verspannt – völlig verkrampft, innerlich und äußerlich. Darum auch meine äußerlich starre Haltung.» – «Ich bin so kontrolliert, so beherrscht, daß ich nichts richtig rausbringen kann. Mein Mann war eben auch von Haus aus so erzogen: Da reißt man sich eben zusammen! Und dadurch kommen bei mir die Magenschmerzen. Es ist alles gespannt hier drinnen.»

○ Gefühlsmäßig eingeengte Menschen haben häufig verarmte Beziehungen zu anderen. Da sie ihr Fühlen nur sehr eingeschränkt zum Ausdruck bringen können, sind sie wenig bereichernd für andere. «Welche Gefühle mein Mann hat, welche Gefühle er mir entgegenbringt, das kann ich nicht sagen. Da ist er wie ein totes Buch. Ich wüßte es gerne. Aber er spricht nicht darüber.» In einer gefilmten Gesprächsgruppe von Carl Rogers sagt eine Frau: «Ich kann zu meinem Mann kommen und mit ihm sprechen. Er hört zu. Aber er klopft mir nicht auf die Schulter. ‹Hm-hm, in Ordnung› – das ist das Äußerste, was ich von ihm zu hören kriege. Er hat immer eine logische Begründung. Er ist in jeder Hinsicht so vernünftig. Wenn er mir doch nur etwas Gefühl zeigen würde. Ich glaube, er hat noch nie geweint. Ich glaube, er hat kein Gefühl.» [44] Eine fünfundvierzigjährige Frau und Mutter: «Ich empfinde meine Ehe oft als einengend und hemmend . . . Für meinen Mann ist das wichtigste Kriterium für die Beurteilung von Menschen und für die Beschäftigung mit Dingen der Intellekt. Alles andere ist für ihn dummes Zeug und primitiv. Ich sehe das anders. Für mich zählen mehr Eigenschaften wie Aufrichtigkeit sich selbst und anderen gegenüber, Herzlichkeit und kein konventionelles Getue, außerdem Mut zur Individualität, nicht angepaßt sein wollen, Toleranz vor allem und Kreativität . . . Ich wünsche mir mehr Gemeinsamkeit auf emotionaler Ebene, nicht nur auf intellektueller Es kränkt mich, wenn gefühlsmäßig spontane Argumente als ‹aus dem Uterus kommend› abgewertet werden.» Gefühlsmäßig eingeschränkte Personen werden auch durch andere wenig angeregt; Menschen teilen ihnen ihr Fühlen nur selten mit.

○ Personen, die ihrem eigenen Fühlen gegenüber wenig sensitiv sind, sind meist wenig einfühlsam und tolerant gegenüber anderen.

Sie neigen eher dazu, sich totalitären Organisationen konformistisch anzuschließen und Andersdenkende als wertlos und vernichtenswert zu betrachten.

Warum verschließen sich Menschen
ihrem gefühlsmäßigen Erleben?

«Wenn man eine gewisse Härte besitzt, wird man mit dem Leben besser fertig.» Diese Äußerung eines Vierzigjährigen bringt die Einstellung zum Ausdruck, das gefühlsmäßiges Erleben möglichst wenig zu beachten, um besser im Leben bestehen zu können und um unverletzlicher zu sein. Er fährt fort: «Man erkennt die Situation und versucht, das Beste daraus zu machen. Und wenn man sieht, daß es eben keinen Ausweg gibt, dann hat es sich eben. Ich meine, Gefühle hat man, selbstverständlich – etwa wenn jemand, der einem am Herzen liegt, von dannen geht. Dann kommen auch die entsprechenden Regungen. Ich versuche, so schnell wie möglich mit der Situation und den Gefühlen fertig zu werden, indem ich dann sage, das Leben geht weiter. Und dann drehe ich mich um und hab andere Gedanken. Ja, das ist eine gewisse Härte. Aber ich werde dann mit den Problemen schnell fertig. Das ist eine gewisse Unterdrückung, um nicht lange an der Sache zu nagen und sich zu quälen, sich aufzureiben. Denn man schadet sich ja nur selber. Es ist ein gewisses Abschütteln.» Diese Einstellung wird durch die Erwartungen anderer häufiger gefördert, zum Beispiel im Berufsleben: «Bei Dienstbesprechungen bin ich immer formell und verschlossen. Ich habe Angst. Sonst würden die anderen sagen: Das gehört jetzt hier nicht her, wie du dich fühlst. Hier geht es um andere Probleme.» – «Wenn ich anfange zu kämpfen, in Versammlungen oder im Betrieb, dann merke ich: Ich bin jetzt gar nicht bei mir. Ich bin nicht offen für mein Inneres. Und ich kann mich auch nicht erforschen, das geht gar nicht. Ich bin dann so mit dem Kämpfen beschäftigt.»
○ Manche streben es an, in ihrer beruflichen Tätigkeit möglichst keine Gefühle zuzulassen, weil sie glauben, daß diese sich eher

störend auf die Arbeit auswirken könnten: «Ich lasse mir meine Sachlichkeit nicht durch Gefühle vernebeln.» – «Meine Gefühle behindern mich nur.»

Auch im Schulunterricht, in der Berufsausbildung und in Seminaren versuchen viele, ihr Fühlen – ihre Langeweile, ihre Angst vor Benotung oder vor ihrer eigenen Unzulänglichkeit – zu unterdrücken, um die geforderten Leistungen zu erbringen.

○ Bei manchen wird das Fühlen durch eine zu einseitige verstandesmäßige Orientierung beeinträchtigt. «Ich versuche ständig, meinen Gefühlen mehr Beachtung zu schenken, aber mein Gehirn unterbindet dies mit Erfolg», sagt ein fünfundzwanzigjähriger Elektriker. «Mir schwirren immer so viele Dinge durch den Kopf. Zum Beispiel versuche ich, die Reaktion anderer im voraus zu ahnen, so daß ich immer weiß: Was für eine Reaktion hat der andere in dieser Situation. Um dann eine bestimmte Reaktion zu erhalten, schaue ich in die Vergangenheit und sehe mein damaliges Handeln und versuche, es nachzuahmen. Aber damit befinde ich mich nicht in der Wirklichkeit, sondern in der Vergangenheit oder in der Zukunft. Und mein Gefühlsstrom wird sehr spärlich, so als ob mein Gehirn nicht mehr zuließe. Kommt ein Gefühlsstrom, so sind gleichsam Widerstände eingebaut, die ihn abschwächen. Zum Schluß kommt nichts mehr, weil die Widerstände zu groß sind.» Hans-Jürgen, 21: «Ich glaub, ich bin ein Typ, der versucht hat, sich zu kontrollieren. Aber eine negative Folge ist zum Beispiel: Ich kann nicht mehr weinen.» – «Ich habe unter meiner Selbstbeaufsichtigung gelitten: Gedanken oder gar Gefühle hab ich erst dann ausgesprochen, wenn sie meinen Kopf in mehreren ‹Durchgängen› als ‹genehmigt› passiert hatten . . .»

○ «Gefühle zeigen», sagt der vierzigjährige Rüdiger, «koppelt man vielfach mit Schwäche. Leute mit Gefühlen werden abgewertet, so als ob sie unfertige, weniger entwickelte Menschen seien.» Viele billigen allenfalls Kindern und Frauen Gefühle zu – «Gefühle sind nichts für harte Männer».

Äußert etwa ein Wissenschaftler oder Politiker öffentlich sein Fühlen, so wird er belächelt, als unwissenschaftlich, unpolitisch oder «individualistisch» eingeschätzt: «Ich habe mich damals geschämt», sagt ein Student, «als mein Professor Gefühle in der

Vorlesung zeigte. Heute aber denke ich, ich habe mich geschämt, weil ich zu mir selbst und meinen Gefühlen nicht stehen kann.» Gefühle gelten manchen als ein Zeichen der Schwäche oder Dummheit. Sie schämen sich ihrer und verstecken sie. Es ist ihnen nicht bewußt, daß ihr Fühlen etwas sehr Bedeutungsvolles, Bereicherndes für ihr Leben sein könnte.

o Das eigene Fühlen zuzulassen und es intensiv zu spüren, ist bei manchen mit großer Angst verbunden. Dieser Angst versuchen sie zu entgehen, indem sie ihre Gefühle nicht beachten. Es ist die Angst, sich auf ihr Empfinden einzulassen, das ihnen unbekannt, bedrohlich und unkontrollierbar erscheint. Menschen, die ihre Gefühle über Jahre unterdrückt haben, befürchten ferner, sie könnten sich explosionsartig entladen, wenn sie sich ihnen öffnen würden: «Wenn ich meine ganzen Gefühle und Gedanken zulasse, dann habe ich das Gefühl, verrückt zu werden. Es tut sehr weh, und mir geht es dann schlecht. Deswegen höre ich auch so laute Musik, weil sie mich davon ablenkt. Ich habe Angst davor, ganz k.o. zu gehen.» – «Ich möchte die Gefühle nicht rauslassen, weil ich denke, dabei gehe ich wirklich drauf. Das ist für mich ein reiner Selbstschutz.» Menschen haben häufig nicht den Mut, ihren unangenehmen, angstvollen Gefühlen zu begegnen. Sie möchten diese Gefühle nicht spüren: «Wenn man alles herunterreißt, sich bloßstellt und den echten Schmerz fühlt, den man in sich hat – ich finde, dann ist man völlig ausgeliefert, das kann man nicht ertragen», sagt eine Dreiundvierzigjährige und fährt fort: «Es ist sehr schwer, diesen Schmerz zu durchleben; man muß sich vor seinem eigenen Schmerz schützen. Ich hätte Angst, daß man mich verletzen könnte. Aber nein, das ist Theorie. Vielleicht habe ich nur Angst, einen ganz tiefen Schmerz zu empfinden. Und das ist ein Schutz vor mir selber, die Mauer, die ich aufbaue. Ich bin oft sehr traurig. Aber ich glaube, das so ganz tief zu durchleben – das könnte ich nicht. Eigentlich möchte ich da mal hinkommen – in diese Tiefe. Ich möchte auch versuchen, daraus etwas Positives für mich zu machen.»

Viele dieser Menschen vermeiden Situationen oder Gesprächsthemen, bei denen stärkere Gefühle in ihnen ausgelöst werden könnten: «Die Atmosphäre in dieser Gruppe habe ich sehr abgewehrt», sagt Petra, 34. «Ich konnte es nicht ertragen, wenn jemand in Tränen ausbrach. Ich mußte dann rausrennen. Mir wurde heiß, und ich wurde innerlich aggressiv. Ich wollte es für mich nicht zulassen, daß Gefühle hochkamen. Ich befürchtete, daß ich auch noch weinen würde, und das war etwas, was ich um alles in der Welt nicht tun wollte. Ich hab Angst, daß ich von meinen eigenen Gefühlen überschwemmt werde.»

○ Eltern und ältere Menschen versuchen häufig, Kinder und Jugendliche zu beeinflussen, das eigene Fühlen zu unterdrücken. Sie empfehlen jungen Menschen, «sich zusammenzureißen», sich zu kontrollieren, ihr Fühlen zu verbergen oder es nicht zu beachten. Volker, ein sechsundzwanzigjähriger Student, berichtet über seine Familie: «Bei uns zu Hause gab's keine Gefühle. So etwas hat man einfach nicht. Es hieß immer: Gefühle gibt's nicht, alles logisch durchdenken. Wenn jemand auf die Idee gekommen wäre, Zärtlichkeit und so was zu zeigen, dann hätt's ein Donnerwetter gegeben. Es gab bei uns nie diese Geborgenheit und diese Wärme.»

So ist es für manche ein schmerzliches Lernen, sich den in der Kindheit vernachlässigten Gefühlen wieder zuzuwenden: «Ich durfte nie weinen. Mein Vater konnte das nicht ertragen. Also, es war der Teufel los, wenn wir weinten. Ich habe das ganze Weinen runterschlucken müssen, wenn ich traurig war als Kind. Ich hab's alles nachgeholt in der Ehe. Mein Mann war sehr geduldig. Nun bin ich das los. Das hat mich eine lange Zeit geschafft.» Eine fünfundsiebzigjährige Rentnerin sagt: «Einfach aussprechen – das habe ich im Elternhaus nie dürfen. Bei uns waren Gefühle . . . naja: Wenn einem nach Heulen zumute war, mußte man lachen. Und wenn man das sein ganzes Leben lang übt, ist es sehr schwer, anders zu sein. Heute fällt mir das leichter. Es ist mir eigentlich nicht mehr so wichtig, ob die Leute das schön finden oder nicht. Früher hab ich Wert darauf gelegt, daß nur der Eindruck nach außen richtig war. Heute weiß ich: Leg das doch ab, dann lebst du doch leichter!»

○ Manche sperrten sich schon im Kindes- und Jugendalter selbst von ihren Gefühlen ab, etwa aus Unsicherheit, aus Befangenheit oder weil sie sich vor ihnen fürchteten. Eine vierundvierzigjährige Lehrerin berichtet: «Ab sechs Jahren hab ich keine Zärtlichkeiten mehr geduldet. Ich hatte fast Berührungsangst. Ich hab's mir so gewünscht. Meine Mutter versuchte es. Aber ich hab gesagt, als sie mir einen Gutenachtkuß geben wollte: Nein, geh weg, ich ersticke. Da wird sie natürlich auch gelitten haben; sie hat's sicherlich auch gar nicht verstanden, was mit mir los war.» Diese Haltung ist bei ihr auch Jahrzehnte später noch vorhanden: «Ich bin meiner Mutter gegenüber ein Stück versteinert. Es muß langsam aufgeweicht werden, es muß sehr viel Wärme durchkommen. Wenn ich als Studentin nach Hause kam, rührte sie weiter im Kochtopf. Sie hatte sicher erwartet, daß ich spontan auf sie zukomme und ihr 'nen Kuß gebe oder so. Ich blieb dann aber auch nur so stehen. Wir haben uns manchmal noch nicht mal die Hand gegeben, weil irgend etwas im Raum war, das uns lähmte . . . Und gegenüber meinem Mann, da gehen ähnliche Sachen mit mir los. Manchmal, wenn ich in sein Büro gehe, werde ich auch so frostig. Die sind alle nett zu mir, ich werde dann aber so steif. Ich fühle dann eine Erwartungshaltung, und die lähmt mich. Obwohl ich es auch sehr brauche, daß man mich aufnimmt. Ich kann mir gar nicht vorstellen, daß ich willkommen bin, daß ich gemeint bin mit der Herzlichkeit . . . Manchmal in der Schule, wenn die Kinder so spontan auf mich zukommen, dann irritiert mich das.» Eine fünfunddreißigjährige Frau sagt von sich: «In meiner Jugend habe ich sehr viel Wert auf Intelligenz gelegt. Ich meinte, viel Wissen, das mache einen glücklich. Und ich habe versucht, meine Gefühle zu unterdrücken. Wenn andere Gefühle zeigten, habe ich immer gedacht: Buh, wie kann man nur.» Kurz darauf schildert sie die ungünstigen Auswirkungen dieser Haltung: «Aber später habe ich dann festgestellt, daß einem doch irgend etwas fehlt, wenn man nicht so seine Gefühle zeigen kann. Aber ich habe dann festgestellt: Wenn ich Gefühle durchlasse, sind es negative Gefühle. Nun können Sie sich vorstellen, wie schwer das ist: Auf der einen Seite möchte ich inzwischen doch Gefühle haben, und wenn ich sie durchlasse, dann bin ich auch nicht zufrieden. Auch das Verhältnis zu meinen Mitmenschen ist immer nur verstandesmäßig, und ich bekomme kein wirklich persönliches Verhältnis zu ihnen . . . Ja, und früher, als ich versuchte, Gefühle zu verdrängen, da kannte ich keine Angst. Ich war stolz, daß ich abends im Dunkeln nach Hause ging, und meine Eltern sagten zu meiner Schwester: Denke an deine große Schwester, die hat nie Angst. Aber manchmal ist es jetzt so, als ob ich diese Angst, die ich damals nicht hatte, heute habe. Das ist irgendwie um so erschreckender und befremdeter, als ich sie als Kind und auch bis vor kurzem nicht kannte. Und dann brechen die Gefühle so plötzlich über einen herein. Und ich weiß nicht so recht, wie soll ich damit fertig werden.»

Auch in den Schulen ist das Wahrnehmen des eigenen Fühlens und der Ausdruck des gefühlsmäßigen Erlebens oft unerwünscht. Lehrer an sogenannten höheren Schulen und Professoren zeigen selten, daß sie fühlende Personen sind. So sind Kinder und Jugendliche – Schüler, Auszubildende und Studenten – oft jahrelang viele Stunden täglich mit Menschen zusammen, die in ihrem gefühlsmäßigen Erleben sich selbst und anderen gegenüber verschlossen sind. «Ich bin nie, weder bei meinen Eltern noch in der Schule oder während meiner beruflichen Tätigkeit, einem Menschen begegnet, der mir vorgelebt hätte, seine Gefühle zu leben», sagt ein Fünfunddreißigjähriger. Die zur Gefühlsarmut führenden Einflüsse dieser Erzieher werden durch andere erwachsene «Vorbilder» – auch etwa durch Personen des öffentlichen Lebens –, die ihr Fühlen kaum beachten oder es niemals ausdrücken, bekräftigt. Wie oft werden Schüler und Studenten von Lehrern und Professoren, aber auch von Mitschülern und Kommilitonen geringschätzig belächelt, wenn sie ihre Gefühle zum Ausdruck bringen!

«Ich habe mich zwar schon immer als fühlender Mensch erlebt», schreibt ein Student, «habe um meine Gefühle gewußt und sie gehört. Doch habe ich sie bis auf die letzten Jahre nicht wirklich geachtet. Ich glaubte eher meinen Lehrern wie den meisten meiner Mitschüler, daß man Gefühlen eigentlich nicht allzuviel Bedeutung beimessen sollte. Einzig wichtig wäre, das Leben mit Hilfe des Verstandes zu meistern. So baute ich auf Verstand und Wissen. Und so habe ich mindestens die Hälfte meiner Möglichkeiten in den vergangenen Jahren brachliegen lassen. Auf der Universität, wo ich das Grundstudium in Psychologie machte, durfte man das Wort Gefühl, so ist es jedenfalls mein Eindruck gewesen, erst gar nicht in den Mund nehmen, um sich nicht der Lächerlichkeit preiszugeben. Schon gar nicht konnten Gefühle Gegenstand der Forschung oder der Wissenschaft sein. Ich hatte Angst, als Gefühlsmensch dazustehen, und so hielt ich meine Gefühle verschlossen.»

o Menschen, die lange Zeit hinter einer Fassade lebten, die ihre Gefühle vor anderen verbargen und sich verstellten, können nur noch selten intensiv fühlen; sie sind gefühlsmäßig verarmt. Ein Fünfundzwanzigjähriger: «Ich hab in letzter Zeit bemerkt: Ich zeig so ein Lächeln, aber innerlich bin ich eigentlich ganz traurig und ernst. Und im letzten Sommer, da ist mir aufgefallen: Ich war so traurig, ich hätte am liebsten geweint. Aber ich konnte nicht weinen. Irgendwie hab ich das verlernt. Wie kommt es nur, hab ich mich gefragt. Wieso kann ich nicht mehr weinen? Wieso kann ich nicht das ausdrücken, was ich fühle, so diese Traurigkeit? Ich habe dann lange darüber nachgedacht, und dann hab ich gedacht: Vielleicht liegt es daran, daß ich schon so lange mir meine Gefühle nicht gestatte, daß ich die so unterdrückt habe, daß ich einfach verlernt habe, diese Gefühle zu leben.»

o Viele werden auch durch Mitmenschen, etwa durch ihre Partner, daran gehindert, ihre innere Welt zu spüren und zu leben. So gewöhnen sie es sich an, sich gefühlsmäßig zurückzunehmen, sich zu verschließen, weil der Partner Gefühlsäußerungen abwehrt. Das zeigen die folgenden Ausschnitte aus einem Gespräch mit einem Ehepaar.

Albert: «Ich glaube, ich habe meine Frau daran gehindert, so impulsiv zu sein, wie sie ursprünglich einmal war.»

Marion: «Du hast es eigentlich nicht gewollt, aber du wolltest auch nicht meine Impulsivität. Ich bin darauf eingestiegen, ohne zu wissen, was daraus wird, was aus mir wird – etwas völlig anderes, als ich eigentlich bin. Für Albert ist Ruhe oberstes Gebot. Nie eine Auseinandersetzung, koste es, was es wolle. Das muß unterdrückt werden: daß ich aus mir herauskomme und sage, wie mir ist. Albert hat das alles als einen massiven Angriff und als eine Störung der Harmonie gesehen. Die war nachher sehr eigenartig, es war keine belebte, herzliche Harmonie. Ruhe und Bequemlichkeit – dann war für Albert die Welt in Ordnung. Und für mich wurde sie immer kaputter. Weil ich einfach nicht damit leben konnte.»

Später äußern die beiden, was Albert dazu bewogen haben mag, die Gefühle seiner Frau abzuwehren.

Marion: «Ich habe oft das Gefühl, daß Albert irgendwie Angst hat, in ein Gespräch reinzugehen. Das könnte etwas auslösen. So haben wir uns eigentlich im Innersten persönlich nie wirklich kennengelernt, und so folgte dadurch ein Mißverständnis aufs andere. Albert sagte ganz klar und hart: Über alles andere können wir reden, aber nicht über Persönliches. Ich finde, es ist doch damit überhaupt kein wirkliches, persönliches Verstehen möglich. In den ersten zehn Ehejahren hat Albert wirklich vermieden, mir zu erzählen, welche Schwierigkeiten oder welche Freuden er hat. Ich habe überhaupt keinen Anteil nehmen können, und automatisch habe ich mich mehr und mehr zurückgenommen.»

Albert: «Das war meine Auffassung. Ich hab gesagt: Zehn Jahre muß man erst einmal verzichten, bis die Kinder groß sind.»

Marion: «Diese Ansicht war für mich immer wahnsinnig hart: Jetzt geht es nicht, sondern in zehn, zwanzig Jahren sind die Kinder groß, dann können wir alles nachholen, was bis jetzt nicht gelaufen ist. Ich kann da nicht einsteigen . . . Ich bekomme keine Antwort von ihm, wie er fühlt und wie er denkt, ich weiß es nicht. Meine Rede ist immer ein Monolog. Ich spüre nicht, daß irgend etwas zwischen uns beiden gelebt, verstanden und ausgetauscht wird. Ich fühle mich nicht als vollwertiger Mensch und Partner. Wenn ich mal versuche auszudrücken, wie ich mich empfinde, dann würgt Albert das ab, und dann ist die ganze Sache abgehandelt. Er hat sich dann hingestellt, kopfschüttelnd: Unmöglich, wie ich bin oder reagiere. Das hat mich kaputtgemacht. Wenn er wenigstens etwas zeigen würde, wie er da fühlt oder wie hilflos er sich da fühlt.»

Albert: «Ich stehe einfach zu sehr unter dem rationalen Aspekt. Und ob darunter noch etwas an Gefühlen ist, das weiß ich nicht.»

Auch ihr sexuelles Zusammenleben wird durch Alberts Gefühlsarmut sehr beeinträchtigt.

Marion: «Manchmal läuft er ein ganzes Wochenende verärgert herum. Ich weiß nicht warum, und ich kann überhaupt nicht damit umgehen. Plötzlich, abends, da dreht er sich herum: So, nun können wir miteinander schlafen. Das wird für mich immer schwerer. Da ist keine Zärtlichkeit oder Zuneigung, oder er sagt nicht irgend etwas, was ich für ihn bin oder daß ich gebraucht werde. Da ist wirklich überhaupt nichts. Und dann soll es so aus dem Moment heraus sexuell gehen. Ich habe in letzter Zeit mehr und mehr

gemerkt, daß ich das nicht mehr bringe ... Es ist viele Jahre
überhaupt nicht passiert, daß ich geweint habe, weil ich weiß, wie
Albert reagiert und wie er es dann auslegt. Das kann ich mir einfach
nicht leisten. Und allmählich erlaub ich mir selber noch nicht
einmal, schwach zu sein und zu weinen. Dabei sehe ich es überhaupt nicht als Schwäche, sondern als eine Stärke. Als eine Stärke,
daß ich das Gefühl einfach auch einmal zulassen kann.»
○ Viele Menschen nehmen regelmäßig Beruhigungstabletten ein,
um ihre Angst, Unruhe und andere unangenehme Gefühle zu
vermindern. Doch scheinen diese Mittel − vor allem, wenn sie
längere Zeit genommen werden − das gesamte Fühlen einzuschränken: «Wenn ich Beruhigungstabletten nehme, dann ist meine Angst
weg», sagt ein Fünfundvierzigjähriger. «Aber ich spüre dann gar
nichts mehr. Ich bin der Umwelt und mir selbst gegenüber recht
gleichgültig und passiv.»

Menschen werden offener
für ihr gefühlsmäßiges Erleben

Menschen, denen deutlich wird, daß sie nur in eingeschränktem
Maße fühlen können, und die ahnen, daß ihnen damit etwas Wichtiges fehlt, haben oft den Wunsch, ihr Fühlen zu entfalten, sich in
diesem Bereich weiterzuentwickeln: «Lange Zeit habe ich es als
unangenehm und gefährlich angesehen, Gefühle zu haben», sagt
ein Vierzigjähriger. «Erst in den letzten Jahren gelang es mir
Schritt für Schritt, diese Kräfte und Gefühle nicht mehr als absolut
negativ anzusehen. Und ich vermute hoffnungsvoll, daß diese
Energien auch positiv sein können. Ich werde das Gefühlsmäßige
ernster nehmen und ihm eine wesentlich stärkere Bedeutung geben.» − «Ich möchte mir meiner Gefühle bewußter werden und
lernen, mich dazu zu bekennen.» − «Ich möchte stabiler werden und
fähig, meine Gefühle zu äußern. Ich möchte sie stärker anerkennen
und auch stärker mitteilen.» − «Ich möchte mich freier und offener
fühlen und in der Lage sein, meinen Gefühlen folgen zu können −
und nicht dem, was andere von mir erwarten.» − «Es gibt in mir

einen versunkenen Kontinent. Ich möchte stundenlang über Gefühle reden, aber ich hab sie nicht. Ich ahne den Kontinent; ich beginne, mich selbst zu fühlen.» – «Ich bin unheimlich schwer empfänglich für die Gefühle von anderen. Und ich strahle auch wenig Gefühl aus. Wenn man so will: Gefühle, die sind mein eigenes, und die zeige ich nicht. Aber ich habe erkannt, daß ich auf dem falschen Wege dabei bin, daß ich daran kaputtgehe.»

Der Anfang dieses langen Weges zu sich und seinen Gefühlen ist oft mit Schwierigkeiten verbunden: «Es hat bei mir unheimlich lange gedauert, überhaupt ein Gefühl ausdrücken zu können», sagt die dreiundvierzigjährige Maren. «Eine Bekannte sagte einmal zu mir: Sie erzählen das alles so, ohne ihr Gesicht zu verändern. Ich war so kontrolliert, so beherrscht! Aber dadurch kamen eben meine Magenschmerzen. Es ist alles gespannt hier drinnen. Aber ich bin jetzt dabei, meine Gefühle zu äußern. Ich hab mir vorgenommen, das schaffst du jetzt. Ich schlucke jetzt auch nicht mehr herunter. Ich übe jetzt, daß ich meine Gefühle ausdrücke. Und ich kann es ab und zu schon, ich kann sie nur noch nicht so ausleben.» Eine vierzigjährige Lehrerin schildert ihre Schwierigkeiten so: «Ja, da kommen mir gleich die Tränen. Dann denke ich: Mensch, wenn du dich für deine Gefühle öffnest, was kommt da auf dich zu? Ich kann es aber manchmal, und dann merke ich, das ist so toll. Aber dann kommt wieder so ein Raster, und dann geht wieder nichts mehr. Ich möchte das Offensein so gerne. Und ich bin traurig, daß ich da so viele Sperren habe; ich freue mich darauf, wenn die endlich abgebaut sind. Und ich spüre auch, da ist eine warme Quelle in mir, die Wärme gibt. Ja, ich muß meine Gefühle zulassen, den Strom der Wärme und Herzlichkeit. Manchmal gelingt es mir schon.» Norbert, 30: «Woran kann ich mich eigentlich freuen? Es gibt vieles, wo ich meine, ich habe Freude daran. Aber ich weiß gar nicht, ob das Freude ist, die von innen kommt, ob es echte, gefühlsmäßige Freude ist. Manchmal, wenn ich jetzt zu Hause bin, dann kann ich richtig träumen: Einfach nur dasein. Wo ich mir sage: Laß dich einfach treiben! Ich muß sagen, in den letzten Wochen hat es eine Menge solcher Situationen gegeben. Und die möchte ich mir auch irgendwie erhalten und weiter ausbauen. Ich habe mir auch zu Herzen genommen, daß jemand mir gesagt hat, daß ich mir selber so harte Maßstäbe anlege. Ich nehme mir jetzt jeden Morgen vor: Sieh die Arbeit nicht so verbissen, sieh sie locker! Und ich versuche, meine Stimmungen nicht mehr zu unterdrücken, sondern offen für sie zu sein.» – «Ich empfinde es als schöner, aber auch schwerer, Gefühle zu zeigen und risikohafter zu leben», sagt eine achtunddreißigjährige Frau. «Ich versuche dabei, die Angst vor der Angst zu verlieren. Mein Mann empfindet mich jetzt als angenehmer. Er hat versucht, auf die gleiche Ebene zu kommen. Wir leben schöner, aber auch schmerzhafter. Ich falle oft zurück, aber das macht nichts, obwohl ich mich dann nicht wohl fühle. Denn am schlimmsten finde ich es, gar nichts zu empfinden. Kein Gefühl zu haben, das macht mich kraftlos.» Und sie spricht noch eine weitere Schwierigkeit an: «Ich glaube, ich überfordere mich manchmal. Mein Bedürfnis nach Gefühlen belastet mich auch. Aber ich schiebe Probleme und Schwierigkeiten nicht mehr vor mir her. Gewiß, im Moment schmerzt mich vieles mehr, aber ich verarbeite und begreife, und es geht mir besser. Mir macht es jetzt auch mehr Spaß, Neues und Ungewohntes zu unternehmen.»

Wer seine Gefühle mehr zuläßt, wird auch Traurigkeit, Niedergeschlagenheit oder Angst intensiver empfinden. Dies ängstigt viele zunächst. Aber sie lernen, unangenehme Stimmungen nicht abzuwehren, sondern auch als wichtige Erfahrungen anzusehen: «Ich möchte wirklich mehr durchkommen lassen, was an Gefühlen alles noch in mir schlummert und was ich vielleicht noch gar nicht kenne. Ich stelle mir vor, daß ich dann auch mehr Lust am Leben hätte. Aber wenn ich manchmal so herumhänge – letzte Woche war ich am Heulen –, komme ich mir wirklich wabbelig und labberig vor . . . Ich denke, ich brauche einfach mehr Zeit. Das ist die Trauer, die ich noch habe, die immer noch nicht richtig raus ist. Ich wehre mich aber nicht mehr dagegen. Ich hatte Angst davor. Und ich denke mir, wenn ich die Angst kommen lasse, dann kommt auch wieder etwas anderes.» – «Weil ich mir jetzt gestatte, Schwierigkeiten zu haben und auch Gefühle wie Trauer und Traurigkeit zulasse», sagt eine Frau, «fühle ich mich unendlich viel lebendiger. Negative Gefühle habe ich mir offensichtlich immer versagt, ohne das zu ahnen. Ich war diejenige, die allen Halt geben mußte.» Und etwas später beschreibt sie, wie günstig sich diese Veränderung auf sie ausgewirkt hat: «Jetzt ist es so, nachdem ich mich geändert habe, daß ich ganz offensichtlich einen ganz anderen Blick gekriegt habe. Die Leute sprechen mich darauf an, daß ich mich sehr verändert habe. Ich gucke offensichtlich sehr viel lebendiger. Ich grinse nicht mehr ständig so blöd. Früher habe ich immer alles weggegrinst. Das habe ich gar nicht gewußt. Wenn ich gegen irgend jemanden was hatte, dann dachte ich: jetzt muß du mal freundlich zu ihm sein. Und so habe ich allmählich gar nicht mehr gemerkt, wenn ich eine Wut auf jemanden hatte. Und das mache ich jetzt nicht mehr. Meine ganze Mimik muß sehr viel lebendiger geworden sein.»

So gelingt es Menschen nach anfänglichen Schwierigkeiten, ihr vielfältiges, zum Teil auch widersprüchliches Fühlen mehr zu spüren. Meist lernen sie dies zunächst im Umgang mit vertrauten Menschen. Sie suchen allmählich zu erfahren, wie sie sich selbst oder bestimmte Situationen ändern können, um offener für ihr Fühlen zu werden. Sie lernen, in sich hineinzuhorchen, ihren Empfindungen und Stimmungen mehr Beachtung zu schenken: «Ich versuche, in mir das zu finden, was an Gefühlen da ist. Ich achte auf das, was ich fühle. Und öfter frage ich mich: Also was ist das, was du so unklar fühlst? Und ich weiß jetzt eher, was ich fühle. Ich kann das jetzt auch eher erkennen. Früher hab ich das überhaupt nicht in mir wahrgenommen. Ich wußte tatsächlich nicht, welche Gefühle ich hatte. Das war nur irgend etwas, so eine ganz unklare Stimmung oder Verstimmung.» – «Früher hab ich gern problematisiert, wollte alles im Kopf klären. Heute weiß ich, daß es keine Lösungen in dem Sinne gibt. Ich versuch eher zu fragen: Was liegt da für ein Gefühl zugrunde?»

Menschen leben durch das Offensein für ihre Gefühle mehr in der Gegenwart, im Hier und Jetzt. Sie spüren, empfinden mehr und sind sich dessen bewußter. «Ich glaube, daß ich jetzt eher zu meinen Gefühlen wirklich stehe als früher», sagt die siebzehnjährige Sabine in einer gefilmten Gruppe. «Daß ich gemerkt habe, daß ich gar nicht so falsch liege, wenn ich nach dem Gefühl handle. Ich versuche so, intensiver zu leben und noch intensiver auf andere zuzugehen, speziell auf unsere Familie.» [55]

Menschen, die ihre unterschiedlichen Gefühle deutlich spüren, können sich anderen ehrlicher und unmittelbarer mitteilen. Ein

Sechsundzwanzigjähriger: «Heute kann ich schon eher mal sagen, wie es mir geht und was in mir los ist. Vor allen Dingen kann ich jetzt Traurigkeiten sagen, also wenn ich mich mies fühle. Das erleichtert mich. Auch bei Entscheidungen, die im Beruf nach klaren Verfahrensregelungen laufen, bin ich mir meiner eigenen Gefühle bewußt und verleugne sie nicht mehr. Ich lege mir nicht vorher Grenzen fest – wo ich Gefühle zeige oder nicht. Ich gehe davon aus, daß ich auch auf der Behörde Gefühle zeigen kann.»

Als eine sehr gute Möglichkeit, seine Gefühle deutlicher wahrnehmen und ausdrücken zu lernen, haben sich personzentrierte Gruppengespräche erwiesen. Ein zwei- bis dreitägiges Gruppentreffen ermöglicht es den Teilnehmern, den Beginn einer solchen Entwicklung zu erfahren. Sie hatten darüber geklagt, leer, abgestorben, seelisch verarmt zu sein. In einem Klima von Sicherheit, Verständnis und großer Offenheit beginnen sie, ihr Fühlen wieder deutlicher zu spüren. Für viele kommt dies überraschend und unerwartet, wird jedoch dankbar angenommen: «Die Wochenendgruppe war der auslösende Faktor: Ich fing an zu lernen, mehr meine Gefühle zu spüren.» – «Ich fühlte mich ganz dabei. Ich konnte mitfühlen mit denen, die sich dort aussprachen und mich ihnen mitteilen.» Erfahrungen mit Menschen, wie sie in solchen Gruppen ermöglicht werden, können unser Fühlen und Mitfühlen tiefgreifend anregen. Mehr als fünfzig Prozent der Teilnehmer an personzentrierten Gruppengesprächen sagten hinterher, daß sie ihr eigenes Fühlen besser wahrnehmen und anderen mitteilen konnten. [54, 65]

Im folgenden möchten wir weitere Äußerungen über solche Gruppenerfahrungen wiedergeben: «Das Gruppengespräch hat sehr viel in mir aufgebrochen. Vorher war ich irgendwie erstarrt und leblos. Während der Gruppe und die ersten Monate danach war ich so ein ungeordnetes Bündel von Gefühlen, ohne Verstand. Und jetzt kann ich beides mehr in Einklang bringen. Ich lasse mich nicht nur einfach von Gefühlen überschwemmen. Ich kann anderen mehr von mir zeigen, denn ich merke, ich brauche nicht mehr so viel zu verbergen.» – «Als ich anfing zu weinen, das war so, daß die Gefühle in dem Moment ganz spontan kamen. Ohne daß ich es dann noch steuern konnte. Es kam einfach aus mir raus. Ich wäre nicht in der Lage gewesen, mich anders zu verhalten. Das Entstehen dieses Zustandes kann ich schwer beschreiben. Es war so, als ob sich einiges in mir zusammengezogen hätte. Ich hab mich zuerst dagegen gewehrt, gegen dieses Weinen. Aber es hat nichts genützt. Ich habe über mich selbst geweint . . . Es war das Nachwirken des Gedankens, ausgelöst durch die Konfrontation mit mir selbst: ‹Unechtsein›. Es war ein Zustand, wo das Gefühl in mir wirkte. Es wirkte wie ganz schwere Traurigkeit über mich selbst. So kann ich das beschreiben. Ich habe dieses Gefühl ganz direkt und intensiv erlebt. Der Helfer sagte zu mir: ‹Und du möchtest wohl so gerne richtig leben.› Das hat es genau getroffen. Und ich fühlte mich danach sehr befreit. Ich sehe das heute so, daß ich mir durch dieses Erlebnis meine eigenen Gefühle einfach mehr zugestehe und sie mir bewußter geworden sind.» [54] Ein anderer Mann beschreibt seine Erfahrung so: «In der Gruppe habe ich gelernt, daß nur das Wirklichkeit ist, was ich in mir spüre. Ich und alles in mir ist wichtig für mich und hat Bedeutung, und das ist phantastisch.»

Bei manchen wird die seelische Erstarrung in der hilfreichen Gruppenatmosphäre auch durch körperliche Kontakte gelöst. Ein Mann, etwa 30 Jahre, sagt: «Auf dieser Wochenendgruppe habe ich erfahren, daß ich nicht nur aus Kopf, aus dem Denkapparat bestehe und den Körper als Anhängsel betrachten darf, sondern daß ich auch dazu da bin und daß mein Körper auch dazu dient, Gefühle zu empfangen und zu geben. Ich habe es als unwahrscheinlich wohltuend empfunden, in die Arme genommen zu werden. Das war seit Jahren das erste Mal, daß ich so etwas erlebt habe. Bisher war mein Leben auf Logik und Sicherheit aufgebaut. Ich werde sehr viel lernen müssen. Ich muß die Beziehungen zu meinen Mitmenschen überdenken und versuchen, das Leben nicht nur mit Logik zu bewältigen, sondern auch meine Gefühle mitleben zu lassen.»

Durch vielfältige Erfahrungen werden Menschen auch in anderen Situationen allmählich offener für das vielfältige Erleben in ihnen. So wie manche mehr Sensibilität für Töne, Farben, Blumen oder Tiere entwickeln, so lernen sie, empfindsamer für ihr gefühlsmäßiges Erleben zu werden. «Ich kann jetzt auch schon feinere Gefühle wahrnehmen. Sonst war's eigentlich so, daß alles so voll war und raus mußte.» Sie lernen, bewußter zu leben. Sie sind

offener für das unmittelbare Erfahren, für das Erleben dessen, was
im Moment in ihnen vorgeht. Sie lernen, sich auf ihr gegenwärtiges
Fühlen zu beziehen und es auszudrücken. Dieses bewußte Erleben
und das Annehmen des Fühlens ist etwas ganz anderes als das, was
manche unter einem «Ausleben der Gefühle» verstehen.

Harald, 29, entdeckt auch in seinen Erinnerungen neue Bereiche
seines Erlebens: «Manchmal tauchen Erlebnisse aus der Kindheit
auf. Ich liege im Garten in einer Hängematte. Die Sonne scheint,
und es ist eine ganz friedliche Atmosphäre. Ich war so halbwegs
wie in einer Meditation. Plötzlich bin ich wieder der kleine Junge
in unserem Hinterhof, in der Küche, rieche den Herd und den Sott.
Später rieche ich, wie die Wäsche im kleinen Hinterhof auf der
Leine hing. Im Hintergrund höre ich manchmal meine Frau und ihr
Reden oder Musik und so. Und ich fühle mich sehr geborgen. Ich
knüpfe die Verbindung wieder an etwas an, worum ich jahrelang
einen großen Bogen gemacht habe.»

Das Offensein für die *vielfältigen* Inhalte dessen, was wir gefühlsmäßig spüren und erleben, verhindert, daß wir nur *einem* Gefühl
folgen, etwa unserer Furcht, Sympathie oder Begeisterung. Oft
wird gesagt, daß Menschen, die verliebt sind, unbedacht und blind-
lings handeln. Dieser Eindruck entsteht, weil sie meist nur für *ein*
Gefühl offen sind: das des Verliebtseins, und andere gefühlsmäßige
Erfahrungen unbeachtet lassen. Andere Bedeutungen – zum Beispiel, was ihnen der Partner über die momentane Anziehung hinaus
bedeutet – nehmen sie kaum oder gar nicht wahr. Ob sie Jahrzehnte
später auch noch mit ihm zusammenleben möchten, wenn er alt
wird? Ob ihre Zuwendung zu diesem Menschen Leid für andere
bedeutet, etwa für den bisherigen Partner? Wenn sie wirklich offen
für die vielfältigen Bedeutungen und Gefühle in sich sind, werden
sie weniger blind nur einem Gefühl folgen.

Soldaten im Krieg oder Angehörige totalitärer Organisationen
fühlen häufig überschwengliche Begeisterung für die Sache, für die
sie sich einsetzen, starkes Vertrauen zu ihren Führern und tiefen
Haß auf ihre Gegner. Und auf Grund dieser gefühlsmäßigen Erre-
gungen handeln sie. Sie sind meist nicht bereit, auf andere Empfindungen in sich selbst und bei anderen zu hören. Sie empfinden

nicht das Leid, das sie anderen zufügen, und erkennen nicht das eigene Bedürfnis, ihre innere Leere durch Anschluß an eine Partei und durch rauschhafte Begeisterung zu überdecken. Sie ignorieren Gefühle wie zum Beispiel Zweifel, ob ihre Partei, ihr Führer oder sie selbst rechtmäßig handeln.

Wenn wir wirklich offen sind für den Reichtum unseres gefühlsmäßigen Erlebens, wird uns eine Vielzahl von Wahrnehmungen, Empfindungen und Bedeutungen, die für unseren gesamten Organismus Gültigkeit haben, bewußt. Dieses Bewußtwerden und die Auseinandersetzung damit verhindern, daß wir uns nur einem einzigen plötzlichen oder mächtigen Gefühl hingeben.

Gewiß, auch wenn wir sehr achtsam sind für die Vielfalt unseres gefühlsmäßigen Erlebens und entsprechend handeln, werden wir Fehler begehen – meist, weil wir eben doch einige Wahrnehmungen und Empfindungen in unserer Selbstauseinandersetzung nicht berücksichtigt haben. Entscheidend ist jedoch: Wenn wir offen für unsere gefühlsmäßigen Erlebnisse und Erfahrungen sind, lernen wir, uns auch unserer Fehler bewußt zu werden, sie zu berücksichtigen und damit angemessener zu handeln.

Auswirkungen von reicherem Fühlen

O Menschen, die reicher empfinden, leben intensiver und bewußter. Sie fühlen sich freier, innerlich lebendiger und entdecken viele Möglichkeiten in sich, sich mehr selbst zu verwirklichen: «Seitdem ich meine Gefühle zu leben und auszusprechen wage, rede ich leichter mit mir selbst. Ich habe jahrelang wie ein Automat funktioniert. Jetzt erfahre ich mich als fühlender Mann mit einer Seele und interessiere mich dafür.» – «Insgesamt finde ich, daß mein Leben aufregender geworden ist, seit ich besser meine Gefühle leben kann.» – «Mein Leben hat eine wesentliche Bereicherung erfahren, als ich mich davon abwandte, mich nur sprachlich und mit dem Verstand zu verständigen, und seitdem ich meine Gefühle stärker wahrnehmen und ausdrücken kann. Irgendwo habe ich das Gefühl, daß ich erst seit drei bis vier Jahren lebe.»

Fühlende Menschen leben bewußter den gegenwärtigen Augenblick: «Ich habe mich sehr gefreut, daß ich gestern die ganze Zeit von Moment zu Moment wach und bewußt war. Ich hatte so ein Gefühl, keine Vergangenheit und keine Zukunft zu haben und ganz im Augenblick zu sein. Für mich bedeutet das sehr viel. Ich glaube, daher kommt auch meine Energie.»

Diese günstigen Auswirkungen wurden in einer Untersuchung bestätigt, die an mehreren hundert Personen durchgeführt wurde: Menschen, die offener waren für ihr inneres Erleben und Fühlen, waren seelisch weniger beeinträchtigt und empfanden eine größere seelische Lebendigkeit. [3]

○ Menschen, die seit längerer Zeit für die Vielfalt ihres Fühlens sensibel sind, die es deutlicher wahrnehmen und sich damit auseinandersetzen, erfahren ihr Fühlen allmählich als eine wertvolle Hilfe im täglichen Leben. Es vermittelt ihnen wichtige Informationen für ihre Entscheidungen und Handlungen, es dient ihnen als eine Art Kompaß: «Ich kann jetzt einfach mehr dazu stehen», sagt ein Mann, «was ich empfinde, und danach handeln. Früher war ich mir immer bewußt, was in einer Situation eine angemessene Reaktion gewesen wäre. Ich war mit meinem Kopf immer bei den Erwartungen der anderen. Jetzt bin ich dabei, immer mehr in mich hineinzuhorchen und nach dem zu handeln, was ich da in mir spüre.» – «Ich mache sehr viel, von dem ich spüre, daß es richtig ist. So stimme ich Terminen zu, sage andere ab oder übernehme keine zusätzlichen Arbeiten. Ich sage dann, daß ich das nicht schaffe und mich wieder melde, wenn ich es kann. Ich handle jetzt mehr meinen Gefühlen entsprechend.»

Durch das Hinhören auf das eigene Fühlen und die Auseinandersetzung mit den Gefühlssignalen handeln Menschen ihren Bedürfnissen und der jeweiligen Situation angemessener und weniger selbstentfremdet: «Im vergangenen Jahr habe ich gelernt, meinen Gefühlen zu vertrauen. Und ich erlebe seitdem, daß ich mich auf sie verlassen kann. Das bedeutet, daß ich zumeist ich selbst bin. Ich merke dabei, daß es mich viel weniger Energie kostet, ich selbst zu sein, als wenn ich wie früher erst überlege vom Verstand her, was wohl richtig ist. Wenn schon irgend etwas überhaupt richtig sein kann, dann ist es mein jeweiliges Gefühl, das ich wahrnehme.» Eine fünfunddreißigjährige Frau berichtet über eine ähnliche Veränderung: «Ich verlasse mich mehr auf meine Gefühle als auf das Urteil anderer. Innerlich bin ich so unabhängiger geworden.»

Wie jemand diesen Weg zu sehen beginnt und zaghaft die ersten Schritte geht, das zeigen die folgenden Äußerungen eines fünfunddreißigjährigen Mannes während eines psychotherapeutischen Gesprächs: «Es wäre eigentlich eine wunderbare Sache, wenn ich meinen Gefühlen als Maßstab vertrauen könnte. Aber ich wag es eigentlich noch gar nicht zu glauben. Richtig wäre es ja wohl auf jeden Fall. Das wäre eigentlich die Erlösung. Aber meinen eigenen Gefühlen trauen zu können, das ist mir vollkommen neu. Ich meine, meine Gefühle bestanden bisher – aus dogmatischen Grundsätzen. Meinen Gefühlen zu trauen – eigentlich heißt das: alles bisherige über Bord werfen.» Und eine Woche später: «Ich habe in der vergangenen Woche noch viel darüber nachdenken müssen, das eigene Gefühl mehr zum Maßstab für meine Entscheidungen zu nehmen. Das ist mir auch gelungen in einigen Sachen. Ich muß sagen, daß ich das eigentlich erstmals erlebt habe, daß verschiedenes sich vollkommen undramatisch, also normal abgewickelt hat. So wie ich überhaupt den Eindruck habe, daß irgendeine oder mehrere jener Scheiben, die zwischen der Wirklichkeit und mir standen, gefallen sind.»

○ Die meisten Menschen, die ihr Fühlen deutlicher wahrnehmen, offener mitteilen und als «Kompaß» für ihr Handeln einbeziehen, berichten, daß ihre Beziehungen zu anderen ehrlicher und bereichernder werden: «Ich kann jetzt besser auf meine Gefühle achten, wenn ich mit jemand zusammen bin. Dadurch werden diese Gefühle intensiver, und wenn ich sie äußere, bewirkt dies, daß meine Beziehung zu dem anderen ehrlicher und tiefer wird.» – «Ich kann meine positiven und negativen Gefühle anderen offener mitteilen. Ich spüre, daß ich den anderen dadurch Nähe gebe und schneller eine offene Atmosphäre herstelle.»

Auch die sexuellen Beziehungen werden als unverkrampfter, ehrlicher und damit befriedigender erlebt: «Wenn wir sexuell beisammen sind, das hat sich deutlich verbessert», berichtet eine Frau. «Es hat sich schon dadurch verbessert, daß ich es sage, wenn ich keine Lust hab. Früher habe ich das nicht gesagt, weil ich Angst

hatte, ihm das erklären zu müssen. Ich konnte es auch nicht erklären. Heute kann ich einfach sagen: ‹Ich möchte nicht.›» Helmut, 29:
«Wenn ich heute mit einem Mädchen schlafe, das ist ganz stark,
ganz anders als früher. Ich merke, wenn ich einen Orgasmus
bekomme, daß ich mich viel, viel mehr treiben lasse und nicht so
der beherrschte Bumser bin – der Mann, der das so bringt, der
große Macher. Das habe ich früher ziemlich stark draufgehabt:
Mann, du mußt es bringen, mindestens soundsooft die Nacht!
Heute laß ich mich gefühlsmäßig völlig treiben, da kommen auch
Laute aus meinem Hals. Früher habe ich da gar nichts gespürt. Da
habe ich eben irgend etwas dargestellt. Und für mich ist das etwas
Neues, viel lebendiger.»

Partner und Freunde berichten, daß sich Mißverständnisse und
Streitigkeiten deutlich verringern, wenn sie sich ihr Fühlen gegenseitig offener und deutlicher mitteilen: «Unsere Streitgespräche
sind seltener geworden und eskalieren nicht mehr so. In dem
Moment, wo wir es schaffen, uns unsere Gefühle zu sagen, kommen wir wieder zueinander. Wir sehen unsere Gefühle als Brücke
zwischen uns. Wir sagen einfach: Wie fühlen wir das jetzt, wie
meinen wir das jetzt, was steht eigentlich dahinter? Und dann
reduziert sich das Mißverständnis schnell. Es fällt mir leichter, bei
Uneinigkeiten ihr entgegenzukommen, wenn ich ihr sage, was ich
gefühlt habe, was ich wollte und was ich will. Früher ging von mir
überhaupt keine Initiative dazu aus. Ich habe dann abgemauert und
mich in mich zurückgezogen.» Ein anderer Mann: «Ich versuche,
ehrlicher mit meinen eigenen Wünschen zu sein und sie den anderen mitzuteilen. Früher habe ich das immer sehr versteckt zum
Ausdruck gebracht und habe gehofft, daß dies erkannt wurde.
Heute rede ich nicht lange um den heißen Brei herum.»

Auch die Beziehungen zwischen Kindern und Eltern verbessern
sich, wenn diese aufgeschlossener für ihr eigenes gefühlsmäßiges
Erleben und das ihrer Kinder werden. Eine Mutter von drei Kindern berichtet: «Eltern versuchen ja den Schmerz ihrer Kinder oft
zu überdecken. Ich hab's selber gemacht, wenn meine Kinder
unglücklich waren und weinten. Aber dann hab ich mich gefragt:
Bist du dabei eigentlich für sie eine gute Mutter gewesen? Bis ich
gelernt habe, ihnen ihr Fühlen zuzugestehen, es anzuerkennen und

sie in ihrem Schmerz zu belassen, wenn sie's möchten.» Reinhard: «Eines Tages sah ich, daß Angelika weinend von der Straße ins Haus kam. Als sie an meinem Zimmer vorüberging, merkte ich, sie hörte mit dem Weinen auf und fing erst wieder an, als sie an Anne-Maries Fenster stand. In den nächsten Tagen habe ich mich oft gefragt: Warum verbirgt sie ihre Gefühle vor mir? Sie spürte wahrscheinlich, daß ich für ihre ‹kleinen› Gefühle, ihre kleinen Mißgeschicke nicht sehr offen war. Aus dieser Erfahrung lernte ich, daß ihre sogenannten kleinen Schmerzen nur für mich unbedeutend waren, für sie aber im Augenblick wirklich groß und wichtig.»

○ Menschen, denen ihr Fühlen bewußt ist, sprechen weniger «sachlich». Statt «Atomenergie ist gefährlich», sagen sie zum Beispiel eher: «Ich habe Angst, daß Atomkraftwerke meine Gesundheit und die meiner Kinder gefährden», «Ich fürchte mich davor, in einer zu sehr technisierten Welt zu leben». – «Wenn ich ‹ich› sage, dann finde ich, daß ich schneller über mich und meine Gefühle spreche. Beim ‹man› bleibt es bei mir an der Oberfläche.»

Menschen mit bewußterem Fühlen fällt eher auf, wenn ihre Worte nicht zu ihnen passen, nicht ihrer inneren Wirklichkeit entsprechen: «Manchmal frage ich mich: Was du eben so dahingesagt hast, entspricht das wirklich dir selbst, deinem Fühlen und deinem Denken? Und ich ertappe mich dann immer wieder dabei, daß ich etwas so dahingesagt habe, was ich eigentlich anders empfinde. Ich möchte lernen, mehr auf mein Innenleben zu hören und es auch auszudrücken, anstatt einfach so dahinzuplappern.»

○ Menschen, die ihrem gefühlsmäßigen Erleben nahe sind, handeln mehr aus ihrem Erleben heraus. Es ist wenig wahrscheinlich, daß sie sich hinter einer Fassade verstecken. Sie sind in ihrer ganzen Person stimmiger und neigen kaum zu Rollenverhalten oder Amtsgehabe. So sind sie sich selbst weniger entfremdet.

○ Sie begeben sich bewußter in Situationen, die sie gefühlsmäßig bereichern. Sie lernen, Situationen zu vermeiden, die sie als fassadenhaft empfinden: «Ich suche jetzt nach Möglichkeiten, wo und wie ich gefühlsmäßig leben kann, und ich vermeide das, was mich darin zurückwirft . . . Fernsehen, das ist bei mir zum Beispiel ziemlich in den Hintergrund getreten. Vieles kann ich schon gar nicht mehr mit ansehen – dieses fassadenhafte, gestelzte und unnatürliche Verhalten der Sprecher, der Politiker; ich mag das Geschauspielerte nicht mehr, ich empfinde: Das ist kein wirkliches Leben.»

○ Menschen, die echter und mit ihren Gefühlen vertrauter sind, werden sich bewußt, daß sie die Schöpfer, die «Produzenten» ihres Fühlens sind. Sie fühlen sich verantwortlich für das, was sie empfinden. Diese Erfahrung und Einsicht ist bei vielen noch nicht vorhanden: «Wenn ich mich über den anderen ärgere, dann ist es die Schuld des anderen. Er muß sich ändern. Und wenn ich mich ärgere, wenn ich etwas schlecht finde oder jemand hasse, so ist das mein Motor für mein Handeln, in der Politik und in zwischenmenschlichen Beziehungen – ein Motor, andere und die Zustände zu verändern.» Viele Menschen fürchten, sie würden in die Passivität gedrängt werden, alles einstecken, ja sich den anderen ausliefern müssen, wenn sie sich selbst als verantwortlich für ihr Fühlen ansehen würden.

Dagegen wissen Menschen, die sich mit ihren Gefühlen auseinandersetzen: Welches Gefühl auch immer in ihnen entsteht, es hängt mit ihnen selbst zusammen – mit der Art, wie sie sich und ihre Umwelt wahrnehmen, mit den Bedeutungen, die sie sehen, mit ihren Einstellungen und Werten. Verschiedene Menschen «produzieren» in der gleichen Situation meist unterschiedliche Gefühle. Manche begegnen einer Situation mit großer Spannung, andere mit Gelassenheit. Manche Menschen haben große Angst vor Krankheit oder Sterben, andere Menschen können dies annehmen. Manche sehen in einem Politiker ihren Feind, den sie hassen; und bei seinem Tod sind sie erleichtert. Andere, die diesem Politiker nahestanden und ihn schätzten, sind traurig und vermissen ihn. Welche Gefühle wir also empfinden, hängt von uns ab, von den Bedeutungen, die wir wahrnehmen und von unseren Einstellungen.

Diese Einsicht, daß wir die Schöpfer unseres Fühlens und dafür verantwortlich sind, kann bedeutsame Folgen für uns haben: Wir brauchen uns unseren Stimmungen und Empfindungen nicht mehr hilflos ausgeliefert zu fühlen. Wir haben eine Chance, unser Fühlen zu ändern. Wir geben anderen nicht mehr so leicht die Schuld für unser eigenes Fühlen. Wir sehen deutlicher, daß auch die anderen

Schöpfer ihrer Empfindungen und somit für diese verantwortlich sind. Auf Grund dieser Einsicht gelingt es uns eher das Fühlen der anderen anzunehmen und ihre negativen Gefühle, etwa bei Streitigkeiten, nicht auf uns beziehen. Wir sind so bessere Partner für die anderen, wir können ihnen eher helfen, sich selbst zu klären und Verantwortung für sich zu übernehmen.

Wir können unser Fühlen ändern

Viele Menschen fühlen sich ihren Empfindungen – sei es Zorn, Wut, Trauer oder Niedergeschlagenheit – hilflos ausgeliefert. Es erscheint ihnen fast undenkbar, daß sie selbst zu einer Änderung beitragen können. Aber manche machen andere Erfahrungen, zum Beispiel die fünfunddreißigjährige Elisabeth: «Meine Gefühle zu meinem Partner haben sich verändert. Früher war ich eifersüchtig auf meinen Mann, so daß ich überhaupt kaum gewagt habe, mal wegzugehen. Ich wollte ohne ihn eigentlich nichts machen. Ich habe immer nach Beweisen geguckt, um meine Verdächtigungen untermauern zu können. Ich kann ihm jetzt mehr vertrauen. Dadurch bin ich auch ein Stück ruhiger in mir. Manchmal ist es noch etwas schwer, aber ich sehe jetzt mehr das Positive, das er mir entgegenbringt.» Etwas später sagt sie: «Warum sich das geändert hat? Ich glaube, ich habe mich in den letzten Jahren persönlich mehr entwickelt. Ich war in einer Gesprächsgruppe, da habe ich sehr viel gelernt. Ich habe mit anderen gesprochen, und schließlich mit meinem Mann. Ich glaube, ich bin anders geworden, gelassener, ruhiger. Ich denke, ich vertraue mir mehr, und deshalb kann ich vielleicht auch ihm mehr vertrauen.»

In den Äußerungen Elisabeths sind Möglichkeiten angedeutet, wie wir unser Fühlen ändern können. Im folgenden möchten wir einige dieser Möglichkeiten darstellen.

Wenn wir unsere seelischen Belastungen gegenüber verständnisvollen Menschen aussprechen und dabei uns selber klären, etwa in einer Gesprächsgruppe mit einem einfühlsamen Helfer, dann ändert sich mit großer Wahrscheinlichkeit unser Fühlen. Denn was wir Personen oder Ereignissen gegenüber fühlen und in welcher

Stärke wir fühlen, hängt wesentlich davon ab, welche Bedeutung wir diesen beimessen, welche Einstellung wir zu ihnen haben. Haben wir eine positive, akzeptierende Einstellung zu ihnen, sind meist auch unsere Gefühle günstig. Haben wir eine abwehrende Einstellung, sehen wir den anderen als bedrohlich, als übermächtig und uns selbst als hilflos an, dann sind unsere Gefühle häufig ungünstig. Eines der faszinierendsten Erlebnisse für uns ist es, wie sich Menschen in Gesprächsgruppen nach dem Aussprechen ihres Fühlens in ihren Wahrnehmungen und in ihren Einstellungen gegenüber sich selbst, anderen Personen und bestimmten, für sie bedeutsamen Situationen und Ereignissen ändern. Als Folge solcher Einstellungswandlungen ändern sich die Gefühle – auch jene Gefühle, die bereits lange Zeit in großer Intensität bestanden und sich verfestigt zu haben schienen: «Die Existenzangst hab ich heute überhaupt nicht mehr. Ich habe früher vor allem Angst gehabt. Ich habe zum Beispiel wahnsinnige Angst gehabt, allein unter Leute zu gehen, allein in ein Lokal zu gehen, daß mich die Leute angucken, daß sie über mich lästern oder irgend etwas. Das ist heute völlig weg. Je mehr ich mich mit meiner Angst auseinandersetze und mit mir selbst, desto mehr hat sie sich normalisiert.» – «Bis vor kurzem hatte ich wahnsinnigen Zorn auf meine Eltern», sagt ein Siebenundzwanzigjähriger. «Ich machte sie für alles, als es mir schlecht ging, verantwortlich, für alles, was aus mir geworden ist. Und das habe ich alles in der Gruppe einmal aus mir rausgelassen, meine ganze Wut, meine Enttäuschung, das, was sie mir angetan haben. Aber danach wurde mir auch klarer, daß ich kein kleines Kind mehr bin, daß ich erwachsen bin, daß ich für mich verantwortlich bin. Und ich sehe jetzt auch einige gute Seiten bei meinen Eltern.» – «Meine Gefühle zu meiner Frau haben sich seit den Gruppengesprächen verändert, weil ich Barbara mehr wahrgenommen habe und sie dadurch für mich mehr Format gewonnen hat. Ich sehe sie jetzt mehr als eine Person, nicht als Fortsetzung meiner selbst oder als Anhängsel. Dadurch, daß sie mehr außerhalb von mir ist, kann ich sie mehr lieben.»

Sehr hilfreich für eine Änderung ungünstiger Gefühle sind auch Gespräche zwischen Partnern, wenn diese ihre Gefühle gegenseitig annehmen und sie einander möglichst frühzeitig mitteilen können.

Paula: «Wie Heinz und ich im Alltag miteinander umgehen, das hat sich seit den Gruppengesprächen verbessert. Wir sprechen jetzt die Sachen an, die wir sonst unter den Teppich gekehrt haben. Wenn es eine Situation gibt, bei der ich mich unwohl fühle, dann spreche ich das an. Das habe ich früher nicht gemacht. Früher habe ich gedacht, das ist nur irgend so ein Gefühl von mir, und das muß ich nicht sagen. Für mich war es wichtig, daß ich erst einmal grundsätzlich ehrlich war an dem Gruppenwochenende, daß ich alles ausgekotzt habe, was mich belastet hat. Und nachdem ich das gemacht hatte, hatte ich das Gefühl, es in kleinen Schritten weitermachen zu können. Da Heinz es das eine Mal überstanden hat, dachte ich, daß ich auch so weitermachen kann. Denn es passierte in der Gruppe keine Katastrophe, wie ich immer gefürchtet hatte. Und ich glaube auch, daß sich die Gefühle, die Heinz mir entgegenbringt, seitdem sehr verändert haben.» Und Heinz berichtet aus seiner Sicht: «Früher waren da noch dunkle Flecken auf Grund einer nicht so guten Verständigung zwischen uns. Paula kann heute durch die Gespräche, die wir führen, schon mehr von mir erkennen. Ich habe die Bereitschaft, über Dinge zu sprechen, wo ich früher immer ausweichend war.»

Wenn wir die Gefühle und Schwierigkeiten anderer Menschen kennenlernen, nehmen wir häufig uns selbst und unsere Schwierigkeiten anders wahr: «Gut war für mich, die Probleme meiner Freunde zu hören, dadurch konnte ich meine eigenen relativieren.» – «Es hat sich etwas bei mir verbessert. Ich nehme mich mit meinen Schwierigkeiten selbst nicht mehr so wichtig, weil ich gesehen habe, daß viele andere Leute mit noch viel größeren Problemen durch die Welt laufen und ich noch ganz gut dran bin. Ich nehme auch nicht mehr alles so tierisch ernst. Ich bemitleide mich auch nicht mehr so.»

Wenn wir unsere Gefühle annehmen, sie nicht bekämpfen und unterdrücken, vergrößern wir unsere Chance, daß sie sich ändern: «Mir ist jetzt so richtig klargeworden», sagt eine achtunddreißigjährige Frau, «daß ich meine Ängste und all das, was mich so behindert, erst mal annehmen muß, um es durchleben zu können, so daß ich das dann herausbekomme. Ich sage mir: Das gehört irgendwie dazu, so bin ich. Und ich versuche jetzt, damit zu leben.»

Eine Krebspatientin: «Ich habe gelernt, mich nicht gegen die Angst zu wehren, nicht gegen sie anzukämpfen. Das ist meiner Ansicht nach der erste Schritt, dieser Sache überhaupt beizukommen. Solange man sich wehrt, ist alles nur noch schlimmer. Ich lasse die Angst über mir zusammenschlagen.» [51]

Eine weitere Möglichkeit, unser Fühlen zu verändern, liegt in dem Bemühen, unseren Besitzanspruch an Menschen und Dinge aufzugeben, innerlich ‹loszulassen›: «Manchmal ist es noch sehr schmerzlich; aber ich lerne Abstriche zu machen, Abschied zu nehmen von kleinen Dingen, von Hoffnungen, Wünschen, Erwartungen. Diese Einsichten sind ungeheuer hilfreich für mich. Es ist schwer – aber auch schön.»

Auch die Auseinandersetzung mit unserer Endlichkeit und unserem Tod kann uns zu einer anderen Einstellung und anderem Fühlen verhelfen. Wenn wir uns die Endlichkeit unseres Lebens vor Augen führen, wenn wir uns vorstellen, wie wir uns beim Sterben fühlen und was wir dabei denken werden, dann erscheinen uns viele unserer alltäglichen Schwierigkeiten in anderem Licht. Sie verlieren für uns oft an Bedeutung oder bekommen einen neuen Bedeutungsgehalt, und wir begegnen ihnen mit größerer Gelassenheit.

Wir können uns bemühen, neben Menschen, die unserer Entwicklung förderlich sind, auch bestimmte günstige Situationen zu suchen, sie uns zu schaffen oder ungünstige zu vermeiden, um unser Fühlen zu ändern, um positiver zu empfinden. Wir können zum Beispiel Musik hören, die uns entspannt, dabei die Augen schließen und unsere Gefühle in uns fließen lassen. Oder wir gehen allein in einer ruhigen Gegend spazieren und denken über uns nach. Oder wir schreiben unsere Gedanken und Gefühle auf. Wir können etwas lesen, was uns gefühlsmäßig bereichert. Solche Tätigkeiten können ein wichtiger Ausgleich zu Schmerzen, Traurigkeit und Niedergeschlagenheit sein, die wir in uns spüren. Wir können Liebe, Freude, Humor bewußter in uns entwickeln, uns mehr auf sie konzentrieren. Für viele ist es wichtig, sich unangenehmer Situationen, die sie sich selbst schaffen, bewußt zu werden und sie vermeiden zu lernen, um sich besser zu fühlen. Reinhard: «Früher bin ich zur Arbeit oder zu einem Termin erst in letzter Minute losgefahren. Ich wollte Zeit sparen, ich wollte noch etwas zu Ende bringen. Dann habe ich mich während der ganzen Fahrt unter Streß gefühlt: Werde ich noch rechtzeitig ankommen? Wenn ich aus dem Auto stieg, fühlte ich, daß mein Rücken voller Spannungen war. Allmählich lerne ich, großzügiger mir gegenüber zu sein, früher loszufahren und mich nicht unter diesen Streß zu setzen und, wenn ich einige Minuten zu früh da bin, diese zu genießen. Und das seltsame ist – ich habe den Eindruck: Seitdem ich mich nicht mehr so hetze, habe ich auch mehr Zeit.»

Wenn wir lernen, unser unmittelbares Erleben bewußter wahrzunehmen, mit unserem Bewußtsein mehr im Hier und Jetzt zu leben und die positiven Aspekte zu beachten, schaffen wir uns weitere Möglichkeiten, unser Fühlen zu verändern. Anne-Marie: «Neulich wurde mir plötzlich klar, wie sehr meine Einstellung meine Gefühle bestimmt. Ich sagte zu meiner Tochter Daniela: ‹Schade, daß wir diesen Spaziergang nicht schon gestern gemacht haben.› Worauf sie mir entgegnete: ‹Ich freue mich, daß wir uns heute dazu aufgerafft haben!› Ich habe dadurch gelernt, daß ich positiver fühlen kann, wenn ich mehr den gegenwärtigen Moment erlebe und weniger daran denke, was ich gestern versäumt habe.»

Manche Menschen stellen sich bewußt neuen Erfahrungen und Herausforderungen: Statt des gebuchten, vorprogrammierten Urlaubs unternehmen sie Ferienreisen, die «abenteuerlicher» sind, die mehr Initiative, Eigenständigkeit und auch körperliche Anstrengung erfordern. Sie nehmen an Kursen, etwa an der Volkshochschule, teil, in denen sie lernen, bisher unentdeckte Fähigkeiten zu entfalten. Dadurch werden sie aus dem oftmals eintönigen Fluß ihres Erlebens herausgerissen, sie erneuern und erweitern gleichsam ihre Gefühle.

Körperliche Übungen und Erfahrungen – Schwimmen, Laufen, einfache Hatha-Yoga-Übungen, das intensive Erleben von Körperkontakten – lassen uns unseren Körper mehr spüren und vermindern körperliche und seelische Spannungen. Wir spüren uns selbst wieder intensiver und fühlen uns dadurch häufig besser. Meditation, bei der wir eine Zeitlang frei sind von Gedanken und Sorgen, kann uns helfen, neue Bedeutungen in unserem Leben zu sehen. Wir gewinnen mehr innere Ruhe, werden gelassener, haben mehr Vertrauen zu uns selbst, fühlen uns entspannter.

Sich selbst besser verstehen

Menschen vermeiden es,
sich mit sich selbst auseinanderzusetzen

Manche Menschen lehnen es ab, sich in Frage zu stellen, sich in ihren Einstellungen, Gefühlen und Handlungen zu hinterfragen und zu klären: «Ich scheue eine Auseinandersetzung mit meinen Erfahrungen. Ich vermeide es, über unangenehme Seiten von mir selbst nachzudenken.» – «Ich versuche, meinen Problemen davonzulaufen.»

So verschließen sich Menschen vor bestimmten Erfahrungen, Gefühlen, Gedanken in ihnen, sie möchten ihnen nicht begegnen. In Gesprächen weichen sie persönlichen Schwierigkeiten, Gedanken an eine schwere Krankheit oder an das Sterben aus. Ehepartner vermeiden eine offene Klärung über die Aufgabenverteilung im Haushalt oder über ihre Empfindungen und Wünsche im sexuellen Bereich. Auch in der Berufswelt findet nur begrenzt eine solche Auseinandersetzung mit sich selbst statt: Professoren wünschen keine Auseinandersetzung über die Effektivität ihrer Tätigkeit; Lehrer vermeiden es, zu prüfen, ob ihr Unterrichtsstoff wirklich sinnvoll ist; Beamte fragen sich nicht, ob ihre Dienstleistungen den Bedürfnissen der Bürger angemessen sind.

Warum vermeiden es Menschen,
sich mit sich selbst auseinanderzusetzen?

Manche fürchten sich davor, daß unangenehme Gefühle und Gedanken in ihnen aufkommen, die sich ungünstig auf sie selbst und vielleicht auf andere auswirken könnten. So lassen sie lieber viele Erfahrungen unberücksichtigt, verschließen gleichsam die Augen vor ihnen. Sie schaffen sich einen Panzer, ein «dickes Fell», einen Schutz gegen unangenehme Gedanken und Gefühle, der es ihnen ermöglicht, diese nicht in ihr Bewußtsein treten zu lassen. Sie lassen einen Teil ihrer Person nicht leben. «Ich glaube, daß ich zuwenig über mich nachdenke», sagt eine dreißigjährige Lehrerin. «Ich belaste mich mit Problemen von anderen Leuten und merke gar nicht, daß ich mal bei mir anfangen müßte. Und dann schlagen die Wellen über mir zusammen. Vielleicht habe ich auch Angst, mich mit mir zu beschäftigen.» Ein fünfundvierzigjähriger Verwaltungs- beamter in einem Untersuchungsgefängnis: «Es darf mich nicht deprimieren: Meine gefühlsmäßigen Erfahrungen kann ich nicht zulassen, sonst drehe ich durch. Ich muß mich eben bemühen, daß es mir nicht unter die Haut geht. Und das ist nicht immer einfach. Damit schütze ich mich selbst. Ich muß mir eine dicke Pelle anschaffen. Das muß ich – als Selbstschutz.»

Manche Menschen haben Gefühle, die ihnen bedrohlich erschei- nen, wenn sie unangenehmen Teilen ihrer Person, unangenehmen Erfahrungen mit sich selbst begegnen. Oft ist es das Unbekannte in ihnen, das sie fürchten und zu dem sie schon seit langer Zeit keinen Kontakt mehr haben. Sie möchten nicht an belastende Dinge erinnert werden, die sie vor sich selbst zu verbergen suchen: «Über manche Sachen bei mir selbst mag ich gar nicht nachdenken, so unangenehm sind sie mir.» – «Es fällt mir sehr schwer, über mich und meine Probleme zu sprechen. Es ist alles so diffus. Ich habe Angst vor mir selbst, vor dem Unberechenbaren in mir.» – «Wenn ich mein Bewußtsein nicht kontrolliere und lenke, da fühle ich mich bedroht von dem, was in mir los ist. Ich fürchte es und ich spüre es, daß ich noch viele Erfahrungen entdecken werde, die nicht in mein Konzept hineinpassen. Und daß auch noch die Grundmauern meines Kartenhauses erschüttert werden. Ich habe Angst vor mir selbst.»

Auch die Angst, mit dem Unbekannten in sich selbst nicht fertig zu werden, keine Kraft für die gefürchteten Belastungen zu haben, hält manche davon ab, sich mit sich selbst auseinanderzusetzen. Ein Fünfundzwanzigjähriger: «Ich möchte jetzt nichts mehr an mich herankommen lassen. Immer wenn's schwierig wird, stehe ich auf, mache Schluß, mache nicht mehr weiter.» Eine zwanzigjährige

Praktikantin in einem gefilmten Gruppengespräch: «Ich merke, daß sich immer mehr in mir aufstaut – Dinge, die ich überhaupt nicht verarbeitet habe. Und ich habe Angst davor, mich davon überrollen zu lassen. Ich müßte mich ja mit mir auseinandersetzen. Aber ich will mich selbst einfach nicht sehen. Die negativen Dinge, die ich bis jetzt erlebt habe – wenn die mal rauskamen, die waren für mich derartig überschwemmend, daß ich das einfach nicht wieder erleben will. Ich sehe da so eine Spitze von einem Eisberg, aber ich will das andere einfach nicht sehen, weil ich glaube, daß ich damit nicht fertig werde. Und ich habe auch Angst, irgendwie durchzudrehen.» [54]

Ein weiterer Grund, sich nicht mit sich selbst auseinanderzusetzen, ist die Angst, sich ändern, Gewohnheiten aufgeben zu müssen. Diese Angst ist oft besonders groß bei Personen, die schon seit längerer Zeit innerlich erstarrt sind, die keine persönliche Entwicklung mehr zugelassen haben, weil sie ihre Gefühle und Erfahrungen oft beiseite geschoben und sich betrogen haben.

Menschen werden auch durch andere dazu angeregt, sich nicht mit sich selbst und ihren Gefühlen zu konfrontieren. «Ich weiß, daß ich mich früher davor gescheut habe, mich mit mir selbst auseinanderzusetzen. Ich fragte mich zum Beispiel nicht, warum ich traurig war, sondern versuchte, mich abzulenken oder zu schlafen. Heute weiß ich, warum das so gegangen ist. Ich bin nie, weder bei meinen Eltern noch in der Schule oder während meiner beruflichen Tätigkeit, einem Menschen begegnet, der mir vorgelebt hätte, seine Gefühle zu leben. Hier galt vor allem die verstandesmäßige Hinwendung zu Sachverhalten. Der ‹kühle Kopf› wurde belohnt. Und Menschen, die sich mal öffneten, begegnete Kälte und Mißachtung. Und schließlich entwickelte sich bei mir eine Angst vor den eigenen Gefühlen. Sie wurden nicht mehr wahrgenommen, nicht mehr akzeptiert.»

Auswirkungen geringer Selbstklärung

Wenn Menschen jahrelang sich selbst und ihre gefühlsmäßigen Erfahrungen nicht geklärt und «durchgearbeitet» haben, dann sind sie sich ihrer inneren Vorgänge nur sehr undeutlich bewußt, sie verstehen sich selbst wenig und haben nur begrenzte Möglichkeiten, sich persönlich zu entwickeln. Häufig scheinen sie starr und festgefahren, zum Beispiel in ihren Wertvorstellungen und Lebensauffassungen. Sie sind anfälliger gegenüber dogmatischen Ideologien, geraten leicht in eine starre innere Kämpferhaltung und fühlen sich oft nicht mehr verantwortlich für sich selbst und für ihre Handlungen. Sie richten sich mehr nach formalen Regeln.

Menschen mit geringer Selbstklärung äußern sich auch in ihren alltäglichen Gesprächen eher unpersönlich, allgemein, verteidigend, abstrakt. Sie sprechen von Sachen, von ihrem Wissen; aber nicht von sich selbst, von ihrem gefühlsmäßigen Erleben. Manche benutzen und halten sich an Redensarten wie «Trau keinem», «Jeder ist sich selbst der Nächste», «Es kommt schon wieder alles in die Reihe».

Menschen, die sich wenig mit sich selbst auseinandersetzen und zu verstehen suchen, können weniger angemessen und sozial gegenüber ihren Mitmenschen handeln. Sie kennen sich selbst nicht, übersehen viele eigene Erfahrungen und andere Informationen.

Menschen setzen sich mit sich selbst auseinander und lernen, sich zu verstehen

Das Bemühen, uns mit uns selbst auseinanderzusetzen und uns mehr zu verstehen, ist eine wesentliche Möglichkeit, uns persönlich weiterzuentwickeln, bereiter für Wandlungen zu werden, bewußter und selbstbestimmter zu leben. In einfacher Form können wir dies tun, indem wir in Gesprächen mit uns selbst über uns nachdenken – etwa während eines Spaziergangs oder in einer ruhigen Stunde zu Hause – oder indem wir Tagebuch schreiben, uns in einem Brief anderen mitteilen, ein Gespräch mit einem Freund oder anderen Menschen führen, denen wir vertrauen.

Ein Anlaß, uns zu erforschen, kann zum Beispiel darin bestehen, daß wir in einer ruhigen Stunde ohne Druck und Anspannung über unsere Vergangenheit, Gegenwart und Zukunft nachdenken.

Doch intensiver ist das Bemühen um Selbstklärung meist, wenn wir uns durch außergewöhnliche oder schmerzliche Erfahrungen und persönliche Schwierigkeiten – Enttäuschungen, das Scheitern an äußeren Lebensbedingungen, schwere Krankheiten, der Verlust eines Angehörigen – gedrängt fühlen, über deren Bedeutung für uns nachzudenken.

Was geht in uns vor, wenn wir uns zu klären und zu verstehen suchen? Wir sind bereit, uns selbst mit Teilen unserer Person und unseren Erfahrungen in Frage zu stellen. Wir bemühen uns etwa, Fragen wie die folgenden zu klären: ‹Welche Bedeutung hatte diese Erfahrung heute für mich?›, ‹War es richtig von mir, so zu handeln?›, ‹Was habe ich falsch gemacht?› – ‹Warum schmerzt mich das so?› – Die Fragen können auch umfassender und weitreichender sein: ‹Welchen Sinn hat meine Partnerschaft für mich?›, ‹Welchen Sinn sehe ich in meinem Beruf, in meinem Leben?›, ‹Wer bin ich wirklich?›

Auf diese Fragen suchen wir unsere «Antworten». Wir suchen unser Ich, unser Leben, unsere Entwicklung zu klären und zu verstehen. Wir versuchen zu erkennen, welchen Sinn und welche Bedeutung einzelne Erfahrungen für uns haben, in welchem Zusammenhang sie mit unserer Person stehen: «Im Gedränge des Alltags, wenn mir etwas wirklich schiefgegangen ist oder ich mit mir selbst und anderen nicht klargekommen bin, dann kann ich das nicht richtig verkraften. Aber wenn ich etwas Abstand habe, wenn ich zu Hause bin, dann bemühe ich mich und bin eher fähig, daran zu arbeiten. Ich suche dann zu verstehen, wie es so gekommen ist . . . Nein, nicht wie ‹es› gekommen ist, sondern wie die anderen an mir gehandelt haben, und dann schließlich das Wichtigste: Wie *ich* gehandelt habe und wie ich es jetzt sehe und wie *ich* mich dabei fühle.» Karoline: «Ich halte es für wichtig, vor einer Krise nicht wegzurennen, sondern sich mit ihr auseinanderzusetzen und sie verstehen zu lernen.»

Im folgenden Abschnitt berichtet eine Frau Carl Rogers, wie sie sich eines Abends mit sich selbst auseinandersetzte, mit ihren Gefühlen und Wünschen gegenüber ihrem Partner Joe:

«Joe war verreist, und ich war zu Hause. Die Kinder schliefen, und ich saß im Wohnzimmer . . . Als ich einmal vom Fernseher wegblickte, sah ich in der Fensterscheibe mein Spiegelbild. Und dann begann ich eine Art Gespräch mit mir selbst . . . Es war ungefähr so: ‹Da sitzt du also mit deinen vierunddreißig Jahren, und wie anders war das Leben, als du es dir vorgestellt hattest.› Ich hatte immer eine sehr unreale Vorstellung vom Leben. Ich dachte, ich wollte verheiratet sein, mich irgendwo niederlassen, sechs Kinder haben, du lieber Gott, und bis an mein Lebensende glücklich und zufrieden die Familie versorgen. Mir schien das immer eine ganz einfache und vernünftige Vorstellung. Aber so einfach war es nie gewesen. Ich fand einen Mann, den ich liebte, wie ich dachte; ich hielt mich für stark und offen und ehrlich, im wahrsten Sinne der Bedeutung, aber es war nicht gegangen. Es hatte so viel Leid gegeben, ich war häufig krank gewesen und hatte große Probleme mit den Kindern gehabt, ich war nicht imstande gewesen, mit dem Leben wirklich fertig zu werden. Dieses Leben war zweifellos eine Hölle gewesen.

Ich sprach gewissermaßen zu mir selbst und hörte mir all die Dinge an, die schiefgegangen waren. Und dann fing ich an, mir zu überlegen, ob nicht auch irgend etwas gut gewesen war. Ich stellte mir Fragen, und eine dieser Fragen lautete: ‹Also, Mädchen, was willst du wirklich? Was möchtest du?› Und bei der Antwort stellte sich heraus, daß das, was ich wollte, nicht die Ehe war, nicht die sechs Kinder und nicht das zufriedene Dasein als Ehefrau und Mutter. Ich wünschte mir jetzt etwas ganz anderes. Ich wollte lernen, wie man jemand liebt, wie man einen Menschen liebt und wie man geliebt wird – mehr nicht.» [36]

Was ist bedeutsam bei unserem Bemühen,
uns selbst zu verstehen?

Wichtig ist, daß wir *ehrlich* uns selbst gegenüber sind, daß wir im Gespräch mit uns selbst oder hilfreichen Mitmenschen nichts beschönigen, uns nicht rechtfertigen oder verteidigen, anderen – zum Beispiel den Eltern oder der Gesellschaft – nicht die Schuld geben. So sind wir bereit, auch die ungünstigen, unangenehmen Teile

unserer Person zu sehen und anzuerkennen. Wie schwer dies mitunter ist, geht aus der Äußerung eines Fünfundzwanzigjährigen
hervor: «Verantwortung für meine aggressiven Gefühle zu übernehmen, das fällt mir oft ungeheuer schwer. Meist suche ich nach
Gründen und Erklärungen dafür, daß sie berechtigt sind, daß der
andere sie mir gemacht hat. Ich fange dann an, den anderen zu
beschuldigen, ihm Vorwürfe zu machen.»

Für unsere Auseinandersetzung mit uns selbst ist das *offene Zulassen*
unserer vielfältigen Gedanken, Erfahrungen und Gefühle unum-
gänglich. Es ist wichtig, daß sie ungefiltert und unverzerrt in unser
Bewußtsein gelangen, daß wir auch Gedanken an die gefühlsmäßigen Reaktionen anderer auf unser Handeln zulassen – zum Beispiel ihr Gefühl, von uns ungerecht behandelt worden zu sein – und
daß wir uns nicht gegen die Erinnerung daran sperren, was andere
Menschen Gutes für uns getan haben, bevor wir mit ihnen in
Schwierigkeiten gerieten. Es können sehr viele frühere und gegenwärtige Gedanken, Erfahrungen, Gefühle unzensiert in unser Bewußtsein treten. Sie gehen ein in den Vorgang der Klärung, welche
Bedeutung bestimmte Erfahrungen für uns haben. Oft haben wir
nämlich Menschen und Ereignisse nur von einer Seite, nur von
unserem derzeitigen Standpunkt aus betrachtet und uns damit nur
ein unvollkommenes Bild von ihnen geschaffen. Oft haben wir nur
die positiven oder nur die negativen Aspekte gesehen. Wenn wir
jedoch offen und ehrlich sind, bekommen wir Zugang zu diesen
Erfahrungen ohne Einengung und Verzerrung – und können uns
mit ihnen auseinandersetzen. Ein Mann schreibt in einem Fragebogen über seine Empfindungen zu seiner Partnerschaft: «Ich bin
unsicher – ist es die ‹Richtige›? Werden wir es ein Leben lang
miteinander aushalten? Sind unsere Charaktere nicht zu unter-
schiedlich? Verdecken die Wochenend- und Ferienerlebnisse nicht
den normalen ‹Alltags-Frust›? Werde ich auf der anderen Seite
wieder einen so lebenslustigen, spontanen und liebevollen Partner
kennenlernen? Soll unser bisheriges ‹Zusammenraufen› für die
Katz gewesen sein?»

Wichtig ist bei unserer Auseinandersetzung mit uns selbst, daß wir
auf unser eigenes Fühlen hören und die gefühlsmäßigen Bedeutungen

von Handlungen und Ereignissen zu erspüren suchen. Eine Frau: «Erst in letzter Zeit ist mir deutlicher geworden, wie wichtig es ist, bei meinen eigenen Gefühlen zu bleiben, damit aus der Selbstauseinandersetzung kein Grübeln wird.» Durch eine bewußte Hinwendung zu den Gefühlen und das Spüren der Bedeutungen von Erfahrungen wird die Auseinandersetzung mit sich selbst wesentlich erweitert und fruchtbarer.

Wenn wir im stillen mit uns selbst sprechen oder ein Gespräch mit anderen führen, äußern wir häufig Gedanken über uns, die ungenau sind. Wenn wir jedoch unsere Worte und Gedanken mit dem vergleichen, was wir in uns spüren und fühlen, dann erfahren wir eher, was diese Äußerungen, Ansichten und Gedanken wirklich für uns bedeuten. Wir können uns dann klarer über uns selbst äußern. Zugleich lernen wir, deutlicher zu erkennen, was für unser Fühlen von Bedeutung ist und womit es in Zusammenhang steht.

Sucht sich jemand in dieser Weise zu klären, dann beginnt er, einen stetigen Dialog mit sich selbst zu führen. Es ist also kein Berichten, um andere zu informieren, sondern ein engagiertes Bemühen, sich selbst zu erforschen, sich selbst zu verstehen.

Inhalte der Selbstklärung

Die verschiedensten Bereiche unseres Selbst und die verschiedensten Erfahrungen sind Inhalte unseres Bemühens, uns zu klären und zu verstehen. Wir wollen auf den folgenden Seiten vor allem andere Menschen ihre Suche nach sich selbst beschreiben lassen.

○ Menschen, die eine *Unzufriedenheit mit ihrem eigenen Verhalten* in sich spüren, machen diese häufig zum Inhalt ihrer Auseinandersetzung mit sich selbst. Sie suchen Antworten auf Fragen wie: ‹Warum habe ich das gemacht?›, ‹Finde ich mein Verhalten richtig?›, ‹Was erzeugt in mir so ein ungutes Gefühl?›. Oft haben sie den deutlichen Wunsch, sich anders zu verhalten. Sie möchten weniger verletzend sein, bereiter, auf den anderen zuzugehen, oder mehr Zärtlichkeit leben können.

Sandra schreibt in einem Brief an uns über sich und ihren

siebenjährigen Sohn: «Das ist so ein wunder Punkt bei mir. Ich habe das Gefühl, daß Stefan und ich sehr große Schwierigkeiten damit haben, spontan aufeinander zuzugehen, uns anzufassen. Das können wir beide nicht. Wenn es mal passiert, dann nur, weil ich mir sage, er braucht es genauso wie ich. Denn ich weiß, wie es ist, ohne Nähe, ohne Geborgenheit und Zärtlichkeit zu leben. Bloß es kostet mich eine sehr große Überwindung, es zu tun. Es gelingt mir auch nur, wenn er kommt und sich an mich anlehnt. Dann versuche ich, wenigstens meinen Arm um ihn zu legen und eine Weile auszuharren. Aber es kostet mich so viel. Warum fällt mir das bloß so schwer, warum kann ich ihn nicht einfach in den Arm nehmen?»

Die neunzehnjährige Marlies versucht, ihr Verhalten gegenüber ihrer Mutter zu klären: «Meine Mutter hat gar nicht so unrecht, wenn sie sich von mir ausgenutzt fühlt. Ich beanspruche zwar die Bequemlichkeit, die sie mir ermöglicht, kümmere mich aber einen Dreck um sie. Ich sehe in ihr einfach praktische Vorteile, und das genügt mir . . . Nein, es genügt mir überhaupt nicht.» Nach dieser Feststellung beginnt sie, sich mit sich selbst ehrlicher auseinanderzusetzen: «Früher habe ich sie verurteilt – daß ich ihre Wärme nicht spüren konnte. Aber ich bin sicher, daß es an mir liegt; denn ich sehe, daß sie sich liebevoll um andere sorgt. Es macht mich schon ganz traurig zu sehen, wie viele meiner Bekannten sich bei ihr wohlfühlen und daß *ich* diese Wärme einfach nicht so empfinden kann.»

Eine junge Krankenschwester schreibt uns: «Meine größten Schwierigkeiten liegen in der Befangenheit gegenüber bestimmten Krankheiten und damit auch gegenüber diesen kranken Menschen. Es fällt mir zum Beispiel sehr schwer, mich auf einen Patienten mit einem Selbstmordversuch gefühlsmäßig einzulassen, mich ihm zu öffnen und ihm Wärme zu geben. Ich komme mir stocksteif, kalt und ängstlich vor. Und diese Empfindungen lassen sich von meinem Verstand nicht beeinflussen.» Und einige Zeilen später: «Ich glaube, die größte Schwierigkeit und die Ursache für meine Befangenheit liegt darin, daß ich diese Krankheit für mich selbst nicht annehmen kann.»

Wie schwer es vielen fällt, Schwächen und Fehler im eigenen Verhalten zu sehen und sie sich einzugestehen, können wir auch oft im öffentlichen Leben beobachten. Haben zum Beispiel Sportler einen Wettkampf verloren, neigen sie häufig dazu, sich zu verteidigen und zu rechtfertigen. Vielen Menschen widerstrebt es, sich mit ihrer Mitverantwortung für politische Ereignisse in ihrem Land ehrlich auseinanderzusetzen. Wer stellt und beantwortet sich schon gern Fragen wie die folgenden: ‹Was habe ich zum Nationalsozialismus, zum Terrorismus beigetragen?›, ‹Was habe ich getan, um verfolgten Menschen zu helfen?›, ‹Habe ich mich gegen Ungerechtigkeit und Gewalt gewehrt oder habe ich geschwiegen und sie dadurch unterstützt?›

Dieses ehrliche Eingeständnis der eigenen Fehler und Schwächen, dieses Offensein auch für unangenehme Einsichten ist der Beginn, uns selbst besser zu verstehen und uns dann zu ändern. Im folgenden geben wir einige weitere Beispiele für eine solche ehrliche Auseinandersetzung mit sich selbst wieder: «Ich habe einfach nicht die Kraft, mich sozial zu verhalten», sagt eine dreißigjährige Frau. «Ich habe meinen Mann nur unter Druck dazu gebracht, mich zu heiraten. Er hätte es aus freien Stücken nie getan. Ich wollte damals beweisen, daß ich einen Menschen halten könnte, weil ich immer dafür gehänselt wurde, daß ich Freundschaften nicht halten konnte und weil andere, selbst meine Mutter, gesagt haben, daß wohl niemand auf der Welt etwas für mich übrig hätte. Das stimmt leider.» – «Offen gesagt: Ich kann manchmal über andere Leute unheimlich herziehen. Ich kann dann so einen Typ richtig vornehmen und ihn ziemlich kalt fertigmachen. Nachher, dann finde ich mich selbst widerwärtig, und ich mag das nicht bei mir.» Ein Kapitän im Gespräch mit einer Helferin: «Ich habe meine Menschlichkeit verdrängt durch mein Strebertum. Ich war so einer, der alles leisten wollte, was man von außen von ihm erwartet. Ich machte alles mögliche. Das waren alles nur Selbstbestätigungen. In meinem Job, da war ich erfolgreich. So im Menschlichen, da war ich voller Hemmungen. Ich hab mir einen ziemlich dicken Schild aufgebaut. Ich brauch da einen dicken Bohrer, um ein Loch reinzukriegen.»

○ Bei *Schwierigkeiten in zwischenmenschlichen Beziehungen*, besonders in der Partnerschaft, beginnen manche, ihre eigenen Anteile an diesen Problemen zu klären. Sie versuchen herauszufinden, in-

wieweit sie diese Schwierigkeiten durch ihr Verhalten gefördert
haben.

«Ich habe mich schon ziemlich weit von Dieter entfernt», sagt
Margot. «Mir ist nicht klar, inwieweit es mit meinen persönlichen
Schwierigkeiten zu tun hat – zum Beispiel, daß ich mir als Partner
immer eine Vaterfigur wünsche. Vielleicht liegt es daran, daß ich
jemanden suche, der mich sexuell nicht belästigt, der alles versteht,
alles verzeiht. So weiß ich nicht: Was hängt nun mit Dieter zusammen? Was liegt vielleicht gar nicht an ihm, was liegt an mir? Ich
glaube, daß viele Anteile von mir schon in den Schwierigkeiten
drin sind . . . So dieses Mich-dem-Partner-total-Hingeben, das
schaffe ich nicht, da geht mir sofort etwas zuwider. Das ist dieses
Sichfallenlassen. Das kann ich nicht – weil ich solche Angst habe
und weil ich dann auch den Anspruch habe: Es soll so werden, wie
ich es brauche.»

Die dreiunddreißigjährige Anne schildert, wie sie allmählich
durch die Auseinandersetzung mit sich selbst verstand, warum sie
kein Kind von ihrem Partner haben wollte: «Als er ein Kind haben
wollte, da war ganz deutlich, daß er mich binden wollte. Dann hätte
ich meinen Job aufgegeben und wäre immer dagewesen. Das hätte
ihm gut gefallen. Ich hatte tausend Gründe, warum ich kein Kind
wollte. Ich hatte einen unheimlichen Widerwillen gegen ein Kind
von ihm – was ich mir früher so wahnsinnig gewünscht hatte. Erst
allmählich wurde mir klar: Das Vertrauen zu ihm war irgendwie
geschwunden.»

Der sechsunddreißigjährige Lehrer Gerhard bemüht sich, die
Beziehung zu seiner Frau Karen und zu seiner Freundin Irmgard zu
verstehen und zu klären: «Karen gegenüber bemühe ich mich,
selbständiger zu werden. Viele mühsame, kleine Machtkämpfchen
flackern immer wieder zwischen uns auf. Wir wollen schon gern
zusammenbleiben – ich aber keinesfalls zu den unveränderten alten
Bedingungen. Ich habe vorerst akzeptiert, daß ich mein großes
Bedürfnis nach Wärme, Zärtlichkeit, Lust und Ekstase nicht stillen
kann. Aber ich will mich nicht damit abfinden, daß es schon von
selbst geringer werden wird. Auf der anderen Seite möchte ich
nicht alles kaputtschlagen, was wir in den letzten dreizehn Jahren
miteinander aufgebaut und erlebt haben. Ich weiß heute, daß ich

Fehler gemacht habe, die schwer auszugleichen sind. Nie habe ich mit Karen über mein körperliches Verlangen, über meine Ziele und Wünsche und Gefühle gesprochen. Nun komme ich ihr plötzlich vor wie ein Monster, und der Gedanke erschreckt sie, mit mir weiter zusammenzubleiben. Ich weiß, daß meine Bedürfnisse stark und gut sind; meine Liebe zu Irmgard war nie darauf gerichtet, irgend etwas zu zerstören, irgend jemanden zu verletzen. Ich will nichts Negatives durch diese Beziehung bewirken. Aber ich will mich nicht mehr selbst völlig aus den Augen verlieren. Das Bedürfnis, meinem Gefühl nachzugeben, mit Irmgard zu schlafen und zärtlich zu sein, so daß nur ein einziges Mal in meinem Leben auch nur ein Viertel meines Bedarfs gedeckt ist, mag ich nicht einmauern mit Moral, Verantwortung und Rücksicht.»

○ Das Bemühen, die *Bedürfnisse und Rechte anderer* zu berücksichtigen und mit den eigenen in Einklang zu bringen, ist häufig Inhalt der Auseinandersetzung mit sich selbst. Eine neununddreißigjährige verheiratete Frau sucht ihre Beziehung zu einem anderen Mann zu klären: «Ich glaube, daß eine Beziehung kein Recht zum Leben hat, wenn sie auf Kosten anderer geht, wenn sie eine Ehe zerstört. Ich muß aber ehrlich gestehen, daß ich kein sonderlich schlechtes Gewissen habe, wenn ich mit meinem Freund zusammen bin. Ich habe geheiratet in der Hoffnung, Liebe und Geborgenheit zu erleben und schenken zu dürfen. Muß ich nun darauf verzichten, weil ich durch den Ehevertrag gebunden bin? Urteile ich zu hart?» Etwas später spricht sie von Helmut, ihrem Mann: «Er hat in mir eine Frau, die alles für ihn tut, die die Kinder erzieht, die ihm gutes Essen hinstellt, für ihn putzt und alles in Ordnung hält. Aber ist das genug? Er schenkt mir keine Zärtlichkeit. In sechs Monaten hat er nicht einmal mit mir geschlafen. Wo ist unsere Ehe geblieben . . .? Und trotzdem ist mein Pflichtgefühl so stark. Ich fühle mich verpflichtet, bei Helmut zu bleiben, alles gut zu machen. Ich muß, ich muß doch. Ich muß, auch wenn ich dabei unglücklich bin. Denn ich kann ihm nicht weh tun, er tut mir leid. Es wäre furchtbar, wenn ich alles zerstören würde, die Kinder unglücklich machen würde. Ich könnte es nicht verantworten.»

○ Manche Menschen spüren *Widersprüche in sich*, die sie zu klären wünschen. Sie hoffen, eine Antwort auf die Frage zu finden, welche von diesen widerstreitenden, zum Teil unvereinbaren Gefühlen und Wünschen eigentlich zu ihrem «wirklichen Ich» gehören: «Manchmal habe ich diese Phasen, wo mir alles, alles auf den Geist geht – meine Kinder, mein Mann. Und da packe ich am liebsten meine Sachen und haue ab. Aber dann hab ich wieder Phasen, wo ich mich wirklich unheimlich wohl fühle. Deshalb weiß ich überhaupt nicht: Was ist nun eigentlich wirklich?» Eine Frau: «Auf der einen Seite wünsche ich mir manchmal, diplomatisch zu sein. Auf der anderen Seite finde ich das unheimlich beknackt. Die Leute meinen zwar, daß man mit Diplomatie oder wenn man hinter jemandem hinterherkriecht, mehr erreicht. Es liegt mir aber überhaupt nicht, um den heißen Brei herumzureden und durch die Hintertür etwas zu versuchen, zu erreichen. Das ist überhaupt nicht meine Art. Aber dieses ganz Direkte, wie ich das oft mache, damit bin ich auch nicht glücklich.»

Gloria, eine dreißigjährige geschiedene Frau, in einem Gespräch mit Carl Rogers: «Wissen Sie, ich sehe das von zwei Seiten: Ich sehe mich selbst gern als jemand, der ehrlich gegenüber den Kindern ist. Und ich bin gern stolz auf mich, wenn ich ehrlich war, was auch immer ich ihnen erzählt habe, ganz gleich, wie schlecht sie von mir denken mögen. Im Innersten ist es eine gesunde Beziehung zwischen uns. Und dennoch werde ich eifersüchtig, wenn sie bei ihrem Vater sind. Ich spüre, er ist oberflächlich, er ist nicht ganz so aufrichtig, er ist nicht ganz so ehrlich. Aber trotzdem haben die Kinder einen guten Eindruck von ihrem Vater. Er ist nur Güte und Freundlichkeit, und darum beneide ich ihn. Ich möchte, daß mich die Kinder für ebenso liebenswert halten wie ihn . . . Aber ich weiß, sie können kein solch sauberes Bild von mir haben, wenn ich ehrlich wäre. Außerdem spüre ich, daß ich ein bißchen widerborstiger bin als ihr Vater. Ich tue eher Dinge, die sie nicht gutheißen würden.»

Carl Rogers: «Es fällt Ihnen schwer, zu glauben, daß die Kinder Sie wirklich lieben könnten, wenn sie Sie kennen würden?»

Gloria: «Ja, so ist es, genau das ist es.» [39]

○ Viele fühlen sich durch *frühere Erfahrungen* belastet; ihre Gedanken schweifen oft in die Vergangenheit zurück: ‹Was ist mir ange-

tan worden?›, ‹Wie bin ich mit anderen umgegangen?› Damit
unsere Auseinandersetzung mit der Vergangenheit nicht zu einem
fruchtlosen Grübeln und Anklagen wird, ist es wichtig, daß wir
uns über unser damaliges und unser gegenwärtiges Fühlen klar zu
werden versuchen und uns zum Beispiel fragen: ‹Was empfinde ich
heute, wenn ich mich an frühere Erfahrungen erinnere?›, ‹Welche
Bedeutungen haben diese Erfahrungen jetzt für mich?›, ‹Was kann
und will ich tun, um mich hierin zu ändern?› Durch eine solche
Auseinandersetzung mit uns selbst können sich schmerzliche Erfahrungen, die wir vor Jahren in der Schule, im Elternhaus oder in
Partnerschaften gemacht und noch immer nicht verwunden haben,
in ihrer Bedeutung für uns ändern.

«Ich war immer in Abhängigkeit», erinnert sich die fünfundvierzigjährige Lehrerin Ingeborg. «Ich brauchte immer einen Partner
und klammerte mich an ihn. Und ich war sehr verletzbar. Dann
ging häufig alles in die Brüche. Ich weiß noch: Ich saß allein am
Flußufer, und es war eine schöne Umgebung. Aber ich konnte es
irgendwie nicht genießen, weil ich mich so allein fühlte – weil doch
unbedingt ein Mann dabei sein sollte. Es war nicht das aufsteigende
sexuelle Bedürfnis, was von meinem Partner befriedigt werden
mußte und was mich ihn vermissen ließ. Ich wollte wirklich nur
diese Nähe, daß jemand bei mir war. Aber Nähe war damals
praktisch bei uns nur über Sexualität möglich, und so konnte ich
das gar nicht auseinanderhalten. Zärtlichkeit und Sexualität gingen
bei mir in einen Topf. Wenn ich so meine Sexualität ansehe, dann
habe ich im Grunde nur dafür gelebt, Männer zu befriedigen. Ich
habe mich ganz auf sie eingestellt, damit sie zufrieden waren. Das
ist jetzt ein Punkt, wo ich zurückgucke und mich frage: Willst du
das eigentlich so weitermachen?» – «Ich bin in der Gesprächsgruppe intensiv mit dem Gefühl in Berührung gekommen, mein
Kind durch Abtreibung umgebracht zu haben», schreibt Gudrun.
«Ich habe mir diesen Ausdruck des starken Gefühls bisher nicht
gestattet. Ich dachte, daß die Verdrängung nach sechs Jahren
stark genug ist, um dieses Gefühl für immer zu begraben. Deswegen war's jetzt so entsetzlich und so schmerzlich für mich.
Aber es war auch so, daß ich mich dabei in der Gruppe geborgen
fühlte.»

○ Manche Menschen werden von *Schuldgefühlen* gequält. Sie können es sich nicht verzeihen, wie sie sich anderen gegenüber verhalten haben. Zeitweise versuchen sie, den anderen oder äußeren
Umständen die Schuld zu geben – ihre belastenden Gefühle tauchen wieder auf. Wenn sie sich ehrlich mit ihren manchmal weit
zurückliegenden Handlungen auseinandersetzen, beginnen sie,
diese zu akzeptieren, sich für sich selbst verantwortlich zu fühlen,
sich zu klären und zu verstehen. Durch diesen Prozeß gewinnen sie
in sich eine größere Freiheit und mehr Kraft, sich zu ändern: «Als
mein Mann mich neulich mal umarmte, da dachte ich: Das ist doch
ein netter Mensch! Irgendwie habe ich da richtig Zärtlichkeit ihm
gegenüber empfunden. Aber das kommt so selten vor, und das
liegt ja vielleicht auch an mir. Ich hab eine Zeit gehabt, da hab ich
nur ihm die Schuld gegeben. Jetzt fang ich an, sie in mir zu suchen.
Ich versuche von mir aus, die Situation zu ändern. Jedenfalls
meinen Teil dazu beizutragen. Früher hab ich immer so von ihm
erwartet, daß *er* sich ändert, daß *er* mich mit meinen Fehlern
akzeptiert. Jetzt denke ich, daß ich versuchen möchte, *meine* Fehler
abzubauen.»

In einer gefilmten Gesprächsgruppe setzt sich die fünfunddreißigjährige Andrea intensiv mit ihrem Haß und ihren Schuldgefühlen
auseinander. Indem sie ihre Gefühle annimmt, geht sie den ersten
Schritt auf dem Weg, ihre Erfahrungen positiver zu sehen und sich
zu wandeln:
    Andrea: «In meiner letzten Beziehung habe ich festgestellt, daß
ich unheimlich hassen kann – und auch darum nicht verzeihen
kann. Ich könnte mit ihm jetzt auch nicht normal reden, ohne ihm
gleich wieder zu sagen: Du hast mich ausgenutzt, und ihm die
Schuld zu geben am Scheitern der Beziehung. Ich habe dann auch
Schuldgefühle, daß ich so hasse. Und es tut mir innerlich weh. Ich
kann manches Mal nachts gar nicht einschlafen. Ich habe schon
überlegt . . . ich hätte ihn zum Beispiel erschießen können, wenn
mich der Gedanke nicht so abgehalten hätte, daß ich hinterher ins
Gefängnis muß. – Ich habe mich so ausgenutzt und hintergangen
gefühlt. Ich habe also wirklich gelitten wie ein Hund, ganz bestimmt. Ich habe mich in den anderthalb Jahren der Beziehung nie

so richtig wohl gefühlt, weil ich immer Angst hatte, mein Partner wendet sich einer anderen Frau zu. Eigentlich war ich nur glücklich, wenn ich mit ihm allein, ganz allein war. Da war ich sicher. Ich hatte zum ersten Mal einen Mann wirklich gerne. Und ich hatte das Gefühl, er hat mich auch gerne. Aber zum Schluß hat er mir gesagt, er würde nichts mehr für mich empfinden. Und ich wollte das nicht wahrhaben, daß das vorbei war. Ich müßte eigentlich froh sein, aus der Beziehung herausgekommen zu sein. Aber das bin ich nicht. Und was ich mir noch nicht verzeihen kann: Ich habe den Versuch gemacht, daß er wieder zu mir zurückkommt.»

Reinhard: «. . . daß du dich entwürdigt hast, daß du dich schwach gezeigt hast? So daß du dich fast deiner Liebe schämst, da sie ja nicht mehr erwidert wurde?»

Andrea: «Ja, ja. Also ich wünsche ihm auch die Pest an den Hals. – Aber ich steh mir damit selber im Weg. Und ich versuch halt, von diesen Gefühlen herunterzukommen. Ich möchte einfach dazu kommen, auch die schönen Seiten zu sehen, denn es waren bestimmt schöne Zeiten da, ganz sicher. Aber ich schaff das noch nicht, die zu sehen und mich darüber zu freuen. Und jetzt, wenn ich darüber spreche, merke ich richtig, wie ich Kopfschmerzen kriege, wie mir da hinten der Schmerz hochzieht. Davon möchte ich einfach wegkommen. Ich habe das Gefühl, ich muß jetzt erst mal bei *mir* anfangen. Ich muß mal versuchen, herauszubekommen, was ich jetzt möchte und was ich jetzt ändern möchte – und vor allem, daß ich mich mal akzeptiere. – Ich geb mir ja auch noch die Schuld mit, eben weil ich so furchtbar besitzergreifend bin. Das sehe ich schon ein. Ich glaube, wenn einer versuchen würde, *mich* so festzuhalten, da würde ich sagen: Der spinnt, was fällt ihm ein. Aber trotzdem – von anderen verlange ich das, und ich selber kann es nicht. Und was ich auch bis jetzt nicht begreife, ist: Warum habe ich auch jetzt noch so einen Haß auf ihn? Weil ich ihm nachgelaufen bin? Er konnte ja nichts dafür. Und ich finde, wenn ein Mensch mir sagt, daß er nichts mehr für mich empfindet, dann müßte für mich die Sache klar sein. Und ich müßte mich damit abfinden. Aber das habe ich nicht getan. Ich wollte, daß er wiederkommt. Er ist ja auch für kurze Zeit wiedergekommen. Aber ich habe ihn gezwungen.»

Ein Gruppenmitglied: «Und das ist es, was du dir vorwirfst?»

Andrea: «Ja, denn Gefühle kann man nicht erzwingen. – Daß ich ihm dann auch noch gesagt habe, was ich für ihn fühle, das ärgert mich ja so. Ja, ich hab mir was vergeben, genau, ich hab mich lächerlich gemacht. – Das alles macht mich auch selber unglücklich. Es hindert mich, froh zu sein. Ja, mit dem Haß schade ich mir. Ich schade mir ja damit, irgend etwas richtig zu genießen.»

Etwas später erkennt Andrea, wie sie eigentlich sein möchte: «Wenn ich meinen Partner wirklich liebe, dann lasse ich ihm seine Freiheit. Ich lasse ihn sich entfalten. Ich halte ihn nicht fest. Das war praktisch Egoismus von mir, wie ich mich verhalten habe. Also keine Liebe. Denn wenn ich vom anderen verlange, daß er nur noch bei mir ist und bei mir bleiben muß, daß er überhaupt keine anderen Interessen haben darf, das ist schon Egoismus . . . Ja, an manchen Tagen gerate ich auch in Panik. Werde ich es noch schaffen, dahin zu kommen, wohin ich möchte? Ich weiß nur, daß ich nicht noch einmal so in eine Beziehung kommen darf.» [59]

Wir finden dieses Beispiel einer Selbstklärung sehr eindrucksvoll. Andrea wird klar, wie sie durch ihr Verhalten die Beziehung belastet hat.

○ Einige entdecken bei ihrer Auseinandersetzung mit sich selbst *Bereiche ihrer Person, die ihnen unbekannt waren und die sie zunächst erschrecken.* Wenn sich Menschen weiter erforschen, werden sie vertrauter mit sich und erhalten mehr Einblick in ihr Handeln: «Ich erkannte unter anderem, daß ich ein sehr ehrgeiziger Mensch bin, mit enorm hohen Ansprüchen an mich selbst, an denen ich oft leide. Ich merkte, daß ich eigentlich eine Universitätslaufbahn anstrebte, und entdeckte zu meinem Entsetzen, daß von daher viele meiner Schwierigkeiten, zum Beispiel mit meinem Professor, herrührten. Ich wollte ihn schwach halten, ihn verletzen, um meine Zweifel an mir selbst zu beschwichtigen: Wenn der es mit so vielen Schwächen und Fehlern bis zum Professor gebracht hat, dann kann ich es erst recht. Als ich diese meine Einstellung allerdings in ihrer vollen Bedeutung erkannte, war ich entsetzt.»

Welche äußeren Bedingungen erleichtern die Selbstklärung?

Gespräche mit einem verständnisvollen, in unserem Erleben zentrierten Freund, Angehörigen oder einem erfahrenen Psychologischen Helfer sowie Gruppengespräche können es uns sehr erleichtern, ehrlicher uns selbst gegenüber zu sein, bei der Selbstklärung nicht abzuschweifen, sondern fortwährend in uns selbst zentriert zu bleiben. Ingeborg, eine Lehrerin: «Ich merke, für mich sind Gespräche wichtig, viel wichtiger als Bücher. So ein Gespräch, das ist mir ein Stück Leben, weil etwas in mir dann wieder wächst, sich etwas aufbaut. Insofern sind Menschen sehr wichtig für mich. Im Gespräch gehen ja andere auf mich ein, der andere hört mich, das ist mir so wichtig. Im Buch muß ich nur darauf hören, was der andere mir gibt.»

Solche Gespräche sind für uns hilfreich, weil sie es uns ermöglichen, uns mit unseren Gefühlen und Erfahrungen, die für uns wichtig sind, zu öffnen. Dies ist ein erster Schritt zur Auseinandersetzung mit uns selbst. Durch das Aussprechen erfahren wir eine gefühlsmäßige Erleichterung. Wir sehen danach manches anders und klarer: «Ich habe schon viel über mich nachgedacht. Es aber hier auszusprechen, das hat für mich die Situation total verändert. Das Aussprechen war der Punkt für mich. Dadurch hat sich vieles verändert, und ich hab darüber wieder neu nachdenken können.» Ein etwa vierzigjähriger Mann sagt von seiner Gesprächsgruppe: «Die Gruppe hat sozusagen an den Sargdeckel geklopft und angefangen, ihn hochzuheben. Ich habe angefangen, mir bewußt zu werden, daß es doch einen Ausweg gibt. Und nachher, im Laufe der Zeit, da habe ich über die Entfernungen hinweg die Hand gespürt, das Verständnis, die Möglichkeit, mich zu äußern. Und indem ich mich äußern konnte, bin ich mir klarer geworden über mich selbst. Und je mehr ich mir klarer werde über mich selbst, desto mehr ist auch so eine große Belastung weggefallen. Ich konnte viele Dinge äußern, die ich zwanzig und mehr Jahre mit mir herumgetragen habe und keinem Menschen gesagt hab. Das war eine ungeheure Belastung, die einen aufreibt mit der Zeit. Vor allem, ich konnte eben alles äußern. Denn erstens habe ich gewußt,

kein Mensch wird mich jetzt verurteilen deswegen. Und ich habe
auch gewußt, daß Menschen da sind, die die Kraft haben, das
auszuhalten, was ich zu äußern hab. Sonst hätte ich nicht den Mut
gehabt, diese Dinge jemand anderem zu sagen.»

Durch die Bemühungen Psychologischer Helfer oder verständnisvoller Menschen, im Gespräch unsere seelische Wirklichkeit zu
spüren und zu verstehen und uns das Verstandene mitzuteilen,
werden wir fortlaufend angeregt, weiter über uns nachzudenken
und zu sprechen. Sie helfen uns, nicht auf äußerliche oder sachliche
Feststellungen auszuweichen, sondern uns ganz auf uns selbst, auf
unsere Gefühlswelt zu konzentrieren. Dieser Zusammenhang zwischen einfühlenden Äußerungen eines Helfers und der Selbstauseinandersetzung seines Gesprächspartners wurde in vielen Untersuchungen überzeugend nachgewiesen. [54] Ein junger Mann beschreibt seine Erfahrungen in einem Gespräch folgendermaßen:
«Ich habe gelernt, wenigstens die meisten meiner Sorgen und
Probleme verständnisvollen Menschen anzuvertrauen. Dabei ist
mir aufgefallen, daß ich mich dadurch weniger im Kreise drehe,
sondern eine Selbstauseinandersetzung erfahre, die mich viel weiter bringt, die mir Klarheit verschafft.»

Freunde, ein Helfer oder Gruppenmitglieder geben uns im Gespräch die gefühlsmäßige Unterstützung, die seelische Sicherheit,
gleichsam Rückendeckung bei dem Schmerz und den Ängsten, die
bei unserer Auseinandersetzung mit uns selbst, insbesondere bei
dem schwierigen Beginnen, auftreten. «Irgendwo hatte ich Angst
vor mir, so vor dem, was in mir steckt. Aber dann war es ein starkes
Glücksgefühl, diese Geborgenheit in der Gruppe, ihr Verständnis.»

Freunde oder hilfreiche Gruppenmitglieder können uns durch
Fragen oder Äußerungen darüber, wie sie uns erleben, helfen, uns
zu erforschen, uns selbst anders sehen zu lernen. Ein junger Mann
schreibt einige Tage nach einem Gespräch: «Ich weiß gar nicht, wie
ich mir das erklären soll. Vielleicht war ich deswegen gestern so
sauer auf Dich, weil Du mich aus meinem oberflächlichen Glück
herausgerissen hast. Du sagtest, Du erlebtest mich so nach Macht
in der Gruppe strebend und Du hättest Angst vor mir. Zuerst war
ich wütend auf Dich. Jetzt muß ich – ich will es Dir schreiben: Ich
habe Angst, Du könntest recht haben.»

Gruppenmitglieder oder Freunde, die sich selbst intensiv mit ihrem seelischen Erleben auseinandersetzen, sind eine wesentliche Anregung für den einzelnen, dies ebenfalls zu tun und die Angst davor zu überwinden. In einer gefilmten Gesprächsgruppe sagt eine neunzehnjährige Schülerin zu einem vierundzwanzigjährigen Strafgefangenen, der sich mit seiner Situation auseinandergesetzt hatte: «Ich hab durch dich eigentlich für mich selber sehr viel gelernt. Ich habe gelernt, wie wenig ich eigentlich aus dem mache, was ich in Wirklichkeit habe. Verstehst du, ich habe meine Situation verglichen mit einem Gefängnis. *Du* kannst nicht heraus. Aber *ich* mache mir ja selbst mein Gefängnis.»

Eine Selbstklärung kann auch durch Gespräche über bestimmte persönliche Themen gefördert werden. Anstatt zum Beispiel beim Weihnachts- oder Neujahrsfest die üblichen oberflächlichen Gespräche zu führen, können wir auch über folgende Fragen sprechen: ‹Was hat mir dieses vergangene Jahr gegeben?›, ‹Was hat mir dieses Jahr genommen?›, ‹Welche Möglichkeiten, mich persönlich weiterzuentwickeln, sehe ich?›, ‹Was könnte mich im kommenden Jahr bei dieser Entwicklung behindern?›, ‹Wie werde ich in fünf Jahren mein heutiges Leben sehen?›

Eine andere Möglichkeit, sich selbst näherzukommen und zu klären, sind Tagebücher und Briefe. Vor allem Menschen, die keinen hilfreichen Gesprächspartner und keine Gesprächsgruppe haben, erleben es als bereichernd, wenn sie ihre persönlichen Gedanken, gefühlsmäßigen Erfahrungen und Belastungen niederschreiben. «Ich konnte nie mit meinen Problemen zu jemandem gehen», berichtet die zweiundvierzigjährige Ingrid. «Schon in meiner Jugendzeit war ich immer mit mir allein. Und Ängste habe ich gehabt, viele Ängste. Um damit fertig zu werden, mußte ich mich ja irgendwie damit auseinandersetzen. Und dann habe ich eben das, was ich gefühlt habe, einfach hingeschrieben. Und das hab ich am nächsten Tag oder zwei Tage später mir selber laut vorgelesen. Und irgendwann habe ich es dann halt verstanden – als ob jemand mir einen Brief geschrieben hat und ich hab den dann gelesen. Das war so eine Möglichkeit, mich mit mir auseinanderzusetzen.» – «Das Tagebuchschreiben bringt mir mehr Klarheit, es ruft mir manches ins Bewußtsein.» – «Ich schreibe seit zwei Monaten Tagebuch. Es

sind schon fast hundert Din-A4-Seiten. Es hilft mir bei meinem
Überleben. Ich bemühe mich, zu mir ganz ehrlich zu sein. Und es
hat mir auch geholfen, Euch diesen Brief so ehrlich wie möglich zu
schreiben.»

Auch wenn wir keine Ängste haben, uns nicht beeinträchtigt
fühlen, können wir uns durch Tagebuch- und Briefeschreiben mehr
Klarheit in vielen Fragen verschaffen, die uns betreffen und beschäftigen. Wir können uns unserer Lebensinhalte und unserer
Erfahrungen bewußter werden und kommen auf diese Weise uns
selbst näher. Ein Dreißigjähriger: «Für mich war es zunächst einmal wichtig, daß ich die quälenden Grübeleien unterbrach. Wenn
ich bemerkte, daß ich mich wieder in Gedankenkreisen erging,
mich festbiß und mich verkrampfte, dann sagte ich mir: ‹Stop! Was
würdest du eigentlich gern tun? Dies und jenes. Und was spricht
dagegen? Dies und jenes.› Meistens reichte es schon, wenn ich so
mit mir redete. Manchmal, auch bei schwierigen Entscheidungen,
habe ich alle Argumente aufgeschrieben, die dafür und dagegen
sprachen. Und wenn nach einer Weile die Grübelei wieder anfing,
dann sagte ich mir: ‹Du hast diese Dinge alle aufgeschrieben. Gibt
es jetzt einen neuen Gesichtspunkt?› Diese Art des inneren Gesprächs war für mich sehr entlastend.»

Es gibt viele weitere Möglichkeiten, unsere Selbstklärung zu
fördern. Wir können zum Beispiel zusammen mit anderen, verständnisvollen Menschen Fotografien von uns aus früheren Jahren
betrachten und die Gefühle auszudrücken versuchen, die wir damals hatten und die die Bilder heute in uns wachrufen. Wir können
unsere Gefühle im freien Tanz, im schöpferischen Gestalten wie
Malen und Töpfern oder durch Singen und Musizieren zum Ausdruck bringen und uns dann ihrer Bedeutung für uns bewußt
werden: «Als es mir ganz schlecht ging, habe ich angefangen, mein
depressives Gesicht zu malen. Ich habe mich vor den Spiegel
gestellt und viele Bilder von mir gemalt. Ich habe sie dann überall
aufgehängt. Das merkwürdige war, daß mir dadurch mein depressives Gesicht vertraut wurde, ich mich in dem Gefühl der Niedergeschlagenheit kennenlernte und akzeptierte. Das war für mich ein
Weg, aus meiner depressiven Stimmung herauszukommen.»

Auswirkungen intensiver Selbstklärung

O Menschen, die sich darum bemühen, sich zu verstehen, sehen sich selbst, Ereignisse und Personen weniger verzerrt, freier von Vorurteilen. In der Auseinandersetzung mit sich selbst machen Menschen neue Erfahrungen mit sich und ihrer seelischen Wirklichkeit. Und diese Wandlung der Selbstwahrnehmung hat zur Folge, daß sich ihr Fühlen ändert – auch ihr Fühlen sich selbst gegenüber.

Sie erweitern gleichsam ihre seelische Welt. Der vierundvierzigjährige Ernst schildert diesen Vorgang: «Ich hab erkannt, daß die Welt nicht unbedingt genauso ist, wie ich sie sehe, und daß meine Wahrnehmung selbst oft eingeschränkt sein kann. Ich habe gefunden, daß dies zu einer gewissen Starrheit und Armut meiner Existenz geführt hat. Und ich möchte, daß sämtliche persönlichen Bereiche von mir offen für neue Erfahrungen und Veränderungen sein sollen.» – «In Gesprächen erschienen mir einige meiner Probleme in einem neuen Licht.»

Die günstigen Auswirkungen häufiger Selbstklärung wurden auch in einer Untersuchung nachgewiesen: Personen wurden gebeten, über sich selbst zu sprechen. Diejenigen, die sich dabei nach den Einschätzungen neutraler Beurteiler der Tonbandaufnahmen offener mit sich selbst auseinandersetzten, ohne sich ständig zu rechtfertigen und zu verteidigen, waren – verglichen mit Personen, die sich im Gespräch wenig mit sich selbst auseinandersetzen – in ihrem alltäglichen Leben förderlicher für sich selbst und fühlten sich seelisch lebendiger und reicher. [52]

Wenn Menschen sich selbst mehr verstehen, erleben sie bewußter, wer sie sind, lernen ihre Fehler, Grenzen, Möglichkeiten und Chancen kennen. Sie gewinnen dadurch mehr Selbstbestimmung und innere Freiheit und Klarheit über ihre Wege, sich selbst zu verwirklichen: «Ich habe mich erst einmal selbst gesehen und in mich hineingehört. Ich will jetzt meine Bedürfnisse sehen und mich von ihnen aus orientieren. Ich will mit mir selbst in Kontakt bleiben, in mich hineinhören und von dort rausgehen – nicht wie bisher, daß ich mich wie ein Ball verhalten habe, der sich überall hinwerfen ließ», sagt eine vierzigjährige Frau. «Jetzt bestimme *ich* für mich, was wichtig ist, und dem wende ich mich zu. Ich spüre jetzt mehr Gefühl in mir und kann mit ihm in Kontakt treten und darüber sprechen – so etwa, daß ich froh bin oder traurig, aufgeregt oder ängstlich, hilflos oder neidisch.» – «Ich habe ein besseres Gespür dafür bekommen, was ich bin und wie andere mich beeinflussen. Ich bin selbstsicherer geworden», sagt ein dreißigjähriger Mann. «Jedes neue Verstehen dessen, was du wirklich bist», schreibt der amerikanische Philosoph und Psychologe Ram Dass, «gibt dir mehr Raum und Freiheit, so daß du klarer deine innere Stimme hören und ihr folgen kannst». [32]

○ Wer sich seiner selbst bewußter wird, kann zumeist auch selbstverantwortlicher handeln. Ein Fünfundzwanzigjähriger: «Ich verstehe heute den Unterschied zwischen Verstehen und Erklären. Erklärungen halfen mir, die Verantwortung für mich auf irgendwelche Ursachen zu übertragen. Seitdem ich mich zu verstehen suche, begreife ich, daß ich selbst für mich verantwortlich bin. Ein Erlebnis mit meinem Vater hat mir dies deutlich werden lassen. Ich habe zum erstenmal in meinem Leben mit ihm über mich gesprochen. Ich machte ihn früher dafür verantwortlich, wie ich war, hatte aber Schuldgefühle, es ihm zu sagen. Ich fühle mich heute für mich verantwortlich. Ich bin froh, daß ich mich auf den Weg gemacht habe, die ersten Schritte gegangen bin. Ich habe erste Antworten auf die Frage gefunden: Wer bin ich?»

○ Durch das Sprechen über schmerzliche Erfahrungen vermindern sich oft Belastungen, Ängste und Schwierigkeiten: «Dadurch, daß ich über meine Schwierigkeiten spreche, verlieren sie an Gewicht.» In Untersuchungen ergab sich: Personen, die sich während psychotherapeutischer Einzel- und Gruppengespräche gefühlsmäßig aktiv mit sich auseinandersetzten und sich zu verstehen suchten, waren nach den Gesprächen deutlich weniger seelisch beeinträchtigt als Personen, die sich in den Gesprächen wenig mit sich selbst auseinandersetzten. [54, 65]

○ Menschen, die sich häufig und intensiv selbst zu klären suchen, handeln anderen gegenüber sozialer. Diese Auswirkung halten wir für außerordentlich bedeutsam. Menschen, die sich selbst mehr ergründen, sich Klarheit über ihr Erleben und ihre Bedürfnisse verschaffen, die offen für das Erleben und die Bedürfnisse anderer sind und damit bereit zu persönlichen Wandlungen, sind zu einem günstigen partnerschaftlichen sozialen Zusammenleben fähig. Ein Sechsundzwanzigjähriger schreibt uns: «Ich habe mich jahrelang für einen offenen, ehrlichen und kontaktfreudigen Menschen gehalten – bis mir eine Freundin vorwarf, daß ich allen Mitmenschen gegenüber dominant und besserwisserisch sei und daß auch meine anderen Freunde nie wüßten, woran sie bei mir sind. Es hat mich viel Zeit und viele Gespräche mit Freunden gekostet, bis ich herausfand, daß sie recht hatte. Noch länger hat es dann gedauert, dies einigermaßen abzuändern.»

Selbstklärung hilft der zweiundvierzigjährigen Anna, ein falsches und ungerechtes Verhalten ihrer Tochter gegenüber zu vermeiden: «Mitunter machen mich bei meiner Tochter Dinge sehr wütend, zum Beispiel, wenn ihr Zimmer unordentlich ist. Aber nicht deshalb, weil ich ein ordentlicher Mensch bin und es mich dann stört, sondern es ist genau andersherum: Weil ich selber unordentlich bin, stört es mich, wenn sie nicht aufräumt – weil sie so lebt, wie *ich* es eigentlich möchte. Deshalb ist es für mich ganz wichtig, daß ich mich da selber kläre und mir sage: Es stört mich nicht, was sie macht, sondern es ist mein eigener Anteil, der in mir ist, der mir da zu schaffen macht.»

Ein Fünfundzwanzigjähriger schreibt seiner ehemaligen Gruppenhelferin einen Brief. In seiner ehrlichen Auseinandersetzung mit sich selbst wird ihm klar, daß er dazu neigt, sich und andere Menschen irrezuführen und auszunutzen: «Neulich, als ich Dich anrief, hab ich Dir wieder was vorgejammert. Nur weil ich wollte, daß ich an erster oder zweiter Stelle Deiner Fürsorglichkeitsliste stehe. Ich denke immer, wenn ich den Leuten sage, daß es mir gutgeht, daß ich dann eine Akte bin, die sie ablegen. – So hab ich es auch mit Dir gemacht: Ich hab Dir was vorgejammert. Hinterher hab ich gemerkt, es ging mir ja gar nicht so schlecht. So, wie ich es Dir gesagt habe, fühlte ich mich ja gar nicht. Ich kann mir eben nicht vorstellen, daß Du Dich mir auch zuwendest, wenn ich Dir sage, daß es mir gut geht. Aber ich möchte das nun nicht mehr, den Leuten was vormachen, damit sie sich mir zuwenden. Ich möchte meinen Wert in mir selber spüren. Ich will nicht mehr mit den Leuten spielen. Ich möchte sie gerne wissen lassen, wie es mir

wirklich geht, ihnen nichts vormachen. Natürlich möchte ich ihre
Zuwendung, die brauche ich ja. Aber vielleicht kriege ich sie ja
auch auf eine andere Weise.»

○ Manche entdecken bei intensiver Auseinandersetzung mit sich
selbst, daß sie hinter einer Fassade leben, daß sie sich nach außen
hin anders zeigen, als sie innerlich fühlen. Sie beginnen, an dem
Bild, das sie anderen von sich geben, zu zweifeln: «Da ist mir das
richtig bewußt geworden: Ich will ja dieses Lächeln gar nicht.
Warum geb ich mich nach außen hin so anders, als ich mich
innerlich empfinde? Mir ist ja gar nicht nach Lächeln zumute.
Warum hab ich mir so eine Fassade aufgesetzt? Ich habe das früher
gar nicht so gemerkt.»

Auch Silvio, ein jugoslawischer Gastarbeiter, sucht nach seinem
wirklichen Ich: «Ich habe mich immer irgendwie leiten lassen.
Wenn ich überlege, wie ich anderen Leuten gegenübertrete, dann
bin ich da gar nicht ich selbst. Ich tue ungefähr das, was sie von mir
haben wollen . . . Was ich für mich will, das muß ich erst ergründen. Ich habe es noch nicht gefunden, das eigene Ich. Ich weiß im
Grunde kaum, wer und was ich bin. Ich habe das dringende
Bedürfnis, ich selbst zu sein. Ich schaffe es aber nicht anderen
Menschen gegenüber.» Ehrliche Selbstklärung erleichtert es uns,
unser eigenes Ich zu finden, echter und fassadenfreier zu werden.

Karen, eine Lehrerin für Lernbehinderte, in einem Gruppengespräch: «Die älteren Kollegen, hinter ihrem Rücken zerreiß ich mir
das Maul teilweise über die, und ich find die so doof und unmöglich. Und wenn ich dann direkt mit denen sprech, dann kommt es
aus mir heraus: ‹Wie schön, wie interessant.› Und das find ich
unehrlich. Ich hab den Anspruch an mich, ich möchte denen auch
direkt sagen: ‹Also, hören Sie mal zu, was Sie da machen, das ist . . .
also ich hab gehört, Sie haben einen Stock im Schrank und schlagen
die Kinder. Das finde ich unmöglich.› Aber ich wage nicht, ihm das
zu sagen. Ich bin da mit mir nicht zufrieden.» Im folgenden klärt
sie, warum es ihr nicht möglich ist, den Kollegen gegenüber offen
zu sein: «Wenn ich merke, jemand mag mich nicht, dann versuche
ich ganz besonders, dem zu gefallen. Und manchmal hat das ganz
erschreckende Ausmaße und wird ganz krampfhaft. Ich hab den
Anspruch: Alle sollen mich mögen. Also diese Gefallsucht von mir,

die geht mir so auf den Geist. Ich hab so den Anspruch, daß die anderen mich gut finden sollen. Und das ist die Gefahr, daß ich mich selbst irgendwie verliere. Ja, ich fühl mich schlecht, ich bin traurig und deprimiert, wenn ich abgelehnt werde. Für mein Selbstbewußtsein ist es eben so wichtig, daß ich gemocht werde. Als Kind oder in der Schule, da hab ich oft die Erfahrung gemacht, daß ich eher ein Außenseiter war und nicht gemocht wurde. Das war auch in Freundschaften schon immer so, mit Männern und mit Frauen – daß ich doch immer sehr bereit war, ‹Ja› zu sagen. Und jetzt achte ich schon mehr darauf: Was will ich eigentlich? Aber noch nicht genug, glaube ich.»

○ Menschen, die sich intensiv mit sich selbst auseinandersetzen, lernen, angemessene Entscheidungen zu treffen und danach zu handeln. Steht zum Beispiel jemand vor der Entscheidung, mit einem Partner zusammenzuleben oder nicht, ihn zu heiraten oder nicht, dann ist die Selbstklärung für ihn und den Partner sehr wichtig. Er wird dann offen sein für die Vielzahl seiner Eindrücke und Empfindungen, auch für die Empfindungen seines Partners. Sie werden ihm deutlicher, und er wird sich darin zu verstehen suchen. Er wird sich fragen: Was zieht mich an dem anderen Menschen so an? Will ich ihn nur heiraten, weil ich mich allein fühle? Brauche ich ihn, um meine eigenen Schwierigkeiten zu verringern? Brauche ich ihn, um ihm Wärme und Liebe zu geben oder von ihm zu erhalten? Was werde ich dem anderen geben können? Welche Gemeinsamkeiten haben wir? Ist ein Mensch in dieser Weise offen und fähig, darüber mit anderen zu sprechen, um sich selbst noch besser zu verstehen, so wird er mit großer Wahrscheinlichkeit angemessener handeln.

Ein Achtundzwanzigjähriger berichtet in einem gefilmten Gruppengespräch, wie er in der Auseinandersetzung mit sich selbst klärte, warum er einen bestimmten Schulabschluß wollte und zu welcher Entscheidung er dabei gelangte: «Ich bin dann auf die Tagesschule gegangen, weil ich mein Abitur abschließen wollte. Aber dann habe ich mich gefragt: Wieso willst du überhaupt das Abitur? Ich mußte mir dann die Antwort geben: Du möchtest es, weil du eben dadurch größeres Ansehen hättest. Und das war sehr stark für mich, als ich mir diese Antwort geben mußte. Ich stand

sehr nackt da. Ich lernte nicht, um persönlich vorwärts zu kommen, sondern weil ich eben eine Bestätigung suchte, eine Bestätigung in der Gesellschaft durch das Papier. Und dann hab ich mich
gefragt: Was willst du? Willst du die Jahre durchleben, damit du das
Papier kriegst? Oder willst du eben leben? Ich meine ‹leben›. Das
heißt: nicht einfach in den Tag hineinleben, sondern eine Arbeit
finden und ausüben, in der du deine Befriedigung erhältst. – Und
dann bin ich aus der Schule ausgetreten.»

Häufige Selbstklärung gibt Menschen die Möglichkeit, zu *eigenen*
Wertauffassungen und Urteilen in den verschiedenen Bereichen
ihres Lebens zu gelangen. In der Familie, in der Schule, in fast allen
Bereichen des täglichen Lebens wird ihnen häufig direkt oder
indirekt vermittelt, welche Werte für sie gut beziehungsweise ungünstig seien. Aber in einer Zeit zunehmender Selbstbestimmung
von Menschen, in einer Zeit, in der die tradierten Wertauffassungen für den einzelnen oft nicht mehr zutreffen, führt es fast zwangsläufig zu großen Schwierigkeiten, wenn Menschen die Werte ihrer
Familie, der Schule, Kirche, des Staates oder einer politischen
Partei konformistisch übernehmen. Die Auseinandersetzung mit
dem eigenen Wissen, den eigenen Erfahrungen und Gefühlen
sowie mit den Gefühlen und Erfahrungen anderer Menschen ermöglicht es dem einzelnen, zu eigenen Werten zu kommen und
ihnen gemäß Entscheidungen zu treffen: Wofür will ich leben? Will
ich Karriere machen, viel Geld verdienen? Will ich mich an meine
Umgebung und deren Werte anpassen? Was bedeuten mir die Nöte
und Sorgen anderer Menschen? Nehme ich sie überhaupt wahr?
Was gebe ich eigentlich anderen Menschen? Wir finden es be-
dauerlich, daß dieser wichtige Vorgang der Selbstklärung in der
Familie, in der Schule und anderen Bereichen unseres Zusammenlebens nicht stärker gefördert wird.

Förderliche Einstellungen zu uns und unserem Leben

Menschen lehnen sich ab

«Ich mag mich nicht leiden, ich schäme mich über mich.» – «Ich seh mich selbst irgendwie als einen Feind.» – «Ich wünsche oft, ich wäre jemand ganz anderes.» – «Ich habe keine gute Meinung von mir. Am liebsten würde ich mich irgendwo verkriechen und nie mehr zum Vorschein kommen.» Viele Menschen stehen sich selbst ablehnend gegenüber. Sie mögen sich nicht, ja sie verachten und hassen sich. Sie können sich selbst nicht als achtenswerte Partner annehmen. So sind sie ständig mit jemandem zusammen, den sie nicht leiden können. Das Mißbehagen über sich selbst ist der stetige Hintergrund ihres Erlebens und ihrer Erfahrungen.

Vor einigen Jahren stellten wir in einer Untersuchung fest: Unser Erleben und die Art, wie wir zu uns selbst reden, ist deutlich von der Einstellung, die wir zu uns selbst haben, geprägt. Personen kreuzten auf einem Fragebogen diejenigen Äußerungen an, die sie häufig sich selbst gegenüber verwendeten, zum Beispiel: ‹Was ich auch mache, es ist verkehrt.› – ‹Ich fühl mich elend.› – ‹Es ist alles zum Kotzen.› – ‹Ich bin vielleicht doof!› – ‹Du schaffst es nie!› Oder: ‹Du wirst das schon machen.› – ‹Ich fühl mich pudelwohl.› – ‹Das tut mir gut.› – Wir waren sehr beeindruckt von dem Ergebnis: Viele Menschen tadelten sich häufig, fühlten sich schlecht mit sich, bestraften sich, waren sich selbst keine guten Partner.

Menschen, die ungünstig von sich denken, schätzen sich selbst und ihre Leistungen als gering und nutzlos ein, obgleich sie oft einen offensichtlichen, äußeren Anlaß dazu nicht haben. Ein Fünfunddreißigjähriger: «Dann ist wieder dieses Sich-als-Versager-

Fühlen, dieses: Was bist du eigentlich? Was leistest du eigentlich? Du machst ja nicht viel. Du lebst ja doch nur so vor dich hin.» Ein Zweiundvierzigjähriger: «Ich fühle mich als eine Null, als ein Nichts, als ein Versager, als ein Mensch, der wirklich nutzlos ist.» Eine Vierzigjährige: «Ich hätte weiß Gott keinen Grund, irgendwelche Komplexe zu haben. Aber ich fühle mich in meiner Haut so unwohl und kann mich, so wie ich bin, nicht akzeptieren. Wenn du immer mit ziemlich harter Kritik mit dir selbst ins Gericht gehst und dich schlecht findest, das ist doch furchtbar. Ja, ich verurteile mich dann auch sehr in dem, was ich mache.»

Welche «Karriere» diese Menschen auch machen, welche Ehrungen ihnen auch zuteil werden, wieviel Geld und Besitz sie auch anhäufen — immer überschattet das Mißbehagen über sich selbst ihre äußeren Erfolge. Sie können die Anerkennung anderer nicht wirklich für sich annehmen: «Ich könnte noch zehn Prüfungen erfolgreich bestehen, ich erleb mich trotzdem als ein Versager.»

Menschen, die sich selbst verachten, erleben sich meist auch als unzumutbar für andere: «Ich kann mir nicht vorstellen, daß mich jemand mag, der mich erst richtig kennengelernt hat.» Diese Menschen haben ein sehr ungünstiges, negatives Selbstbild. Sie sehen sich als Personen, die nutzlos, nicht liebens- und achtenswert sind, mit denen zusammenzusein sich nicht lohnt.

Warum lehnen Menschen sich selbst ab?

Unsere Selbstachtung ist stark davon beeinflußt, ob wir in unserer Kindheit und Jugend von Menschen, die für uns bedeutsam waren — besonders von unseren Eltern und Lehrern —, geachtet oder eher mißachtet wurden. Kinder, denen Eltern, Lehrer oder Mitmenschen durch Worte oder Handlungen vermitteln, daß sie wenig achtenswert sind, sehen und behandeln sich allmählich so, wie die Erwachsenen sie sehen und behandeln.

Alle diese Erfahrungen, die wir als Kinder und auch als Erwachsene mit uns machen, verdichten sich zu einem Bild von uns selbst, das unsere Wahrnehmung und unser Verhalten prägt. Ist bei einem Jugendlichen durch viele Erfahrungen das Bild «Ich bin nicht wertvoll» entstanden, so werden weitere ungünstige Erfahrungen mit sich selbst dieses negative Selbstbild noch verstärken.

Das Selbstbild beeinflußt auch das alltägliche Verhalten: Ein Mensch mit geringer Selbstachtung mutet sich weniger zu und ist leichter entmutigt. Er neigt dazu, seine Fehler überzubewerten. Wenn er das Bild eines Versagers von sich hat, wird er häufig trotz guter Chancen versagen, da er sich wenig zutraut, leicht verzagt und häufig seine Bemühungen bei den ersten Schwierigkeiten abbricht. So wirkt sich sein Selbstbild auf sein Verhalten aus wie eine sich selbst erfüllende Prophezeiung.

Der folgende Brief einer dreißigjährigen Lehrerin zeigt, wie stark die Erziehung, die wir in der Kindheit erfahren haben, noch Jahrzehnte später unser alltägliches Verhalten beeinflussen kann:

«In meinem Leben war ich noch niemals wirklich bewußt glücklich, sondern immer in einem seelischen Sumpf. Ich bin unglücklich. Ich habe nirgends wirkliche Freunde. Ich stehe irgendwie im ‹draußen›. Um dem auf den Grund zu kommen, habe ich mich an verschiedene Umstände erinnert, die mich dahin gebracht haben könnten: Ich wurde mit einer Lippen-Kiefer-Gaumen-Spalte geboren und war von vornherein also ein Problemkind. Ich habe niemals erfahren, mich zum Beispiel im Arm meiner Mutter geborgen zu fühlen, gestreichelt zu werden. Ich habe auch nicht gelernt, zu vertrauen, mich auf jemanden einzulassen. Denn immer wieder wurde ich enttäuscht. Dann nämlich, wenn wieder mal ein Krankenhausaufenthalt bei mir nötig war. Meine Mutter hat mich nicht auf den Klinikaufenthalt vorbereitet, um in mir keinen Widerstand hervorzurufen. Sie ging statt dessen mit mir zur ‹Kontrolle› und verschwand dann aus dem Untersuchungszimmer, so daß mich dann irgendwelche fremden Schwestern in ein Bett steckten, wo ich dann stundenlang weinte, weil ich mich so hintergangen fühlte. Im Krankenhaus wurde zwar dafür gesorgt, daß ich ein menschenwürdiges Aussehen bekam, daß ich richtig sprechen lernte. Aber ich wurde alleingelassen. Ich lag im Bett, einen Gipshut auf dem Kopf, einen fürchterlichen Apparat im Mund, mit Schmerzen – und niemand war da, der mich tröstete, der Verständnis für mich hatte. Manchmal muß ich in meiner Verzweiflung wohl getobt haben.

Dann wurde ich an den Gitterstäben des Bettes festgebunden. Das ist die einzige ‹Zuwendung›, an die ich mich noch erinnern kann.

Als ich dann in die Schule kam, erlebte ich, wie ich von meinen Klassenkameraden nicht akzeptiert wurde, vielleicht bedingt durch mein Aussehen, durch meine damals noch undeutliche Sprache und dadurch, daß ich wegen der Operationen öfters in der Schule fehlte und nicht gerade zu den Besten gehörte. Niemand hat bemerkt, daß ich zu dieser Zeit bereits viele Schwierigkeiten und Ängste hatte. Zum Beispiel das Problem, daß ich ständig Minderwertigkeitsgefühle hatte, weil ich die hohen Erwartungen, die meine Mutter, der Lehrer und andere Leute an mich hatten, einfach nicht erfüllen konnte. Oder das Problem, daß ich ständig in der Angst lebte, wieder in die Klinik zu müssen.»

Im folgenden beschreibt sie die Einengung ihres Gefühlslebens, die Mißachtung durch die Mutter und ihre allmähliche seelische Verkümmerung: «Es wurde fast alles ausgeklammert, was mit Gefühlen zu tun hatte. Statt dessen herrschte die Vernunft, vor allem die Leistung. Ich erntete nur Lob bei wirklich herausragenden Leistungen. Weil dies aber nur selten der Fall war, hörte ich mehr Kritik, Tadel und Vorwürfe. Mir wurde meist verboten, nachmittags mit anderen Kindern zu spielen, weil Hausaufgaben gemacht werden mußten, weil diese Kinder angeblich nicht der richtige Umgang für mich waren oder weil ich irgend etwas angestellt und deshalb Hausarrest hatte. Es hieß immer: ‹Arbeite an dir, damit etwas aus dir wird!›, ‹Erst die Arbeit, dann das Vergnügen!› So wurde die Entwicklung von Freundschaften und Mitgliedschaften im Schwimmklub oder Chören immer wieder unterbunden, mit der Begründung, daß ich erst etwas ‹werden› soll und dann alle Annehmlichkeiten des Lebens genießen könnte. Für schöpferische Prozesse, für Fröhlichkeit, Spaß, Unsinn und Ausgelassenheit war kein Platz. Die Ordnungsliebe meiner Mutter war extrem ausgeprägt. Sie brachte es fertig, meinen Teddybär, den ich einmal nicht fortgeräumt hatte, vor meinen Augen zu verbrennen. Dabei wußte sie genau, daß an diesem Bär, dem zwar die Augen und eine Pfote fehlten, mein ganzes Herz hing, daß ich mich wenigstens mit diesem Stofftier trösten konnte, wenn ich unglücklich war.

Im Gymnasium bemerkte ich, daß viele Mädchen meines Alters

bereits feste Freunde hatten. Ich selbst hatte natürlich keinen. Hier erlebte ich zum erstenmal bewußt: Niemand mag mich. Ich komme – so wie ich bin – bei anderen nicht an. Dabei habe ich schon damals jemanden gesucht, der mich einfach lieb hat, ohne Wenn und Aber. Aber auch hier hatte ich immer noch die Hoffnung, daß sich ein solcher Jemand vielleicht noch finden wird, daß ich nur Geduld haben und warten muß.

Irgendwann während meines Studiums ist mir dann aufgegangen, daß das ‹Warten› vielleicht doch nicht die richtige Strategie ist, sondern daß ich selbst auf andere zugehen müsse. Also tat ich das. Weil ich aber nicht gelernt hatte, meine Initiative richtig zu dosieren, und außerdem meinen jahrelangen Mangel an Zuwendung endlich einmal ausgleichen wollte, ‹erschlug› ich vermutlich alle neuen Bekannten mit meinen Bedürfnissen. Ich stellte mir vor, daß sich die anderen jetzt einmal um mich kümmern müßten, und habe so von ihnen völlig Besitz ergriffen, ohne dies zu wollen und zu merken. Die Folge war, daß sich viele aus dieser ‹Schlinge› lösten – und ich war wieder allein. Alle Beziehungen sind so in die Brüche gegangen. Und ich kam mir nun erst recht abgelehnt und minderwertig vor.

Nach dem Studium trat ich meine Stelle als Lehrerin an. Ich habe mich mit einem nie zuvor gekannten Eifer in die Arbeit gestürzt und dabei völlig außer Acht gelassen, daß es außer Schule noch etwas anderes geben könnte. In der Schule machte ich die Erfahrung, daß ich nur etwas gelte, wenn ich was zu bieten habe, wenn ich meine Zeit und Hilfe zur Verfügung stelle. Ich hatte das Gefühl, daß ich lediglich ausgenutzt wurde und daß nur meine Leistung zählte, nicht aber meine Person.

Lange Zeit hatte ich ein schlechtes Gewissen und Schuldgefühle, weil ich mit mir selbst zuwenig zufrieden sein konnte. Denn lange hatte ich mir die Idee meiner Eltern zu eigen gemacht, daß es eigentlich genügt, wenn man einen guten Beruf hat, daß man es ‹zu etwas gebracht› hat. Und ich konnte mir deshalb nicht die innere Leere erklären, die mich mehr und mehr überkam, gerade *nachdem* ich dies alles erreicht hatte. Inzwischen bin ich an einer Schule mit einem netten Kollegium, komme schulisch mit allen gut aus und werde von Schülern und Lehrern als engagierte Lehrkraft geschätzt. Dies aber nur, weil niemand von meinem inneren Zustand etwas weiß.

Nach außen gebe ich mich heiter und unbeschwert, nach innen bin ich deprimiert und unglücklich. So gesehen, lebe ich mit einer Fassade, mit einer Maske, die ich nur zu Hause, wenn ich allein bin, abnehme. Dann kann es geschehen, daß ich stundenlang weine, am Sinn meines Lebens zweifle und mich immer wieder frage, warum ich so ungeliebt leben muß. Denn wie soll ich Achtung vor mir selbst haben, wenn mir ständig von meinen Mitmenschen das Gegenteil vermittelt wird? Eigentlich sehne ich mich nach Liebe und Zärtlichkeit, andererseits hab ich wieder Angst davor. Ich kann mir nicht vorstellen, daß mich zum Beispiel ein Mann begehrenswert finden würde; ich hätte ein schlechtes Gewissen, weil ich ihm zumindest sexuell nichts zu bieten hätte. Zudem wäre auch jeder überfordert, wenn er einen Nachholbedarf von dreißig Jahren an versäumter Zärtlichkeit befriedigen müßte. So lebe ich in einem unerträglichen Zwiespalt zwischen Wollen und Nichtkönnen. Dieses Nichtkönnen belastet mich besonders, denn ich kann so schwer zu dieser eigenen Schwäche stehen. Ich kann überhaupt nicht zu mir stehen, so wie ich momentan bin. Mir würde es schwerfallen, nur einem einzigen Menschen das zu sagen, was ich hier zu Papier gebracht habe, weil ich mich für meine Unzulänglichkeiten zu Tode schäme.»

Wir glauben, daß viele Menschen einen ähnlichen schweren Weg gehen. Sie verachten sich selbst, lehnen sich ab. Sie entwickeln schließlich eine Fassade, um ihr Unglücklichsein und ihre Leere zu überdecken. Sie sind strebsam im Beruf, können ihre Gefühle nicht ausdrücken und keine tieferen Beziehungen zu anderen eingehen.

Dieses Schicksal veranschaulicht, wie stark Eltern und Lehrer die ihnen anvertrauten jungen Menschen verletzen und schädigen können, wie weitreichend ihre Einflüsse sind und welche ungeheure Verantwortung sie tragen. Dies ist eine Herausforderung für uns und zeigt, wie wichtig es ist, daß wir uns bemühen, alles zu vermeiden, was die Selbstachtung der Kinder und Jugendlichen untergräbt, und daß wir ihnen Wachstumsbedingungen schaffen, die es ihnen ermöglichen, Selbstachtung und Selbstliebe zu entwickeln. Das Vertrösten auf eine «bessere» Zukunft ist meist keine Entschädigung für die Entbehrungen im Hier und Jetzt eines Kindes, für die Einbußen an Selbstachtung. Auch wenn Eltern «das Beste» für ihre Kinder wollen, eine gesicherte, angesehene «Existenz» – haben diese zu Hause nicht gelernt, sich selbst zu achten und zu mögen, so ist es wahrscheinlich, daß sie als Erwachsene unter erheblichen seelischen Beeinträchtigungen leiden. Wie ein Zusammenleben in Familien und Schulen möglich ist, das sowohl für Erwachsene als auch für Kinder befriedigend ist und das die Selbstachtung der Kinder fördert, haben wir ausführlich in einem Buch dargestellt. [53]

Warum behandeln Eltern, Lehrer und Mitmenschen ein Kind oder einen Jugendlichen häufig in einer derart beeinträchtigenden Weise? Ein wesentlicher Grund ist: Sie empfinden wenig Selbstachtung für ihre eigene Person. Dies führt dazu, daß sie auch andere, vor allem Unmündige und Machtlose, eher mißachten und geringschätzen. «Wenn ich nicht Achtung vor mir selbst empfinde, dann kann ich auch nicht Achtung gegenüber meinen Schülern empfinden», sagt ein Lehrer. Dieser Zusammenhang wurde in vielen Untersuchungen bestätigt.

Im folgenden setzt sich eine Mutter mit ihrer Erkenntnis auseinander, daß ihr eigener Mangel an Selbstachtung und Selbstvertrauen die seelische Entwicklung des Kindes erheblich beeinträchtigt: «Mein Mißtrauen zu mir verhindert auch das Vertrauen meines Kindes zu mir, und es hat keine Möglichkeit, Selbstvertrauen zu entwickeln. So ist der Kleine aggressiv geworden und hat Momente, auch Tage, an denen er jedes an ihn herangetragene Gefühl – zutrauliche Kinder, eine zärtliche Umarmung – durch körperliche Mißhandlung abwehrt. Er hat kein Lieblingsspielzeug, er zerstört es in besonders schlimmen Phasen, als wollte er damit sich und andere treffen.» Dann vergegenwärtigt sie sich ihre eigene Entwicklung: «Zum Zeitpunkt der Geburt des Kindes hatte sich mein Mann bereits innerlich von mir und dem Kind zurückgezogen. Ich bin wegen meiner depressiven Lage auf das Kind nur noch gefühlsmäßig völlig verzerrt eingegangen, wenn überhaupt. Für mich ist der Begriff ‹fehlendes Vertrauen› gleichbedeutend mit der Hölle auf Erden geworden. Ich fühle den Zusammenhang der

Fehlentwicklung gerade dieses Kindes mit meiner eigenen Entwicklung. Und ich erkenne, daß ich ihm das nicht geben kann, was er braucht. Wie sollte er zu mir Vertrauen fassen, wenn ich zu mir und in mir kein Vertrauen habe?»

Auch das Selbstbild Erwachsener wird durch Menschen in ihrer Umwelt häufig ungünstig beeinflußt, sei es durch Angehörige, durch verständnislose Mitmenschen oder durch Fremde: «Ich trau mir auch nichts mehr zu, weil alle sagen, ich wäre dumm. Inzwischen hat sich das bei mir so festgesetzt, daß ich selbst daran glaube.»

Viele erfahren auch auf Grund ihrer Behinderung, ihres Glaubens oder ihrer Hautfarbe deutliche Ablehnung. Eine Amerikanerin mit dunkler Hautfarbe sagt in einem Gruppengespräch mit Carl Rogers: «Zuerst denke ich immer: Du bist eine Farbige, ehe ich irgend etwas anderes denke. Es ist eine Schande, daß ich bisher nur einmal in meinem Leben fühlte, daß ich zuerst als *Mensch* zähle. Ich mußte dieses Land verlassen, um das zu erleben. Zuallererst wurde ich dort als Charlene akzeptiert und erst dann als das, was ich außerdem noch war: Farbige, Amerikanerin oder was auch immer. Nie, niemals aber empfand ich das in diesem Land. Und ich haßte mich selbst, weil ich nicht darüber hinwegsehen konnte.» [43]

Wir denken, daß die Mißachtung zwischen Menschen ein wesentlicher Teil der inhumanen Umwelt ist, unter der viele leiden.

Auswirkungen der Selbstverachtung

Die Einstellung von Menschen, sich geringzuschätzen und abzulehnen, wirkt sich deutlich auf ihr Alltagsleben und auf ihre Beziehungen zu anderen aus: Sie haben wenig Freude an sich selbst und geraten leicht in Stimmungen wie Mißmut, Ärger und Niedergeschlagenheit. Sie fühlen sich innerlich wenig frei. Sie erleben sich und die Welt wie durch einen grauen Filter. Im einzelnen:
○ Menschen, die sich nicht als wertvoll empfinden, schließen daraus häufig, daß auch andere sie ablehnen: «Ich habe oft das Gefühl, daß mich niemand wirklich mag. Ich denke, ich werde überall nur geduldet.» Ein Fünfunddreißigjähriger: «Ich vermeide es, zu spre-

chen oder irgendwohin zu gehen, weil ich dann immer so denke: Ich habe nichts, was ich jemandem geben kann – daß ich eigentlich keine richtigen Werte habe. Menschliche Qualitäten oder jemandem helfen – das, glaube ich, habe ich nicht.» Wenn wir häufig solche Gefühle haben, verfestigt sich in uns die Überzeugung, daß wir wenig wert sind und uns nicht akzeptieren können.

○ Wenn wir uns selbst ablehnen, dann behandeln wir uns zumeist nicht gut – so, wie wir mit Gegenständen, die wir nicht mögen, unachtsam umgehen. Wir sind nicht oder nur unzureichend in der Lage, verantwortlich für uns selbst zu sorgen. Diese Unfähigkeit hat deutliche Auswirkungen auf unsere seelische und körperliche Gesundheit. Menschen mit geringer Selbstachtung leiden häufiger unter psychosomatischen Erkrankungen.

○ Menschen mit geringer Selbstachtung trauen sich oft nicht, sich selbst zu leben, sie selbst zu sein; sie richten sich an anderen aus: «Ich weiß manchmal überhaupt gar nicht mehr, wer ich bin», sagt eine neunzehnjährige Schülerin, «weil ich nur noch eine Rolle spiele. Ich sehe in anderen Eigenschaften, die ich mir wünsche – so möchte ich gerne sein. Aber das bin ich nicht. Ich seh überhaupt nicht mehr, wo ich bin, wo mein ursprüngliches Ich ist. Manchmal weiß ich gar nicht: Bin ich jetzt so wie andere, oder bin ich so? Wie soll ich mich jetzt entscheiden?»

○ Diese Menschen wagen häufig nicht, ihre eigenen Bedürfnisse zu äußern. Marianne, 34: «Aus lauter Minderwertigkeit habe ich meine Bedürfnisse übergangen und überspielt und mich selbst betrogen.» Peter, 36: «Ich stelle immer wieder fest, daß ich auf eigene Wünsche und Bedürfnisse verzichte, weil ich meine, damit andere zu verletzen – oder vor allem, weil ich nicht den Mut habe, klar nein zu sagen.» – «Ich habe in vielen Punkten eigentlich erkannt, was mein Wohlergehen belastet», schreibt der dreißigjährige Alfred. «Ich habe aber nicht den Mut, die richtige Konsequenz zu ziehen, insbesondere, wenn sie andere betrifft. Ich habe nicht den Mut, mich auch einmal unbeliebt zu machen.»

○ Menschen mit geringer Selbstachtung reagieren empfindlich auf Kritik und Ablehnung. Sie weichen häufig auch dann Konflikten aus, wenn ihre Bedürfnisse und Ansprüche berechtigt sind: «Ich habe mich nie durchsetzen können, eben aus Angst, negative Konsequenzen erfahren zu müssen. Aber ich habe mir immer gewünscht, das zu können. Ich vermeide noch heute Konflikte.»

○ Der Mangel an Selbstachtung und die Furcht, sich selbst zu leben und seine Bedürfnisse zu äußern, sind meistens der Grund dafür, daß Menschen sich anderen konformistisch anpassen. Sie wollen beachtet werden oder die Achtung anderer nicht verlieren: «Da waren Cliquen in der Schule – die mit den langen Haaren und so. Ich wollte dazugehören, und sie akzeptierten mich, weil ich so aussah wie sie. Sie nahmen Trips und rauchten und so weiter. Und um nicht ihr Mißtrauen zu erwecken – ich könnte sie verraten oder so –, machte ich mit.»

Auch im politischen Leben ist geringe Selbstachtung bedeutsam. In den Jahren des Hitler-Regimes traten Hunderttausende in die NSDAP ein, um an der Macht der Partei teilzuhaben. Sie sahen in ihrer Mitgliedschaft eine Möglichkeit, Anerkennung zu finden, andere zu beherrschen und dadurch mehr Selbstbestätigung zu erlangen. Erreichen Menschen mit geringer Selbstachtung führende Positionen in der Politik, so können sie eine Gefahr für andere bedeuten. Sie werden viele Anstrengungen unternehmen, durch ihre Handlungen die ersehnte Anerkennung zu bekommen, um sich als «wertvolle» Personen erleben zu können.

○ Eine geringe Achtung vor sich selbst führt bei vielen dazu, daß sie nicht fähig sind, Menschen anzunehmen und zu achten, die eine andere politische Einstellung, Hautfarbe oder Religion haben. Sie fühlen sich durch solche Menschen beeinträchtigt und bedroht.

○ Manche Menschen mit geringer Selbstachtung, die das Gefühl haben, unerwünscht zu sein, und die ihrem Idealbild – ihrer Vorstellung, wie sie sein möchten oder sollen – nicht entsprechen, beginnen schließlich, sich selbst zu hassen. Die ständige Selbstvergiftung kann zur Selbstzerstörung und zu dem Wunsch führen, nicht mehr leben zu wollen: «Ich fühle mich als kleines, mickriges Geschöpf, das keinen Wert in der heutigen Gesellschaft hat. Und das hat letzten Endes bei mir in diesem Selbstmordversuch geendet, weil ich auch so einen Haß gegen mich entwickelt habe. Ich spüre manchmal so eine Ohnmacht gegen mich selbst.» – «Dieser Kampf gegen mich wird seit einiger Zeit lebensgefährlich. Mein

Gefühl ist: Du bist mit deiner ganzen Existenz ein Ärgernis und schadest nur allen. Das einzig Gute, was du dir und anderen antun kannst, ist, nicht mehr zu leben.» Eine vierunddreißigjährige Frau: «Ich habe die Scheidung gegen den Willen meines Mannes erzwungen, weil ich mich schrecklich finde. Deswegen wage ich mich den anderen auch gar nicht zuzumuten. So bin ich weggelaufen. Hinterher hat sich dann herausgestellt: Es war nicht so. Aber ich hatte das Gefühl, ich behindere meinen Mann immer. Er war etwas jünger als ich und studierte. Und seine Freunde waren alle unverheiratet, und da bildete ich mir ein, die anderen sagen: Was willst du denn mit deiner Alten? Ja, ich hatte so einen Zwang, mich selbst zu beschädigen, ganz stark. Und dann das Aufwachen in der Klinik, nach dem Selbstmordversuch, also, das ist ganz furchtbar – wenn man sich dann so sieht, wiedersieht auf dem Tablett, von dem man runterhüpfen wollte.»

○ Menschen, die ein geringes Selbstwertgefühl haben, ziehen sich häufig zurück. Es mangelt ihnen an Zutrauen und Mut, Kontakt zu anderen aufzunehmen, freie soziale Beziehungen einzugehen: «Die Tür von innen zu den anderen habe ich bis heute noch nicht auf. Das liegt daran, daß ich mich so schrecklich finde.» Ein Student: «Ich habe keine Freunde. Denn ich zweifle an mir. Ich habe kein Selbstvertrauen, ein Mädchen anzusprechen und zum Beispiel zum Essen einzuladen. Ich kann eine Absage nicht verkraften. Ich nehme dann an, das Mädchen will mit mir nichts zu tun haben, weil ich häßlich bin oder weil ich uninteressant und langweilig bin. Und dieses Gefühl zerreißt mein Selbstvertrauen für Wochen, und ich bin dann depressiv. Ich sehe dann nicht ein Mädchen, das andere Interessen hat, sondern ich sehe nur mich selbst als langweiligen, tölpligen Rainer.»

In ihren Beziehungen zu anderen sind solche Menschen häufig schwierige Partner. Auf Grund ihrer Unsicherheit sind sie leichter verletzt und mißtrauisch. Sie fühlen sich eher angegriffen und bedroht und neigen dazu, sich zu verteidigen: «Ich beobachte immer wieder: Es genügt fehlende Anerkennung, und ich ziehe mich zurück. Ist dies nicht möglich, versuche ich noch deutlicher, aber meist erfolgloser, diese Anerkennung zu gewinnen, und stoße dann erst recht und gerade darum auf Ablehnung. Und mir ist klar, daß sich mein Gegenüber dabei in einen Kampf hineingezogen fühlt, von dem er gar keine Ahnung haben kann. Er wehrt sich oder zieht sich zurück. Es muß unheimlich schwer sein, mit mir umzugehen, ohne mich zu verletzen, und diesen unverständlichen Kampf zu bestehen. Ich muß vielleicht erst einmal in meinem Leben in mir selbst Sicherheit und Zuverlässigkeit finden, um anderen gegenüber unbefangen auftreten zu können.»

○ Menschen mit geringer Selbstachtung machen die Erfahrung, daß sie auch andere nicht achten und akzeptieren können. Dieses Gefühl belastet sie häufig zusätzlich und trägt zu einer weiteren Minderung ihrer Selbstachtung bei. Eine zweiunddreißigjährige Frau: «Du schreibst, ich sei ein ‹liebenswertes Wesen›. Ich selbst kann mich nicht so erleben, weil ich merke, daß ich nicht wirklich fähig bin zu lieben. Ich spüre sehr viel Haß und Abwehr in mir gegenüber den meisten Menschen. Es ist sehr schwer, mir selbst und vor allem den anderen das einzugestehen. Mit diesem Haß und der Abwehr kann ich mich nicht akzeptieren und in der Folge natürlich auch nicht liebenswert finden.»

Menschen achten sich selbst und nehmen sich an

Menschen, die sich selbst achten, haben eine positive gefühlsmäßige Einstellung zu sich. Sie mögen sich und erleben sich als wertvoll: «Ich bin mit mir selbst zufrieden – das heißt, daß ich mich eben auch so mag, wie ich bin, wenigstens im großen ganzen.» – «Ich fühle mich auch wohl, wenn ich anderen nicht immer gefalle.» – «Ich kann zugeben, daß ich eine Menge Fehler mache.»

Wenn wir uns selbst mögen und achten, beeinflußt dies unser alltägliches Erleben und Verhalten: Wir empfinden weniger Angst. Wir bringen unser Fühlen und Denken offener, deutlicher und spontaner zum Ausdruck. Wir nehmen unsere Umwelt und andere Menschen unverzerrter wahr. Wenn wir ein überwiegend positives Selbstbild haben, können wir auch bei anderen die «guten Seiten» erkennen. Wir können freier und bewußter leben. Wir neigen weniger dazu, uns selbst äußere und innere Einschränkungen aufzuerlegen. Wir fühlen uns sicherer, lassen uns weniger durch erniedrigende Erfahrungen entmutigen, sind nicht so leicht enttäuscht von uns. Wir geraten seltener in schlechte Stimmungen, hegen weniger Argwohn gegenüber anderen, fühlen uns weniger bedroht, sind weniger feindselig und trachten weniger danach, Macht über andere auszuüben. [53]

Wir möchten in diesem Zusammenhang zwei weitere Untersuchungsbefunde erwähnen:

○ Jugendliche, bei denen im Alter von zwölf Jahren eine hohe Selbstachtung festgestellt worden war, waren vier Jahre später deutlich weniger mit Polizei und Gerichten in Konflikt gekommen und hatten eine bessere Beziehung zu ihrer Familie und ihren Lehrern als Jugendliche, die als Zwölfjährige eine geringere Selbstachtung hatten.

○ Bei Schulkindern der ersten bis dritten Klasse hingen Leseleistungen mehr mit ihrer Selbstachtung zusammen, die man während ihres Kindergartenalters festgestellt hatte, als mit sogenannten Intelligenztestwerten.

Menschen mit größerer Selbstachtung sorgen auch angemessener für sich selbst. Sie sind seelisch gesünder, leiden weniger unter psychosomatischen Beeinträchtigungen. Sie können auch in Krisensituationen besser für sich sorgen und neigen weniger dazu, «sich hängenzulassen». Eine Dreißigjährige: «Diese Trennung von meinem Freund machte mich so traurig. Und ich dachte: Setz dich jetzt hin und betrink dich. Aber dann wird es noch schlechter, weil ich mich betrunken vor mir selber ekle. Ich habe es dann geschafft, mir eine schöne Platte aufzulegen und bei Kerzenlicht meinen Gedanken nachzugehen.»

Selbstachtung ermöglicht es Menschen, offenere, vertrauensvollere Beziehungen zu anderen zu leben: «Ich mache die seltsame und wunderbare Erfahrung: Je mehr ich mich selbst annehme, desto mehr kann ich auch andere Menschen annehmen. Dies gilt für meine Familie und für meinen Beruf.»

Sich selbst achten und annehmen –
hilfreiche Erfahrungen und Möglichkeiten

Bei Kindern und Jugendlichen werden die gefühlsmäßigen Einstellungen zu sich selbst, ihr günstiges beziehungsweise ungünstiges Selbstbild entscheidend durch ihre Eltern und auch durch ihre Lehrer beeinflußt. Dies geht aus vielen Untersuchungen hervor. [1, 31, 53] Das Gernhaben, die Wärme und die Achtung, die Eltern und Mitmenschen ihnen entgegenbringen, sind dabei ausschlaggebend. Durch Äußerungen wie «Ich mag dich», «Ich bin gern mit dir zusammen», aber auch durch die Anteilnahme der Erwachsenen an ihrem Gefühlsleben, durch körperliche Berührung oder durch die Zeit, die andere ihnen widmen, lernen die Kinder und Jugendlichen, sich selbst als liebens- und achtenswert zu sehen. Interessanterweise konnten gerade diejenigen Eltern ihren Kindern diese Zuwendung am ehesten geben, die sich selbst achteten und ein günstiges Selbstbild hatten.

Äußerungen wie etwa «Geh weg, du bist böse!», «Dauernd muß ich mich mit dir rumärgern», «Nichts kannst du richtig machen» vermindern dagegen deutlich die Selbstachtung des jungen Menschen. Er erfährt, daß er keine achtenswerte Person ist. Sprachliche Intelligenz, Zugehörigkeit zu einer sozialen Schicht, Besuch von Gymnasium oder Hauptschule und das Einkommen der Eltern hatten dagegen häufig keinen bedeutsamen Einfluß auf die Selbstachtung von Kindern.

Was aber können *Erwachsene* tun, die zuwenig Wärme, Zuneigung und Achtung von ihren Eltern und von anderen Bezugspersonen erhalten haben und die sich selbst wenig achten und lieben können? Wir möchten im folgenden die Erfahrungen von Menschen wiedergeben, die eine positivere Einstellung zu sich selbst gefunden haben. Meistens halfen ihnen andere Menschen bei dieser persönlichen Entwicklung.

Diese Erfahrungen und Beispiele zeigen auch: Die Art, wie wir uns mit uns selbst fühlen, und das Bild, das wir von uns haben, sind nicht unveränderlich, sondern können sich wandeln. Auch wenn wir sehr ungünstige Erfahrungen in der Kindheit gemacht haben:

Die Erfahrungen, die wir *heute* täglich machen, und die Art und
Weise, wie wir uns *heute* selbst behandeln, sind bedeutsam dafür,
wie wir uns mit uns selbst fühlen.

○ Wir gehen nachsichtiger und einfühlsamer mit uns selbst um.
Der Bericht des fünfunddreißigjährigen Jakob zeigt, wie wir lernen
können, eine unnachsichtige, strenge Haltung uns selbst gegenüber aufzugeben: «Ich habe mich sehr lange Zeit nicht richtig
gemocht und annehmen können. Ich habe versucht, mir durch
Arbeit oder die Anerkennung von anderen Wert zu geben. Ich habe
mich immer abgestrampelt, um mich besser annehmen zu können.
Aber ich habe damit nichts erreicht. Jetzt merke ich, daß ich die
eine oder andere Schwäche von mir annehmen kann, daß ich zum
Beispiel wirklich das Gefühl habe, vieles in meinem Beruf nicht zu
verstehen. Das hätte ich mir früher nicht zugestanden. Da hätte ich
mich mehr gequält, ich hätte irgendwie versucht, es in mich hinein-
zuprügeln, bis ich es habe. Und jetzt akzeptiere ich: Bestimmte
Dinge verstehe ich nicht. Ich hab jetzt meine Grenzen akzeptiert.
Ich kann jetzt sagen: Ich darf so sein, wie ich bin. Allerdings kann
ich mir gegenüber noch nicht sagen: Ich bejahe mich total. Mit dem
Weg, mich mehr zu akzeptieren, hängt sehr viel zusammen, etwa,
daß ich mir mehr Ruhe gönne. Der Antreiber in mir war ein
schlechter Partner: Jakob, du mußt! Jakob, das ist jetzt dran!
Dann habe ich tagelang gearbeitet. Und das hat mich sehr eingeengt. Ich habe nichts anderes gesehen, wenig Beziehungen an-
geknüpft, wenig Beziehungen auch zur Natur, die mir heute
schon mehr ein Partner ist. Angst hat mir das Wohlsein mit mir
selber verleidet, die Angst, eine Aufgabe nicht zu bewältigen. All
das brachte mich in eine Situation, wo ich mich quälte, drückte,
knechtete, wo ich sozusagen ein Sklavenleben mit mir machte.
Aber dann hat sich eines Tages mein Körper gewehrt gegen diese
Sklavensituation: Ich bin krank geworden. Ich glaube, der Umgang mit mir selber ist so eine Beziehung wie zwischen zwei
Menschen. So eine Herr-Knecht-Situation. Mein Verstand ‹Herr›
hat jahrelang meine Lebensgeister geknechtet, er ließ Muße und
Ruhepausen nicht zu. Er schaffte einen Vierzehn-Stunden-Tag
voller Belastungen. Und heute ist mein Weg eher so: Du darfst!
Du kannst! Gönn dir was! Laß es zu! Mach es dir schön! Du

mußt nicht! Das ist eben eine freundliche, dem Leben zuge-
wandte Einstellung. Und so werde ich mir ein Partner, statt mir
ein Knecht zu sein.»

Jakob schildert eine Erfahrung, die auch viele andere Menschen
machen: Wenn sie nicht mehr gegen sich ankämpfen, sondern
lernen, sich selbst anzunehmen, auch ihre sogenannten Schwächen
und Fehler, dann werden sie fähig, sich zu ändern. Dies ist für uns
eine der beeindruckendsten Erfahrungen in vielen psychotherapeutischen Gesprächen. Es ist ein sanftes, geduldiges Lernen – kein
strenges, hartes, unnachgiebiges Lernen*müssen*.

○ Häufig geht das Sich-Annehmen mit dem Prozeß des «Loslassens» einher: Menschen lassen Vorstellungen oder Einstellungen
los, die sie sich oft jahre- und jahrzehntelang auferlegt hatten, zum
Beispiel den Anspruch, perfekt zu sein, den Anforderungen und
Wünschen, die sie an sich selbst und die andere an sie stellen,
entsprechen zu müssen. Dieses Loslassen und Aufgeben von Vorstellungen, Wünschen und Scheinzwängen führt zu einer größeren
inneren Freiheit und ermöglicht es dem einzelnen, sich mehr anzunehmen.

Eine etwa vierzigjährige Frau: «Ich erlebe mich jetzt ruhiger und
ein Stück freier und ausgeglichener. Ich habe etwas mehr Selbstvertrauen gekriegt. Ich habe jetzt vieles bei mir akzeptiert, was ich
früher schlimm fand. Ich sage: ‹So bist du ja eigentlich›, und das ist
dann für mich okay. Früher erlebte ich mich angespannter, und ich
hatte überhaupt kein Selbstvertrauen. Ich habe auch gedacht, ich
bin so richtig zickig. Ich habe vieles bei mir nicht gemocht. Ich
habe mich als zu dick, zu klein, zu doof und was weiß ich gesehen.
Die andern waren immer besser, schöner und klüger als ich. Mich
hat wahnsinnig gestört, daß ich nicht so war wie die anderen.
Einiges will ich noch abbauen, aber den größten Teil habe ich jetzt
angenommen.» Eine andere Frau berichtet vom Loslassen ihres
Partners: «Ich lebe seit drei Jahren getrennt von meinem Mann.
Zuerst konnte ich mich innerlich nur sehr schwer lösen. Und nur
durch eine äußere Distanz zu ihm konnte ich *meinen* Weg gehen.
Gespräche haben mir sehr geholfen, meinen Partner als Menschen
zu akzeptieren, der sein Leben ohne mich gestalten will. Ich kann
das jetzt akzeptieren, obwohl immer noch Schmerz in mir sitzt.»

○ Manchmal entschließen sich Menschen, sich aus Beziehungen und Situationen zu lösen, in denen sie sich lange Zeit mißachtet fühlten und die eine Quelle ihrer geringen Selbstachtung waren. Sie erkennen, daß dieses Loslassen für sie notwendig ist, um eine förderliche Einstellung zu sich selbst zu finden. Frauen, die jahrelang von ihrem Partner geringschätzig behandelt, gedemütigt und wenig gefördert wurden, bekommen Mut, diese sie krankmachende Beziehung zu beenden, wenn der Partner sich nicht wandelt. Sie lassen dabei ihre langgehegten Erwartungen, Hoffnungen und Wünsche los, die sie so lange ausharren ließen. Andere Menschen berichteten uns, daß sie ihre beruflichen Vorstellungen, Wünsche oder Ziele in einem Betrieb, einer Abteilung oder dem Vorgesetzten gegenüber losließen und manchmal ihren Arbeitsplatz wechselten, um sich mehr geachtet, angenommen und weniger gedemütigt zu fühlen.

○ Die Bereitschaft, der zu sein, der ich wirklich bin, und keine Angst zu haben vor dem, was in mir ist, führt zu einer umfassenderen Annahme meiner selbst. Wenn wir lernen, uns selbst ganz anzunehmen, besteht eine große Chance, daß wir uns ändern können. Eine Zwanzigjährige: «Ich wollte das Alleinsein, die Traurigkeit als einen Teil von mir nicht annehmen. Jetzt habe ich gelernt, da hindurchzugehen, es mit mir auszuhalten. Ich glaube, ich bin früher oft vor meiner Einsamkeit weggelaufen. Ich konnte sie nicht akzeptieren. Endlich habe ich keine Angst mehr. Ich bin einsam, aber ich habe zu mir gefunden, und das ist ein unheimlich schönes Gefühl. Und mehr noch: Es gibt Menschen, die mich mögen, Menschen, die genauso traurig sind, so einsam sind wie ich.»

In der folgenden Äußerung eines etwa vierzigjährigen Mannes wird deutlich, wie dieser sein Gefühl der Einsamkeit zuläßt, es anzunehmen lernt und sich dadurch zu ändern beginnt: «Ich hab erst jetzt zum erstenmal in meinem Leben gelernt, meine Einsamkeit zu leben. Ich war im Zimmer allein, und ich bin nicht weggerannt wie sonst. Ich habe mir dieses Alleinsein erlaubt. Ich habe es gespürt. Früher bin ich aus dem Zimmer gerannt, ich konnte es nicht ertragen, ich mußte unter Leuten sein. Ich war dann unter Leuten, und ich war auch alleine. Ich fühlte mich auch da einsam, aber ich hatte wenigstens Menschen um mich. Als ich das nicht mehr ertragen konnte, habe ich's mit dem Alkohol versucht. Ich habe einfach meine Einsamkeit hinunterkippen wollen, vergessen, sie nicht wahrhaben wollen. Und ich mußte so alt werden, vierzig Jahre, mehr als vierzig Jahre, um endlich den Schritt zu tun, diese Einsamkeit in mir hochkommen zu lassen. Ich wußte eigentlich immer gar nicht recht, was das war, was mich so wegtrieb. Und neulich, als ich allein im Zimmer bleiben konnte, da wurde mir bewußt: Du bist alleine, du hast so viel Zurückweisung in deinem Leben erfahren, auch da warst du alleine. Und es wurde mir eigentlich auch erst dann klar, daß ich, wenn ich Menschen suchte oder wenn ich versuchte, alles zu vergessen mit Alkohol, daß ich dann auch unglücklich war. Ich war alleine, und ich konnte mir diese Einsamkeit nicht erlauben. Ich litt unter irgend etwas. Ich rannte vor irgend etwas weg, versuchte, irgend etwas zu vergessen. Ich wußte nicht, was es war. Aber da in meinem Zimmer alleine, da war zum erstenmal ganz klar: Ich fühle mich *allein*, und ich bin einsam, das ist irgendwie ein Teil von mir. Und ich muß euch sagen, ich war in dem Augenblick gar nicht so – so unglücklich wie sonst immer, wenn ich vor irgend etwas wegrannte, irgend etwas vergessen wollte und nicht wußte, was es war.»

o Die Bereitschaft, die Person zu leben, die wir im Innern sind, führt zu einer Verminderung der Fassaden und Rollen und der Anpassung an andere – und damit zu größerer Nähe zu uns selbst. Eine Dreißigjährige: «Ich suche mich ehrlicher zu zeigen. Ich brauche immer weniger das Lob und die Anerkennung anderer, ich mache weniger etwas nur für die anderen und nicht für mich.»

Menschen lernen auch, daß ihnen die Anpassung an die Meinung anderer keine Selbstachtung bringt: «Ich habe jahrelang versucht, mich selbst aufzuwerten, indem ich mit anderen einer Meinung war.» Ein Fünfzigjähriger mit großer Selbstachtung sagt: «Irgendwie war es mir immer wichtig, daß ich mich mit mir gut fühlte. Es war mir weniger wichtig, daß andere mich gut fanden. Gewiß, ich wollte mit den anderen klarkommen. Aber wenn es nicht ging, dann paßte ich mich nicht an sie an, sondern an mich selbst. Ich habe so mehr Frieden mit mir, wenn auch manchmal weniger Frieden mit anderen, die mich verändern möchten.»

o Auf der Suche nach sich selbst kommen Menschen zu neuen

Einstellungen, manchmal zu einer Art «seelischer Wiedergeburt». Ein fünfundvierzigjähriger Mann, Vater von zwei fast erwachsenen Kindern: «Dieser Weg und diese Sicht nach innen hat viel in mir ausgelöst. Ich bin jetzt auf einem Weg, der zu meinem innersten Sein, zu mir selbst führt. Es ist schön und schwer, mich selbst zu erleben und zu leben. Ich arbeite an mir. Es fällt mir oft noch schwer, mich selbst zu lieben, mich und mein Fühlen zuzulassen, anzunehmen, mich mir selbst zuzumuten, mit meinen Schuldgefühlen fertig zu werden. Sie hindern mich oft daran, mir Gutes zukommen zu lassen. Aber ich mache Fortschritte. Ich sehe, daß ich bisher eigentlich gar nicht gelebt habe. Ich war tot, das war nichts, was ich heute als ‹Leben› bezeichnen würde. Ich wollte sein, was ich nicht war.»

○ Menschen nehmen sich selbst ernster, sehen ihre Gefühle und Wünsche als bedeutsam an, verleugnen sich nicht mehr. Dieser Vorgang, der oft mit einer Zunahme an Selbstachtung verbunden ist, beginnt mit dem Bemühen des einzelnen, in sich hineinzuhören, um herauszufinden, was er will, wie er sich entwickeln möchte. Die fünfunddreißigjährige Kerstin: «Ich finde es erst allmählich heraus, wer ich bin. Ich durfte ja als Kind nie sagen, was ich wollte, was ich dachte, was ich mir wünschte. Ich hatte immer nur dieses und jenes zu tun. So verlernte ich, eigene Wünsche zu haben. Und ich habe mich im bisherigen Leben bemüht, es anderen recht zu machen. Mich selbst gab es in meinem Leben nicht. Ich war ausgelöscht. Jetzt ist das erst ein kleines Pflänzchen, das sich entwickelt. Aber seit es das gibt, kann ich auch gut mit mir alleine sein. Manchmal weiß ich noch nicht die Richtung, wohin ich mich entwickle. Manchmal bin ich dann wieder im Dickicht und sehe keinen Ausweg, vor allem dann, wenn ich so anders bin als ich früher war. Das ist sehr aufregend, mein neues Leben.» Jochen, 29, ist den Weg zu sich selbst schon ein Stück weitergegangen: «Ich nehme mich jetzt wirklich wichtig, das muß ich sagen. Mir hat auch geholfen, zu mir zu finden, daß ich wirklich mal Dinge tue, die *ich* will. Ja, ich fordere auch mal mehr für mich, weil ich das irgendwie mal brauche. Und ich bin der Meinung, wenn ich mir selber mehr Rechte zugestehe, daß ich dann auch auf andere Menschen besser zugehen kann; ich kann anderen das auch zugestehen.»

Menschen lernen auch, in Konfliktsituationen ihre Auffassung zu vertreten. Die vierzigjährige Olga, geschieden, Mutter von zwei Kindern, berichtet: «Ich möchte meine Meinungsverschiedenheit mit anderen besprechen können. Ich sehe das so als Lernaufgabe für mich an. So muß ich lernen, auf meinen Nachbarn ein zweites Mal zuzugehen, um ihm zu sagen, daß ich wieder achtzig Meter Unkraut für ihn mit zupfen muß. Ich werde es dieses Mal nicht per Telefon regeln. Ich werde ihn persönlich über den Zaun ansprechen. Ich will das jetzt lernen und klären für mich.»

Menschen lernen dabei auch, auf Wege des Gewinns von Selbstachtung zu verzichten, die ihren Bedürfnissen nicht angemessen sind: «Leistung war für mich immer ein Mittel, um anzukommen. Aber ich brauche jetzt meine Bestätigung weniger von außen, sondern bekomme sie mehr durch mich selbst, durch meine Maßstäbe.» Eine Untersuchung ergab: Jugendliche mit größerer Selbstachtung erwarteten weniger, durch ihren Beruf in ihrer Selbstachtung bestätigt zu werden; während sich Jugendliche mit geringer Selbstachtung von ihrem Arbeitsplatz in hohem Maße Prestige und Anerkennung erhofften. [53]

Allmählich lernen Menschen, über ihre Bedürfnisse und Wünsche mit anderen zu sprechen. Dabei ist es wichtig, daß sie andere nicht bewerten oder verletzen. Die dreißigjährige Ulla hatte gemeinsam mit ihrem Partner an einer Gesprächsgruppe teilgenommen. Einige Monate nach Beendigung der Gespräche berichtet sie über ihre Erfahrungen: «Ich habe es früher mit mir geschehen lassen, daß seine Wünsche bei uns gelebt wurden. Ich habe über vieles nicht gesprochen und auch nicht sprechen können. Ich hatte überhaupt kein Selbstwertgefühl. Jetzt, seitdem ich darüber sprechen kann, erlebe ich eine Veränderung. Mein Mann versucht, doch etwas mehr zu erspüren, er nimmt sich Zeit. Er versucht, wahrzunehmen, was ich ihm signalisieren möchte.»

Mit zunehmender Selbstachtung lernen Menschen, über ihr bewußtes Leben zu bestimmen. Eine Fünzigjährige: «Es macht mir Spaß, mit anderen zusammenzusein, die ähnliche Wünsche haben. Manchmal gibt es Leute, die mich, meine Freiheit, meine Selbstbestimmung nicht respektieren. Es muß gar nicht sein, daß sie mir Böses wollen. Oft glauben sie, mich zu lieben oder daß es richtig ist, wenn sie über mich bestimmen und mich einengen. Wenn ich mich nicht dagegen wehre, dann begebe ich mich in eine gefährliche Abhängigkeit und gerate in Konflikt zu meinen tiefen Wünschen, was nur Unglücklichkeit hervorruft und mich an den Abgrund führt, wo ich mich verliere. Da *ich* aber mein Leben lebe, kann und darf nur ich darüber bestimmen!»

○ Beziehungen zu Partnern, Freunden, Kollegen und Mitmenschen, die uns achten und uns trotz unserer Schwächen und Fehler anerkennen, sind eine große Hilfe bei unserem Bemühen, uns mehr anzunehmen und uns zu mögen. Jakob erlebt seine Frau als hilfreich: «Ich bin nicht sicher, ob ich mich schon so bejahen könnte, wenn Kati nicht gewesen wäre. Sie war der erste Mensch in meinem Leben, der mich völlig bejaht hat. Da kam sie und sagte: Ich find deine Zehen so schön – also irgend etwas, was mir gar nicht so wichtig war. Für sie war's schön. Oder: Mensch, dein Bauch, da kann ich mich reinsetzen. So alle meine Teile, manchmal auch die, die ich nicht so mochte, weil sie etwas dick waren oder so, die wurden angenommen, und ich fühlte mich immer liebgehabt. Das hat dazu beigetragen, daß ich mich auch ein Stück so annehmen konnte. Und das hab ich noch nie gehabt, daß ich so bedingungslos angenommen wurde.» Etwas später sagt er: «Weshalb ich es so wichtig finde, auch zu zweit zu sich selbst zu finden, das ist: Was ich einen anderen von mir sehen lasse, das kann ich auch selber anschauen.» Eine Vierzigjährige: «Ich habe bei den Eltern meiner Freundin dieses völlige Angenommensein erlebt, egal was ich sage, egal was ich denke. Ich werde dort als Mensch angenommen. Und es fällt mir jetzt leichter, mich zu akzeptieren, vor allem auch meine negativen Seiten. Ich schäme mich nicht mehr so meiner selbst wegen.»

Wenn Menschen sich in dieser Weise angenommen fühlen und mehr Selbstachtung empfinden, werden sie auch fähiger, andere anzunehmen, auf sie zuzugehen und in eine offenere, tiefere und seelisch förderliche Beziehung zu kommen. Ein Vierzigjähriger: «Ich versuche, mich so zu nehmen, wie ich bin. Ich mache dabei auch die seltsame und wunderbare Erfahrung: je mehr ich mich selbst annehme, desto mehr kann ich andere Menschen annehmen. Dies gilt für meine Familie und für meinen Beruf. Während ich früher glaubte, andere Menschen verstünden mich nicht oder ak-

zeptierten mich nicht, muß ich heute sagen, *mir* fehlte früher das
Verständnis für diese Menschen. Weil ich selbst hart und unnach-
sichtig mit mir war, war ich es mit ihnen auch.» Jakob: «In meiner
Erfahrung war es so, daß ich mir Partner sein konnte, weil mich ein
anderer Partner angenommen hat. Und dadurch, daß ich mich dann
ein Stück mehr angenommen habe, konnte ich dem anderen wieder
mehr ein Partner sein, und er wieder etwas mehr Partner mit mir,
so daß ich mich wieder ein Stück mehr annehmen konnte. Ich
glaube, daß das Hand in Hand geht.»

o Eine sehr günstige, wirksame Möglichkeit, eine persönliche
Wandlung bei uns einzuleiten und uns mehr Selbstachtung empfin-
den zu lassen, sind personzentrierte Gruppenbegegnungen und
Einzelgespräche mit einem qualifizierten Psychologischen Helfer.
Sie sind besonders förderlich für Menschen, die in ihrer Umwelt
keine Beziehungen zu hilfreichen, verständnisvollen Personen haben. Das heilsame Klima in der Gruppe ermöglicht es den Teilnehmern, sich mit den unangenehmen Erfahrungen und ungünstigen
Teilen ihrer Person auseinanderzusetzen und dabei Verständnis und
Achtung zu erfahren. Dies führt meist dazu, daß sie mehr zu sich
selbst finden, weniger Angst haben, innere Ruhe finden und sich
mehr annehmen können: «Ich fühlte, daß die anderen mich annah-
men und schätzten, und das half mir dabei, mich nicht mehr
verachtungswürdig zu finden, sondern anzunehmen.» – «Ich fühlte
mich nicht mehr so wie ein Nichts. Ich kann mich zwar noch nicht
so annehmen, wie andere mich sehen. Es ist zu neu, auch zu
wunderbar für mich. Aber nach der Gruppenerfahrung erscheine
ich mir selbst etwas wertvoller.»

Gewiß ist die Auseinandersetzung mit manchen Teilen der eigenen Person zunächst oft schmerzvoll. Da wir aber in diesen Tief-
punkten von den anderen Gruppenmitgliedern viel Achtung erhalten, wird uns ein Wandel möglich. «Die Gespräche in der Gruppe
führten ganz an mich selbst heran. Das hat mich manchmal so
betroffen gemacht, daß ich am liebsten vor mir weggelaufen wäre,
weil ich das kaum aushalten konnte, was mir da klar wurde. Aber
diese Gespräche sind bis jetzt immer hilfreich gewesen. Ich bin
heiler geworden dadurch.» – «Ich habe gemerkt, daß ich auch in
einem großen Kreis von Leuten reden konnte, wenn ich das Gefühl

hatte, daß ich akzeptiert wurde. Und ich wurde anerkannt – auch dann, wenn ich offen über mich, über meine Ängste und Schwierigkeiten gesprochen habe.»

Diese Auseinandersetzung mit den eigenen Schwächen in einem Klima von Anerkennung und Geborgenheit ist für viele der Beginn, sich selbst positiver wahrzunehmen: «Irgendwie fühle ich mich selbstsicherer durch die Gespräche. Irgendwie fühle ich mich nicht mehr so klein und so als etwas Nichtshaftes. Ich fühle mich jetzt in stärkerem Maße als vollwertiger Mensch. Natürlich schwankt das noch.» – «Es ist einfach so, daß ich mich lieber mag», sagt eine Frau vier Monate nach ihrer Teilnahme an den Gruppengesprächen. «Früher habe ich mich zeitweilig unheimlich verabscheut. Weil ich immer fand, daß ich häßlich bin, daß ich linkisch in der Gegend herumstehe oder nicht mit anderen Leuten reden kann. Dieses negative Betrachten meiner Person habe ich geradezu perfekt gekonnt – so mich richtig unters Mikroskop legen und dann völlig kaputt finden. Das ist jetzt nur noch wenig so. Ich kann heute zu mir selbst stehen. Das macht mir keine Schwierigkeiten mehr. Es gibt jetzt Momente, wo ich mich richtig gern habe.» Und im folgenden schildert sie einige Auswirkungen in ihrem alltäglichen Leben: «Ich glaube, daß sich meine ganzen Probleme vermindert haben – ich kann einfach mit mir selber besser umgehen. Neulich habe ich gedacht, daß ich mich eigentlich auf die Zeit freue, die jetzt kommt. Früher habe ich gedacht: Ach, Scheiße, jetzt wirst du langsam vierzig, der Zug ist abgefahren. Jetzt habe ich unheimlich gute Vorstellungen für die Zeit, wenn die Kinder groß sind. Ich möchte noch so wahnsinnig viel machen. Ich habe so viele Ideen. Ich möchte einfach etwas machen, was mir Spaß macht und was mir wichtig ist.»

Menschen suchen nach dem Sinn ihres Lebens

Wie wir uns mit uns selbst fühlen, wie wir leben, wie wir uns und unsere Umwelt wahrnehmen, hängt auch damit zusammen, welchen Sinn wir in unserem Leben sehen, welchen Sinn wir ihm geben.

Manche Menschen nehmen das Leben «so» hin, sehen seinen Sinn darin, dafür zu sorgen, daß ihnen das Leben möglichst viel einbringt: Annehmlichkeiten, Sicherheiten, Besitz, Karriere. Für sie sind materielle Werte häufig ein Maßstab dafür, was sie aus ihrem Leben machen. Meistens denken sie wenig darüber nach, was sie mit den angehäuften Besitztümern später tun werden.

Andere wiederum sehen ihr Leben als einen «Kampf» – als Kampf ums Überleben, als Kampf um politische Macht, als Kampf für die Durchsetzung von Ideen, für den «Fortschritt», für die «Wahrheit». «Prinzipiell sehe ich das Leben als Kampf», sagt ein Siebenundvierzigjähriger. «Ich versuche, meinen Teil dazu beizutragen, daß allen Menschen eine gute Existenz gewährleistet werden kann, das heißt, eine Welt zu schaffen, in der jeder sich gemäß seinen Fähigkeiten und Bedürfnissen entfalten kann. Es gibt Strukturen, die dies verhindern und die es deshalb zu überwinden gilt. Dafür lebe ich, und dafür leiste ich meinen individuellen Beitrag.»

Manche Menschen widmen ihr Leben anderen. Sie schenken ihre Zeit Kindern, Partnern, Kranken, Mitmenschen. Einige vernachlässigen dabei ihr eigenes Leben, aber sie fühlen sich dadurch ausgefüllt und erleben einen befriedigenden Sinn. Die Nobelpreisträgerin Mutter Teresa findet in der liebevollen Sorge für Leprakranke, Sterbende und Obdachlose ihren Sinn und inneren Frieden und gibt anderen Menschen seelische Kraft.

Andere sehen den Sinn ihres Lebens im Glauben, in der Suche nach Gott. Für den amerikanischen Psychologen und Philosophen Ram Dass zum Beispiel ist das Leben selbst ein Weg zu Gott – so wie ihn sich jeder für sich vorstellt, etwa Gott als ein Teil in uns. Immer wieder stellt er die Frage: Woher kommen wir? Wohin gehen wir? Und er rät seinen Lesern: «Gib das ab, was dich nicht zu Gott führt». [32]

Schule und Elternhaus sind jungen Menschen bei der Suche nach einem Sinn für ihr Leben oft wenig behilflich, obwohl gerade Heranwachsende meist ein großes Bedürfnis haben, sich über das eigene Leben, seinen Sinn und seine Bedeutung klarzuwerden. Der siebzehnjährige Ofensetzerlehrling Alfred sagt in einem gefilmten Gruppengespräch: «Ja, ich bin mir im unklaren darüber, was ich – wozu ich überhaupt lebe, nicht? Ich meine, weil Leben – das besteht an und für sich nicht nur aus Arbeiten und Wohnung einrichten und so. Das macht man ja alles für irgend etwas, nicht? Aber ich weiß halt nicht, für was ich das alles machen soll. An und für sich suche ich nach meinem eigenen Sinn irgendwo. Ich hab auch noch keine – so etwas wie eine Lebensaufgabe gefunden.» Zwei Monate nach der Teilnahme an dem Gruppengespräch äußert Alfred: «Es ist so, ich weiß jetzt schon, wofür ich lebe. Das ist zwar vielleicht noch ein bißchen abstrakt, aber für mich ist es doch ein sehr großer Anhaltspunkt. Und zwar finde ich, daß ich nur insoweit einen Sinn im Leben sehen kann, wie ich für andere Leute ein Sinn bin oder ihnen helfen kann. Ich kann jetzt viel mehr Verständnis für andere aufbringen und gerade für meine Eltern, was doch anfangs sehr problematisch für mich war, weil ich mich selber viel mehr verstehe, mich selbst, mein eigenes Leben!» [57]

Derartige Sinnfragen sind für junge Menschen sehr bedeutsam. Aber oft wird die Auseinandersetzung mit diesen Fragen von Eltern und Lehrern erstickt, häufig aus Angst, solche Gespräche könnten den Jugendlichen vom Lernen für einen guten Schulabschluß und von seiner beruflichen «Laufbahn» ablenken. Es ist aber wichtig, daß wir uns über den Sinn unseres Lebens klarer werden. Dies prägt entscheidend unsere Einstellung in schwierigen Lebenssituationen – ob wir auf diese mit Gelassenheit und Ruhe oder mit Aufregung und Verbitterung reagieren.

Menschen suchen den Sinn ihres Lebens im Beruf

Manche sehen den wesentlichen Sinn ihres Lebens darin, beruflich «vorwärtszukommen». Häufig verlieren sie im Verlauf ihrer «Karriere» ihre eigene Person aus den Augen, vernachlässigen ihre zwischenmenschlichen Beziehungen und verarmen gefühlsmäßig.

Der Manager Karl in einem gefilmten Gruppengespräch: «Ich habe durch meinen Beruf einen großen Teil meines Freundeskreises verloren, indem ich mich voll an meinem Arbeitsplatz über Jahre hinweg engagierte, überhaupt das Privatleben aufgab. Man versucht, etwas im Beruf zu erreichen, und irgendwann merkt man dann, daß der Einsatz mit dem Gewinn, den man dafür hat, oder mit dem Standard einfach nicht mehr übereinstimmt. Menschlich bin ich vereinsamt, ich bin menschlich alleine geblieben. Das ist verständlich. Wenn ich daran denke – wie viele Male wurde angerufen: ‹Komm, wir gehen heute abend aus.› Und ich habe gesagt: ‹Ja, nein, ich kann nicht. Ich habe morgen was vor, ich muß mich noch vorbereiten.› Ich habe irgendwann Bilanz gezogen und habe gesagt: Was habe ich in den letzten fünf bis zehn Jahren erreicht? Was habe ich gemacht? Was habe ich menschlich erreicht, was habe ich dafür bezahlt? Ich mußte eben voran, um das Ziel zu erreichen, das ich mir und somit auch für meine Mitarbeiter gesteckt habe. Ich mußte als Lokomotive arbeiten. Ich mußte einen blockierten Zug auf Vordermann bringen. Und das kostet Verschleiß. Ich habe die Volksschule gemacht und wollte eigentlich meinen Wissensstand so weit bringen wie jemand, der die Hochschule gemacht hat. Ich habe sehr viel Fachliteratur im Bett nicht nur gelesen, sondern durchgearbeitet. Ich wollte mich auch gegenüber meinem Konzern, meiner Direktion nicht blamieren. Ich wollte die Statistiken und die Aufstellungen, die Listen vielleicht noch exakter, noch genauer machen.

Und ich habe gemerkt aus dem Ganzen, wenn ich heute Bilanz ziehe: Ich habe mich selber gar nicht leben können. Ich habe mich aufgegeben. Ich habe mich aufgegeben für etwas, wo ich heute sagen kann: Ist es das wert? War es das wert? Wenn ich ehrlich bin, muß ich sagen: Das war es nicht wert. Mir fehlt etwas, um zu leben. Ich hab nicht genug gelebt. Ich bin nicht lebendig genug. Ich muß viele Jahre abstreichen, wo ich sagen muß: Ich hab in Wirklichkeit nicht gelebt – wohl in meinem Beruf, in der Karriere, in diesem Sinne habe ich gelebt –, aber ich habe innerlich als Mensch nicht mehr gelebt. Ich wollte – ich habe das Ziel fixiert, das Ziel wollte ich erreichen um jeden Preis. Ich habe die Knüppel, die einem in den Weg gelegt wurden, beseitigt. Was aber darunter gelitten hat, war eben der zwischenmenschliche Bereich.» [56]

So wie Karl empfinden auch andere Menschen bei einem Rückblick die Arbeit und die Jahre des Kämpfens, die sie ihrer «Karriere» gewidmet haben, nicht als sinnvoll für sich, nicht als «gelebtes» Leben. Was ist das Ziel? «Oben» anzukommen? Was bringt es uns? Unserer Erfahrung nach wird intensive Arbeit später als

wenig sinnvoll erlebt, wenn sie nur auf das Erreichen eines End-
ziels ausgerichtet war, wenn die Arbeit selbst und der Weg zum Ziel
nicht als bereichernd empfunden wurden.

Menschen sehen den Sinn ihres Lebens
in der persönlichen Entwicklung

Wir sind in den vergangenen Jahren vielen Menschen begegnet, die
das Leben als einen Weg des seelischen Reifens und persönlichen
Wachsens ansehen, als einen Weg zu sich selbst. Sie ziehen sich
nicht aus ihrer Umwelt zurück, verhalten sich ihr gegenüber nicht
passiv, sondern sehen das Geschehen in sich und in der Welt als eine
sinnvolle Herausforderung für ihre seelische Entwicklung an. Das
Leben ist für sie ein Prozeß des Erfahrens und Reifens. Vieles, was
andere als ein äußeres «Problem» erleben, wird von ihnen als eine
Möglichkeit gesehen, neue Erfahrungen zu machen und sich dabei
seelisch weiterzuentwickeln.

Ilse, eine zweiunddreißigjährige Verwaltungsangestellte: «Ich
weiß nicht, ob es im Leben überhaupt ein endgültiges Ziel gibt. Ich
habe früher lange Zeit eigentlich immer nur auf ein Ziel hingelebt.
Und eines Tages ist mir bewußt geworden, daß die Zeit verläuft.
Eines Tages habe ich irgendwie gehört, daß sie läuft. Und das hat
mich im Moment furchtbar erschüttert. Und dann habe ich darüber
nachgedacht, und irgendwann kam ich dazu: Ich glaube, das Leben
ist ein Weg; das Leben ist kein Ziel. Das Ziel ist, wenn es das
überhaupt gibt, jenseits von diesem Leben. Das ist eine religiöse
Frage. Aber ich glaube, das Leben *ist* dieser Weg, dieses Gehen
über Steine und an den Blumen entlang und durch die Tunnels und
die schönen Strecken.»

Menschen, die zu dieser Einstellung gefunden haben, sehen ihre
persönliche Entwicklung, das Erlangen innerer Freiheit, die «Be-
wußtseinserweiterung» als höchsten Wert an. Clara: «Ich finde,
dieses Schritt-für-Schritt-sich-selbst-Entdecken – eigentlich bin ich
ja das einzige, was ich im Leben wirklich habe. Alles andere ist in
Bewegung, und es kann sehr schön sein. Aber ich bin das einzige,
was ich wirklich habe. Und mein Leben ist *mein* Leben. Da ist eine

Menge verkorkst drin, ja. Aber es ist mein Leben. Es sind *meine* Erfahrungen, das sind *meine* Schritte, es ist *mein* Weg.»

Claudia, 34, Psychologin: «Mir wurde ganz klar: Wenn ich wirklich weiter will, dann muß ich mich kennenlernen. Ich muß mich weiterentwickeln, ich selbst bin die Grenze. Bis dahin haben wir oft gekämpft und waren unsicher, wir wollten viel zuviel. Und dann hatte ich das Gefühl: Irgend etwas fehlt. Und ich hatte den Wunsch, weiterzukommen, mehr zu meinem Sein zu kommen und von daher irgendwie zu wirken. Ich habe versucht, das in mir zu stärken, zu fördern, mich zu finden – auch, wenn ich nur etwas Unbedeutendes, Kleines entdecke: daß ich mich darüber freuen kann, daß die Sonne scheint, daß ich irgend jemandem etwas geben kann, jemanden erfreuen kann, mich dann selbst darüber zu freuen und die Dankbarkeit zu spüren – einfach, daß ich lebendig bin. Früher hatte ich immer bestimmte Vorstellungen im Kopf, was gemacht werden soll, wie ich sein sollte. Das hat sich geändert. Früher habe ich gedacht, wenn ich mich viel bewege, dann bewege ich etwas. Aber das ist nicht so. Es kommt auf die innere Bewegung von mir an.

Wenn ich merke, da ist etwas, was mich wirklich berührt, mich begeistert, mich betroffen macht – das empfinde ich als Geschenk und als Bereicherung. Und dafür lebe ich wirklich – egal, was dabei herauskommt. Ich bin viel weniger anspruchsvoll geworden nach außen und viel zufriedener. Und viel offener für meine Zukunft. Ich habe dieses Vertrauen, daß jede Bewegung und jede Veränderung mich weiterbringt. Das ist immer wieder eine Herausforderung, eine Aufgabe. Und es bringt mir Freude, sie irgendwie anzunehmen, sie zu meistern.»

Mit diesem Bemühen, sich persönlich weiterzuentwickeln, werden viele seelische Kräfte frei. Wir finden in uns die Stärke, so in der Welt zu stehen, ohne uns von den alltäglichen Umständen überwältigen zu lassen, ohne uns zu eng zu binden, aber auch ohne vor ihnen zu fliehen oder uns ihnen zu entziehen. Wir kämpfen weniger, verbrauchen keine unnötigen Energien für irgendeine Karriere. Wir leben intensiver, engagieren uns für unser eigenes Leben und sehen den Sinn unseres Lebens in diesem Engagement: «Ich sag mir jeden Tag: Ich lebe für den Tag und für die Stunde. Ich sehe die

Kleinigkeiten, die ich habe, die mir eine Freude machen können, die sehe ich wirklich – und nicht nur alles, was rings um mich düster ist.» Wir leben mehr in der Gegenwart, nehmen unser unmittelbares Erleben bewußter wahr. Wir fühlen uns frei, sind kreativ.

Der achtzigjährige amerikanische Psychologe Carl Rogers berichtet in einem Fernsehinterview, wie er neue Erfahrungen geradezu sucht und sie für seine persönliche Entwicklung nutzt: «Bewußt habe ich immer engen Kontakt zu jüngeren Leuten gehalten, und das hat mein Leben interessant gestaltet und mich davor bewahrt, unbeweglich zu werden. Ich hatte einen so engen Kontakt zu den jungen Menschen, daß diese mich auch bereitwillig kritisierten und mich als Person, als einen aus der Gruppe akzeptierten. Für mich war das sehr wertvoll, und es bewahrte mich davor, zu einer Symbolfigur zu werden, was ich wirklich hasse. Und so blieb ich einfach ein Mensch. Ich weiß, daß ich fortwährend Risiken auf mich nehme. Ich meine, wenn wir keine Risiken auf uns nehmen, dann leben wir nicht richtig, wir existieren nur. Obwohl ich bereits achtzig Jahre alt bin, sind Beziehungen zu Frauen für mich von großer Bedeutung. – Ich steige auch gerade in ein neues berufliches Projekt ein. Ich gehe auf verschiedenen Gebieten Risiken ein und finde, daß dies für mich das Leben lebenswert macht. Es stimmt auch, daß die einzige Welt, die mir etwas bedeutet, eine Welt ist, die expandiert. Die neuen Entwicklungen in der Wissenschaft regen mich an und führen mich zu neuen Perspektiven meiner Gedankenwelt. Ich frage mich: ‹Was, glaubst du, werde ich als nächstes machen?› Ich bin mir da nicht sicher. Aber ich vertraue darauf, daß ich ganz bestimmt aufregende Dinge finden werde, die ich machen will, sofern ich lange genug lebe. Das Leben hat es bisher sehr gut mit mir gemeint, aber ich habe es auch ausgekostet, ich habe es auch kosten wollen.» [38]

Menschen finden durch eine Krise den Sinn ihres Lebens

Manche Menschen werden erst in einer Lebenskrise gleichsam seelisch wach. Diese bringt sie dazu, ihr bisheriges Leben neu zu überdenken, es aus einer anderen Sicht und mit geänderten Bedeutungen wahrzunehmen, einen neuen Sinn für sich zu entdecken – erste Schritte auf dem Weg zu sich selbst, zu einem intensiveren seelischen Leben. Solche Krisen können ausgelöst werden durch die Trennung von einem Partner, durch sehr beeinträchtigende äußere Ereignisse, durch den Verlust eines geliebten Menschen, durch eine schwere Krankheit: «Also, ich muß sagen: Diese Trennung von meinem Mann hat mir auch viele positive Dinge geschenkt», sagt Margit. «Das Positive sehe ich darin, daß ich jetzt ein Stückchen mehr von mir kennengelernt habe, daß ich mal wahrnehme, daß ich überhaupt auch jemand bin und nicht nur – so habe ich mich früher verstanden – für andere da sein wollte. Ich bin inzwischen so weit, daß ich mir sage: Nein, ein Stück will ich jetzt auch für mich haben. Und das macht mich immer froher.»

Unerwartete harte äußere Einflüsse führen bei manchen zu einer neuen Sicht ihres bisherigen Lebens. Überlebende von Flugzeugunglücken berichten, daß sie durch dieses Ereignis zu einer anderen Einstellung zum Leben gefunden hätten. Einige der amerikanischen Geiseln, die 1979/1980 über ein Jahr lang in Persien festgehalten worden waren, sagten, sie hätten eine tiefere Bedeutung in ihrem Leben erkannt. Sie legten jetzt weniger Wert auf berufliche Erfolge und materielle Dinge. Die Beziehungen zu anderen Menschen und geistige Werte seien für sie wichtiger geworden. [16]

Auch in Depressionen können manche Menschen einen Sinn, eine «Botschaft» erkennen. Sie gehen seelisch gestärkt aus ihnen hervor. Mehr als zwei Drittel von 900 befragten Frauen, die zeitweilig unter Depressionen gelitten hatten, sahen diese rückblickend als eine Chance, als ein Alarmsignal und Anstoß, einen neuen Weg zu finden, ihr Leben so zu ändern, daß es ihren körperlichen und seelischen Bedürfnissen mehr entsprach. Diese Erkenntnis führte zu mehr Vertrauen in die eigene Person und zu der Erfahrung, daß sie die Verantwortung für die Gestaltung ihres Lebens übernehmen können und daß sie fähig sind, ungünstige Bedingungen zu verändern. Sie erlangten ein bewußteres und intensiveres Lebensgefühl. [62]

Eine Krankheit wird meist als Ursache von Leid und Unglück empfunden. Manche Menschen aber finden durch die Krise, die eine schwere Erkrankung bedeutet, zu einer anderen Einstellung ihrem Leben gegenüber: Nachträglich sehen sie in der Krankheit den Beginn eines reicheren, intensiveren Lebens, eine «seelische Geburt». Sie nehmen das Leben nicht mehr so selbstverständlich hin wie früher, sie leben bewußter. Gerade an der Einstellung zu einer schweren Krankheit zeigt sich, in welch hohem Maße wir selbst durch unsere inneren und äußeren Reaktionen auf die Ereignisse zu unserem Leid und Unglück, aber andererseits auch zu unserem inneren Reichtum und unserem Wohlbefinden beitragen.

Der neunzehnjährige Ted Kennedy, dem das rechte Bein wegen einer Krebserkrankung amputiert wurde, sagt in einem Interview: «Die erste Frage, die man sich in einem solchen Augenblick der Diagnose stellt, ist wohl immer dieselbe: Warum ich? Warum mußte das von allen Menschen auf der Welt ausgerechnet mir passieren? Meine erste Reaktion war, daß ich eigentlich ebensogut tot sein könnte. Würde noch irgendein Mädchen mit mir ausgehen wollen? Würden mich die Leute später noch genauso ansehen wie früher? Doch dann sagte ich mir, daß ich mich all diesen Problemen wohl oder übel stellen müsse. Und am nächsten Tag wurde ich operiert. Obwohl ich mein Bein verloren habe, glaube ich doch, daß ich inzwischen eine Menge anderer Dinge gewonnen habe. Wenn man ein Bein verliert, kann es sein, daß man statt dessen ein Herz gewinnt. Die wichtigste Lektion, die ich gelernt habe, ist die, daß die Zukunft in irgendeiner Form immer wieder eine Lösung bereit hält – gleichgültig, wie düster einem die Dinge auch manchmal erscheinen mögen.» [24]

Daß Krankheit ein Weg zum Leben sein, zu einer geänderten Einstellung uns selbst gegenüber führen kann, geht auch aus dem Brief einer neunundvierzigjährigen Krankengymnastin hervor: «Ich bin an Multipler Sklerose erkrankt, die rasch fortschreitet. Und doch kann ich sagen, daß durch diese Krankheit mein Leben reicher und tiefer wurde. Unheilbar krank ist nicht gleich Tod. Ja, das andere, neue Leben fängt dadurch erst an.»

Vor allem Krebserkrankungen konfrontieren die Betroffenen – meist plötzlich und unerwartet – mit der Endlichkeit ihres Lebens. Anne-Marie hat in ihrem Buch ‹Gespräche gegen die Angst› eingehend dargestellt, wie manche der Krebspatienten, mit denen sie gesprochen hat, in ihrer Krankheit eine Chance zu einem intensiveren Leben entdeckten. Die folgenden Äußerungen stammen aus Briefen, die Betroffene uns nach der Lektüre des Buches geschrieben haben:

Susanne, 26, schreibt uns, wie sich ihre Mutter durch die schwere Krankheit in ihrer Einstellung zum Leben wandelte: «Meine Mutter mußte wegen Darmkrebs operiert werden und hat für immer einen künstlichen Darmausgang. Jedoch mit der Operation, eigentlich schon mit dem Wissen, krebskrank zu sein, vollzog sich bei meiner Mutter ein eigenartiger Wandel. Ich erlebte sie als gefaßt, wenig ängstlich und sogar optimistisch. Während sie bisher manchmal sogar mit Selbstmord drohte, zeigt sie jetzt einen für mich überraschenden Willen, leben zu wollen. Die Monate danach blühte sie auf, was es mir auch wieder leicht machte, auf sie einzugehen. Diese Krankheit, so schrecklich sie ist, hat bei meiner Mutter zu einem neuen Lebensgefühl geführt. Sie sagte einmal, daß sie dankbar sei für jeden Tag, den sie leben darf. Sie meinte auch, daß diese Krankheit ihr erst die Angst vor dem Leben genommen habe. Und daß sie jetzt die Kraft gefunden hat, alles das noch zu machen, was sie bisher in ihrem Leben versäumte.»

Sehr beeindruckt hat uns der Bericht einer neunundvierzigjährigen Frau: «Im März 1980 hatte ich aus heiterem Himmel eine Krebsoperation, eine Brustamputation. Danach war die Zeit irgendwie leerer, als ob sie nicht weiterginge. Es folgte ein Schock, dann ein Gefühl der Minderwertigkeit. Ich wurde mit mir selbst nicht mehr fertig, zeigte das aber nicht, sondern spielte meinen Angehörigen gegenüber weiter die Rolle, als sei nichts gewesen. Gespräche mit Patienten, dem Psychologen und viel Lesen haben mir dann geholfen, daß ich diese Krankheit als chronisch anerkannte und mich selbst irgendwie so akzeptierte.

Seitdem habe ich das Gefühl, vieles im Leben anders zu beurteilen. Auch Problemen anderer Leute, zum Beispiel deren Eheproblemen, sexuellen Problemen oder Depressionen, stehe ich viel aufgeschlossener gegenüber. Ich urteile nicht mehr so vorschnell, bin irgendwie in der Beziehung sensibler und erkenne auch Gesetze (das darf man nicht, das gehört sich nicht usw.) nicht mehr ohne weiteres an. Meine Ansichten sind viel weiter und vielleicht ‹menschlicher› geworden. Ich erkenne auch viel mehr an, daß es schwieriger ist, nein zu sagen und seinen Lebensstil zu leben, als sich dauernd zu sehr anzupassen, wie ich es mein Leben lang vorher viel zu sehr getan habe, bis ich überhaupt nicht mehr gemerkt habe, daß dabei auch meine Gefühle verschüttet wurden und ich selbst allmählich verkrustete: Ich glaube wirklich, daß nach dieser schweren Zeit ganz allgemein mein Lebenshorizont weiter geworden ist.»

Erschüttert hat uns das Schicksal der einunddreißigjährigen Mary: «Ich hab angefangen, übermäßig zu trinken, weil ich einen Vorhang zwischen mich und die übrige Welt setzen wollte. Ich wollte mich mit Problemen einfach nicht befassen. Ich hatte auch Kontaktschwierigkeiten, Hemmungen, Komplexe, Minderwertigkeitsgefühle.» Nach einem Selbstmordversuch wurde Mary in die psychosomatische Abteilung eines Krankenhauses in Berlin eingeliefert. «Im Krankenhaus ist es mir dann gelungen, durch ganz intensive Arbeit mit mir meine Kontaktschwäche zu überwinden.» Als sie die Klinik verließ, war sie seelisch gefestigt und glaubte, das Schlimmste überstanden zu haben. Zwei Monate später wachte sie morgens auf und konnte nichts mehr sehen. Die Ärzte vermuteten, daß die Erblindung eine Nachwirkung des Methylalkohols war, den Mary früher in großen Mengen getrunken hatte. «Ich hab's immer noch nicht akzeptiert, daß ich mein Leben lang blind sein soll. Aber ich kann mir sagen: Ich bin heute blind, und ich muß für heute leben und mit der Blindheit fertig werden. Abgesehen von der Blindheit ist mein Leben heute wesentlich glücklicher. Und ich weiß nicht, ob ich nicht sogar mit der Blindheit glücklicher bin als früher. Denn jetzt lebe ich intensiv. Ich kann die kleinen Freuden erkennen, ich kann mich wirklich über Kleinigkeiten freuen. Sie summieren sich zu einem großen Berg von Freude, und ich brauch nicht immer auf die Sonntage zu warten, wo es vielleicht schön wird, oder auf den Urlaub.» [33]

Diejenigen von uns, die nicht von schwerer Krankheit betroffen sind, können von Erkrankten oder Schwerbehinderten lernen, ihre eigenen Lebenseinstellungen, ihre Werte und Ziele und ihr Verhalten sich selbst und anderen gegenüber zu überdenken und zu ändern. Wir beide haben in Gruppen, in denen wir mit Schwerbe-

hinderten zusammen waren, viel für uns gelernt: unsere Möglichkeiten mehr zu schätzen, unsere Chancen besser zu sehen, intensiver und geduldiger zu leben, unsere körperlichen und seelischen
Bedürfnisse mehr zu beachten, sorgsamer mit uns selbst umzugehen. Bei Erkrankten und Schwerbehinderten wird uns deutlich,
wie wenig wir manchmal unser Leben nutzen, wie wir Möglichkeiten, die uns offenstehen, nicht beachten, wie wenig dankbar wir oft
sind. Indem wir uns auf die seelische Wirklichkeit Behinderter und
Schwerkranker einlassen und sie zu verstehen suchen, verändert
sich unser eigenes Bewußtsein. Viele fühlen sich auch aufgefordert,
sich mehr für Hilfsbedürftige einzusetzen.

Rolf, ein Laienhelfer, beschreibt die Erfahrungen, die er in
Gesprächsgruppen mit Krebspatienten gemacht hat: «Die Begegnung mit den krebskranken Menschen war ungeheuer bereichernd
für mich. Ich habe mich an die Fragen, die mir vorher viel Angst
machten, herangewagt. Ich habe versucht, die Angst zuzulassen,
die mit dem Gedanken an eine eigene Erkrankung und meinen Tod
verbunden ist. Dadurch hat mein Leben ganz neue Ziele und
Inhalte bekommen. Ein Beispiel, das mich selbst erstaunt: Ich bin
jetzt weniger ehrgeizig, setze mich aber mehr für mich und die
Interessen und Bedürfnisse von anderen ein. Ich erlebe mich selbst
viel mehr mit unterschiedlichen und intensiven Gefühlen. Mein
Leben ist dadurch reicher geworden. Ich habe eine andere Einstellung dazu bekommen, welchen Sinn mein Leben hat.» Uta, Helferin in einem Altenpflegeheim, schreibt uns: «Mit den Kranken ein
Stück ihres Weges zu gehen, wie steinig er auch sein mag, sie zu
stützen und ihnen Mut zuzusprechen, ihnen den Frühlingsnachmittag zu zeigen, darin sehe ich meine Aufgabe. Aber diese Arbeit
verlangt von mir eine ständige Auseinandersetzung mit Tod, mit
dem Altwerden. Und das empfinde ich an manchen Tagen als
unangenehm und belastend. Andererseits spüre ich jedoch auch,
daß mir die Begegnung mit diesen kranken Menschen sehr viel
gibt: Hoffnung, Geduld und Glauben.»

Auseinandersetzung mit Sterben und Tod

Manche Menschen haben die Auseinandersetzung mit Sterben und
Tod als eine bedeutsame Möglichkeit erfahren, zu einer anderen
Einstellung sich selbst und ihrem Leben gegenüber zu gelangen:
«Ich bin immer mehr der Auffassung, daß sich in meiner Einstel-
lung zum Tod meine Einstellung zu meinem Leben widerspiegelt.»
Viele Menschen haben Angst vor dem Sterben und vermeiden es,
sich mit diesem gefürchteten Geschehen zu befassen. Manchmal
haben wir den Eindruck, daß die große Angst vor dem Tod die
Menschen in ihrem Alltag unsichtbar begleitet und ihr Leben
einschränkt und verdüstert.

Was empfinden Menschen, die der Auseinandersetzung mit dem
Tod ausweichen, wenn sie schließlich doch mit ihm konfrontiert
werden? «Sterben und Tod lösen bei mir Angstgefühle aus, ganz
gleich, ob es sich um Gedanken an den eigenen Tod oder an den
Tod von Verwandten handelt», sagt eine achtunddreißigjährige
Zahnärztin. «Ich habe sehr große Schwierigkeiten, mich überhaupt
gedanklich damit zu befassen. Ich habe den Tod von Verwandten
bisher nur als Schock erlebt.» Der fünfunddreißigjährige Program-
mierer Horst: «Der Anblick eines Leichenwagens erzeugt Entsetzen und Grauen in mir. Ich konnte auch nicht trauern, als meine
Oma und mein Vater starben.»

Menschen, die vor dem eigenen Sterben und dem anderer Angst
haben, fühlen sich Sterbenden gegenüber oft hilflos. Das gilt leider
auch für Personen in medizinischen Berufen. Sie sind unsicher im
Umgang mit ihren todkranken Patienten, geraten in Spannungen
und seelische Bedrängnis. Es kostet sie viel Kraft, mit diesen
Schwierigkeiten fertig zu werden, sie zu überdecken. Eine Ärztin,
28: «Ich habe Angst vor dem Sterben und vor allem, was damit
zusammenhängt. Ich habe vor einem Monat mein Medizinstudium
beendet, bin nun Ärztin und zur Hilfe verpflichtet. Wenn ich
jedoch in Situationen komme, wo ich von mir eigentlich selbstverständlich erwarte, daß ich zupacke, zum Beispiel bei einem schweren Unfall, stehe ich wie versteinert da und zittere vor Angst.» Ein
Medizinstudent: «Irgendwie bin ich bisher darum herumgekom-
men, mich näher mit Sterben und Tod auseinanderzusetzen. Meine

wichtigste Erfahrung im Umgang mit zwei todkranken Patienten ist, daß ich eigentlich viel mehr Angst hatte als die Patienten selbst, das auszusprechen, was im Raum lag. Mir fällt es unendlich schwer, von einem gewissen Punkt an nicht mehr ‹heilen› zu können und einfach nur noch dazusein, offen zu sein, auch für meine eigenen Todesängste, und keinen großen Bogen um das Zimmer der Sterbenden zu machen.»

Diese Ängste und ungeklärten Einstellungen lähmen viele Menschen so, daß sie Sterbenden in ihren letzten, für sie so wichtigen Tagen und Stunden nicht helfen können, sondern sie eher belasten. Ein achtundvierzigjähriger Geschäftsführer: «Mich beschäftigt seit einiger Zeit häufig der Gedanke an den Tod, und zwar mit dem Gefühl quälender Ungewißheit und Angst. Meine Frau und ich pflegen zur Zeit meine krebskranke Mutter, die gegen das Sterben ankämpft. Und wir empfinden unsere Sprachlosigkeit meist als quälend.»

Angesichts dieser Angst ist uns der Wunsch vieler Menschen verständlich, Todkranke in einem Krankenhaus sterben zu lassen. Unsere Ängste und unsere Hilflosigkeit führen dazu, daß Gespräche mit ihnen, unsere persönliche Zuwendung und die seelische Begleitung in ihren letzten Tagen und Stunden durch Intensivstation, Maschinen und Tabletten ersetzt werden. Das Sterben wird abgetrennt von dem Leben in den Familien. «Ich glaube, ich werde große Angst haben, wenn ich in einem weißgefliesten, sterilen Sterbezimmer ohne meine geliebten Freunde oder Verwandten sterben muß. Ich denke, der Tod gehört zum Leben. Vielleicht wird er erst zu dieser großen Bedrohung, weil wir ihn nirgends echt erleben, niemanden sehen, der bewußt, in Würde und ohne Angst stirbt.» – «Ich bin seit zwei Jahren in der Seelsorge an der Uni-Klinik tätig», sagt eine Siebenundvierzigjährige. «Ich habe sehr viele Menschen kennengelernt, die inzwischen verstorben sind. Mir geht der Tod meistens sehr nahe, er macht mich traurig und müde. Ich habe oft wenig Kraft, mutig auf den nächsten Menschen einzugehen. Ich habe mich auch noch nicht genug mit dem Gedanken vertraut gemacht, daß der Tod vielleicht eine Erlösung ist oder der gottgewollte Endpunkt eines Lebens. Ich leide sehr am Leid der anderen, besonders der Angehörigen.»

Wenn wir lernen, uns mit Sterben und Tod auseinanderzusetzen und die Endlichkeit unseres Lebens anzunehmen, können sich unsere Ängste davor erheblich vermindern. Fast immer führt dieses Lernen zu wesentlich veränderten, freieren Einstellungen unserem täglichen Leben gegenüber. Unser Leben gewinnt eine tiefere Bedeutung und erscheint uns wertvoller: «Ich habe erkannt, daß ich eine ganz andere Lebensweise haben kann, wenn ich mich darauf besinne, daß mein Leben begrenzt ist. Es gibt mir eine Chance, zu prüfen, ob ich so, wie ich lebe, gut lebe. Ist es sinnvoll, daß ich Reichtümer anhäufe, aber die Blumen nicht wachsen sehe, daß ich keine Gefühle habe, nicht weinen kann und darf, denn es könnte ja der Geschäftspartner sehen?»

Was wir heute und jetzt, in diesem Moment tun, erhält für uns eine andere Bedeutung, wenn wir uns, anstatt den Tod zu ignorieren, unseres zukünftigen Sterbens bewußt sind. Dieses Sehen und Akzeptieren der Begrenztheit unseres Lebens ermöglicht es uns, mehr in der Gegenwart zu leben. Ein fünfundvierzigjähriger Hochschullehrer: «Die Angst, daß ich sterben könnte, ließ mich fast zwei Jahre lang nicht los. Aber dann setzte ich mich mit dem Tod auseinander: In vielen Gesprächen, vielen einsamen Stunden und vielem Nachdenken. Heute, nachdem ich das alles durchgestanden habe, erlebe ich einen Wandel: weg vom äußeren, funktionsmäßig angespannten Leben hin zu innerlich entspanntem Leben. Es ist bei diesem Wandel so, als ob meine alte Person wirklich sterben mußte, damit die neue Platz findet.»

In diesem Selbstklärungsprozeß stellen sich Menschen viele Fragen: Werde ich mein Leben in Frieden loslassen können? Was habe ich versäumt und vernachlässigt? Habe ich so gelebt, daß mein Hunger nach Leben gestillt ist, oder habe ich versäumt, mich selbst zu leben? Haben andere Menschen so viel Macht über mich gehabt, daß ich nicht mich gelebt, sondern mich ihren Bedingungen gebeugt habe? Habe ich mich oft mit Problemen gequält, die angesichts der Tatsache, daß ich sterben werde, für mich bedeutungslos sind? «Habe ich nach Liebe gerufen, nicht aber selbst geliebt? Ich bin das Zentrum meines Lebens. Ich werde sterben. Wer bin ich also? Worin erfülle ich mich?»

Einen Anstoß zur Auseinandersetzung mit Sterben und Tod können *Bücher* oder entsprechende *Gesprächsseminare* geben. Ein

Student schreibt uns: «Aus Büchern habe ich gelernt, daß Sterben ohne Angst möglich ist. Ich denke noch nicht gern an den Tod, aber ich beginne zu ahnen, daß der Tod kein Schlußpunkt ist – daß es ein Leben nach dem Tod gibt, das anders aussehen wird als das Leben, das ich heute habe. Ich möchte lernen, den Tod als ein bewußtseinserweiterndes Ereignis anzusehen, durch das ich meine Persönlichkeit, meine Seele und mein Bewußtsein weiterentwickeln kann.» Eine neunundzwanzigjährige Ärztin: «Seit sechs Monaten arbeite ich nun auf einer Intensiv-Station. Durch Teilnahme an einer Gesprächsgruppe und durch Seminare habe ich gelernt, nicht mehr so oft vor mir selbst wegzulaufen. Ich habe den Mut gefunden, mich mit meinen Ängsten und mit meiner Aggression hinsichtlich des Todes auseinanderzusetzen.»

Eine weitere, noch wenig bekannte Möglichkeit, sich mit Gedanken an das Sterben und den Tod vertraut zu machen und die Angst davor zu verlieren, bietet eine *Übung*, bei der wir, angeleitet und unterstützt durch einen Helfer das eigene Sterben im entspannten Zustand zu visualisieren, uns bildhaft vorzustellen suchen. [47] Wir geben im folgenden den Anleitungstext zu der von dem Ehepaar Simonton entwickelten Übung wieder:

Lasse dich in einem ruhigen Zimmer in einem bequemen Sessel nieder und beginne mit der Entspannungsübung, damit du dich vollkommen lockerst.

Fühlst du dich entspannt, dann stelle dir bildlich vor, wie dein Arzt dir mitteilt, daß du einen Rückfall erlitten hast. (Wenn du nicht krebskrank bist, dann stelle dir vor, wie ein Arzt zu dir sagt, daß du sterben mußt.) Versetze dich in die Empfindungen und Gedanken, mit denen du auf diese Information reagieren würdest. Wohin gehst du dann? Mit wem wirst du darüber sprechen? Was wirst du sagen? Nimm dir Zeit, dir die Szene ganz genau vorzustellen.

Nun visualisiere, wie du dem Tod entgegengehst. Welche Verschlechterung deines Gesundheitszustandes auch eintreten mag, versetze dich in sie hinein. Stelle dir ganz genau die einzelnen Stadien des Sterbens vor. Rufe dir ins Bewußtsein, was du alles verlierst, wenn du stirbst. Gestatte dir, dich einige Minuten lang diesen Empfindungen hinzugeben und in dich hineinzuhorchen.

Sieh die Menschen um dich stehen, während du auf dem Totenbett liegst. Stelle dir vor, wie sie darauf reagieren, daß du sie verläßt. Was sagen sie und was empfinden sie? Gewähre dir reichlich Zeit, um zu sehen, was da vorgeht. Stelle dir den Augenblick deines Todes vor.

Wohne deinem eigenen Begräbnis oder Gedenkgottesdienst bei. Welche Personen triffst du dort an? Was sagen sie? Was empfinden sie? Gewähre dir wieder ausreichend Zeit für diese Vorstellung.

Sieh dich selbst tot auf der Bahre liegen. Was geschieht mit deinem Bewußtsein? Wohin auch immer sich nun dein Bewußtsein deiner Meinung nach begeben mag, laß es dorthin entschwinden. Verweile dort einige Minuten ganz still und erlebe, was du siehst.

Dann laß dein Bewußtsein ins Universum hinaus, bis du in die Gegenwart dessen gelangst, was du für den Ursprung des Universums hältst. In dieser Gegenwart rufe dir dein Leben in allen Einzelheiten ins Gedächtnis zurück. Laß dir viel Zeit bei diesem Rückblick. Mit welchen Dingen, die du vollbracht hast, bist du zufrieden? Was hättest du anders machen sollen? Welche feindseligen Gefühle hast du empfunden und hegst du noch immer?

Du hast nun die Gelegenheit, in einem neuen Körper zur Erde zurückzukehren und einen neuen Lebensplan zu entwerfen. Würdest du dir dieselben Eltern aussuchen oder lieber andere? Welche Eigenschaften sollten sie haben? Wünschst du dir Brüder und Schwestern? Dieselben? Worin würde deine Lebensaufgabe bestehen? Welche Leistungen hältst du in deinem neuen Leben für wesentlich? Was wird dir in deinem neuen Leben wichtig sein? Überlege dir deine neuen Pläne sehr sorgfältig.

Halte dir vor Augen, daß dein Leben durch einen sich ständig wiederholenden Ablauf von Tod und Wiedergeburt gekennzeichnet ist. Jedesmal, wenn du deine Einstellungen und Empfindungen änderst, durchlebst du einen Tod und eine Wiedergeburt. Nachdem du dies vor deinem geistigen Auge erlebt hast, wirst du dir bewußt, daß dein ganzes Leben nichts anderes als Tod und Neugeburt war.

Kehre nun langsam und friedvoll in die Gegenwart zurück. Du fühlst dich erfrischt und froh.

Diese Übung, die in einer von einem qualifizierten Helfer betreuten Gruppe erfolgen sollte, in der ein Klima des Vertrauens und Verständnisses herrscht und in der anschließend die Möglichkeit zu Geprächen besteht, ist für uns selbst eine sehr wichtige Erfahrung gewesen. Sie hat uns mit dem Sterben und dem Tod vertrauter gemacht. Indem wir uns selbst in der Stunde unseres Sterbens erlebten und auf unser Leben zurückblickten, wurde uns klar, wieviel Energie und wieviel Mühe wir auf manches verwandt haben, das uns jetzt eher unbedeutend und unnötig erscheint. Wir haben gelernt, für uns Unbedeutendes von Bedeutendem besser zu unterscheiden und uns diesem intensiver zuzuwenden.

Während einer fünftägigen Gruppenbegegnung 1982 in der Schweiz nahm die Hälfte der 120 Teilnehmer an einer derartigen Vorstellungsübung teil. Wir möchten einige der Erfahrungen der Teilnehmer, die sie uns nach der Übung in der Gruppe schilderten, wiedergeben. Von Bedeutung ist, daß sich die Teilnehmer bereits drei Tage lang in Gesprächsgruppen intensiv begegnet waren und dort viel Verständnis und Vertrauen erfahren hatten.

«Ich hab es bald aufgegeben, dagegen anzugehen», sagt eine Frau. «Ich sah dann auch die Familie: meinen Mann, meine Kinder, meine Freunde um mich. Die wollten nicht, daß ich weggehe. Und ich sah sie so ihre Arme nach mir ausstrecken, aber ich wollte eigentlich gar nicht mehr. Ich wollte meine Ruhe. Und ich fiel dann irgendwohin, aber es war nichts Unvertrautes. Ich möchte das so als Schlaf bezeichnen. Ein ganz wohliges Gefühl war das für mich – gar nichts, was mich immer so geängstigt hat. Und ich fühlte mich als einen Teil des Universums. Es war vertraut.»

«Ich hab mich im Bett liegen sehen», berichtet eine etwa fünfunddreißigjährige Frau, «und der Arzt sagte mir, daß ich sterben müßte. Ich sagte ihm: Ich weiß es. Das war so ein stillschweigendes Einverständnis zwischen uns und eine so vertraute Situation. Eigentlich gar nichts Beängstigendes für mich – daß ich das jetzt darf und daß das jetzt reif ist, seine Zeit hat. Dann sah ich meine Söhne und sah, daß die alt waren. Ich dachte: Dann muß ich ja schon sehr alt sein. Ich hab mir die angeschaut, das war so eine ganz eigenartige Situation für mich. Und dann hab ich mich gespürt. Da war keine Angst da. Die Söhne hatten Frauen bei sich und Kinder. Die standen da zufrieden. Und es war offensichtlich Zeit. Jeder war einverstanden und bereit. Ich habe sehr viel Licht gesehen und gespürt. Das verfloß alles irgendwie so im Licht. Das war gut, das löste sich auf, es war sehr schön.»

«Es war heute eigentlich in Gedanken das zweite Mal, daß ich sterben mußte. Das erste Mal war es, als ich meine Schwester vierzehn Stunden lang in den Tod begleitet habe. Ich habe mich mit ihr identifiziert, ich bin eigentlich mit ihr gestorben. Ich empfand es als sehr schlimm – vielleicht, weil die Schwester mich nie losgelassen hat. Ich habe vierzehn Stunden ihre Hand gehalten, und wenn ich nur einmal die Hand lösen wollte, dann hat sie mich immer gehalten. Und heute: Ich war friedlich, ich war ruhig. Ich erschrak nicht, als der Arzt mir sagte, ich müßte jetzt sterben. Ich stellte mir vor, wen ich alles bei mir haben möchte, und das war nur eine Person. Und ich wollte auch nicht, daß viele Leute zu mir kamen. Ich bin so ruhig eingeschlafen. Vielleicht war ich heute so ruhig, weil ich mich drei Jahre lang immer mit dem Tod auseinandergesetzt habe. Ich glaube von mir, daß ich gegenüber dem Sterben jetzt ruhig bin, daß ich loslassen kann.»

«Für mich waren zwei Dinge sehr erstaunlich und unerwartet. Das eine: Ich hab mich immer gefürchtet vor der Plötzlichkeit und Gewalttätigkeit des Todes. Und daß diese Meditation mich das in Ruhe anschauen läßt, das war für mich etwas sehr Besonderes. Und dann hatte ich ein sehr intensives Bild, wie ich mich als Gestorbene sehe. Ich hatte das Gefühl: So wenig hast du zurückgelassen. Und du bist noch da. Es war wirklich, als wenn ich ein Paar Schuhe da stehenlasse. Das hat mich sehr beruhigt, aber auch erstaunt – daß ich nicht viel zurücklasse, ja, und so viel mitnehme.»

«Als ich auf mein Leben zurückblickte, habe ich die Erfahrung gemacht, daß viele Sachen in meinem Leben einen ganz anderen Stellenwert bekamen: daß positive Begegnungen, daß schöne Erlebnisse verstärkt waren. Und andererseits war auch wieder eine Wehmut in mir, daß Sachen, die schiefgelaufen sind, so gelaufen sind. Mir ist dann noch etwas ganz Deutliches in den Sinn gekommen, was ich besser tun würde. Und zwar hab ich gedacht, wenn ich wieder leben würde, dann würde ich mich selbst mehr lieben. Als ich dann die Augen aufmachte, wurde mir plötzlich bewußt, daß ich ja noch Zeit dazu habe. Und das hab ich noch nie so gespürt, daß ich es ja nur machen muß, daß der Moment jetzt noch da ist.»

Das unmittelbare Erleben des Sterbens eines Angehörigen oder Freundes läßt Menschen häufig eine andere Einstellung zum Tod und zu ihrem eigenen Leben gewinnen: «Durch den Tod meiner Mutter habe ich vieles gelernt. Ich habe zu Menschen, die im Sterben liegen, ein ganz anderes Gefühl bekommen. Ich habe festgestellt, daß sie keine Bedrohung für mich sind – und daß ich somit nicht vor Angst gelähmt bin, wenn ich selbst einmal krank bin oder sterben muß. Tod und Krankheit bedeuten für mich seit diesem Erleben nicht mehr Zerfall, Verlust, sondern nur Abschied und vielleicht noch Zukunft.»

«Nach dem Tod meines Vaters und meiner Freundin fragte ich mich immer wieder: Warum mußte mir dieses passieren? Welchen Sinn hat das? Ich plagte mich mit Schuldgefühlen – hatte ich doch beiden Verstorbenen allzu selten mitgeteilt, wie sehr ich sie mochte. Eines wurde mir jedoch durch die tragischen Ereignisse bewußt und klar: Ich kann Schuldgefühle vermeiden, wenn ich mein Fühlen und Denken Menschen sofort mitteile, ihnen sofort sage, daß ich sie mag. Wenn ich mich in sie hineinfühle, werde ich sie auch besser verstehen können. Und ich werde mich auch selbst besser fühlen. Ich werde nicht mehr das Gefühl haben müssen, etwas Unerledigtes vor mir zu haben, wenn der Tod an meine Tür klopft – und das kann jeden Tag passieren. Ich glaube auch, daß die Begegnung mit dem Tod dieser beiden Menschen eine große Bedeutung für mein weiteres Leben hat: bewußter leben, besser erkennen, was wichtig für mich ist oder was belanglose Äußerlichkeiten sind.»

«Mir selbst hat das Sterben meines Vaters den Tod und das Sterben nähergebracht und die Chance des Wachsens in dieser Situation gezeigt», sagt Sophia. «Für mich ist das Sterben dadurch ein Teil des Lebens geworden, ein Abschnitt, der nicht Stillstand, sondern Entwicklung ist. Ich möchte auch so ruhig und mit mir selbst im reinen und im Einklang sterben wie mein Vater.»

So kann unser Leben durch die Auseinandersetzung mit Sterben und Tod und durch das Akzeptieren unserer Sterblichkeit eine andere Bedeutung und Qualität erlangen. Wir empfinden das Leben mehr als ein Geschenk, sehen einen tieferen Sinn darin, füllen es weniger mit bedeutungslosen Aktivitäten. Als Eltern und Lehrer werden wir Kinder weniger zu äußeren Leistungen, zum Leben für die Karriere erziehen. Wir werden unseren Kindern eine persönliche Entwicklung und seelischen Reichtum zu ermöglichen suchen. Wir lernen «loszulassen»: Ziele, Wünsche und Erwartungen an uns und andere. Wir können klarer erkennen, was letztlich für uns bedeutsam ist.

Die Begleitung von Sterbenden wird von Menschen, die sich von ihrer Angst vor dieser Situation befreit haben, meist als eine sehr tiefgreifende und hilfreiche Erfahrung empfunden.

Die vierzigjährige Birgit, Mutter von vier Kindern, betreut als Laienhelferin und Klinische Seelsorgerin Sterbende in einem Krankenhaus. In einem Gespräch mit uns berichtet sie über ihre Erfahrungen: «Mit dieser Arbeit bei Schwerkranken und Sterbenden im Krankenhaus gebe ich zwar Kraft von mir. Aber ich mache auch jedesmal wieder eine ungeheuer wichtige Erfahrung. Ich wüßte nicht, in welchem Bereich ich dies so direkt und so konzentriert erfahren könnte. Die Sterbebegleitung ermöglicht es mir, fast augenblicklich Zugang zu den Menschen zu finden. Ich versuche in dem Augenblick der Begegnung völlig dazusein, mich nur auf das einzustellen, was ich erlebe: eine Erleichterung, gerade in dem Augenblick dazusein, wo der andere meine Hand braucht. Das ist etwas, was mich außerordentlich berührt – daß gerade bei schwerer Krankheit und im Sterben ein so ungeheuer starker Körperkontakt und eine derartige Gefühlsintensität vorhanden ist, die schon über kleinste Berührungen geht. Das ist etwas, was ich mir vorher nie vorgestellt habe – und daß auf einmal manche mit ihrem Körper sich so ausdrücken können, wie sie es überhaupt noch nie in ihrem Leben konnten. Oder das Bedürfnis haben, in den Arm genommen zu werden, den, der bei ihnen steht, zu sich zu ziehen. Auch die Hand neben sich zu legen oder den Kopf in die Hand zu schmiegen. Auf einmal haben Grenzen keine Bedeutung mehr. Dabei habe ich nicht das Gefühl, daß ich, der ich als ziemlich Gesunder an einem Sterbebett stehe, derjenige bin, der seine Kraft nun ausstrahlt. Sondern es ist ein unmittelbares Hin und Zurück von Kräften. Das ist dem Sterbenden auch irgendwie spürbar, und es ermöglicht ihm, das Angebot von mir anzunehmen. Für mich beinhaltet das, daß ich den Sterbenden so lassen kann, wie seine augenblickliche Lage ist, ihn auch frei zu lassen für das Sterben. Ich meine, das ist auch etwas Schweres – wir sind ja im Grunde immer auf Hilfe aus, zu retten, zu helfen –, daß ich die Hilflosigkeit annehme. Ich glaube, dieses Spüren der Schwäche, das kann eine ganz große Stärke sein.» Birgit spricht mit uns auch darüber, wie die Arbeit mit Sterbenden sie bereichert: «Ich habe eine unglaubliche Achtung vor diesen Menschen. Ganz deutlich spüre ich diese Achtung, von Mal zu Mal. Diese Menschen, die ihren Lebenskampf gekämpft haben, oft sehr entbehrungsreich und mühsam – welche Kraft sie in ihren letzten Stunden zeigen! – Ich fühle eine ganz starke Freude, daß ich solch eine Fülle von Erlebnissen und Erfahrungen mit Menschen haben kann. Ich erlebe das als Bereicherung. Als ich meine Arbeit im Krankenhaus begann, da hieß es: Man verblutet sich da, verausgabt sich, weil es so unfaßbar ist, was in dieser Welt für Leid ist. Ich habe bei vielen Sterbenden erlebt, mit welcher Freude sie zu sich selbst zurückfinden. Manchmal benutzen sie mich vielleicht nur dafür, auf diese Suche nach sich selbst zu gehen. – Es ist natürlich ein Mitleiden, ein Sorgen. Aber ich bin nicht bedrückter in meinem Leben; ich bin voller Freude. Ja, es ist eine Freude, die ich von innen her spüre, die tief in meinen Lebensgrund hinabreicht. Ich empfinde manchmal auch einfach in mir Liebe, weil Leben möglich ist und weil Menschen sein können.»

Die zweiundvierzigjährige Ingrid, die als Laienhelferin im Krankenhaus mit Sterbenden arbeitet, sagt: «Was ich davon gelernt habe, was mir so aufgefallen ist, das ist bedingungslose Liebe. Ich habe bei den Sterbenden wirklich erfahren, daß sie plötzlich allen und sich selbst verzeihen – nicht immer, aber doch oft. Und daß sie eigentlich in Frieden sterben. Und ich denke für mich: Ich möchte das eigentlich nicht erst in den letzten Minuten vor meinem Tod erleben, sondern ich möchte wirklich schon jetzt in Frieden leben, mit mir und den Menschen, aus diesem Loslassen der vielen Kleinigkeiten und Konflikte heraus die Dinge jetzt anders sehen und diese verzeihende Geste haben. Das ist es, was mir so die Sterbenden beigebracht haben: Versuch es früher.»

Verantwortlich für uns und unseren Körper sorgen

Menschen vernachlässigen sich

Viele Menschen vernachlässigen und beeinträchtigen sich seelisch: «Ich scheitere seit Jahren dabei, mir selbst zu helfen. Ich glaube, daß mir alles zuviel wird. Ich habe mich total aufgegeben.» – «Ich habe keine Hoffnung, daß es irgendeinen Sinn und eine Auswirkung hat, wenn ich etwas tue.»

Sie behandeln sich selbst nicht gut, sorgen nicht hinreichend für sich. Sie sind eher passiv, gleichgültig gegenüber sich selbst: «Ich find irgendwie nicht so eine innere Ruhe und Kraft in mir selbst», sagt der zweiunddreißigjährige Horst. «Ich fühle mich vollkommen unsicher. Es wurmt mich, daß ich da irgendwo nicht im reinen mit mir selbst bin, daß ich nichts für mich tue, daß ich mich so gehenlasse.» – «Ich schaffe es immer noch nicht, daß ich etwas tue, was *ich* will. Da stehe ich mir nach wie vor selber im Weg. Ich denke dann, dies und das muß ich noch erledigen. Und erst wenn ich das erledigt habe, dann kann ich auch mal an mich denken. Aber dann gibt es schon wieder viele andere Sachen.» Menschen nehmen sich nicht ernst, nicht wichtig genug. Sie gönnen sich zuwenig Zeit für sich selbst, zuwenig Ruhe und Zuwendung: «Ich habe mich selber, meine Person und meine Bedürfnisse nicht wichtig genommen, so daß ich manchmal gar nicht weiß: Was will ich eigentlich, wer bin ich, was brauche ich?»

Auch für ihren Körper sorgen viele Menschen nur wenig oder gar nicht. Manche schädigen und zerstören ihn. Sie fühlen sich nicht für ihn verantwortlich oder sind nicht fähig, die Verantwortung zu übernehmen. Herbert, 37: «Ich schäme mich eigentlich richtig, wie ich mit meinem Körper umgehe. Ich würde mit keinem anderen so umgehen, ihn so schlecht behandeln, wie ich es mit mir tue.» Durch falsche Behandlung unseres Körpers, durch Streß, unangemessene Ernährung oder Verbrauch von Genußgiften verursachen wir viele unserer Krankheiten selbst. Wir haben einige beeindruckende Behördenmitteilungen und veröffentlichte Untersuchungsbefunde zusammengestellt:

Alkoholmißbrauch: In der Bundesrepublik Deutschland sind etwa 1,5 Millionen Menschen alkohol*krank*. Jährlich kommen etwa 100 000 weitere Alkoholkranke dazu. Das entspricht der Bevölkerungszahl einer Großstadt.

Einige der Folgen:

O Wenn wir annehmen, daß im engeren Umfeld eines Alkoholkranken etwa drei Familienangehörige leben, dann leiden etwa 5 Millionen Menschen direkt oder indirekt unter Alkoholmißbrauch.

O 1978 wurden in der Bundesrepublik Deutschland 37 Milliarden Mark für Alkohol ausgegeben.

O Die Behandlungs- und Folgekosten betragen jährlich etwa 17 Milliarden Mark.

O Ein Drittel der 12 000 Todesfälle im Straßenverkehr in der Bundesrepublik Deutschland steht mit übermäßigem Alkoholgenuß in Zusammenhang. Mehr als die Hälfte aller Verurteilungen wegen Verkehrsstraftaten waren Trunkenheitsdelikte.

Rauchen: Ergebnisse einer langjährigen Untersuchung der amerikanischen Gesundheitsbehörde zeigen, daß 85 % aller Todesfälle durch Lungenkrebs vermieden werden könnten, wenn die betreffenden Personen nicht geraucht hätten. Insgesamt seien 30 % aller Krebstodesfälle dem Rauchen zuzuschreiben. Für Tabakwaren werden in der Bundesrepublik Deutschland jährlich 23 Milliarden Mark ausgegeben. Die jährlichen Folgekosten durch Nikotinmißbrauch werden auf 20 Milliarden Mark geschätzt.

Ernährung: Nach Erhebungen des Bundesgesundheitsministeriums ist jeder dritte Bundesbürger übergewichtig. Übergewicht fördert viele Erkrankungen des Kreislaufs und der Verdauungsorgane. Die Folgekosten falscher Ernährung werden in der Bundesrepublik Deutschland auf mindestens 17 Milliarden Mark jährlich geschätzt.

Bewegungsmangel: Viele Menschen bewegen ihren Körper zuwenig. Dies beeinträchtigt oft erheblich die körperlichen Vorgänge. Die Folgekosten des Bewegungsmangels werden auf mindestens 10 Milliarden Mark jährlich geschätzt.

So beeinträchtigt ein großer Teil der Bevölkerung den eigenen Körper erheblich oder zerstört ihn. Das Ausmaß der Unfähigkeit, für sich zu sorgen, und die grobe Vernachlässigung des eigenen Lebens geht aus folgendem hervor: Jeder dritte Bundesbürger zerstört bis zu seinem fünfzigsten Lebensjahr sein Leben durch Selbsttötung, Selbstbeschädigung, übermäßigen Alkoholgenuß, Tabletten- und Drogenmißbrauch, starkes Rauchen, überreichliche Ernährung, mangelnde Bewegung sowie durch leichtsinnigen Umgang mit Fahrzeugen und Apparaten! Zu diesen persönlichen Folgen kommen enorme direkte und indirekte finanzielle Folgekosten. Sie werden in der Bundesrepublik Deutschland auf insgesamt 80 bis 100 Milliarden Mark jährlich geschätzt. [12] Keine andere Art von Lebewesen hat ähnliche Selbstzerstörungstendenzen entwickelt.

Diese Selbstzerstörung des eigenen Körpers hängt bei vielen mit seelischen Vorgängen zusammen, mit der Unfähigkeit, für sich seelisch zu sorgen. Einige Äußerungen sollen diesen Zusammenhang verdeutlichen: Christina, die mehrere Selbsttötungsversuche unternommen hat, schreibt in ihr Tagebuch: «Und meine Sehnsucht nach dem Tod war wohl der Wunsch, meinen Körper ebenso tot zu machen, wie meine Seele es schon war.» Ein Mann berichtet uns: «Ich finde irgendwie nicht die innere Ruhe in mir. Nur mit Alkohol, da fühle ich mich frei und entspannt. Und ohne Tabletten kann ich schon gar nicht mehr leben. Ich fühle mich irgendwie immer unfrei und fühle mich auch irgendwie immer unter Druck.» – «Anfang des Jahres hat mein Mann mich und meine Tochter verlassen, und ich dachte, ich sterbe», sagt Marianne. «Ich bekam Herzbeschwerden und ganz massive körperliche Symptome. Ich dachte, ich geh ein. Es war so schrecklich, daß ich auch im Beruf dachte, da geht nichts mehr weiter. Ich hatte keine Hoffnung, daß es besser werden könnte. Und da fing ich an zu trinken.» – «Ich gehe seit einiger Zeit in einer Weise mit mir um, die ich durchschaue und doch nicht durchbrechen kann», berichtet die Bibliothekarin Nicole. «Ich mache mich weitgehend unbeweglich und einsam durch zu vieles Essen. Jeden Abend sitze ich allein in meiner Wohnung und stopfe mich so voll, daß ich Bauchschmerzen bekomme und mich nicht mehr rühren kann. Jeden Tag nehme ich

mir neu vor, das nicht fortzusetzen. Und jeden Tag scheitere ich
wieder. In kurzer Zeit habe ich unheimlich zugenommen und kann
mich nicht ausstehen in meiner Eßgier und im Dickerwerden. Ich
träume schon nachts davon, daß ich mich nicht mehr unter die
Menschen wage vor lauter Scham. Und ich denke, daß auch andere
Menschen mich nicht mehr anschauen mögen.»

Über diese groben Selbstbeschädigungen hinaus beeinträchtigen
Menschen die allgemeine Funktionsfähigkeit ihres Körpers durch
seelische Spannungen, Konflikte, Ängste. Nach dem Urteil von
Ärzten werden 40 bis 70 Prozent der Erkrankungen von Patienten
in der Allgemeinmedizin und der Inneren Medizin durch seelische
Vorgänge mit verursacht beziehungsweise gefördert. So ergab
auch eine von uns durchgeführte Untersuchung: Menschen, die
deutlich unter Ängsten litten, geringe oder schwierige Kontakte zu
anderen und Schwierigkeiten mit sich selbst hatten, empfanden
ihren Körper mehr als Last und machten ungünstigere Erfahrungen mit ihrem Körper, bejahten zum Beispiel häufiger die Äußerungen «Ich fühle mich unwohl in meiner Haut» und «Ich würde
meinen Körper am liebsten verstecken».

Manche Menschen spüren selbst, daß ihre körperlichen Erkrankungen mit ungünstigen seelischen Vorgängen zusammenhängen,
daß sie also seelisch zu wenig für sich sorgen. Eine siebenunddreißigjährige Frau, die unter starken Erschöpfungszuständen leidet,
schreibt: «Mir ist ganz klar: Solange ich nicht gelassen bin, sondern
meine Probleme wie einen Berg vor mir sehe, kann ich nicht zur
Ruhe kommen. Mein Körper reagiert so stark darauf. Nach jeder
seelischen Kraftanstrengung bin ich körperlich völlig k.o., und
mein Körper ist ohne Widerstandskraft. Ich möchte lernen, meine
Kräfte sinnvoll einzuteilen und nicht zu verpulvern. Denn ich habe
keine Lust mehr, weiter krank zu sein, das kotzt mich an.» Eine
vierzigjährige Frau schreibt: «Meine körperlichen Krankheiten
sind meiner Meinung nach durch Ängste und seelischen Schmerz
entstanden. Ich habe seit fast zwanzig Jahren eine Blasenentzün-
dung. Ich hatte Angst vor sexuellem Kontakt. Wahrscheinlich
rührt das von der moralischen Erziehung meiner Eltern her. Die
Blasenentzündungen traten immer auf, wenn ich ‹Ruhe› vor den
sexuellen Wünschen meines Partners wollte. Und seit drei Jahren

leide ich an einem übersäuerten Magen. Seit drei Jahren lebe ich zugleich zwischen Hoffnung und Trauer, was die Trennung von meinem Partner anbetrifft. Obst und Gemüse kann ich oft nicht vertragen. Daher mein Vitaminmangel mit häufigen Erkältungskrankheiten. Da ist keine Ordnung in meinem Körper. Ich bin mir klar darüber, daß mein körperliches Wohlbefinden ganz stark von den seelischen Belastungen abhängt.» In eindringlicher Weise beschreibt eine Dreiundvierzigjährige im Anmeldebogen der Psychotherapeutischen Beratungsstelle ihre körperlichen Beeinträchtigungen und eine erhebliche Minderung ihrer Lebensqualität: «Meine Hauterkrankung tritt immer auf, wenn ich seelisch unter Druck stehe, viel zu tun habe und dann auch unter Schlaflosigkeit leide. Neben den Schmerzen fühle ich mich unwohl in meiner Haut und fühle Ekel vor mir selbst, fühle mich aussätzig. Ich glaube, daß meine seelischen Probleme, Traurigkeit und Ängste diese körperlichen Reaktionen hervorrufen. Ich spüre auch, daß meine Rücken- und Kopfschmerzen, die schon so selbstverständlich sind und mir nur noch auffallen, wenn sie unerträglich werden, davon kommen, daß ich ständig angespannt bin und mich nur mit großen Schwierigkeiten entspannen kann. Und dann habe ich fast immer einen Druck im Magen, häufig Schmerzen, Verdauungsschwierigkeiten. Ich habe Angst, daß ich mir durch mein hektisches Essen meinen Magen kaputtmache. Wenn ich unter Arbeitsdruck stehe, esse ich sehr viel; wenn ich seelischen Kummer habe, überhaupt nichts. Ich sage mir oft selbst, daß diese Krankheitssymptome seelisch bedingt sind. Daß sie sicherlich zu einem Teil auf meine innere Unruhe und Gespanntheit zurückzuführen sind. Durch meine innere Unruhe und Gespanntheit schlafe ich auch häufig sehr schlecht, und dann bin ich müde und zerschlagen.» Und etwas später schreibt sie, wie sie sich entwickeln möchte: «Ich möchte selbstsicherer, ruhiger, froher, positiver werden, weniger Ängste haben. Ich möchte endlich nur ich selbst sein, möchte in mir ruhen, entspannt und gelassen sein. Ich möchte so sicher sein, daß ich allein bestimme, was für mich richtig ist, und nicht immer fragen: Was meinen die anderen?»

Warum sorgen Menschen seelisch so wenig für sich? Warum zerstören viele ihren Körper? Es ist nicht eine einzelne Eigenschaft, die diesen

Menschen fehlt. Vielmehr hängt ihr Verhalten mit vielen Erfahrungen, die sie gemacht haben, mit ihrem Lebensstil und einer Vielzahl verschiedener Vorgänge zusammen, die es ihnen erschweren oder unmöglich machen, für sich zu sorgen: Sie leben häufig hinter Fassaden, sind wenig offen für ihr Fühlen, setzen sich wenig mit sich selbst auseinander. Diese Vorgänge, die wir in den vorangegangenen Kapiteln eingehend dargestellt haben, beeinträchtigen die seelische und körperliche Funktionsfähigkeit. Sie zehren an der seelischen Kraft und Energie der Menschen und hindern sie daran, aktiv für sich zu sorgen, seelische und körperliche Schädigungen zu vermeiden. Ihre innere Anspannung ist oft so groß, daß sie die Spannungen, die zunächst zusätzlich auftreten, wenn sie in disziplinierter Weise für sich zu sorgen versuchen (wenn sie sich zum Beispiel das Rauchen abgewöhnen wollen), nicht ertragen können. Insbesondere Menschen mit geringer Selbstachtung und -liebe fällt es schwer, für sich und ihren Körper zu sorgen. Ungünstige Einstellungen zum seelischen Selbst wirken sich auch ungünstig auf den Körper aus: «Ich fühle mich nicht wohl in meiner Haut.» – «Meinen Körper kann ich nur selten entspannen.» – «Ich ermüde schnell.» Personen, die in einer Untersuchung diese Äußerungen bejahten, fühlten sich meist seelisch unsicher, hatten Kontaktschwierigkeiten und seelische Probleme. Es ist naheliegend: Wenn wir einen Menschen oder einen Gegenstand nicht mögen, dann sorgen wir nicht für ihn. Und so sorgen Menschen nicht für sich und ihren Körper, wenn sie sich selbst ablehnen. Sie erleben sich als eine Person, die es nicht wert ist, daß sie selbst und andere sich um sie kümmern und für sie sorgen.

Menschen lernen, seelisch mehr für sich zu sorgen

Das Lernen, das notwendig ist, um sorgsamer mit sich umgehen zu können, erstreckt sich oft über einen langen Zeitraum und erfordert viele kleine, manchmal mühsame Schritte. Voraussetzung ist, daß wir bereit sind, uns persönlich zu wandeln, eine andere Einstellung zu uns selbst und einen anderen Lebensstil zu finden.

Im folgenden stellen wir anhand einiger Erfahrungsberichte wesentliche Vorgänge dieser Entwicklung dar. Auch in Untersuchungen ergab sich die Bedeutsamkeit dieser Vorgänge: Menschen, die sich in personzentrierten psychotherapeutischen Gruppen- und Einzelgesprächen mehr achten lernten, die echter wurden, intensiver fühlten und sich ehrlicher mit sich selbst auseinandersetzten, fühlten sich danach mehr für ihre eigenen Schwierigkeiten verantwortlich und sorgten mehr für ihr seelisches und körperliches Wohlergehen. [54]

Wir sehen es als sehr bedeutsam an, wenn Menschen für sich sorgen lernen, *bevor* sie in eine Krise geraten. «Ich nehme mich jetzt selbst wichtig, meine Person mit meinen Wünschen und Bedürfnissen», sagt eine Mutter. «Ich sorge auch vor, weil ich weiß, es können Schwierigkeiten auf mich zukommen, schwere Zeiten. Und dieses Sorgen für mich, das tue ich trotz der drei Kinder.» Durch dieses Sorgen für uns erhalten und erweitern wir nicht nur unsere eigenen seelischen und körperlichen Möglichkeiten; wir sind dadurch auch bessere Partner in der Familie und für unsere Mitmenschen.

Der Entschluß, sorgsamer mit sich umzugehen

Oft wird es Menschen durch seelische Krisen, durch Krankheiten, Gesprächsgruppen oder andere tiefgreifende Erfahrungen bewußt, daß sie so wie bisher nicht mehr weiterleben können und wollen: «Mir ist klargeworden, *ich* muß handeln und nicht hier auf meiner Bude sitzen und grübeln.» – «Aus der Gesprächsgruppe bin ich mit dem Gefühl nach Hause gefahren, daß ich nicht erwarten kann, daß jemand meine Fassade forträumt, sondern daß *ich* es tun muß und daß ich dann auch Gefühle haben und zeigen kann.»

Diese Menschen fühlen, daß es auf sie selbst ankommt – darauf, wie sie mit sich umgehen: «Ich bemühe mich jetzt um mich selbst», sagt eine zweiunddreißigjährige Frau. «Ich bemühe mich, mich zu erkennen, mich und meine Gefühle zu verstehen. Ich trage für mich die Verantwortung und entscheide für mich. Dadurch bin ich selbständiger, selbstsicherer geworden.» Eine neunzehnjährige

Hebammenschülerin: «Nach Gesprächen mit Freunden und vor allem in einer Gesprächsgruppe merkte ich: Nicht meine *Probleme* muß ich anpacken, sondern *mich*. Ich selbst muß etwas tun. Von da an ergriff mich ein irrsinniges Glücksgefühl. Das war so stark wie noch nie zuvor in meinem Leben: Es war klarer, fühlbarer als früher. Und eigentlich hatte ich gar keinen Grund, glücklich zu sein, außer daß ich mich gefunden hatte. Und so konnte ich mich allmählich auch selbst annehmen und einen neuen Anfang machen. Ich habe jetzt ein gutes Gefühl mit meinen kleinen Zielen, die ich mir Tag für Tag setze.» Ein Student mit seelischen Schwierigkeiten und Problemen im Studium sagt am Ende einer Reihe von psychotherapeutischen Gesprächen: «Ich sage: Soll es scheitern, dann soll es nicht *meine* Schuld sein. *Ich* will mindestens zu mir sagen können: Ich habe mich bemüht, ich habe den Karren nicht so laufenlassen, wie er wollte. Das Examen ist ein Spiel mit Würfeln. Und wenn ich da versagen sollte, dann darf's eben nicht *meine* Schuld sein! Dann müßte ich elastisch genug sein, etwas anderes anzufangen. Es ist überhaupt eines meiner Ziele, elastisch zu sein, nicht über jeden Strohhalm zu stolpern.» Und einige Monate nach Ende der psychotherapeutischen Gespräche: «In der letzten Zeit ist es mir im ganzen gesehen sehr gutgegangen. Den Unterschied zu früher kann ich so ausdrücken: Wenn ich früher aufstand, dachte ich: ‹Was fangen sie – was fängt man heute mit dir an!› Heute sieht das im wesentlichen so aus, daß ich mich morgens frage: ‹Nun, was willst *du* heute mit dir anfangen?›»

Menschen, die sich ihrer Verantwortung für sich selber bewußter wurden, berichteten uns häufig:
○ Sie beschäftigten sich weniger damit, die Schuld für eigene Schwierigkeiten bei anderen zu suchen, zum Beispiel in der Vergangenheit – in ihrer Erziehung, bei ihren Eltern. Gewiß, in vielem, was wir erleben und tun, sind wir durch diese Erfahrungen beeinflußt. Viele erfüllt dies immer noch mit Haß, Wut und Enttäuschung. Sie vermindern so ihr Lebensgefühl und ihre Sorgen für sich. Dagegen gelangen Menschen, die sich ehrlich sich selbst zuwenden, meist zu der Einsicht, daß sie selbst für vieles die Verantwortung tragen, daß Entscheidungen vielfach bei ihnen liegen.

○ Sie übernehmen weniger für andere und mehr für sich selbst die Verantwortung. Wir möchten diesen Vorgang ausführlicher erläutern: Viele Menschen, vor allem Eltern und Lehrer, neigen dazu, für andere – für ihre Kinder oder Schüler – Verantwortung zu übernehmen. Sie fühlen sich verantwortlich dafür, wie ihre Kinder beziehungsweise Schüler sind und was sie tun. Diese Haltung wirkt sich zum einen ungünstig auf die Menschen aus, denen die Eigenverantwortung gleichsam entzogen wird – in unserem Beispiel die Kinder und Schüler. Sie fühlen sich dadurch häufig unfrei und belastet. Sie beeinträchtigt aber vor allem auch denjenigen, der anderen die Eigenverantwortung abzunehmen versucht. Er sorgt zu wenig für sich selbst: «Ich habe gemerkt, daß ich durch das Gefühl, Verantwortung für andere übernehmen zu wollen, mich selbst aus dem Auge verloren habe, nicht mehr auf meine eigenen Bedürfnisse geachtet habe. Inzwischen habe ich durch vielfache Erfahrungen den Eindruck, daß der Kontakt zwischen Menschen nur dann tief ist, wenn jeder Verantwortung für sich selbst, das eigene Fühlen, Denken, Wahrnehmen und Handeln übernimmt und den anderen mit seiner Eigenverantwortung sieht und akzeptiert.» Eine fünfzigjährige Frau: «Ich habe in den letzten Jahren mich und meine Bedürfnisse sehr zurückgeschraubt. Ich habe mich zu sehr eingeengt. Ich habe immer weiter gefühlsmäßig zurückgesteckt, ohne daß ich das gemerkt habe. Das ist einfach so eine Art von mir; ich verzichte gern dem anderen zuliebe. Aber dann ist mir das zuviel geworden, daß ich da gar nicht mehr herauskam. Ja, ich sagte mir: Wo bin *ich* eigentlich?»

Ist es nicht eine eigennützige, gegenüber unseren Mitmenschen gleichgültige Haltung, wenn wir uns nur für *unsere* Handlungen, nur für uns selbst verantwortlich fühlen? Wir haben die Erfahrung gemacht, daß Menschen, die sich wirklich für sich selbst verantwortlich fühlen, auch für andere sorgen, ohne ihnen ihre Eigenverantwortung zu nehmen. Sie schaffen aus ihrem eigenen Verantwortungsgefühl heraus förderliche Bedingungen für andere.

Wir sorgen also für unser eigenes Verhalten und billigen dem anderen zu, die Möglichkeiten, die wir ihm bieten, in einer Weise zu nutzen, die ihm angemessen erscheint. Damit geben wir unseren Mitmenschen die Freiheit, für sich selbst Verantwortung zu übernehmen. Unsere Beziehungen zu ihnen werden durch diese Haltung entspannter und förderlicher, und die anderen werden unsere Angebote eher nutzen können: «Ja, ich kann nur die Verantwortung für mich selbst und mein Verhalten übernehmen. Ich möchte zwar, daß sich in der Ehe etwas tut, aber ich kann dieses dem anderen nicht überstülpen. Ich kann nur versuchen, etwas zu leben, und ihm damit vielleicht etwas zu signalisieren und ihn anzuregen.»

Zum Schluß dieses Abschnitts möchten wir den amerikanischen Psychologen Carl Rogers zu Wort kommen lassen. Er beschreibt, wie ihm die Notwendigkeit bewußt wurde, verantwortlich für sich zu sorgen, und wie er dies allmählich lernte: «Ich habe für andere immer besser gesorgt als für mich selbst. Aber in diesen letzten Jahren habe ich da doch Fortschritte gemacht. Ich habe gelernt, in verschiedener Weise körperlich besser für mich zu sorgen. Ich habe auch gelernt, meine eigenen seelischen Bedürfnisse zu respektieren. Vor drei Jahren half mir eine Gruppe, mir bewußt zu machen, wie gehetzt und überlastet ich mich durch Forderungen fühlte, die von außen an mich herangetragen wurden. Nach der Gruppe tat ich etwas, was ich noch nie zuvor getan hatte: Ich verbrachte zehn Tage völlig allein in einem Strandhäuschen, das mir angeboten worden war. Ich stellte fest, daß es mir großen Spaß machte, mit mir selbst zusammenzusein. Ich mag mich. Es fällt mir jetzt leichter, um Hilfe zu bitten. Ich bitte andere, Sachen für mich zu tragen und Dinge für mich zu erledigen, statt zu beweisen, daß ich es selbst tun kann. Ich kann jetzt auch um persönliche Hilfe bitten. Als meine Frau Helen schwer erkrankte und ich dem Zusammenbruch nahe war, da ich rund um die Uhr als Krankenpfleger, Hausmann, gefragter Psychotherapeut und Schriftsteller zugleich zum Abruf bereitstehen mußte, bat ich einen befreundeten Psychotherapeuten um Hilfe und erhielt sie auch. Ich erforschte meine eigenen Bedürfnisse und versuchte sie zu befriedigen. Ich wende mich nicht leicht an andere, aber ich bin mir jetzt viel deutlicher bewußt, daß ich nicht alles allein bewältigen kann. Ich pflege meine Person jetzt besser als früher.» [37]

Selbstachtung

Menschen, die sich selbst achten und beachten, die sich ernstnehmen, sich als wichtig ansehen, sind eher fähig, für sich zu sorgen, weil sie sich als wertvoll erleben. Sich selbst mehr beachten – das bedeutet: Wir nehmen uns mehr Zeit für uns selbst. Wir vernachlässigen uns nicht. Wir respektieren unsere Bedürfnisse: «Ich nehme mich heute wichtig. Für mich wird das Innere immer wichtiger. Mir hat dabei geholfen, mich selbst wichtig zu nehmen und mehr auf mein Inneres zu hören. Ich habe jetzt mehr Selbstvertrauen in mir.»

Menschen, die sich selbst achten, fühlen sich innerlich freier, das zu tun und so zu sein, wie es dem Wert ihrer Person entspricht. Mit größerer Selbstachtung gewinnen sie zugleich mehr innere Freiheit. Sie geraten zum Beispiel weniger in Gefahr, sich mit Alkohol zu betäuben. Sie haben genug Selbstachtung, um anderen Menschen zu sagen, daß sie nicht weitertrinken möchten. Sie sorgen für sich, und sie richten sich nicht an den Erwartungen anderer aus: «Es ist jetzt so, daß ich mehr auf das achte, was ich eigentlich will, und das auch sage.»

Auch wenn sie mit sich allein sind, behandeln sie sich als wertvollen Partner: «Ich habe heute mit mir selber Kaffee getrunken», berichtet die zweiundzwanzigjährige Angelika. «Ich habe mir den Kaffeetisch so gedeckt, als ob Besuch käme. Richtig schön gedeckt: schöne Decke aufgelegt, Kerzen angezündet. Ich hatte mich selber zu Besuch. Und ich hab mich wohlgefühlt.» Bernd: «Ich sag mir: Verdammt, du hast das Recht darauf – sei gut zu dir. Hab dich gern. Weil ich merke, daß ich das wirklich brauche, daß ich so was in mir entwickle, mich gern zu mögen, und mich nicht immer mit der Peitsche durch die Gegend jage.» – «Das Leben ist einfach wieder lebenswert, weil ich mich selbst ernster nehme und meine Gefühle und Wünsche für wichtig halte», sagt die sechsundvierzigjährige Christa, Hausfrau und Mutter. «Ich fange an, mich richtig wohl zu fühlen mit mir selbst. Ich sehe meine Arbeit nicht mehr so verkrampft. Wenn das, was ich tue, mir selbst Freude bereitet, dann bringt es meinem Mann und den Kindern auch mehr Freude. Früher glaubte ich auch nicht so ganz daran, daß das Leben wohl einen Sinn hat. Jetzt würde ich sagen: Überhaupt zu leben hat Sinn.»

Einfühlung in sich selbst

Wir können lernen, in uns hineinzuhören und uns zu fragen: Was fühle ich? Was ist mir unangenehm? Wovor habe ich Angst? Was möchte ich? Was muß ich tun, um mich wohl zu fühlen? Ein vierzigjähriger Mann: «Ich passe jetzt mehr auf mich selber auf, frage mich: Was ist bei dir los? Wie reagierst du? Ich höre mehr auf mich. Ich sage mir: Wenn du dich irgendwo gehetzt fühlst, was kannst du dagegen tun? Ich achte mehr auf meine seelischen und auf meine Körpergefühle, achte stärker auf meine Bedürfnisse. Und ich gönne mir auch mal was. Früher war das so, überspitzt gesagt, daß ich ein Pflichtmensch war, nur für die anderen da war, aber für mich selbst keine Bedürfnisse hatte. Jetzt sage ich mir: Ich will mehr leben, mir auch von dieser Seite her mehr gönnen. Und die Verbesserung drückt sich auch darin aus, daß ich auf andere doch stärker zugehe, auf sie eingehe.» Eine berufstätige Hausfrau und Mutter: «Ich meine, daß ich jetzt noch häufiger in mich reinhöre und prüfe, ob das, was ich tue, auch gut für mich ist. Oft spüre ich eine innere Anspannung und merke erst hinterher, daß ich mir zuviel aufgepackt habe, daß ich meine Bedürfnisse mal wieder vernachlässigt habe.» Die Einfühlung in sich selbst ist ein guter Schutz gegen die Neigung, sich gleichsam selbst zu vergewaltigen, sich Leistungen abzuverlangen, die man nicht oder nur unter großen Anstrengungen erfüllen kann. Menschen, die gelernt haben, auf ihre Bedürfnisse und Gefühle zu hören, wollen nicht ständig noch mehr und alles besser machen. Sie können eher ihre Grenzen akzeptieren, sich mit diesen Grenzen mögen. Und sie können das anerkennen, was sie geschafft haben. Sie sind mehr in sich zentriert. «Ich kann jetzt eher diese innerlichen Verkrampfungen wahrnehmen, die auftreten, wenn ich bemüht bin, so zu sein, wie andere es von mir erwarten. Ich spüre dann ziemlich schnell, wie hinderlich dies für mich ist.»

Auseinandersetzung mit sich selbst

Durch Einfühlung in die eigenen Bedürfnisse und durch die Auseinandersetzung mit sich selbst lernen Menschen, ihre Wahrnehmungen und Erfahrungen bewußter für sich zu verwerten. Sie finden heraus, was für ihr seelisches und körperliches Leben beeinträchtigend und was für sie förderlich ist. Dies ist meist ein sehr langsames und unmerkliches Lernen. Es geht einher mit kleinen, Schritt für Schritt vollzogenen Änderungen in der Gestaltung unseres Lebens. Manchmal werden wir auch zurückgeworfen und spüren, daß wir nicht die richtigen oder nur unzureichende Konsequenzen aus unseren Erfahrungen gezogen haben.

Es ist sehr wichtig, wenn wir herausfinden, was schädigend für uns ist. So können wir uns vor «seelischen Vergiftungen», vor Beeinträchtigungen unserer persönlichen Freiheit schützen. Dies gilt für große wie auch für kleine Ereignisse, durch die wir uns beeinträchtigt fühlen, Situationen, in denen wir uns selbst nervös machen, in uns Streß und Spannungen verursachen: »Manchmal finde ich heraus, daß ich versäumt habe, auf meine Gefühle zu hören oder sie anderen mitzuteilen, oder daß ich unnötig Angst hatte», berichtet ein Fünfzigjähriger. «Daraus lerne ich – nicht so, daß ich mir damit etwas fest vornehme oder einrede, sondern ich bin dann innerlich eher geneigt, das nächste Mal in einer solchen Situation anders zu sein.»

Werden sich Menschen bewußt, wie sie sich in weniger bedeutsamen Situationen schädigen, so lernen sie auch zu erkennen, in welchen wichtigen Lebensbereichen sie sich beeinträchtigt fühlen. Sie nehmen zum Beispiel bewußter wahr, wann zwischenmenschliche Beziehungen für sie belastend oder gar schädigend sind. Oft spüren sie solche Beeinträchtigungen an ihren körperlichen Empfindungen. Manchmal ist es dann für sie notwendig, sich aus bestimmten Beziehungen zu lösen und sich Menschen zuzuwenden, denen gegenüber sie mehr sie selbst sein können: «Was habe ich früher meine Energie und Zeit in manche Menschen investiert, um ihre Feindseligkeit zu vermindern oder um sie von meinen Auffassungen zu überzeugen! Und ich habe sehr darunter gelitten. Heute habe ich das aufgegeben, ich versuche nicht mehr, zu überzeugen. Ich habe gelernt, daß hinter einer Ablehnung häufig viele Ängste stehen. Ich verteidige mich auch nicht mehr gegen Menschen. Nicht, daß ich resigniert hätte oder passiv bin. Aber ich sage mir: Es ist besser, ich suche Menschen auf, die für mich befriedigend sind, die mich hören wollen. Und ich meide diejenigen, die mich nicht mögen oder herabziehen wollen. Um das zu lernen, habe ich viele Jahre gebraucht, und auch heute schaffe ich es noch nicht immer. Aber ich habe große Fortschritte gemacht, und mein Leben ist befriedigender geworden. Ich bin viel produktiver geworden, weil ich heute fast ausschließlich *für* etwas arbeite, statt gegen etwas anzukämpfen. Und noch etwas beobachte ich: Die Menschen, mit denen ich früher viele Konflikte hatte – ja, ich habe zu ihnen keine freundschaftlichen Beziehungen. Aber sie lassen mich weitgehend in Ruhe, und manchmal merke ich, daß einige mich eher respektieren.»

Manche Menschen erkennen, daß sie über Jahre oder Jahrzehnte ein unbefriedigendes Leben geführt haben, weil ihre berufliche Stellung sie eigentlich überforderte. Sie hatten durch diese Tätigkeit zumeist ein hohes Gehalt, mehr Prestige und Macht. Aber sie erkauften diesen äußeren Reichtum mit der Beeinträchtigung ihrer inneren Freiheit und seelischen Lebensqualität: Hans in einem gefilmten Gruppengespräch: «Ich war also auf der Karriereleiter ... Ich habe mühselig Etappe für Etappe genommen, durch Ehrgeiz, durch Fleiß und Leistung, die eben andere nicht bereit waren zu bringen – auch teilweise durch Aufgeben des Familienlebens. Ich hab also etliche Jahre draußen wie ein Zigeuner aus dem Koffer gelebt. Aber ich hatte mir zum Ziel gesetzt: Das will ich erreichen. Und ich hatte es erreicht ... Und das Problem: Man wird draußen so hart gedroschen, daß man nach Hause kommt und daß man dann dieses Leben weiterlebt. Und als ich dann oben war auf der Stufe, dann fühlte ich mich für alles verantwortlich, hatte ständig die Faust im Nacken – Umsatz, Kosten und alles. Und dann habe ich mir gesagt: Was nützt dir all das, was nützt es dir, wenn du ein horrendes Geld verdienst und hast nicht einmal Zeit, es auszugeben? Und dann gab's für mich nur eine Möglichkeit: Wieder runter in die unteren Etagen. Sollen die oben machen, was sie denken! Ich bin jetzt für eine klei-

nere Bezirksvertretung verantwortlich, und das hat bisher phantastisch geklappt.» [56]

Viele Menschen erfahren auch, oft auf Grund von Enttäuschungen, daß der Erwerb ständig besserer oder teurerer Konsumartikel
selten ihre seelische Lebensqualität und ihr Wohlbefinden vergrö-
ßert.

So wie wir in uns hineinhorchen und herauszufinden versuchen,
was für uns schädigend ist, können wir auch die günstigen Bedingungen für uns entdecken: «Ich bemühe mich, möglichst nichts zu
tun, was mich von meinem Ich, von mir selbst entfernt, was mich
schädigt, beeinträchtigt.» – «Ich habe herausgefunden, daß ich Zeit
für mich brauche, Zeit, in der ich allein bin, wirklich für mich da
bin. Es ist nicht so, daß ich auf der Flucht vor der Welt bin. Aber
ich habe festgestellt, ich fühle mich nur wohl mit mir selbst und
kann mich anderen wirklich zuwenden, wenn ich mich mir selbst
auch intensiv zuwenden kann, wenn ich in mich hineinhören kann
und wenn Friede in mir ist.»

Durch die Auseinandersetzungen mit uns selbst, mit unseren
Erfahrungen und Einstellungen können wir zu neuen Auffassungen kommen, zu günstigeren Einstellungen unserem Leben gegenüber, zu verantwortlichem Sorgen für uns. Wir können unsere
Vorurteile korrigieren. Wir erkennen, daß wir selbst Hindernisse in
uns errichtet haben. Wir können Ereignisse und Personen anders
sehen und innerlich von ihnen abrücken. Helmut, 29: «Ich weiß
noch, wie ich das früher so drauf hatte, zu sagen: Die Familie ist
eine Reproduktionsstätte autoritärer Strukturen. Aber ich habe
seitdem manches erfahren, und heute denke ich so: Na gut, das mag
sein, daß die Familie autoritäre Strukturen weitergibt. Aber für
mich bedeutet das noch längst nicht, daß es auch so ist, wenn *ich*
eine Familie habe. Ich glaube, es wird unheimlich viel Liebe in
meiner Familie geben – so wie es im Moment auch mit meiner Frau
ist; eben ein richtig schönes menschliches Zusammensein. Und
früher hab ich immer gesagt: Mein Gott, diese Spießer. Ja, und
heute ist das eben für mich auch Geborgenheit. Und ich sage:
Mensch, toll, daß ich das erfahren kann. Allerdings hat das lange
gedauert, vor drei bis vier Jahren habe ich da noch anders gedacht.
Aber heute stehe ich dazu, ich stehe auch mehr zu meinen Bedürf-

nissen nach Nähe und Geborgenheit. Ich akzeptiere sie nicht nur, sie sind sogar eine Notwendigkeit für mich.»

Viele Menschen berichteten uns, daß sie durch Gespräche mit Freunden oder in Gruppen lernten, sich mit ihren Erfahrungen auseinanderzusetzen und mehr für sich zu sorgen. Sie können sich aussprechen, lernen die Erfahrungen und Möglichkeiten anderer kennen, können die eigenen Schwierigkeiten von einem anderen Gesichtspunkt aus betrachten.

Manche Menschen lernen aus Büchern, für sich Möglichkeiten herauszufinden, wie sie besser für sich sorgen können. Eine Frau mit Schwierigkeiten in der Partnerschaft schreibt an uns: «Das Buch ‹Gespräche gegen die Angst› hat mir ein Stück weitergeholfen. Ich las das Buch und erkannte mich in meiner Not wieder. Ohne zu wollen, übertrug ich die geschilderten Situationen auf meine und begann, auch meine Angst zuzulassen und mich mit ihr auseinanderzusetzen.»

Oft berichten uns Menschen, daß sie sich auch mit ihrer Freizeitgestaltung auseinandersetzen. Nachdem sie zum Beispiel jahrelang passiv vor dem Fernseher gesessen haben, fragen sie sich: ‹Will ich das wirklich? Was bringt mir das eigentlich?› Viele fanden durch eine forschende, ehrliche Auseinandersetzung mit sich selbst zu neuen anregenden und befriedigenden Aktivitäten, die förderlich für ihre Persönlichkeitsentwicklung sind. Christina, Lehrerin, Mutter zweier Kinder: «Beim Malen fühle ich mich mir selbst ganz nahe. Meine Bilder sind Ausdruck meines Ichs, meiner Lebendigkeit, meiner eigenen schöpferischen Kraft.» Ein Mann, der früher sehr zurückgezogen lebte, berichtet: «Ich gehe jetzt öfter raus, weil ich dadurch viel mehr mit anderen Leuten zusammenkomme. Ich bin einmal mit einem Bekannten auf dem Fußballplatz gewesen. Der kannte da diesen und jenen, und schon lernte ich wieder Leute kennen. Man ist unter Leuten, man spricht mit Leuten, man tauscht Gedanken aus. Und das finde ich gut. Dadurch kriege ich auch wieder mehr Selbstvertrauen.» So können Menschen herausfinden, was ihnen guttut: Spiele, Sport, kunsthandwerkliche Tätigkeiten, Lesen, der Umgang mit Tieren, das Sorgen für Pflanzen. Sie werden auf vieles aufmerksam, dem sie früher keine Beachtung geschenkt haben und von dem sie nicht wußten, wie bereichernd es für sie sein kann.

Loslassen können

Menschen, die selbstverantwortlich für sich sorgen können, sagten uns immer wieder, wie wichtig es für sie war und ist, daß sie sich von ihren Vorstellungen, Erwartungen und Wünschen lösen können. Sie empfinden es als sehr hilfreich für ihre persönliche Entwicklung, wenn sie sich nicht an Dinge oder Menschen klammern, sondern diese freiwillig «loslassen», sich durch das Festhalten nicht selbst einengen. Für die meisten ist es zunächst sehr schwer, von Wünschen, Hoffnungen und Zielen oder gar Menschen Abschied zu nehmen.

Wir möchten diese Fähigkeit, loszulassen, an einem einfachen Beispiel erläutern: Wenn wir einen Zug versäumen, so können wir mit uns oder mit anderen hadern, uns ärgern, wütend sein, uns die verpaßten schönen Möglichkeiten ausmalen. Wir können es aber auch als etwas Gegebenes annehmen, was wir nicht mehr ändern können. So werden wir frei, aus dieser Situation noch etwas Günstiges für uns zu machen: die Wartezeit als Ruhepause zu genießen, die Umgebung einmal genauer wahrzunehmen oder uns mit uns auseinanderzusetzen, zum Beispiel mit der Frage, wie wir zukünftig besser mit unserer Zeit umgehen können. Wenn wir in solchen alltäglichen Situationen «loslassen» können, wird uns dies auch bei schwerwiegenden Ereignissen eher möglich sein. Wenn Menschen keinen Partner finden können, wenn sie von einer schweren Krankheit betroffen sind oder wenn sie ein bestimmtes Berufsziel nicht erreichen, dann können sie sich darüber grämen, sich in Sorgen verzehren, sich quälen. Sie können aber auch die Ereignisse und sich selbst akzeptieren und damit frei werden für neue Sichtweisen, Einstellungen und Aktivitäten.

Häufig glauben wir, daß wir «gerade dieses» nicht loslassen können, daß wir es unbedingt benötigen. Einige Monate oder Jahre später stellen wir fest, daß das, was wir damals so unbedingt zu brauchen meinten und oft unter großen Anstrengungen und Qualen erhalten beziehungsweise erreichen zu müssen glaubten, für uns gar nicht so wichtig, vielleicht sogar schädlich war. Denken wir daran, wie Ereignisse oder Personen, die uns heute ganz unwichtig erscheinen, vor einem Monat, vor einem Jahr oder vor zehn Jahren eine große Bedeutung für uns hatten, wie wir uns damals ärgerten, traurig oder verzweifelt waren. Dies zeigt uns, wieviel freier und gelassener wir sein können, wenn wir die Situation, das Gegebene, das wir wirklich nicht verändern können, akzeptieren. Dort, wo wir die äußeren Umstände nicht verändern können, können wir durch «Loslassen» innere Freiheit erlangen; wir können unsere Einstellungen zu den nicht änderbaren äußeren Umständen ändern. Der vierunddreißigjährige Verwaltungsangestellte Bernd: «Ich mache mich manchmal wirklich verrückt wegen irgendwelcher Kleinigkeiten. Manchmal spüre ich dann so eine Chance, mal neben mich zu treten und zu fragen: Was machst du denn da eigentlich? Und dann zerplatzt diese Sache, diese große Angelegenheit wie eine Seifenblase in viele Kleinigkeiten. Aber ich merke so oft, daß ich in diesen Zuständen so tief drin bin, daß ich mich meistens ziemlich unter Druck setze: Das müßte! Das sollte! Man müßte! Man sollte! Ich übernehme solche Ansprüche und Klischees.»

Menschen gewinnen durch dieses Loslassen mehr Bewegungsmöglichkeiten, einen größeren Spielraum, mehr innere Freiheit: «Ich merke, wenn ich auf meine ganz ursprünglichen und tatsächlichen Bedürfnisse höre, daß ich immer weniger Sachen zum Anziehen brauche. Und ich freue mich über die viele Zeit, die ich dabei gewinne, weil ich nicht dauernd auf Kleidersuche bin», sagt eine junge Frau.

Viele haben auch große Schwierigkeiten, ihre Pläne und Ziele loszulassen. Sie engen sich ein durch ein starres Einhalten einmal gefaßter Entschlüsse, durch ihre Unfähigkeit, von dem Weg, den sie irgendwann einmal gewählt haben, abzuweichen. Häufig steht der Wunsch nach Perfektion hinter einer solchen Haltung. Was sie einmal geplant haben, was sie sich zum Ziel gesetzt haben, das müssen sie ausführen und erreichen. Sie hängen daran und sind so lange unzufrieden, bis sie die Dinge perfekt erledigt haben.

Doch berichteten uns viele Menschen, daß sie es geschafft haben, ihre inneren und äußeren Widerstände aufzugeben: «Heute brems ich mich von vornherein ab. Ich mach mir einfach nicht mehr so ein Superprogramm. Ich hab erfahren: Manches erledigt sich dann von alleine, ohne mich. Das hätte ich vorher nie gedacht. Ich hätte auch nie geglaubt, daß ich mich ohne erledigte Programmpunkte wohl fühlen kann, keine Schuldgefühle habe. Aber es ist tatsächlich so. Ich kann jetzt auch so vor mir bestehen – und vor allem: Ich fühle mich körperlich besser so.» – «Ich kann die Dinge jetzt mehr laufenlassen. Und das gibt mir eine Ruhe, Ausgeglichenheit. Ich werde selbstsicherer dadurch. Da sind keine einengenden Regelvorschriften mehr für mich, in die ich mich selbst hineinzwinge.» Die Neigung, sich Pläne zu machen und sie starr einzuhalten, entspringt häufig einer inneren Unsicherheit. Menschen mit geringem Selbstvertrauen brauchen äußere Ziele, an denen sie sich ausrichten können, durch die sie sich angespornt fühlen. Sie suchen dadurch Halt zu finden. Aber durch diese starre Zielstrebigkeit empfinden sie die Gegenwart als etwas, was sie «durchstehen» müssen, um ihre meist zu hoch gesteckten Ziele zu erreichen. Die Gegenwart ist für sie nur wichtig, weil sie ihnen hilft, den Zielen näherzukommen. «Ich wünschte, ich könnte schlafengehen und vier Jahre später aufwachen mit einem Examen in der Tasche.» Für diesen Studenten hat das Leben in den nächsten Jahren nur noch ein Ziel: den Studienabschluß. Die reale Gegenwart wird für ihn fast bedeutungslos. Er lebt sie nicht. Besonders bedrückend ist es, wenn diese Menschen ihr Ziel nicht erreichen. Dann taucht oft in ihnen das Gefühl auf, in den letzten Jahren nicht richtig gelebt zu haben.

Manche Menschen scheinen nur von einem Ziel zum anderen zu leben. Sie genießen nicht den Weg, den Prozeß des Lebens, Werdens und Arbeitens. Sie genießen nicht sich selbst. Oft können sie auch das Erreichen eines Zieles nicht auskosten. Wir sehen es als wichtig an, daß wir lernen, den Prozeß, den Weg als einen Wert zu erleben. Ein Vierundvierzigjähriger berichtet, wie er sich in dieser Hinsicht zu ändern sucht: «Ich möchte etwas leisten, etwas wirklich Tolles. Aber ich möchte darauf verzichten, es machen zu *müssen*. Ich möchte darauf verzichten, mich als gut vor den anderen verkaufen zu müssen. So habe ich früher den Kollegen erzählt, was für ein toller Hecht ich bin. Ich habe damals zwar Bewunderung ausgelöst, aber nicht die Liebe und Zuwendung bekommen, die ich brauchte. Ich will meine Energie nicht dafür einsetzen, etwas erreichen zu *müssen*. Ich möchte einfach, daß sie da ist und daß mit ihr etwas passiert. Ich möchte darauf vertrauen, daß ich das nicht furchtbar lenken muß, sondern daß ich meinem Gefühl folge und schon die richtige Entscheidung treffe. Daß ich nichts gewaltsam forcieren muß. Was nicht heißt, daß ich nun stumm vor mich hinlebe – überhaupt nicht – aber daß ich alles mit Gelassenheit machen kann, sogar Sprünge wagen kann, auf Risiken eingehen kann.»

Loszulassen bedeutet also nicht, daß wir passiv sind. Im Gegenteil: Es bedeutet, daß wir für uns sorgen, daß wir mit unserer inneren Welt entspannt an äußere Entscheidungen und Ziele herangehen. Wir stehen in der Welt, stellen uns ihren Anforderungen. Aber wir liefern uns ihnen nicht aus. Wir wissen, daß vieles sich in seiner Bedeutung und Wichtigkeit für uns verändert, wenn *wir* uns ändern. «Ich kann heute Dinge loslassen», berichtet die zweiundzwanzigjährige Angelika. «Ich kann jetzt auch mal Sachen liegenlassen. Ich kann mich heute gutfühlen, ohne daß ich weiß, was morgen sein wird. Eigentlich fühle ich mich wohler mit mir. Ich kann auch ganz verrückte Sachen machen: Heute war ich auf dem Markt und habe zum erstenmal für alle meine Freunde kleine Geschenke gekauft. Ich spüre, es ist jetzt viel mehr Freude in mir, viel Liebe. So kannte ich mich bisher gar nicht.» «Loslassen» ist also eine bewußte Wandlung unserer inneren Einstellung zu unseren Bedürfnissen, Wünschen und Erwartungen. Reinhard: «Früher meinte ich immer, ich müßte andere von meinen wissenschaftlichen Auffassungen überzeugen, um anderen Menschen besser zu helfen. Dafür habe ich sehr gekämpft. Und ich war ärgerlich, wenn es dabei viele Hindernisse gab. Ich fühlte mich unwohl dabei und brauchte viel Kraft dazu. Heute kann ich schon mehr darauf verzichten, andere zu überzeugen. Ich kann sie eher anhören, wenn sie Auffassungen äußern, die nach meinen Erfahrungen oder Untersuchungen falsch sind. Dieses Loslassen bringt mir mehr innere Freiheit und Ruhe. Was mir dabei geholfen hat, ist, daß ich nicht mehr so sehr darauf bedacht bin, was die anderen sagen und wie ich sie ändern kann. Sondern ich bin mehr zentriert in mir und meinen Auffassungen. Ich habe jetzt mehr Energie, das zu tun, was *ich* sinnvoll finde.»

Besonders schwer und schmerzlich ist es für viele, einen Partner loszulassen, der nicht mehr mit ihnen zusammenleben möchte.

Eine Frau, 40 Jahre alt, mit zwei fast erwachsenen Töchtern, schreibt uns: «Während ich dies hier alles so schön geordnet schreibe, muß ich die meiste Zeit weinen. Denn das, was ich mir am meisten wünsche, ist, daß Dieter zurückkommt. Er bedeutet mir so viel, und ich liebe ihn so sehr, daß mir ein Leben ohne ihn fast arm und wertlos erscheint. Du merkst, ich kann schlecht loslassen. Und das ist, wenn ich Anne-Marie richtig verstanden habe, eine ganz wichtige Voraussetzung, um leben zu können – für beide Seiten. Aber ich habe Angst davor, loszulassen, weil ich mich fürchte, daß dann mein halbes Leben, unsere Ehe, in der Ecke landet. Und dabei ist diese Ehe ja schon lange nicht mehr das, was sie einmal war.» Diese Frau suchte Hilfe in einer Gesprächsgruppe und wurde nach einer persönlichen Entwicklung fähig, ihren Partner loszulassen. Sie schrieb uns später, daß sie sich innerlich freier fühle. Das erstaunliche aber war, daß ihr Mann wieder mehr Interesse an ihr fand, als sie sich auf diese Weise seelisch entwickelte. Auch Ingrid, 43, wurde von ihrem Partner verlassen, worunter sie sehr litt. Es gelang ihr jedoch, sich selbst zum Partner zu werden: «Ich kann ihn jetzt loslassen. Ich merke, wie ich dabei innerlich wachse. Ich merke, daß ich dieses Alleinsein jetzt sehr stark spüre, aber nicht als unangenehm empfinde. Das ist neu. So traurig diese Trennung manchmal ist und die Erfahrungen so schmerzlich, so bin ich doch dankbar, weil ich sehe: Wenn die Beziehung zu ihm abbricht, dann fange ich nicht an, irgendwo zu wackeln. Wenn ein Sturm kommt, sind meine Wurzeln fest. Ich denke auch, daß ich mir selbst ein besserer Partner geworden bin. Neulich, als ich eine Radtour gemacht habe, da spürte ich in mir eine unwahrscheinliche Harmonie. Und um das zu erreichen, war es wohl nötig, loszulassen. Ich merke es in meinem Wesen so, daß ich mich unheimlich wohl fühle, ganz ruhig und auch wirklich zufrieden.»

Das Loslassen erstreckt sich auch auf schmerzhafte Erfahrungen der Vergangenheit. Klammern wir uns noch immer an Menschen, die uns verwundeten, an alte Gefühle? Sind wir noch immer diesen Schmerzen verhaftet? Manche Menschen hadern jahre- und jahrzehntelang mit ihren Eltern oder über schmerzliche Erfahrungen. «Loslassen» heißt in diesem Falle, daß wir diese Erfahrungen als etwas Vergangenes annehmen und daß wir Menschen, die uns den

Schmerz zugefügt haben, vergeben können, ohne ihr Schuldeingeständnis zu benötigen. Diesen Schmerz haben *wir* früher in uns hervorgebracht. *Wir* lassen ihn immer wieder lebendig werden; und wir sind die einzigen, die ihn auch wieder loslassen können. Manchen hilft es, anderen Menschen zu vergeben, schmerzliche Erfahrungen «loszulassen», wenn sie die Vergangenheit als eine Stufe ihrer Entwicklung sehen können, als eine Wegstrecke, die zu gehen gleichsam «notwendig» war, damit sie dorthin gelangen konnten, wo sie heute sind.

Manche lernen das Loslassen erst durch den bitteren Zwang, der von bestimmten Situationen ausgeht: etwa beim Tod eines nahen Angehörigen oder beim Verlust der eigenen Gesundheit. Es ist klar, daß es uns sehr trifft, wenn wir nicht mehr mit einer geliebten Person zusammenleben können oder schwer erkranken. Aber viele Menschen leiden zusätzlich dadurch, daß sie den Tod oder die Erkrankung nicht annehmen können, sich dagegen wehren. Viele Erkrankte malen sich immer wieder aus, wie schön es sein könnte, wenn sie gesund wären. Sie kämpfen gegen die Krankheit und vergrößern damit ihr Leiden. Loslassen bedeutet in solchen Situationen, daß wir akzeptieren, nicht mehr mit dem Verstorbenen zusammenleben zu können beziehungsweise nicht mehr im Besitz unserer Gesundheit zu sein und somit in vielen äußeren Dingen eingeschränkt zu leben.

Welche förderlichen Bedingungen können wir uns schaffen, um das Loslassen zu lernen?

○ Wir können die Begegnung mit Menschen suchen, die fähig sind loszulassen. Wir finden es wichtig, daß bereits Kinder von ihren Eltern und Lehrern einen Lebensstil erlernen, der von dieser Fähigkeit des «Loslassens» und von «freiwilliger Einfachheit» geprägt ist. Reinhard: «Es war vor einigen Jahren auf dem Londoner Flughafen. Ich wußte nicht, ob bei dem Streik des Bodenpersonals unsere Koffer mittransportiert worden waren. Ich war recht unglücklich, und alle meine Gedanken waren hiervon ausgefüllt. Da fiel mein Blick auf eine indische Familie, die im Lotossitz inmitten des Getümmels von Menschen saß. In diesem Augenblick wurde mir schlagartig klar, daß sie eine ganz andere innere Haltung hatten als ich und wie sehr ich meinen Gefühlen und

Gedanken über den möglichen Gepäckverlust hingegeben und verhaftet war.»

○ Menschen, die wissen, daß sie bald sterben werden, können oft für sie bedeutsame Dinge, Personen, Ereignisse, ja ihr Leben loslassen. Wir können von ihnen lernen. Gelingt es uns, bewußter die Erkenntnis in unser Fühlen, Denken und Handeln einzubeziehen, daß unser Leben begrenzt ist und daß der Tod uns von allen Personen und Dingen trennt, werden wir uns weniger an diese Personen und Dinge klammern und sie eher loslassen können. Loslassen führt zu einer Änderung unseres Fühlens, unseres Bewußtseins und unseres körperlichen Befindens. Wir können eher im Hier und Jetzt leben.

○ Eine Auseinandersetzung mit unseren Bedürfnissen führt oft zu der Einsicht, daß wir Dinge, die wir für nötig erachten, eigentlich nicht wirklich brauchen, ja, daß wir ohne sie freier sind.

○ Ein intensives Nachdenken über unser Leben und seinen Sinn kann uns zu neuen Einstellungen und Einsichten führen und das Loslassen erleichtern. Wir haben, wie auch viele andere Menschen, in dieser Beziehung Bücher von östlichen Philosophen und Denkern als hilfreich erfahren.

○ Ein Lebensstil der «freiwilligen Einfachheit» steht mit dem Loslassen in Zusammenhang und fördert es. Wir können lernen, uns Modetrends zu verweigern. Statt dessen können wir mehr in uns hineinhorchen und wahrzunehmen versuchen, welche Bedürfnisse wir *wirklich* haben: «Wie einfach wir leben, ist eine sehr persönliche Angelegenheit. Wir alle wissen, wo unser Leben unnötig kompliziert ist. Wir werden uns schmerzvoll bewußt der vielen Ablenkungen . . ., die wie ein Gewicht auf unserem Leben liegen und die unseren Weg auf dieser Erde zusätzlich beschwerlich und mühevoll machen. Mit Einfachheit zu leben, heißt, unser Leben von Bürden zu befreien, leichter zu leben, klarer zu leben», schreibt Duane Elgin in ihrem eindrucksvollen Buch. [6] Ausdrucksformen dieser «freiwilligen Einfachheit» sind zum Beispiel die Einschränkung des Konsums, der Gebrauch dauerhafterer und energiesparender Produkte sowie eine natürlichere Ernährung.

Bewußter und schöpferischer leben

Richten wir unsere Aufmerksamkeit und Zuwendung auf die positiven Erfahrungen, die wir mit uns und unserer Umwelt machen? Oder sind wir zentriert in dem, was uns fehlt, was uns ärgert, was uns ungünstig erscheint? Unser Leben kann erfüllter und vielfältiger sein, wenn wir uns mehr den für uns positiven Erfahrungen und Vorstellungen zuwenden. Fast jeder von uns macht täglich einige Erfahrungen, die für ihn günstig sind. Es liegt an uns, ob wir diese intensiv erleben, ob wir uns am Abend an sie erinnern, oder ob wir sie kaum beachten und uns mehr den unangenehmen Erlebnissen zuwenden. Diese Zuwendung zu den erfreulichen Erfahrungen und Gefühlen, die uns die Natur, unser Wohnraum, wir selbst und andere Menschen ermöglichen, läßt uns bewußter leben, macht uns innerlich reicher und beweglicher. Sie ist ein Gegengewicht zu den Beeinträchtigungen und seelischen Belastungen, die wir selbst und andere uns zufügen. Der fünfunddreißigjährige Facharbeiter Bruno, der in einer gefilmten Gesprächsgruppe sagte, er könne niemandem trauen und seine Beziehungen zu anderen seien vergiftet, berichtet zwei Monate später über seine Entwicklung: «Ich lebe intensiver jetzt. Ich erinnere mich an schöne Begebenheiten, etwa wenn ich mit der Bahn nach Hause fahre und die Leute ansehe. Da war heute ein Mann mit Blumen in der Bahn, und ich sagte mir: ‹Was hat der für schöne Blumen!› Und ich sah, daß er unsicher und verlegen war. Ich kam dann gleich mit ihm ins Gespräch – und das alles durch diese Offenheit, die ich in meinem Privatleben gewonnen habe. Da ist mir aufgegangen: Es ist ja gar nicht alles so bedrückend, was auf einen zukommt. Ich sehe die Welt und die Menschen ein bißchen freundlicher. Das erleichtert mich doch sehr.»
○ Menschen verlassen die eingefahrenen Wege, die sie jahrelang gewohnheitsmäßig gegangen waren, um ihre Erlebnisfähigkeit zu erweitern: «Ich bin froh, daß bei mir mehr Unordnung eingetreten ist», sagt ein Siebenundzwanzigjähriger, «in meinem Leben war einfach alles viel zu sehr geordnet. Ich hab dabei aber doch gar nicht gelebt – ich meine: so für mich Zeit zu haben. Ich hab eigentlich immer nur gearbeitet. Ich sehne mich jetzt irgendwie stärker nach diesem Leben.»

○ Manche Menschen bekommen eine andere Beziehung zur Zeit. Sie haben das Gefühl, daß ihnen die Zeit mehr selbst gehört. Jakob: «Früher war das so: Dort ist die S-Bahn, ich will sie noch haben. Da ist der Termin, jetzt noch eine viertel Stunde. Heute sehe ich zu, daß ich wirklich mehr *mein* Tempo leben kann. Ich habe wirklich dieses Gefühl: Die Zeit gehört mir. Manchmal ist mir heute nach einem gemäßigten Gang, manchmal nach einem schnelleren Gang. Aber es ist *mein* schneller Gang und nicht: Oh, du mußt in zehn Minuten jetzt da und dort sein.»

Bewußteres Erleben bringt Menschen mehr innere Ruhe. Sie werden nicht mehr ständig von dem Gedanken gejagt und geplagt, etwas zu verpassen: «Ich bin jemand, der auch gern aktiv ist», sagt Bernd. «Aber ich kann auch einfach draußen sitzen und meine Umgebung auf mich wirken lassen. Ich finde das bereichernd. Hinter unserem Haus, da ist ein Park mit einem kleinen Ententeich. Ich geh öfter hinaus und setz mich da so auf den Rasen. Dann hör ich im Sommer die Bienen summen. Das sind für mich Erlebnisse, die mich irgendwie aufrichten, die mir Kraft geben.»

Manche versuchen, durch neue Situationen und Menschen ihr Erleben zu aktivieren und zu erweitern, zum Beispiel durch gemeinschaftliche Reisen, Wanderungen, sportliche Aktivitäten, Arbeiten, den Kontakt zu elternlosen Kindern oder zu kranken Menschen. Sie bekommen neue Einblicke, die verhindern, daß sie in Routine erstarren.

Andere bemühen sich, dem alltäglichen Leben gegenüber aufgeschlossener zu sein, ihm immer neue Erfahrungen abzugewinnen. Eine zweiunddreißigjährige Frau: «Ich möchte diese Schwellenangst vor neuen Dingen überwinden, einfach mutiger an sie herangehen. Ich möchte nicht mehr so ängstlich reagieren und immer schon irgendwelche Unannehmlichkeiten oder Unfälle im voraus sehen. Ich möchte einfach sagen: Da ist etwas Neues, ich stecke mal die Nase hinein.»

Viele von uns schöpfen die Möglichkeiten, die in uns liegen, nur zu einem geringen Teil aus. Unsere Lebensqualität wird reicher, wenn wir uns darin mehr fördern. Viele entwickeln ihre Möglichkeiten zum Beispiel in der Musik, der Malerei, in handwerklichen Fähigkeiten oder in größerer Kreativität bei der Arbeit: «Ich frage

mich: Was kann ich überhaupt, und was kann ich nicht?» sagt eine
Frau ein Jahr nach ihrer Scheidung. «Ich bin so eingeengt – wo
liegen denn überhaupt meine Talente, und wozu habe ich Lust? Das
muß ich alles erst einmal ausprobieren. Bei mir wurde das im Keim
erstickt, seit ich in solcher Umklammerung steckte. Ich finde es
jetzt für mich wichtig, einen Lebensstil zu finden, wo ich mit
meinem Verhalten experimentieren kann.»

So setzen sich Menschen mit sich und ihren schöpferischen Möglichkeiten auseinander und finden Ausdrucksformen, die ihnen zu
einem vielfältigeren, intensiveren und befriedigenderen Erleben
verhelfen: «In einer Theatergruppe habe ich eine Selbstdarstellung
mitgemacht. Da hab ich aus der Phantasie etwas dargestellt, so eine
Geschichte wie ein Märchen. Ich habe festgestellt, daß mir das einen
irren Spaß macht. Ich war total weg und habe nur noch gespielt.
Manchmal denke ich, daß es ein bißchen albern ist, wenn ein vierzigjähriger Mann sich so kindlich fühlt. Aber ich glaube, daß es für
mich wichtig ist.» Ein junger Mann: «Ich habe jetzt mehr Selbstvertrauen und habe mir eine Gitarre gekauft. Ich möchte lernen, meine
Gefühle auch in der Musik auszudrücken.» Eine Frau, 56, nach ihrer
Scheidung: «Ich schreibe jetzt meine Gedanken auf. Und manchmal,
wenn mir danach zumute ist, schreib ich in Gedichtform: meine
Ängste, meine Sehnsüchte, meine Wünsche. Eigentlich sind meine
Talente immer unterdrückt worden, von Kindheit an.»

Bewußter leben zu lernen, die eigenen schöpferischen Möglichkeiten mehr zu entfalten, scheint uns besonders bedeutsam in einer
Zeit, in der die Grenzen des materiellen Wachstums erreicht zu sein
scheinen und äußere Ziele nur noch in eingeschränktem Maße
Erfüllung ermöglichen.

Wir schaffen uns eine förderliche Umwelt, ein «Netzwerk» von Freunden

Der Mitmensch ist für uns die wichtigste Umweltbedingung.
Freunde, Kollegen, Nachbarn oder auch berufliche Helfer können
uns stützen, wenn wir seelisch ins Wanken geraten. Wir können sie

um Hilfe bitten, wenn wir uns nicht gut fühlen. Haben wir uns gleichsam mit einem «Netzwerk» von Menschen umgeben, denen wir uns anvertrauen können und zu denen wir in aufrichtigen Beziehungen stehen, so haben wir uns selbst damit eine wesentliche förderliche Bedingung für unsere seelische Entwicklung geschaffen.

Dem vierzigjährigen Jerry wird in einer gefilmten Gesprächsgruppe mit Carl Rogers klar, wie hilfreich die Nähe anderer Menschen auch für ihn sein könnte: «Es ist sehr schwer für mich, mich anderen mitzuteilen. Ich sehe mich selbst mit Befremden an, weil ich keinen Freund habe. Und es schien mir immer, als brauche ich keine Freunde, ich meine: wirkliche Freunde. Dies hier ist für mich schockierend, weil ich feststellen muß, ich habe unrecht, ich brauche *doch* Menschen. Hier wird es mir jetzt langsam klar. Es scheint mir, daß ich mich als ein Teil eines jeden von euch fühle. Es ist jetzt für mich denkbar, daß es Menschen gibt, die dir entgegenkommen, wenn du ihnen entgegengehst. Es *ist* möglich! Ich fühle, daß ich den Menschen näherkomme. Menschen können um dich besorgt sein, ganz gleich, welche Art von Person du bist. Diese Einsicht ist mir gekommen. Und jetzt kann ich mir auch vorstellen, daß jemand um mich besorgt ist.» [44]

Wie können wir für ein «Netzwerk» von Freunden sorgen?
○ «Wenn ich besser mit mir selbst umgehe, wenn ich ein besserer Partner für mich selbst bin, dann bin ich auch für andere ein besserer Partner», sagt eine dreiunddreißigjährige Frau. Sie sieht sich selbst, ihre eigene persönliche Entwicklung als wichtige Grundlage dafür, förderliche Beziehungen zu anderen herzustellen und aufrechtzuerhalten. Wenn wir uns ändern, wenn wir in unserem Innern für eine bessere «Umwelt» sorgen, dann können wir uns häufig auch eine bessere mitmenschliche Umwelt schaffen. Manche Menschen streifen durch einen Wald und freuen sich an den Bäumen, den Farben oder der Sonne. Andere gehen fast achtlos durch eine solche Landschaft. In so unterschiedlicher Weise erleben viele auch ihre Mitmenschen. Es hängt in hohem Maße von uns selbst ab, was wir von anderen Menschen empfangen. Bernd, 34, konnte nach einem solchen inneren Wandel die Beziehung zu

seinen Eltern positiver erleben: «Ich habe die Erfahrung gemacht: In dem Augenblick, wo ich mich veränderte und so meinen Eltern gegenübertreten konnte, veränderten sie sich auch. Das hat auch unsere Beziehung völlig verändert. Ich hab's irgendwo begriffen, daß meine Erwartungen an sie nicht immer berechtigt waren. Irgendwo sind sie auch Menschen und haben ihre Probleme und Fehler. Wir haben auch über die Probleme, die wir früher miteinander hatten, sprechen können. Ich kann sie jetzt so annehmen, wie sie sind, glaube ich. Sie sind mir auf ihre unvollkommene Art, wie auch ich unvollkommen bin, lieb.»

Ein Vierzigjähriger berichtet: «Mir gelingt es jetzt besser, zu warten, was auf mich zukommt. Und ich erlebe, daß Leute auf mich zukommen. Ich brauche nichts zu tun. Ich brauche nur ‹ich› zu sein.»

○ Begegnen wir anderen mit der Bereitschaft, von ihnen zu lernen, so kann dies sehr bereichernd für unser Leben sein. Diese Bereitschaft kommt zum Beispiel in der folgenden Äußerung Jakobs über seine Beziehung zu seinen Kindern zum Ausdruck: «Ich freue mich über jede liebevolle Geste meiner Kinder. Wenn mir diese Beziehung fehlen würde, dieses Miteinander-einverstanden-Sein, dieses Sich-gegenseitig-Bejahen, dann wäre ich sehr unglücklich. Für mich sind Kinder immer so faszinierend, weil sie lebendig sind, weil sie einen offenen Zugang zur Welt haben. Kinder, wenn sie unter guten Bedingungen aufwachsen, zeigen mir, wo's langgeht. Ich habe mich also nicht an anderen Erwachsenen oder Kollegen orientiert, sondern ich sehe in Kindern gleichsam die Wegweiser. Das Entscheidende, was ich allmählich von ihnen gelernt habe, ist: Hingehen, dabeisein – nicht nur mit den Augen aus der Ferne betrachten, sondern sich an etwas erfreuen, tasten, sich bewegen, also selber machen. Seitdem ich mich der Kinderwelt ein Stück angeschlossen habe, lebe ich mehr. Was ich noch von ihnen lerne, ist dieses Begeistertsein: von Kleinigkeiten, von einem Käfer, einer besonderen Pflanze oder einem Schmetterling, dieser Blick für Kleines, Lebendiges, was schön ist. Früher war meine Wahrnehmung von der Welt eine Autobahnwahrnehmung, schnell und gerade. Ich nahm viele Kleinigkeiten überhaupt nicht wahr. Die Kinder nehmen viel mehr die Gegend auf, entdecken viel. Es ist mir das Wichtigste, eine Beziehung zu den Kindern zu haben, die Freude enthält. Ich habe dieses Gefühl: Sie sind da, ich bin da. Wenn wir uns sehen, dann machen wir es uns schön. Es ist etwas Besonderes, zusammenzusein; es ist ein Geschenk.»

○ Das bewußte Suchen nach solchen Formen des gemeinschaftlichen Erlebens ist eine weitere Möglichkeit, ein «Netzwerk» zu schaffen und zu fördern. «Für mich ist wichtig, daß die Beziehung zu Menschen gefüllt ist durch Erleben und Tun miteinander. Wir machen Gemeinsames, ich pflege diese Gemeinsamkeit. Nicht einfach nur: der ist mein Sohn, meine Tochter oder meine Frau, sondern wir haben gemeinsame Sachen – Pflanzen aufziehen, Fahrradtouren machen, schwimmen.»

○ Eine andere Möglichkeit, mehr Nähe zu anderen herzustellen, ist, Menschen, einen Freund, Kollegen oder Bekannten, um Hilfe zu bitten und sich ihm anzuvertrauen. Vera: «Wenn ich Probleme habe, dann weiß das jeder von den dreien, die noch mit mir im Büro arbeiten. Ich bin acht Stunden am Tag in der Firma. Wenn ich in die Firma komme und ich hab ein Problem, dann muß ich das sagen.» [60] Haben wir darüber hinaus die seelische Stärke, von anderen Hilfe anzunehmen, so sind sie häufig eine wichtige Kraftquelle für uns.

Manche lernen durch Gesprächsgruppen, Nähe und Hilfe von Menschen anzunehmen. «Es war eine ganz wichtige Erfahrung für mich in der Gesprächsgruppe, Hilfe von anderen Menschen anzunehmen», sagt der zweiunddreißigjährige Karl-Heinz. «Ich habe dort gelernt, daß andere mir helfen können, ohne daß sie mir meine Probleme abnehmen. Ich glaube, der Sinn dieser Gruppen, dieser Mitmenschlichkeit ist, daß wir uns gegenseitig helfen.» In Gesprächsgruppen erfahren Menschen auch, daß sie trotz ihrer Schwierigkeiten fähig sind, anderen zu helfen. Sybille, 37: «Für mich ist das zum Beispiel ein ungeheurer Erfolg, wenn ich merke, daß ich anderen helfen kann. Daß ich nicht immer nur die Bedürftige bin. Sondern wenn ich selber das Gefühl bekomme, über meine Bedürftigkeit hinaus auch anderen helfen zu können.»

Weitere Anregungen:
Meditation, bildliches Vorstellen, Gespräche, Bücher

Geistig-seelische und körperliche Übungen können uns helfen, im Alltag mit weniger Angst, größerer Ruhe und mehr Offenheit zu leben. Am besten beginnen wir mit solchen Übungen in einer Zeit, in der wir uns wohl fühlen – also bevor wir in einen Zustand innerer Schwierigkeiten geraten. Es ist nach unseren Erfahrungen leichter, diese Übungen in einer Gruppe durchzuführen, da die Gemeinschaft der anderen uns ermutigt und uns zu einer gewissen Regelmäßigkeit verhilft. Wir möchten im folgenden auf einige wenige derartige Möglichkeiten eingehen, die wir für uns als sehr hilfreich empfinden.

○ *Meditation* kann uns helfen, uns selbst und unsere Umwelt entspannt und in einem Zustand inneren Friedens zu erleben, uns von lästigen Gedanken und Erinnerungen zeitweise zu befreien, und unsere Beziehung zum Universum mehr zu empfinden. Sie ermöglicht uns, uns innerlich freier zu fühlen, uns selbst, andere und die Umwelt klarer zu sehen. Wir erfahren, daß wir selbst uns Frieden geben können. Die Meditation führt auch zu körperlicher Entspannung. Viele fühlen sich hinterher erfrischter als nach einem tiefen Schlaf. Meditationsübungen helfen uns, bewußter, entspannter, friedvoller, selbstbestimmter zu leben. [2, 32]

Bei der einfachen Form des Meditierens setzen wir uns auf einen Stuhl oder mit geradem Rücken, eventuell an eine Wand gelehnt, auf den Boden und schließen die Augen. Wir entspannen unsere Muskeln vom Gesicht bis zu den Füßen und werden uns unseres Atmens deutlich bewußt. Wir wenden die innere Aufmerksamkeit nicht unseren Gedanken oder Einfällen zu, sondern wir lassen sie wie Wolken an uns vorbeiziehen. Sie werden uns zwar bewußt, aber wir halten sie nicht fest. Um Gedanken und Einfälle besser loszulassen, können wir etwas sprechen, zum Beispiel bei jedem Ausatmen das Wort «aus» oder irgendeinen anderen Laut. Wir können dieses sogenannte Mantra leise vor uns hin sprechen oder gleichsam denken.

Es gibt auch Formen der Meditation, in denen am Anfang die

Bewegung des ganzen Körpers steht, danach folgt die äußere und innere Stille; das mag für manche ein einfacherer Zugang sein.

Bei einer weiteren Meditationsform, «rechte Aufmerksamkeit» genannt, werden wir uns unserer Tätigkeit voll bewußt. Ob wir gehen, stehen, sitzen oder liegen, ob wir sprechen oder schweigen, ob wir essen oder trinken, in allen Handlungen achten wir bewußt auf unsere momentane Tätigkeit. Das bedeutet, daß wir ganz in der Gegenwart, im Augenblick leben. Meist weilen nämlich unsere Gedanken irgendwo anders, bei Problemen oder Sorgen, bei Erinnerungen an die Vergangenheit oder in der Zukunft. So leben wir nicht in dem, was wir tun.

Eine andere praktische und nützliche Übung ist das Wahrnehmen des Hier und Jetzt. «Gehe eine Straße hinunter und konzentriere dich nur darauf, was du siehst. Wenn du beginnst, an Probleme und Schwierigkeiten zu denken, die du hast, oder an das, was du nach dieser Übung tun willst, dann lenke deine Aufmerksamkeit zurück auf deine Wahrnehmung. Du wirst feststellen, daß Wahrnehmen eine Hier-und-jetzt-Erfahrung ist. Wenn du dich dann bewegst, ändern sich auch deine Wahrnehmungen. Alles, was in jedem Moment ist, ist die gegenwärtige Wahrnehmung. Du kannst auch bemerken, wie die Farben intensiver werden. Du kannst dies als eine schöne . . . Erfahrung ansehen, die dich in einer Art entspannter Wachsamkeit beläßt . . . Nachdem du eine kurze Strecke gegangen bist, bleib stehen, schließe deine Augen und versuche, dir möglichst viel von dem, was du gesehen hast, ins Gedächtnis zurückzurufen.» [46]

Wie fühlen sich Menschen während der Meditation und danach? Welche Auswirkungen hat das Meditieren auf ihr Alltagsleben?

Die einundvierzigjährige Krebspatientin Irene: «Meist meditiere ich abends von sieben bis halb acht. Das hat sich bei mir so eingespielt, und ich bin dann so auf innere Ruhe eingestellt. Aber es ist für mich kein Dogma. Manchmal mache ich es auch, wenn mir danach zumute ist. Wenn ich mich sehr schlecht fühle, dann seh ich nur zu, daß ich still werde, das hilft mir. Ich spüre, daß das schon sehr wichtig für mich ist, so zur Ruhe und zur Besinnung zu kommen.» – «Ich stehe jetzt morgens früher auf, um vor dem Frühstück noch zwanzig Minuten meditieren zu können. Ich werde hierdurch frei von inneren Hindernissen. Der ganze Tag, jede noch so einfache Tätigkeit, jede Begegnung mit Menschen kann dann zur Meditation werden und zur Möglichkeit, mich intensiv selbst zu erfahren.» − «Ich meditiere öfter mal mit den Schülern, besonders zu Beginn der sechsten Stunde», sagt ein Lehrer. «Neulich sagte der Klaus mitten im Unterricht: ‹Können wir nicht kurz meditieren, ich kann nicht mehr aufpassen?› Wir haben dann drei oder fünf Minuten meditiert, und die Chemiestunde lief für alle besser, auch für mich.» Günstige Auswirkungen von kurzen Meditationsübungen im Schulunterricht erfuhren auch andere Lehrer; sie ergaben sich auch in Untersuchungen.

«Durch die Meditation hat mein Leben einen ganz anderen Wert bekommen», berichtet Heike. «Ich meditiere jetzt seit Jahren, jeden Tag, morgens und abends. Irgendwo bin ich viel gelassener allen Dingen gegenüber. Es ist unglaublich. Es verändert mich gewaltig. Auch körperlich verändere ich mich, schmeiße sehr viel Streß raus. Ich fühle mich viel gesünder. Ich merke auch, wie ich früher so abhängig war, so unselbständig. Diese Eigenständigkeit, zu sich selbst zu finden und darüber hinaus zu wachsen, das ist schon phantastisch. Ich bin ja so ein dynamischer Typ, entweder war ich früher euphorisch oder ganz unten im Tal. Jetzt bin ich viel ausgeglichener. Ich sehe jetzt auch alles von einer anderen Seite aus, bekomme mehr Einblicke: daß ich nicht nur dieses Leben betrachte, sondern dieses Leben als ein Durchgangsstadium ansehe. Dann bekommt alles einen ganz anderen Wert. Auch was ich jetzt für Aufgaben habe und was an mich herankommt, das seh ich nicht mehr als Belastung, sondern als Aufgabe, daran zu wachsen. Ich bin innerlich irgendwie viel ruhiger und gleichzeitig doch sehr wachsam und hellhörig geworden. Ich nehme die kleineren Dinge noch viel mehr wahr. Es ist erstaunlich. Ich hab es früher nicht denken können, daß man auf der einen Seite sensibler werden kann und gleichzeitig kraftvoller. Mit sensibler meine ich: einfach so in Dinge eindringen, die einem bisher noch unsichtbar waren. Ich kann jetzt viele geistige Dinge viel wacher wahrnehmen. Wenn ich etwa mit jemandem zusammen bin, weiß ich, was er denkt und fühlt. Ich baue auch Ängste ab. Das, was ich früher als Angst angesehen habe, ist im Grunde genommen eine Schwäche gewesen.

Ich stehe dem Leben anders gegenüber. Man wird stark durch Meditation, das spüre ich in mir.»

○ *Aktives bildliches Vorstellen.* Jeder von uns kann Vorstellungen gleichsam wie Bilder oder Filme vor seinem geistigen Auge produzieren. Tun wir dies in einem entspannten Zustand, so beeinflussen wir dadurch unser Erleben und Verhalten. Ein Beispiel: Wenn wir uns im hungrigen Zustand deutlich etwas Leckeres zu essen bildlich vorstellen, dann spüren wir, wie uns «das Wasser im Munde zusammenläuft» und wie unser Verhalten und Erleben stärker darauf ausgerichtet ist, dieses Bedürfnis zu befriedigen. Das gleiche gilt etwa für die bildliche Vorstellung sexueller Wünsche. Wir spüren, wie in unserem Körper das Verlangen nach Nähe und erotischen Erlebnissen wächst.

Bildhaftes Vorstellen ist eine Möglichkeit, durch unser Bewußtsein unser Sein zu beeinflussen. Wir können lernen, solche bildhaften Vorstellungen bewußt und gezielt hervorzurufen. Wichtig ist, daß wir uns zunächst völlig entspannen. Dann versetzen wir uns mit Hilfe unserer bildlichen Vorstellungskraft in eine schöne Umgebung. Wir sehen und fühlen zum Beispiel am Strand den warmen Sonnenschein oder rasten auf der Spitze eines Berges mit herrlichem Weitblick. Es ist egal, welches Vorstellungsbild vor unserem inneren Auge entsteht – wichtig ist, daß wir dabei Ruhe und Frieden empfinden. Wir stellen uns die Situation deutlich in allen Einzelheiten vor, die Farben, Geräusche, Gerüche und unsere Empfindungen. Wir sehen uns selbst in dieser Situation. Darin verweilen wir etwa zwei bis fünf Minuten. Diese Übung führt zu einer deutlich spürbaren Entspannung und Beeinflussung seelischer und körperlicher Vorgänge.

In den beiden folgenden Äußerungen berichten eine dreiundvierzigjährige Frau und ein Lehrer über die Auswirkungen dieser Vorstellungsübungen: «Ich habe heute schon den ganzen Tag über ein Bild in mir, das ich heute morgen in meiner Vorstellungsübung hatte. Ich habe hochstämmige Buchen über mir gespürt und die Sonne, die da durchschien und das Grün noch heller machte. Und dann habe ich die Luft dazu gerochen. Ich ging auf schwingendem Waldboden, und ich fühlte mich ganz wohlig und frei. Dieses Bild war heute unentwegt in mir. Ich fühlte gleichsam ein Schwingen, ich fühlte *mich*.» – «Wie ich mich selber sehe, erlebe und fühle, das hat sich unheimlich verbessert. Ich kann *mich* viel bewußter erleben. Das ist wirklich der zentrale Schlüssel, daß ich immer bei mir bin und fühle, wie mir im Moment zumute ist. Neulich habe ich einen Vortrag gehalten. Ich konnte den unheimlich gut und locker bringen, und ich merkte auch, daß die Leute ganz anders darauf reagierten als früher. Ich habe gute Rückmeldungen bekommen. Es ist einfach dieses bewußtere Mit-sich-selbst-Umgehen. Und diese Verspannungen und Ängste – da hat sich wirklich vieles bei mir geändert.»

Wir haben in Seminaren und in psychotherapeutischen Gruppen, in denen wir solche Übungen durchgeführt haben, die Erfahrung gemacht, daß manche Menschen unfähig waren, sich zu entspannen. Andere hatten Schwierigkeiten, sich schöne Situationen vorzustellen, sie in ihr Bewußtsein zu bringen. Für einige lagen die schönen und entspannten Situationen, die sie sich vorstellten, schon viele Jahre zurück, bei manchen sogar in ihrer Kindheit. Wir sehen dies als ein Zeichen an, daß Menschen in ihrem Alltag seelisch und körperlich zu angespannt sind, daß sie sich zu selten Situationen gönnen, die ihrer körperlichen und seelischen Gesundheit förderlich sind, oder daß sie diese Situationen nicht intensiv und bewußt leben können. Es ist ein Signal, daß Menschen gerade in dieser Hinsicht etwas für sich tun können.

Durch andere Vorstellungsübungen im entspannten Zustand können wir die seelischen Schmerzen früherer Erfahrungen in uns mindern. Oder wir können uns schwierige zukünftige Situationen vorstellen, eine Operation, eine Prüfung oder eine uns unangenehme Auseinandersetzung. So können wir uns entspannt auf diese Situation vorbereiten und unsere Ängste vermindern. Übungen dieser Art sind in dem Buch ‹*Wieder gesund werden*› dargestellt. [47]

○ *Gespräche mit Menschen*, die unsere seelische Wirklichkeit spüren und annehmen können, sind fast immer hilfreich. Sie bieten eine gute Möglichkeit, herauszufinden, wie und wodurch wir unsere innere Freiheit und unser seelisches Wachstum fördern können: «Ich finde es sehr wichtig, daß ich mich ausspreche, daß ich über meine Schwierigkeiten rede und zum Beispiel sage: ‹Mir geht es heute nicht so gut.› Denn in schwierigen Situationen bin ich immer wie gelähmt, bin so verkrampft, daß ich überhaupt nichts tun kann. Dann vergrab ich mich so richtig in mir selbst. Aber wenn ich darüber sprechen kann, dann sehe ich klarer. Dann läuft bei mir alles anders, dann sehe ich auch wieder Rosen. Ich bin freier für andere Dinge, ich bin nicht mehr so blind.» – «Nur Gespräche über mich und meine Erfahrungen fördern die Selbstauseinandersetzung mit mir. Erst wenn ich Gefühle ausgesprochen habe, bin ich in der Lage, mich mit ihnen auseinanderzusetzen und zu erforschen, was dahintersteht. Vorher bin ich einfach ganz von diesen Gefühlen bestimmt, sie verhindern ein Weiterdenken.»

Besonders Gruppengespräche befähigen Menschen, für sich selbst mehr zu sorgen. Wir haben über die positiven Erfahrungen und Auswirkungen der Teilnahme an Gesprächsgruppen schon in anderen Zusammenhängen berichtet und möchten hier nur auf folgendes Untersuchungsergebnis hinweisen: Menschen, die an personzentrierten Gruppengesprächen teilgenommen hatten – jeweils ein Wochenende mit mehreren Treffen danach –, gaben einige Zeit später an: Sie waren echter und offener für ihr Fühlen geworden und setzten sich mehr mit sich selbst auseinander. Sie fühlten sich mehr für sich verantwortlich und konnten besser für sich in ihrem alltäglichen Leben sorgen. [40, 54, 65]

○ *Bücher* können es uns manchmal erleichtern, das herauszufinden, was für unsere seelische Entwicklung anregend und günstig ist. Sie sind meist dann hilfreich, wenn sie uns persönliche Erfahrungen anderer Menschen vermitteln und wenn sie es uns ermöglichen, uns mit diesen und unseren eigenen Erfahrungen auseinanderzusetzen. Häufig wurden uns die Bücher von Elisabeth Kübler-Ross (Erfahrungen mit Sterbenden), von Carl Rogers (seelische Entwicklungsmöglichkeiten), Ram Dass (persönliche Entwicklung und Meditation) sowie die Hite-Reports über die sexuellen Erfahrungen und Wünsche von Frauen und Männern genannt. [20, 21, 25, 26, 32, 36, 37, 41] Wie Bücher sich auf Menschen auswirken können, beschreibt eine Lehrerin: «Das Buch hat mir geholfen, zu einer anderen Einstellung meinem Körper gegenüber, zu meiner Krankheit, zu meinem Leben und Sterben gegenüber zu kommen. Ich kann jetzt besser mit mir selbst umgehen. Ich habe mich in dem Buch wiedergefunden, und mir ist klargeworden, wo und wie ich an mir arbeiten kann.»

Menschen lernen, ihren Körper zu mögen und für ihn zu sorgen

Wie wir zu unserem Körper stehen und für ihn sorgen, hängt häufig damit zusammen, wie wir seelisch für uns sorgen. Wenn wir uns selbst achten, innere Ruhe und Entspannung finden und seelisch für uns sorgen, so beeinflussen wir damit unsere körperlichen Vorgänge in günstiger Weise und haben die seelische Energie und Kraft, unserem Körper gegenüber fürsorglich zu sein. Im folgenden haben wir zusammengestellt, in welchen Bereichen und wie Menschen lernen, sich in ihren Einstellungen und ihrem Lebensstil so zu wandeln, daß sie besser für ihren Körper sorgen können.

Den eigenen Körper achten und lieben

Die Fähigkeit, liebevoll und achtsam mit seinem Körper umzugehen, wurde uns von vielen als wichtig für ihr seelisches und körperliches Wohlbefinden genannt: «Ich mag meinen Körper, und ich fühle, was er braucht. Ich bin sensibler geworden für Körpersignale wie Ermüdungserscheinungen oder Schwitzen. Ich kann mir dann Ruhe gönnen oder einfach mal abschalten.»

Wie können wir eine positivere Einstellung zu unserem Körper erlangen? Häufig berichteten uns Menschen, daß sie erst aus Krankheiten, Krisen, Schwächen und den Folgen ihrer Fehler lernten. Erst dadurch, daß sie sich körperlich elend fühlten, wurde ihnen klar, was sie ihrem Körper angetan hatten: «Mir ist bewußt geworden, daß ich meinen Körper durch dieses dauernde Gehetze, diese vielen negativen Gefühle und das Übermaß von Essen und Rauchen sehr geschädigt habe.» – «Ich habe jahrelang nichts für meine Gesundheit getan. Obwohl ich Tag für Tag fast acht Stunden lang am Schreibtisch sitze, habe ich mich in der Freizeit zuwenig bewegt, habe meinen Körper sehr vernachlässigt. Mir ist jetzt aufgegangen, wie steif und unbeweglich ich geworden bin.» – «Ich bin jetzt dahintergekommen: Ich habe die Krankheit gegen mich eingesetzt. Ich wollte im Grunde die Hilflose bleiben.»

Das Gefühl des körperlichen Unwohlseins und die Einsicht, daß wir selbst es sind, die unserem Körper Schaden zufügen, geht bei manchen über in ein Gefühl der Verantwortung für ihre körperliche Gesundheit. Sie spüren den intensiven Wunsch, sich nicht noch einmal selbst durch solche Vernachlässigungen krankzumachen: «Ich möchte am liebsten keinen Alkohol trinken, das ist mein Wunsch. Denn ich sehe mein Leben durch den Alkohol beeinträchtigt. Ich fühle mich oft mies morgens, ich versäume soviel, weil ich nach einigen Gläsern träge bin. Außerdem tut es mir um das Geld leid.» – «Ich möchte mich wieder in meinem Körper wohl fühlen – daß er mir nicht Schmerzen macht, sondern vielleicht eine Quelle von Freude und Lust ist. Und ich richte jetzt meinen Lebensstil danach aus, ihn nicht zu schädigen, sondern ihm das zu geben, was gut für ihn ist.»

Sich selbst zu bejahen und auf ein gesundes Innenleben bedacht zu sein, hilft Menschen, in eine bessere Beziehung zu ihrem Körper zu kommen und für ihn zu sorgen. Eine Ärztin: «Jeder von uns wirkt auf seine körperliche Gesundheit ein durch die Art, wie er seelisch mit sich lebt. Unser Gefühlsleben beeinflußt über das hormonale System Vorgänge unseres Körpers, die Funktion von Organen, unser Immunsystem. Unser Magen, unsere Leber, unser Herz und alle wichtigen körperlichen Organe funktionieren besser, wenn wir uns selbst annehmen und mögen und wenn wir in einem entspannten Zustand sind.»

Auch in dieser Hinsicht kann sich die Teilnahme an personzentrierten Gruppengesprächen günstig auswirken. Eine Untersuchung zeigte, daß viele Menschen in einer solchen Gesprächsgruppe lernen, sich mehr anzunehmen und echter und einfühlsamer gegenüber sich selbst zu sein. Sie werden dadurch fähig, auch körperlich für sich selbst zu sorgen. So stellten über 50 Prozent der Teilnehmer einige Wochen nach Beendigung der Gruppengespräche positive Veränderungen in ihrem körperlichen Befinden fest. Ungefähr 60 Prozent der Teilnehmer mit psychosomatischen Störungen fühlten sich anschließend besser, ihre Beeinträchtigungen waren deutlich geringer geworden. [54, 65]

Eine Teilnehmerin berichtet: «Die angenehme Erfahrung der inneren Ruhe, körperlich locker und entspannt sein zu können, das war ein wichtiges Erlebnis für mich in der Gruppe – zu merken, daß es möglich ist, die Verkrampfungen, die ich oft spüre, selbst auflösen zu können. Sie tauchen oft auf, wenn ich meine Gefühle nicht so akzeptiere, wie sie sind.»

Auch ein einfühlsamer Partner ist für viele eine große Hilfe bei ihrem Bemühen, in eine liebevolle, sorgsame Beziehung zu ihrem Körper zu kommen: «Für mich ist es so, daß meine Frau mir mit ihrer Bejahung des Körpers geholfen hat, auch *meinen* Körper zu bejahen – während früher in meiner Familie das Körperliche als etwas Unanständiges und Anstößiges galt«, berichtet Jakob. «Meine Frau hat viel dazu beigetragen, daß ich meinen Körper gut finden konnte, weil sie mir immer ein so liebevolles Anfassen in vertrauter Situation schenkte, mehr als ich mir am Anfang vielleicht gewünscht hatte. Manchmal wär ich gern davor weggelaufen, aber heute freue ich mich darüber und suche das. Es ist schön, einen Körper zu haben und ihn zu spüren.»

Viele können mit Kindern in einen unbefangeneren körperlichen Kontakt kommen. Sie zu streicheln, auf den Arm zu nehmen, zu tragen oder den Arm um sie zu legen, mit ihnen auf dem Boden der Wohnstube zu liegen und zu spielen, fällt ihnen leichter als Erwachsene zärtlich zu berühren und hilft ihnen, ihren Körper zu bejahen: «Wir, die Kinder, meine Frau und ich, haben eine sehr körpernahe Beziehung, kuscheln viel. Das ist sehr schön und frei, und ich muß sagen: Ohne Körperlichkeit könnte ich nicht leben.»

Wir nehmen unsere Körpersignale wahr

Die Empfindungen und Reaktionen des Körpers wahrzunehmen, ist eine entscheidende Grundlage unseres Bemühens, für unseren Körper zu sorgen. Wir können Spannungen und Verkrampfungen spüren, Müdigkeit, Unruhe oder den Bewegungsdrang unseres Körpers, den Hunger nach etwas Bestimmtem oder die Sättigung. Wir können spüren, wie uns bestimmte Nahrungsmittel bekommen und andere nicht: «Ich lerne einfach, die Zeichen meines Körpers viel deutlicher und aufmerksamer wahrzunehmen als früher und ihnen eine Bedeutung zu geben.» Wir können in vielfältiger Weise wahrnehmen, ob wir uns gut oder schlecht fühlen, wo Schwächen und Beeinträchtigungen in unserem Körper sind. Wir können herausfinden, was unser Körper mag.

Körperempfindungen überhaupt zu spüren ist für manche zunächst schwer. Manche beginnen im Urlaub damit, dies zu lernen, wenn sie Ruhe und Zeit dazu haben: «Im Sommer, wenn ich draußen in der Natur bin, dann schmeiße ich mich auf die Wiese oder nehme den Baum in den Arm oder irgend etwas. Dann bekomme ich wieder ein Gefühl für meinen Körper.»

Häufig spüren Menschen zuerst unangenehme Empfindungen, wenn sie ihren Körper lange vernachlässigt haben, und nun auf seine Signale zu achten beginnen. «Mein Körper fühlt sich gespannt an. Mein Rücken schmerzt mich, und in meinem Nacken ist alles hart. Meine Brust- und Bauchmuskeln fühlen sich an wie gespannte Drahtseile. Und mein Atmen ist irgendwie schwer, so wie schwere Arbeit. In meinem Kopf fühle ich nicht direkt Schmerzen, aber so etwas wie Verwirrung, Leere und Fülle zugleich.» Diese Äußerung eines jungen Mannes mag zunächst erschreckend wirken. Daß er sich dieser Spannungen bewußt wird, daß er sie empfindet und ausdrückt, ist jedoch ein Schritt auf dem Weg, für seinen Körper besser sorgen zu lernen. «Ich habe oft die leisen Botschaften meines Körpers nicht gehört und mich bemüht, die Kopf- und Magenschmerzen zu überhören. Sie sagten mir eigentlich: Jetzt ist genug, mach Pause, hör auf zu arbeiten, entspanne dich. Erst als ich dann eine Gastritis hatte, war ich gezwungen, mich mehr um mich selbst zu kümmern, mich wirklich zu entspannen. Durch eine körperorientierte Bewegungstherapie habe ich dann gelernt, daß mein Körper und meine Seele zusammenhängen und daß ich nicht einen Teil, den Körper oder die Seele, vernachlässigen darf, ohne daß der andere Teil leidet.»

Manche empfinden es als hilfreich bei ihrem Bemühen, ihre

Körperempfindungen zu spüren, wenn sie sich einmal oder mehrere Male am Tag einige Minuten lang in die Stille zurückziehen und in sich hineinzuhorchen versuchen. Zur besseren Konzentration können wir hierbei die Augen schließen. Dann fragen wir uns, wie wir uns fühlen: gut, schlecht, gesund, kränklich. Wir können uns weiter fragen, wie wir unsere Füße, Beine, den Bauch, Rücken, Schultern, Arme, Gesicht und Augen fühlen und was wir beim Spüren des jeweiligen Körperteils empfinden: «Diese Übung steigert auch häufig die Vorgänge in meinem Körper. Ich erlebe seitdem mehr und viel genauer meine Gefühlswelt. Ich habe eine Möglichkeit gefunden, in mich hineinzuhorchen. Ich bin körperlichen Erscheinungen wie Verspannungen gegenüber wesentlich aufmerksamer geworden und habe gelernt, sie als körperlichen Ausdruck meiner Gefühle anzusehen.» Wenn wir auf diese Weise häufig in unseren Körper hineinspüren, werden wir die Eigenständigkeit und Weisheit unseres Körpers mehr achten. Wir werden ihn, seine Möglichkeiten und Grenzen anzunehmen lernen.

Wir lassen uns von unseren Körpersignalen leiten

Wenn wir die Verspannungen und ungünstigen Empfindungen im Körper wahrnehmen, können wir uns mit ihnen auseinandersetzen und zu erforschen versuchen, womit sie zusammenhängen, woher sie kommen, worauf sie hinweisen. Wir nehmen das Unbehagen und die Krankheitsanzeichen in unserem Körper nicht als etwas «Schicksalhaftes» hin, das von außen kommt und dem wir wehrlos ausgeliefert sind. Vielmehr können wir uns bemühen zu erforschen, wodurch die Signale ausgelöst oder gefördert worden sind, um mögliche Veränderungen herbeizuführen. Wir fragen uns: Mit welchen Erlebnissen und Erfahrungen hängen sie zusammen? Ist es meine Unruhe und Ängstlichkeit? Habe ich etwas gegessen, was ich nicht vertrage? Habe ich zuviel gegessen? Hängt es mit dem Rauchen oder Trinken zusammen? Habe ich etwas getan, was mir nicht bekommen ist? So befragen wir Teile unseres Lebensstils, ob sie mit den unangenehmen Körperempfindungen zusammenhängen. «Seit einigen Wochen merke ich jetzt in manchen Situationen, wie mein Rücken schmerzt. Und ich stelle mir jetzt Fragen, und ich lerne daraus: Was sind das für Situationen, in denen oder nach denen diese Schmerzen auftreten? Was tue ich in diesen Situationen, und was kann ich tun? Manche kann ich vermeiden. Aber in anderen – warum gerate ich da in Spannung? Und allmählich lerne ich, auf mich selbst, auf meine Spannungen zu achten. Und ich merke oft, daß ich in unnötiger Spannung bin, beim Essen, beim Schreiben, beim Zuhören. Ich merke es an meinen Händen, an meinen Schultern, an den Muskeln meines Gesichtes. Und allmählich lerne ich, mich entspannter zu verhalten und mehr in meinen Körper zu horchen. Aber das dauert natürlich lange; ich falle oft zurück, aber ich mache auch Fortschritte. Irgendwie ahne ich, daß alles mit meiner Lebensweise zusammenhängt und daß ich da etwas ändern werde.»

Bei dieser Selbstauseinandersetzung mit unseren Körperempfindungen werden wir oft herausfinden, daß unsere körperlichen Schmerzen auch mit unserem seelischen Befinden in Zusammenhang stehen. Wir werden vielleicht feststellen, daß bei uns zum Beispiel Muskelverspannungen, ein verkrampfter Magen oder Durchfall auftreten, wenn wir uns heftig geärgert haben, Angst spüren oder uns bedroht fühlen.

Wenn wir es gewohnt sind, sensibel die Signale unseres Körpers wahrzunehmen, seine Informationen zu verstehen und zu nutzen, werden wir auch langfristig auftretende günstige oder ungünstige Auswirkungen bestimmter Bedingungen auf den Körper spüren. Manche Reaktionen des Körpers auf Erlebnisse oder ungünstige Bedingungen machen sich nämlich erst nach einiger Zeit bemerkbar.

Es gehört oft ein geradezu detektivisches Gespür dazu, herauszufinden, womit bestimmte Beeinträchtigungen zusammenhängen. Migräneartige Kopfschmerzen zum Beispiel sind bei manchen eine Folge des Verzehrs bestimmter Nahrungsmittel, etwa Orangen, Schokolade oder Milch. Durch intensives Nachforschen und Erspüren können wir solche Zusammenhänge aufdecken. Andere Menschen sind fähig, ihr Bedürfnis nach bestimmten Nahrungsmitteln zu spüren, die Mangelerscheinungen im Körper ausgleichen können. Wir sind sehr beeindruckt von Experimenten mit

Tieren, die ergaben, daß diese bei natürlichem oder künstlich herbeigeführtem Mangel an Vitaminen oder Nährstoffen bestimmte Nahrungsmittel suchen, die diesen Mangel beheben. Wenn wir feinfühlig auf die Körpersignale achten, können wir diese Selbstregulationskräfte unseres Organismus, seine Selbstheilungstendenzen nutzen.

Manche Menschen berichteten uns, daß ihnen ihr Körper gleichsam Hinweise darauf gab, was sie tun mußten, um sich seelisch wohler zu fühlen. «Wenn ich anfange, depressiv zu werden», sagt Siegbert, 27, «dann fange ich komischerweise an, im Zimmer auf- und abzugehen. Ich mache es dann meist auch auf Strümpfen oder barfuß, weil ich dann so einen Bodenkontakt suche. Irgendwie spüre ich: Ich brauche Bewegung, die tut mir gut. Häufig mache ich dann Spaziergänge, oder ich laufe.»

Bei der Klärung unserer Körperempfindungen und möglicher Zusammenhänge zwischen diesen und unserem Lebensstil können uns auch Bücher über körperliche und seelische Vorgänge und Erfahrungen anderer helfen. Sie können dann hilfreich für uns sein, wenn wir die Erkenntnisse anderer nicht starr auf uns anzuwenden versuchen, sondern uns fragen, ob und inwiefern diese Erfahrungen oder Befunde anderer auch für uns zutreffen. So können wir sie als Hinweise und Anregungen bei der Erforschung dessen nutzen, was für uns schädigend oder förderlich ist.

Wir können auch zunehmend lernen, Hilfen für unseren Körper kreativ zu entwickeln und besser mit uns umzugehen. So können wir zum Beispiel Einschlafstörungen möglicherweise durch einen Spaziergang oder einen kurzen Lauf vor dem Zu-Bett-Gehen beheben, oder wir lernen, uns vor dem Einschlafen etwas Schönes vorzustellen, uns zu entspannen, auf unser Atmen zu hören: «Mir ist klargeworden, wie meine Gedanken Einfluß auf mein körperliches Fühlen nehmen, zum Beispiel beim Einschlafen. Ich bemühe mich jetzt, daß ich nicht an das denke, was ich noch alles tun muß, sondern daß ich an etwas Ruhiges denke.» Andere wiederum machen die Erfahrung, daß es für sie besser ist, irgend etwas Angenehmes zu tun, anstatt schlaflos im Bett zu liegen – ein Buch zu lesen, einen Brief zu schreiben, die Zimmerpflanzen zu gießen oder sich ein Fotoalbum anzusehen.

Gewiß ist es meist ein langer Weg, ehe wir in der Lage sind, diese Einsichten, wie wir unseren Körper fördern und Schädigungen von ihm abwenden können, auch in unserem täglichen Verhalten zu berücksichtigen. Es ist wichtig, daß wir die Sorge um unseren Körper nicht allein den Ärzten und den von ihnen verschriebenen Medikamenten überlassen. Die Einstellung «Die Ärzte werden meinen Körper schon wieder reparieren», was immer wir ihm auch angetan haben, steht im Widerspruch zum aktiven Sorgen für unseren Körper. Wir möchten noch einen weiteren Gesichtspunkt erwähnen: Dieses aktive Sorgen kostet meist wenig Geld. Häufig werden wir sogar noch Geld sparen, wenn wir mäßiger essen, nicht rauchen, keinen Alkohol trinken, keine Süßigkeiten zu uns nehmen.

Allmählich werden wir einen regelrechten Drang in uns verspüren, immer häufiger Situationen aufzusuchen, in denen wir uns wohl fühlen, die hilfreich für uns sind. Eine Schülerin beim Mittagessen: «Zum Kotzen diese Schule! Ich kann jetzt sowieso nicht gleich weiterlernen. Ich muß mich erst mal ausruhen. Auf die Couch schmeißen und einfach nur so Musik hören, nichts tun müssen, nur so daliegen. Ich hab's ausprobiert – dann kapier ich nachher alles in der halben Zeit, dann läuft es. Es gibt dann einen Augenblick, da lern ich das Schwerste in ganz kurzer Zeit. Ich weiß auch nicht, wie das kommt. Aber ich hab's dann drauf. Jetzt gleich – das würde sowieso nichts werden.»

Zunehmend lernen Menschen, die fähig sind, die Signale ihres Körpers wahrzunehmen und zu beachten, Anspannungen und Überbelastungen zu vermeiden: «Ich lebe jetzt insgesamt gesundheitsbewußter und bin ruhiger und entspannter geworden. Ich treibe mehr Sport, esse gezielter und freue mich intensiver an der Natur. Ich atme ruhiger. Meine Muskulatur ist nicht mehr so verkrampft. Meine Verdauung funktioniert ohne Nachhilfe», berichtet eine siebenunddreißigjährige Frau. «Ich habe meine Ernährung in den letzten drei Jahren umgestellt» sagt ein Sechzigjähriger. «Ich esse keine Süßigkeiten mehr, keinen Zucker, kaum noch Fleisch, aber viel Obst, geschrotetes Korn, Gemüsesäfte, Naturreis. Ich tue es nicht so sehr aus Angst vor Krankheit; ich fühle mich einfach wohler.»

Übungen, die helfen, für unseren Körper zu sorgen

Wir möchten auf einige Übungen und Aktivitäten eingehen, die häufig von Menschen, die lernen, ihre Körpergefühle zu spüren und sich mehr ihrem Körper zuzuwenden, als hilfreich erfahren werden: Bewegung, Hatha-Yoga, Atemübungen, Entspannung und Massage. Es ist wichtig, daß wir mit derartigen Aktivitäten beginnen, wenn wir uns körperlich und seelisch wohl fühlen. So wird uns das körperliche Training zu einer regelmäßigen Tätigkeit, die uns intensive Erfahrungen der günstigen seelischen und körperlichen Auswirkung ermöglicht. Wir werden dadurch fähig, diese Aktivitäten auch in körperlich und seelisch ungünstigen Zeiten durchzuhalten.

o *Bewegung und sportliches Training* sind für die körperliche und seelische Gesundheit vor allem jener Menschen bedeutsam, die ihre berufliche Arbeit im Sitzen ausführen oder starken seelischen Belastungen ausgesetzt sind. Die förderlichen Auswirkungen wurden in vielen Untersuchungen nachgewiesen. So wurde zum Beispiel mit Erwachsenen in einer Rehabilitationsklinik vier Wochen lang täglich eine Stunde ein körperliches Trainingsprogramm durchgeführt. Nach dieser Zeit waren die Teilnehmer körperlich leistungsfähiger und hatten ein günstigeres seelisches Selbstbild. Im Vergleich zu einer Kontrollgruppe von Personen, die nicht an dem Trainingsprogramm teilnahmen, akzeptierten sie sich mehr, hatten eine positivere Einstellung zu ihrem Körper und waren gefühlsmäßig und sozial lebensfähiger. [53] Auch bei Jugendlichen wurden solche günstigen Auswirkungen festgestellt: Schüler des siebten Schuljahres mit geringer Selbstachtung hatten nach einem viermonatigen sportlichen Trainingsprogramm, insbesondere einem Lauftraining, neben besseren Herz-Kreislauf-Werten ein positiveres Bild von sich und mehr Selbstachtung als Jugendliche, die nicht an einem solchen Sportprogramm teilnahmen. [53]

Einige Äußerungen zu den Auswirkungen von Bewegungsübungen: «Mir fällt immer wieder auf, wie gut mir Bewegung tut. Ich fühle auch, daß mir die Körpertätigkeit mehr Sicherheit gibt.» – «Wenn ich Sport treibe, stehe ich zu mir selbst ganz anders. Dann steigt gleichsam auch meine innere Willenskraft.» – «Seit sechs

Wochen bin ich jeden Tag im Schwimmbad und schwimme mindestens eine halbe Stunde. Ich werde auch immer schneller. Und seitdem habe ich richtig das Gefühl: Ich bin stark, körperlich stark. Und ich habe festgestellt: Das hilft mir, das ist so ein Gegengewicht gegen meine seelischen Stimmungen.»

Vielen Menschen fällt die regelmäßige Bewegung leichter, wenn sie diese mit ihrem Partner, einem Freund oder in einer Gruppe durchführen: «Zusammen mit zwei Freundinnen kämpfe ich gegen Übergewicht und Alkohol», berichtet eine fünfundfünfzigjährige Frau. «Wir treffen uns regelmäßig zum Sport und besprechen auch unsere Schwierigkeiten miteinander. Das Aussprechen darüber, warum uns körperliche Bewegung manchmal schwerfällt, aber auch, welche Freude wir dabei finden, halten wir für wichtig.»

○ *Laufen*, ein Trimm-Trab, täglich oder einige Male in der Woche etwa zehn bis dreißig Minuten, wird von vielen Menschen unterschiedlichen Alters als sehr förderlich für ihre körperliche und seelische Gesundheit erlebt. Eine einundachtzigjährige Teilnehmerin eines New Yorker Stadt-Marathons, die erst als Zweiundsiebzigjährige ihre Vorliebe für das Laufen entdeckte, berichtet: «Bewege ich mich kaum, dann spüre ich mein Alter. Dann sticht es mich da und dort. Aber beim Laufen, da ist alles wie weggeblasen!»

[14] Daniela, 21: «Wenn ich mich nicht gut fühle und dann laufe, dann spüre ich, daß ich wieder Kraft in mir habe. Dann fühle ich mich gut. Ich komme wieder in besseren Kontakt zu mir.» Laufen wir regelmäßig, verringert sich – vor allem auf Grund der starken Durchblutung und der tiefen Entspannung, die wir hinterher spüren – unsere Anfälligkeit für Krankheiten; wir werden körperlich leistungsfähiger. So waren nach Untersuchungen an der Universität von Florida Männer im Alter von 35 bis 55 Jahren, die regelmäßig liefen, fast genauso gesund wie trainierte junge Sportler. Ihr Herz und ihre Lunge waren im allgemeinen gesünder und leistungsfähiger als die von untrainierten jungen Leuten. Meßbare Veränderungen waren schon nach sechs Wochen Training feststellbar. Laufen scheint den körperlichen Altersprozeß zu verlangsamen. [13]

Die seelischen Auswirkungen des Laufens halten wir für mindestens ebenso bedeutsam wie die körperlichen. Laufen fördert die seelische Ausgeglichenheit, steigert seelisches und körperliches Wohlbefinden, das Selbstgefühl und die Lebensfreude. [63] «Wenn ich laufe, wenn ich meine Bewegung und den Atem spüre und mich darauf konzentriere, dann kommt Lebendigkeit in mich», sagt ein Vierundvierzigjähriger, der gerade eine psychische Erkrankung überwunden hat. Er fährt fort: «Ich habe noch eine Menge Ängste, und die spüre ich häufig bis in den Rücken hinein. Aber durch dieses Laufen geht meine Lähmung, Einengung und Fesselung über in Bewegung, Offenheit und Entwicklung.»

Auch in mehreren Untersuchungen ergab sich, daß Laufen bei Patienten mit Depressionen und sogenannten neurotischen Beeinträchtigungen zu günstigen Veränderungen führt. Denn gerade sie neigen häufig dazu, sich passiv zu verhalten und wenig zu bewegen. Sie «verkriechen» sich leicht in sich selbst. Laufen führt auch bei ihnen zu günstigen Körpergefühlen, zu einer Steigerung des Lebensgefühls. Clara, 37: «Wenn ich in so eine depressive Phase rutsche, dann renne ich immer einmal von meinem Block aus um den Park. Ich atme dann wirklich durch und hab das Gefühl, daß ich alles Negative rausschnaufe. Der ganze Kopf ist irgendwie durchlüftet. Ich kann dann gar nicht mehr an anderes denken. Ich finde, das ist ein hilfreiches Mittel. Das ist einfach besser als Pillen zu schlucken.» – «Ich kann's zu jeder Tages- und Nachtzeit machen. Wenn ich mich nachts fürchte, rauszugehen, dann gehe ich auf den Balkon und renne auf dem Stand. Da atme ich auch und komme außer Atem. Und das ist das Wichtigste für mich, das Außer-Atem-Kommen. Irgendwie gibt es mir ein Stück Freiheit. Ich bin so glücklich, daß ich das als Möglichkeit entdeckt habe.»

○ *Körpertherapeutische Übungen* wie Hatha-Yoga, Atemtherapie und Feldenkrais-Körpertherapie sind weitere Möglichkeiten, für sich zu sorgen. Sie führen meist zu einer deutlichen Verbesserung des Lebensgefühls und der Gesundheit, vor allem auch bei Menschen mit körperlichen und seelischen Beeinträchtigungen.

Hatha-Yoga ist nicht – wie manche zunächst annehmen – ein körperliches Leistungstraining oder Einüben akrobatischer Körperstellungen. Vielmehr handelt es sich eher um langsame, fast meditative Übungen mit dem Körper. [28] Diese führen zu größerer körperlicher Entspannung, besserer Durchblutung, zu einer erhöhten Funktionsfähigkeit des gesamten Organismus, zu einer intensiven gefühlsmäßigen Erfahrung des eigenen Körpers und zu deutlicher seelischer Entspannung. «Da meine Ängste mit starken Verspannungen verbunden sind, fing ich an, regelmäßig morgens und abends Yoga, Tiefatmungs- und Entspannungsübungen zu machen», berichtet eine Frau. «Durch diese Übungen erhöhte sich meine Körperwahrnehmung, so daß ich immer häufiger merke, wenn ich anfange, mich zu verkrampfen. Und ich kann mich jetzt häufig entspannen, bevor die Schmerzen kommen.«

Atemtherapeutische Übungen führen zu einer Vertiefung der Atmung, die häufig durch seelische Spannungen und Ängste flach und eingeengt wurde, zu einer besseren Durchblutung und zu größerem Wohlbefinden: «Nach dem Wochenende in der Atemtherapie fühlte ich mich mehr in Kontakt mit meinem Atem. Ich lebe bewußter. Ich spüre mich kraftvoller und lebendiger.»

Die *Feldenkrais-Körpertherapie* [7] führen wir beide – ebenso wie Hatha-Yoga – mehrmals in der Woche durch, meist mit Hilfe einer Toncassette, gelegentlich in einer Gruppe. Bei diesen Übungen ist eine große Bewußtheit der Bewegungen und der Körperstellungen von Bedeutung. Dieses konzentrierte «In-den-Körper-Hineinspüren» während der sehr langsamen Bewegungen führt zu einer besseren Einfühlung, größeren Entspannung und zu einer günstigen Veränderung des Bildes, das wir von unseren Bewegungen, unserem Körper oder einzelnen – vor allem den beeinträchtigten – Körperteilen haben. Eine vierzigjährige Frau, die wegen starker Rückenschmerzen über ein halbes Jahr im Bett liegen mußte, dann zur Feldenkrais-Körpertherapie fand und sich als Körpertherapeutin ausbilden ließ, berichtet: «Ich benutzte meinen Körper früher immer nur mechanisch, wie ein Werkzeug. Ich vernachlässigte ihn, ja mißhandelte ihn gradezu. Ich beachtete nicht seine Warnsignale. Schmerzen nahm ich als mehr oder weniger unabwendbar hin. Vieles hat sich in mir in der vergangenen Zeit durch intensive Feldenkrais-Arbeit geändert. Ich bin dabei, meinen Körper wirklich zu finden, Stück für Stück, wie beim Zusammensetzen eines Mosaiks. Ich habe gelernt, *mich* zu bewegen, nicht nur meinen Körper. Ich habe die Freude erlebt, mich in meinem Körper zu Hause zu fühlen, wieder alles das tun zu können, was mir jahrelang durch Schmerzen verwehrt war, das heißt, die Freude zu leben.»

Auch *Entspannungsübungen*, zum Beispiel Autogenes Training, werden von vielen Menschen als hilfreich erfahren. Die Übungen können kombiniert werden mit dem Vorstellen von angenehmen Erfahrungen – ein Vorgang, den wir bereits auf S. 185 dargestellt haben. Körperliche und seelische Entspannung fördert die Durchblutung. Dadurch werden die einzelnen Teile des Körpers ausreichend mit Nährstoffen und Blutkörperchen versorgt. Durch größere Entspannung können sich wahrscheinlich auch die in uns vorhandenen Heilkräfte besser entfalten.

Anna, 26, beschreibt, wie sich bei ihr kombinierte Atem- und Entspannungsübungen bei gleichzeitiger leichter Massage durch eine Therapeutin auswirkten und was sie dabei empfand: «Ich bin sonst dauernd mit meinen Gedanken bei meiner Arbeit, und ich hatte ein schlechtes Gefühl im Körper. Überall Spannungen. Und in meinem Kopf kreisten die Sachen immer nur so herum. Anfangs, als die Therapeutin mich anfaßte und berührte, da war ich noch sehr mit meinen Gedanken verhaftet. Aber ich habe versucht, mich in meinen Atem und in ihre Berührungen einzufühlen. Ich merkte dann nach und nach, daß mir andere Gedanken kamen, daß die Gedanken an meine Arbeit nicht mehr so zwanghaft waren. Ich spürte, wie so ein gutes Körpergefühl in mir hochstieg und immer positivere Gedanken über mich. Ich habe mich dann wirklich fallengelassen. Irgendwie war es ein sehr schönes, wohltuendes Gefühl, das in mir hochstieg. Ich merkte ganz deutlich, daß ich mich wohliger mit mir selbst fühlte.»

Erkrankte sorgen für sich

Fühlen wir uns krank, so braucht unser Körper ein besonders einfühlendes und achtsames Sorgen, nicht nur von medizinischen Helfern, sondern vor allem von uns selbst. Bei einer Erkrankung ist es besonders wichtig, daß wir die Signale unseres Körpers hören und beachten, uns in ihn einfühlen, uns angemessen ernähren, entspannen und förderliche Übungen machen.

Anne-Marie, zwei Jahre nach ihrer Krebsdiagnose: «Im Laufe von Monaten lernte ich, die Signale meines Körpers zu hören, und machte die Erfahrung, daß eine unglaubliche Weisheit in ihm steckt. Er teilte mir durch die Signale mit, wann er sich überlastet fühlte, was er wirklich brauchte, wonach er sich sehnte, wann er sich wohl fühlte. Die Vorstellung, daß ich einen kranken Körper hatte, der in Unordnung geraten war, verblaßte immer mehr angesichts der Erfahrung, daß er mir sinnvolle, ‹weise› Zeichen gab, damit ich meine geistigen und seelischen Aktivitäten auf seine Bedürfnisse abstimmte, so daß Körper, Seele und Geist im Einklang miteinander leben konnten. Ich lernte, meinen Körper zu hören, ihn zu verstehen, offen für seine Regungen zu sein und für ihn zu sorgen. Ich genieße es jetzt eigentlich auch, soviel Rücksicht auf meinen Körper nehmen zu müssen.»

Auch das Sorgen für unser *seelisches* Wohlergehen ist bei Erkrankungen besonders wichtig:

○ Eine anhaltende schwere Erkrankung ist ein sehr belastendes persönliches Erlebnis und beeinträchtigt unser Leben erheblich. Entscheidend ist, daß wir uns mit der Krankheit auseinandersetzen und trotz der Bedrohung wieder eine positive Einstellung zu uns und unserem Körper bekommen. Gelingt uns dies nicht – etwa weil zuviel Angst, Bitterkeit oder Enttäuschung in uns sind –, so tritt zumeist eine Verschlechterung der körperlichen Vorgänge ein.

○ Wenn wir seelisch gut für uns sorgen, so wirkt sich dies förderlich auf körperliche Funktionen aus, so daß der Körper eher mit der Krankheit fertig werden kann.

○ Anne-Marie hat dieses einfühlsame Sorgen für den Körper in ihrem Buch ‹*Gespräche gegen die Angst*› dargestellt. Dieses Buch trägt den Untertitel «Krankheit – Ein Weg zum Leben». Es zeigt, daß Menschen durch ihre Krankheit – hier vor allem Krebs – lernen, intensiver und reicher zu leben, anstatt gegen sie anzukämpfen und voller Angst zu sein. Anne-Marie: «Irgendwo habe ich mich damit sehr ausgesöhnt, daß ich jetzt ein anderes Leben führen muß. Ich akzeptiere es und finde auch viele Schönheiten darin. Gestern sagte ich zu Reinhard: ‹Ich weiß gar nicht, wann haben wir je so viele schöne Sommertage gehabt?› Mir war klargeworden, daß wir sonst immer nur auf dem Tennisplatz waren oder daß ich sonnabends und sonntags mit der Mannschaft unterwegs war und er mitunter auch. Zu den schönen gemeinsamen Stunden kommen wir im Grunde genommen erst jetzt. Und ich bin erstaunt, wie ich mit dem wenigen, was ich jetzt körperlich noch kann, trotzdem noch gut existieren kann. Das ist eine sehr bedeutsame Erfahrung. Ich lerne, meinen Körper noch mehr zu achten für das wenige, was er noch kann. Und daß er mir dadurch auch Bereiche erschlossen hat, die mir bis dahin noch nicht zugänglich waren.» So können wir Wege finden, trotz schwerer körperlicher Beeinträchtigungen befriedigend zu leben.

Erst in den letzten Jahren sind die günstigen Einflüsse seelischer Vorgänge auf den Körper mehr in das Blickfeld von Wissenschaftlern gerückt. Gerade für den Erkrankten ergeben sich aus diesen neuen Erkenntnissen vielfältige Möglichkeiten, aktiv an seiner Gesundung mitzuwirken.

Aus ihrem Alltag teilten uns Menschen etwa folgende Erfahrungen mit: Eine einfache und naheliegende Möglichkeit ist das *Sprechen mit dem erkrankten Körperteil*: «Wenn ich Schmerzen im Kniegelenk habe, etwa beim Laufen, dann rede ich ihm gut zu, besänftige es, versetze mich mehr in es hinein. Manchmal mache ich auch einige Versprechungen für die Zukunft. Ich bekomme auch manchmal Rückmeldung von meinem Knie, daß ich es zu sehr beansprucht habe, zu unvorsichtig mit ihm umgegangen bin. Das ganz Erstaunliche für mich als Naturwissenschaftler ist, daß die Schmerzen sich dann fast immer mindern, ja daß sie manchmal sogar vollständig verschwinden.»

Die vollständige *Entspannung* ist eine weitere hilfreiche Möglichkeit, mit Schmerzen umzugehen. Gewöhnlich führen Schmerzen zu einer starken Anspannung, zu Muskelkontraktionen, zu einer Abwehr und Unterdrückung des Schmerzerlebens. Wenn es uns jedoch gelingt, uns zu entspannen, nicht gegen die Schmerzen zu kämpfen, sondern uns auf sie einzulassen, gleichsam in sie hineinzugehen, dann verspüren wir meist eine deutliche Linderung. Anne-Marie berichtet, wie ihr die Entspannung, das «Loslassen» ihres Körpers, während der operativen Entfernung von Krebsknoten an ihrem Hals half: «Ich habe vor der Operation eine halbe Stunde Meditationsmusik gehört und mir dann gesagt: So, Anne-

Marie, versuch doch mal eine außerkörperliche Erfahrung zu machen. Du hast Vertrauen zu den Ärzten und überantwortest ihnen deinen Körper. Zwar hatte ich nun nicht gerade eine außerkörperliche Erfahrung, aber ich konnte während dieser zwei Stunden lokaler Anästhesie ein Stück weit von meinem Körper gefühlsmäßig abrücken. Und sie brauchten kein Betäubungsmittel nachzuspritzen. Ich hab da völlig ruhig und entspannt gelegen, ganz in mir zentriert. Ich hab auch wirklich kaum etwas gespürt, weil ich eben sehr entspannt und mir selbst sehr nahe war.»

Bildhafte Vorstellungen im entspannten Zustand sehen wir auf Grund von Untersuchungen, eigenen Erfahrungen und der Erfahrungen von Klienten unserer Psychotherapeutischen Beratungsstelle als eine sehr wichtige Möglichkeit an, körperliche Vorgänge durch seelische Kräfte zu beeinflussen. Stellen sich Menschen im entspannten Zustand bestimmte Tätigkeiten vor, zum Beispiel Laufen, kann mit Hilfe von Meßgeräten eine leichte Aktivierung der Muskeln festgestellt werden, die bei der Ausübung der jeweiligen Tätigkeit in Funktion treten würden.

Wie können wir nun mit Hilfe seelischer Vorgänge auf unsere körperlichen Beschwerden einwirken? Wir stellen uns im entspannten Zustand das erkrankte Organ und die körperlichen Gesundungsvorgänge und Abwehrfunktionen in möglichst vielen Einzelheiten bildlich vor – zum Beispiel weiße Blutkörperchen, die eingedrungene Viren angreifen. Der amerikanische Arzt Carl Simonton und seine Frau haben dieses bildliche Vorstellen eingehend entwickelt, vor allem bei krebskranken Patienten erprobt und in einem Buch auch für Laien verständlich und nachvollziehbar dargestellt. [47] Dem Buch ist eine Cassette beigegeben. Man kann sich auch die Anleitungstexte aus dem Buch selbst auf eine Cassette sprechen, so daß eine regelmäßige Übung erleichtert wird.

Wenn jemand zum Beispiel an Arthritis leidet, stellt er sich im entspannten Zustand konkret und intensiv sein Gelenk vor, etwa mit kleinen Körnern, die die Schmerzen verursachen. Dann stellt er sich bildlich vor, wie seine weißen Blutkörperchen die Schlacken und Körner abtransportieren und wie die Gelenkoberfläche wieder sauber und glatt wird.

Leidet jemand an einem Magengeschwür, so stellt er sich dieses als eine offene Wunde an der Innenwand seines Magens vor. Dann entwirft er ein Vorstellungsbild vom Heilungsvorgang: Ein Heilmittel bedeckt die Wunde, neutralisiert die überschüssige Säure und besänftigt das Geschwür. Normale Zellen beginnen in der Wunde zu wachsen und schließen sie allmählich, bis die Magenwände schließlich wieder rosa und gesund aussehen.

Folgende Auswirkungen haben solche neben der üblichen medizinischen Behandlung durchgeführten Vorstellungsübungen im entspannten Zustand:

○ Die Angst vieler Patienten vor ihrer Erkrankung verminderte sich. Sie konnten ihre Erkrankung eher akzeptieren.

○ Sie gewannen ein günstigeres positiveres Bild von ihrem erkrankten Körperteil. Dieses positivere Bild scheint sehr bedeutsam zu sein für körperliche und seelische Gesundungsvorgänge.

○ Die Personen hatten das Gefühl, aktiv etwas für ihre Gesundung tun zu können. Die Übungen führten auch zu einem vermehrten Sorgen für den Körper.

○ Die Übungen führten zu einer erheblichen seelischen Entspannung.

○ Die Übungen bewirken wahrscheinlich eine körperliche Entspannung und bessere Durchblutung. Insgesamt scheinen die Heilungsvorgänge des Organismus durch diese Übungen gefördert zu werden. Die folgenden Ausschnitte aus Erfahrungsberichten zeigen, wie die Auswirkungen dieser Vorstellungsübungen von einzelnen empfunden werden: «Nach diesen Übungen habe ich gemerkt – und ich bin geradezu froh darüber –, daß sich mein Magen sehr gut entspannte. Als ich anfangs versuchte, zur Ruhe zu kommen und mir das vorzustellen, ist mir das schlecht gelungen. Aber ich habe dann doch gemerkt, daß sich mein Magen beruhigt hatte und daß ich auf einmal auch wieder essen konnte.»

Vorstellungsbilder im entspannten Zustand sind eine zusätzliche Hilfe bei fast allen Formen der medizinischen Behandlung. Ärzte können uns Hinweise geben, welche Veränderungen wünschenswert oder notwendig in unserem Körper sind. Ein fünfundvierzigjähriger Ingenieur, der jahrelang an heftigen Schmerzen im Nackenbereich litt, hatte zunächst folgende Vorstellungsbilder: «Ich stellte mir meine Muskeln als Stahlseile vor, und durch so ein

Magnetfeld von außen wurden sie richtig aus meinem Körper herausgepreßt. Und um das zu ändern, habe ich mir immer vorgestellt, daß jemand mit einem Vorschlaghammer gegen die Stahlseile haut und sie kaputtschlägt.» Dieser Mann lernte durch die geleiteten Übungen, sich seine Muskeln als gespannte Gummibänder vorzustellen, die sich langsam entspannen und nachgeben, die mehr durchblutet werden, roter werden, sich weicher anfühlen und dehnen – also ein Weicherwerden und Nachgeben von innen heraus. Ein viertel Jahr später hatte er seine Beschwerden durch diese Vorstellungsübung im Zusammenwirken mit sportlichen Aktivitäten und Gesprächen deutlich verringert.

Anne Marie: «Ich habe deutlich erfahren, daß ich mich durch diese Übungen mit mir selbst und meiner Krankheit wieder wohler fühle. Ich hatte das Gefühl, im Krankheitsgeschehen eine aktive Rolle spielen zu können, und fühlte mich der Krankheit nicht mehr so ausgeliefert.» Eine Krebspatientin: «Mein ganzes Wesen wurde ruhiger. Ich habe wieder ein bißchen Lebensfreude, was ich vorher nicht hatte. Und ich hatte auch vorher überhaupt keine Hoffnung mehr.»

Wahrscheinlich werden diese und andere Selbstheilungs- und Unterstützungsmethoden zukünftig weiter entwickelt werden. Wir denken, daß dies dringend notwendig ist. Wir glauben nicht, daß wir angemessen für unseren Körper sorgen, wenn wir uns nur auf die Behandlung medizinischer Helfer, auf Medikamente und auf Operationen oder andere physikalische Anwendungen beschränken. Wir denken, daß Gesundheit nicht nur die Abwesenheit von Krankheit ist, sondern weit mehr: ein körperliches und seelisches Sich-wohl-Fühlen.

Sich einfühlen in die seelische Erlebniswelt des anderen, ohne sie zu bewerten

Menschen fühlen sich zuwenig in andere hinein

Viele Menschen begegnen sich, ohne die seelische Erlebniswelt des anderen zu spüren und sie in ihren Handlungen zu berücksichtigen. Oft sind sie sich nicht einmal der offensichtlichsten Gefühle des anderen bewußt. Sie bewerten und beurteilen ihn und versuchen, ihn ihren Bedürfnissen entsprechend zu lenken. Dadurch werden ihre Handlungen unangemessen. Die meisten von uns machen häufig die Erfahrung: «Der andere versteht zwar meine Worte, aber nicht, wie ich mich fühle.» – «Ich fühle mich meist mißverstanden, falsch beurteilt, zu schnell abgestempelt, fühle zuwenig Verständnis für meine Situation. Es werden Ansprüche an mich gestellt, die mich oft überfordern.»

Wenn wir uns mit unserem eigenen Verhalten ehrlich auseinandersetzen, werden wir feststellen, daß auch wir selbst uns in den verschiedensten Beziehungen und Situationen zuwenig in andere einfühlen, sie in ihrem seelischen Erleben nicht verstehen. «Wir alle glauben zu wissen, wie man zuhört», sagt ein Fernsehmoderator. «Wir glauben, daß wir wirklich zuhören, und schließlich stellen wir fest, daß wir es überhaupt nicht tun.» Die Schwierigkeit, aufeinander einzugehen, zeigt der folgende Ausschnitt aus einem Gespräch in einer gefilmten Paar-Gruppe:

Heinz, 35: «Das verstehe ich unter einem Gespräch: daß man sich hört. Aber meist ist es so, daß wir uns gegenseitig gar nicht genug hören. Wir sind zu sehr immer bei uns. Und wenn dann der andere anfängt, dann hören wir ihn nicht.»

Maria, Heinz' Frau: «Bei dir wurde alles sofort ins Lächerliche gezogen oder durch Witze überspielt. Bei dir konnte ich mich nicht aussprechen.»

Heinz: «Das war vielleicht so bis vor kurzer Zeit, kann man sagen; ich habe nicht geglaubt, daß wir Probleme haben können. Ich glaube, ich habe Maria nie verstanden – was sie wollte.» [58]

Auch Lehrer nehmen nur selten die seelische Erlebniswirklichkeit ihrer Schüler wahr. [35, 54] Manche Lehrer bemühen sich nicht, zu verstehen, was ihre Schüler fühlen, was die Erfahrungen im Klassenraum für die einzelnen Schüler bedeuten: «Der Lehrer macht seinen Unterricht so, als gebe es uns nicht; ohne daß er sich irgendwie vorstellt, welche Schwierigkeiten wir haben und wie es uns geht», sagt ein Sechzehnjähriger.

Selbst Menschen in sozialen Berufen ignorieren oft das gefühlsmäßige Erleben, die Sorgen und Ängste der Hilfesuchenden, denen sie tagtäglich begegnen. Eine junge Krankenschwester: «Bei einer Patientin habe ich einen ganz schönen ‹Murks› gemacht. Ich habe sie mit meinen Erwartungen, Hoffnungen, Ideen, Vorstellungen und Wünschen überschüttet beziehungsweise verschüttet und lange nicht gemerkt, wie ich sie dadurch zu einem ‹Objekt› machte.» Ein Arzt: «Die Kollegen, die sich die Zeit nehmen, über den ‹Fall› hinaus die Person und das Leben der behandelten Menschen vor sich zu sehen, sind oft noch Außenseiter. Und Ärzte, die das Seelische ihrer Patienten verstehen, ja, die sind selten.»

Was geht in Menschen vor, die sich nicht verstanden fühlen?

○ Sie fühlen sich allein gelassen, verletzt und ohne Unterstützung. «Wenn ich mich auf das Wagnis, das Risiko einlasse, einem anderen Menschen etwas sehr Persönliches mitzuteilen, und er es nicht aufnimmt und nicht versteht, dann ist das ein sehr enttäuschendes, ein Gefühl der Einsamkeit hervorrufendes Erlebnis. Und wenn diese Mitteilung durch Bewertungen, Beschwichtigungen oder Sinnentstellung beantwortet wird, dann durchzuckt es mich sehr heftig: ‹Ach, was soll’s!› In solchen Momenten weiß ich, was es heißt, allein zu sein.» [37]

○ Menschen ziehen sich in sich zurück und verschließen sich. Eine Ehefrau: «Was ich in meiner Partnerschaft als belastend erlebe, ist das Gefühl, daß mein Partner nicht auf mich eingeht, daß ich mich

nicht verstanden weiß. Und so spreche ich schon vieles gar nicht
mehr aus, auch nicht meine Sorgen.»

Die folgenden ungünstigen Auswirkungen wurden in Untersuchungen nachgewiesen:

o Personen, die sich von ihrem Partner in ihren Gefühlen meist
nicht verstanden fühlten, waren überwiegend unzufrieden mit ihrer Partnerschaft. [11]

o Schüler der verschiedensten Schulklassen, die sich von ihren
Lehrern in ihrer seelischen Wirklichkeit nicht verstanden fühlten,
lernten fachlich und persönlich erheblich weniger als Schüler von
deutlich einfühlsamen Lehrern, die in der Lage waren, auf sie
einzugehen. [1, 35, 53]

o Bei Klienten, die sich von ihren Psychotherapeutischen Helfern
in ihren gefühlsmäßigen Erlebnissen und Schwierigkeiten nicht
verstanden fühlten, verringerten sich die seelischen Beeinträchtigungen nicht oder nur geringfügig. [45, 54, 65]

Warum fällt es uns schwer, uns in den anderen einzufühlen?

o Ausschlaggebend scheint zu sein, daß wir nicht oder nur selten in
unserem Leben über einen längeren Zeitraum mit Menschen zusammen waren, die die Fähigkeit hatten, uns in unserer seelischen Welt zu
verstehen, daß wir nie oder nur selten miterlebt haben, daß Menschen
einfühlsam aufeinander eingingen. So sind unsere Möglichkeiten zumeist von vornherein gering gewesen, ein verständnisvolles Mitein-
ander-Umgehen von anderen zu lernen. Wir haben eher gelernt,
Menschen Ratschläge zu geben und sie in irgendeine Richtung zu lenken, die uns gut scheint, statt sie in ihrer Erlebniswelt zu verstehen
und ihnen eine Chance zu geben, sich selbst zu ändern.

o Häufig ist der Drang, selbst zu reden und selbst verstanden zu
werden, größer als das Bemühen, den anderen zu hören und zu
verstehen: «Die meisten haben nach zwei Minuten vergessen, was
ich ihnen gesagt habe. Sie benutzen jede Gelegenheit, um von sich
zu reden. Sie sind alle viel zu sehr beschäftigt – mit sich selbst, mit
ihrem Beruf, mit allen möglichen Dingen –, als daß sie die Ordnung
und die Aufgeräumtheit in sich herstellen könnten, die nötig ist,

um sich anderen voll und produktiv zuwenden zu können. Häufig
haben die meisten Leute, mich nicht ausgenommen, einen unbän-
digen Drang, sich selbst zu äußern.»

○ Viele Menschen sind zu sehr mit sich selbst und ihren Schwierigkeiten beschäftigt, um an den Gefühlen und Schwierigkeiten
anderer einfühlsamen Anteil nehmen zu können. Karl-Heinz,
Facharbeiter, in einer gefilmten Gesprächsgruppe: «Ich ertapp
mich manchmal dabei – wenn einer kommt und will was erzählen,
dann stell ich fest: Ich bin ein furchtbar schlechter Zuhörer. Irgendwie spricht der andere etwas an, dann stell ich fest, das Problem hab
ich grad im Augenblick auch. Und dann bin ich mit meinen
Gedanken bei mir selber und höre gar nicht richtig zu.» [6c] – «Ich
merke in dem Moment, wo ich den anderen nicht hören kann, daß
da noch Sachen für mich selber ungeklärt sind. Das konfrontiert
mich dann irgendwie mit mir selbst und ist ein Hinweis: Hallo, was
ist eigentlich mit dir? Es ist vielleicht auch ein Hinweis, daß ich
mich unbewußt bedroht fühle.»

○ Manche fühlen sich durch die Erlebniswelt anderer bedroht und
vermeiden es deshalb, einfühlsam auf sie einzugehen: «Mein
Freund konnte meine Traurigkeit nicht ertragen. Sie zog ihn zu
sehr in seine eigenen Tiefen.» So werden auch die Empfindungen
von Hungernden und Notleidenden von vielen Menschen nicht
wahrgenommen; sie fürchten, daß sie ihr Bewußtsein und ihren
luxuriösen Lebensstil ändern müßten, wenn sie es täten.

Die seelische Wirklichkeit anderer entdecken

Wir folgen dem anderen in seine Erlebniswelt

Jeder von uns lebt in seiner eigenen inneren Erlebniswelt, in der
Welt seines Fühlens und Denkens. Diese seelische Welt ist für ihn
Wirklichkeit. Auf sie reagiert er. Es gibt so viele seelische Welten,
wie es Menschen gibt.

Und doch gehen viele Menschen davon aus, daß wir alle in der gleichen seelischen Wirklichkeit leben. Sie übersehen einen wesentlichen Unterschied: Wenn einige Menschen zum Beispiel in einem Zimmer sitzen, so können sie zwar die gleichen Personen, Gegenstände und Ereignisse wahrnehmen, doch unterscheiden sich die *Bedeutungen,* die diese für jeden von ihnen haben. Wenn sie etwa ein Foto betrachten, sieht es jeder von ihnen in anderer Weise. Es ruft unterschiedliche Gefühle und Reaktionen bei ihnen hervor. Es hat für jeden eine andere Bedeutung.

Besonders im Umgang mit Kindern wird uns deutlich, daß sich ihre Erlebniswelt oft erheblich von unserer eigenen unterscheidet. Die Beschädigung einer Puppe oder der Verlust eines Spielzeugs ist für sie wirklich ein schmerzliches Erlebnis, über das sie sehr traurig sind. Wichtig ist, daß wir ihren Schmerz nachfühlen und sie in ihrem Empfinden achten und ihnen darin nahe sind.

Die innere Welt des anderen zu spüren, erfordert ein intensives Bemühen. Denn sie ist ja nicht irgendwie ablesbar oder äußerlich wahrnehmbar. Es ist also notwendig, daß wir dem anderen in *seine* Erlebniswelt folgen, daß wir uns in ihn einfühlen. «Umgangstechniken» oder floskelhafte Äußerungen wie «Ich verstehe schon, was Sie meinen, aber . . .» können das Spüren der Erlebniswelt eines anderen niemals ersetzen. Voraussetzung für dieses Wahrnehmen ist vielmehr, daß wir es dem anderen ermöglichen, über sich zu sprechen, damit wir überhaupt einen Zugang zu seinem Erleben finden. Dabei fragen wir uns etwa: Was fühlt der andere? In welchen Bedeutungen erlebt er seine Umwelt, Personen und Ereignisse? Wie sieht er sich selbst? Welche Bedeutung haben für ihn die Erfahrungen, die er macht? – «Für mich ist es eigentlich so: Wenn jemand kommt und sich öffnet, dann rücke ich ihm gefühlsmäßig immer näher. Und dann plötzlich habe ich das Gefühl, als wär ich in seine Haut geschlüpft, in seine Gefühlswelt. Ich spüre in dem Moment auch seine Gefühle, aber ich lasse mich nicht von ihnen so überwältigen wie er.» Ingo, ein Packer, in einer gefilmten Gesprächsgruppe: «Ich bin zum Beispiel in der Lage, daß ich auch mal die Situation eines anderen Menschen genauso zu erleben versuche, als ob *ich* es wäre. Und was er fühlt, nicht? Wie man ihm vielleicht helfen könnte. Wo man überhaupt helfen kann. Ich glaube, ich kann das manchmal. Zuhören alleine ist es nicht. Was ich meine: daß man sich richtig in die Lage eines anderen Menschen hineinversetzen kann, daß ich denke: Jetzt bin ich der und der, und was würde ich jetzt machen mit dem seinen Problemen.» [60]

Ist die Einfühlung zwischen zwei Menschen sensibel und tief, so kommen sie sich einander sehr nahe. Manche erleben dies als «Berührung der Seelen»: «Es schwingt das in mir mit, was in dem anderen geschieht: ein Stück Schmerz, Trauer, Wut oder Ärger.»

Wir teilen dem anderen mit, wieweit wir ihn in seinem Erleben verstehen

Es ist für uns selbst und den anderen hilfreich, wenn wir ihm mitteilen, was wir von seiner Erlebniswelt verstanden haben, wie weit wir ihm haben folgen können. Dies tun wir, ohne zu werten und ohne ihn zu diagnostizieren. Manchmal werden wir unsicher sein, ob wir ihn in seinem Erleben richtig verstanden haben. Dann ist es gut, ihm auch das mitzuteilen, indem wir ihn etwa fragen: ‹Habe ich dich so richtig verstanden?› So geben wir ihm die Möglichkeit, unsere Wahrnehmung von ihm richtigzustellen: «Wenn ich das zu fassen bekomme, was der andere fühlt, dann spreche ich es aus. Oder es ist für mich nicht klar, und dann geb ich das ein Stück zurück mit dem Zweifel in einer Frage, und dann entsteht im Gespräch mehr und mehr Klarheit.»

Die folgenden Gesprächsausschnitte zeigen, welche vielfältigen Möglichkeiten wir haben, in Alltagsgesprächen einfühlsam auf die innere Welt des anderen einzugehen:

Regina: «Ich hab es geschafft, zu Thorsten am Telefon zu sagen: Du, ich möchte jetzt Schluß machen. Das ist grad beim Telefonieren bei mir so ein Problem. Ich telefoniere und telefoniere. Und hinterher denke ich manchmal: Die Menschen denken, die redet, die redet, die Frau. Dabei hab ich nur Angst zu sagen: Ich möchte jetzt aufhören.»

Anne-Marie: «Du hast Angst, dein Bedürfnis zu äußern, weil das vielleicht im Gegensatz zu den Bedürfnissen des anderen stehen könnte. Und hier bei Thorsten hast du es geschafft, das zu machen, was du wolltest.»

Regina: «Ja, und ich hab mitunter schon Telefongespräche erlebt, die sich wie so ein Gummiband hinzogen. Und ich dachte dabei immer: Hoffentlich hört er nun bald auf. Und hinterher denke ich: Vielleicht hat der andere das von dir genauso gedacht. Aber ich will jetzt versuchen, das zu ändern.»

Anne-Marie: «Du hast dir jetzt vorgenommen, dabei mehr hinzuhören: Was will denn Regina?»

Regina: «Ja, genau.»

Tochter: «Wenn ich mich unruhig und innerlich zerrissen fühle, dann schreibe ich das in mein Tagebuch – und auch, daß ich mich dann schon ein Stück wohler fühle.»

Mutter: «Das hilft dir, wenn du unmittelbar deine Gefühle – Unruhe und Disharmonie – aufschreibst.»

Tochter: «Ja, die schreib ich auf, und dann sind sie auch schon weg, oder sie sind so ganz viel kleiner geworden, so daß sie mir nicht mehr so gewichtig sind. Aber wenn ich sie nicht aufschreibe, dann wirken sie in mir und können wachsen.»

Mutter: «Sie würgen dich sonst?»

Tochter: «Ja, ja, dagegen wenn ich sie aufschreib, werden sie kleiner.»

Mutter: «Du bist sie dann so ein Stück los, hast sie abgegeben.»

Tochter: «Sie sind dann nicht mehr so stark, ich meine, sie bedrücken mich dann nicht mehr so.»

Wir bemühen uns, den anderen nicht zu bewerten

Wenn wir die seelische Erlebniswelt des anderen zu verstehen suchen und das Verstandene äußern, so ist damit fast ausgeschlossen, daß wir ihn belehren, dirigieren, ermahnen oder interpretieren, ihm Ratschläge geben oder ihn in seinen Sorgen beschwichtigen. Carl Rogers sagt in einem Fernsehinterview: «Ich habe eine sehr empfindsame Art des Zuhörens, ohne Urteile zu bilden. Ich möchte nur hören, wie es in dem anderen aussieht.» [38]

In der Tat: Wenn wir einem anderen zuhören, neigen wir häufig dazu, seine Äußerungen und damit ihn selbst zu bewerten. Wir denken: ‹Du solltest es lieber nicht so machen!› oder ‹Wie kannst du das nur tun!› oder ‹Mach weiter so!› Drücken wir solche Gedanken unserem Gesprächspartner gegenüber aus, so fühlt er sich meist bewertet. Und wir behindern ihn, sich mit sich selbst frei und offen auseinanderzusetzen. Er wird sich uns häufig verschließen, sich von uns zurückziehen. Doch selbst wenn wir unsere Bewertungen nicht aussprechen, so hindern sie *uns* daran, uns in die Erlebniswelt des anderen einzufühlen und ihm in dem näherzukommen, was er wahrnimmt und fühlt.

Sollen wir unser eigenes Fühlen und Denken verleugnen? Es ist wichtig, daß wir unser Fühlen und unsere Meinung als unsere persönliche Wirklichkeit ansehen. Mit anderen Worten: Wir äußern das, was wir spüren, in dem Bewußtsein, daß es ein Teil *unserer* seelischen Wirklichkeit ist, ohne den anderen zu bedrängen, es zu übernehmen oder als besser anzusehen. Berücksichtigen wir dies, so können wir ehrlich und offen in unseren Gesprächen sein und vermeiden es zugleich, andere zu bewerten und zu dirigieren. Das fällt uns oft sehr schwer, besonders Menschen gegenüber, die ganz andere Auffassungen vertreten.

Der folgende Ausschnitt aus einem Gespräch mit einem Homosexuellen zeigt, daß auch ein wertungsfreies Eingehen auf eine Gefühlswelt möglich ist, die sich von unserer eigenen unterscheidet:

Daniel: «Ich war mehrmals fest befreundet mit einem männlichen Partner. Ich bin 21, und ich finde, es ist auch eine Sache des Alters, daß ich mich dann noch nicht so gern festlegen will, also nur von *einem* Partner Sexualität zu haben. Dazu bin ich noch viel zu unruhig. Es ziehen mich noch viel zu viele Leute an, mit denen ich körperlichen, also sexuellen Kontakt haben möchte.»

Anne-Marie: «Du möchtest dich nicht festlegen auf einen.»

Daniel: «Nein, noch nicht. Ich verspüre in mir den Wunsch, mit vielen Leuten Sexualität zu haben. Und das ist für mich etwas anderes als so eine gefühlsmäßige Beziehung. Wenn ich mich so schön geborgen fühle, dann hab ich gar keine Lust, sexuell aktiv zu werden.»

Anne-Marie: «So daß das Gefühlsmäßige bei dir das Sexuelle eigentlich ausschließt?!»

Daniel: «Ich hab das bis jetzt wenigstens noch nicht vereinbaren können.»

Anne-Marie: «Und du hast die Erfahrung gemacht, bei den Freunden, wo du keine geistig-seelische Bindung hast, da kannst du sexuell eher erregt werden?«

Daniel: «Ja, genau!»

Was erleben Menschen, die sich auf die Welt anderer einlassen?

Es ist möglich, daß wir uns erschrecken, wenn wir uns in die seelische Wirklichkeit anderer einfühlen – aber es kann auch ein eher freudiges Erschrecken sein: «Du erfährst plötzlich: Es gibt noch etwas ganz anderes.» – «Für mich erleb ich das als sehr bereichernd. Ich erfahre mehr von Menschen – wie in einem Film: Ich geh in eine andere Welt hinein, fühle mich dort wohl und bin offen für Neues. Es ist fast so eine kleine Abenteuerreise.»

Die andersartige Welt nicht als Bedrohung zu empfinden, wird manchen dadurch möglich, daß sie sich ihres eigenen Fühlens und Erlebens bewußt sind, daß sie in sich selbst ruhen. Dies ermöglicht es ihnen, auch in Konflikten den anderen zu verstehen: «Je mehr ich spüre, was für mich richtig und wichtig ist, je sicherer ich mich in meiner Gefühlswelt fühle, desto tiefer kann ich mich in die Welt des anderen hineinbegeben. Ich denke, daß ich Menschen dann nicht mehr als Bedrohung erlebe. Das liegt sicherlich daran, daß ich mich ausgeglichener fühle.» Eine ähnliche Erfahrung spricht Carl Rogers in einem Interview an: «Auch wenn es zu Ärger, Feindseligkeit oder Kritik kommt, können wir zu einer Art Beziehung zusammenkommen – vielleicht zu keiner harmonischen, aber zu einer wahren Beziehung, wenn ich die Feindseligkeit wirklich verstehen kann. In diesem Sinne ist es also auch eine Herausforderung. Angriffe auf mich reizen mich nur selten zur Verteidigung. Ich versuche, denjenigen zu verstehen, bin aber nicht verängstigt und habe nicht das Gefühl, mich verteidigen zu müssen.» [38]

Viele befürchten, sich selbst bei einem einfühlsamen Verstehen in der seelischen Welt des anderen zu verlieren, so wie es uns eine junge Frau schilderte: «Ich hab Schwierigkeiten, da ich mir immer die Probleme anderer zu meinen eigenen mache. Das rutscht dann so tief runter, und ich nehme es so tief in mich auf. Das nimmt mich dann so sehr mit, und ich fühle mich unheimlich schlapp.»

Beim Eintauchen in die seelische Welt des anderen ist es wichtig, den Kontakt zur eigenen Person nicht aufzugeben: «Es ist immer so ein Faden da, an dem ich mich zu mir zurückkoppeln kann. Das ist so, als würde ich an einer Leine hängen und so in die Haut des anderen einsteigen – als ob ich in einen Schacht hinuntersteige, aber die Verbindung nach oben, zu mir, die habe ich noch.»

Ein Gespräch

Im folgenden geben wir Ausschnitte aus einem Telefongespräch wieder. Sie vermitteln eine Vorstellung davon, wie sich jemand in einem Gespräch bemüht, die Erlebniswelt eines anderen zu verstehen und ihm das Verstandene mitzuteilen, ohne zu werten, zu dirigieren oder zu erklären.

Heinrich ist 92 Jahre alt und lebt nach dem plötzlichen Tod seiner zweiten Lebenspartnerin seit einem halben Jahr in einem Altersheim. Anne-Marie kennt ihn durch Begegnungen in früheren Jahren. Vielleicht hilft es dem Leser, wenn er sich bei den Äußerungen von Anne-Marie vorstellt, was er in dieser Situation jeweils selbst sagen würde.

Anne-Marie: «Wie geht es dir denn?»

Heinrich: «Man wird älter. Das ist das einzige, was ich dir sagen kann.»

Anne-Marie: «Es geht dir nicht gut, nicht wahr?»

Heinrich: «Nein. Ich bin kaputt, ich bin absolut kaputt. Ich bin fertig. Ich habe keine Energie mehr, und es ist alles in mir weg. Ich raff mich auf, brech aber immer wieder zusammen.»

Anne-Marie: «Du schaffst es nicht aus dir heraus.»

Heinrich: «Ich kann nicht, kann nicht. Es fällt mir zu schwer.»

Anne-Marie: «Hast du keine Kraft mehr?»

Heinrich: «Nein. Bis jetzt habe ich immer gekämpft, aber jetzt . . . ich kann nicht mehr. Jetzt ist es aus. Jetzt dös ich vor mich hin.»

Anne-Marie: «Hast du dich selber aufgegeben?»

Heinrich: «Das nicht. Ich werde mich nicht aufgeben. Aber ich will auch nicht vorwärts. Ich kann nicht mehr weiter.»

Anne-Marie: «Du willst dein Leben nicht mehr verlängern.»

Heinrich: «Ich will stehenbleiben. Ich bin froh, wenn ich stehenbleibe und nicht ganz in diesen Wahnsinn hier verfalle.»

Anne-Marie: «Das kostet dich schon Kraft genug.»

Heinrich: «O ja, genug. Sehr viel.»

Anne-Marie: «Es kostet dich viel Kraft, du selbst zu bleiben und dich nicht aufzugeben, dich nicht diesem Wahnsinn, wie du es nennst, dort in dem Heim anzuschließen.»

Heinrich: «Es ist ein einziges Verrückten-Heim. Es ist kein Altersheim, es ist ein Siechenheim. Und die nicht siech sind, die haben alle einen kleinen Koller. Manche sind ein ganz großes Stück verrückt.»

Anne-Marie: «Und du sagst für dich: Ich will noch nicht verrückt werden. Darin investiere ich meine ganze Kraft.»

Heinrich: «Ja, eben. Es ist furchtbar – alles sehr nette Pflegerinnen und auch die Leitung, alle sind sehr nett. Aber der eine Mensch, der ist nicht da.»

Anne-Marie: «Du meinst Else?»

Heinrich: «Hunderte können den einen Menschen nicht ersetzen.»

Anne-Marie: «Du vermißt sie so sehr.»

Heinrich: «Furchtbar. Sie war doch mein ganzes Leben. Und ich habe keinen Menschen so geliebt wie sie. Es ist alles so anders.»

Anne-Marie: «Du hast dir dein Lebensende anders vorgestellt.»

Heinrich: «Ja, es ist wahnsinnig schwer. Es geht mir nicht gut, weil ich zu alt bin, weil ich fast blind bin, weil ich allein bin. Sie sind alle furchtbar nett. Aber ich will nicht mehr. Ich hab nur einen Wunsch: Schluß! Einmal wird es sicher sein, aber hoffentlich dauert es nicht zu lange. Ich werde so gepflegt und gehegt. Das verzögert alles.»

Anne-Marie: «Du hast das Gefühl: Wenn du nicht so gut versorgt werden würdest . . .»

Heinrich: «Ja, dann würd es schneller gehen. Ich weiß nicht – ich werde hier gepäppelt und gemästet.»

Anne-Marie: «Du hast nur noch einen Wunsch: zu sterben.»

Heinrich: «Ja.»

Anne-Marie: «Darüber kannst du gar nicht sprechen wahrscheinlich.»

Heinrich: «Nein.»

Anne-Marie: «Aber ich bin froh, daß du es mir sagst. Ich kann es sehr, sehr gut für dich verstehen.»

Heinrich: «Kannst du es?»

Anne-Marie: «Ja, das kann ich sehr gut verstehen. Du bist ja sehr einsam.»

Heinrich: «Nie bin ich so einsam gewesen wie jetzt hier unter so vielen Menschen, von denen ich soviel Reizendes und soviel Liebes erfahren habe. Das ist ein Widerspruch.»

Anne-Marie: «So daß du dir manchmal undankbar vorkommst.»

Heinrich: «Ja ja, sehr sogar. Einen so undankbaren Menschen wie mich kann man im Grunde genommen gar nicht wiederfinden. Das gibt es gar nicht.»

Anne-Marie: «Du fühlst dich schlecht, so wie du bist?»

Heinrich: «Ja. Ich bin undankbar, weil die Menschen so rührend für mich sorgen. Alle sind außerordentlich lieb und nett.»

Anne-Marie: «Aber innerlich bist du todeinsam. Das bereitet dir so viele Höllenqualen.»

Heinrich: «Ja, genau.»

Anne-Marie: «Und du hast auch Angst, darüber zu sprechen, weil du Angst hast, es versteht dich keiner. Und das macht dich noch einsamer.»

Heinrich: «Ja, genau. Was ich da innen fühle, das ist für mich, und nicht für Fremde.»

Anne-Marie: «Darüber kannst du mit niemandem sprechen. Das tut auch weh.»

Heinrich: «Ja, weil ich da absolut erfahren habe: Sie haben es nach zwei Minuten vergessen, was ich ihnen gesagt habe. Und so bin ich noch mehr mit mir allein.»

Anne-Marie: «Du bist da todeinsam, trotz der vielen Menschen.»

Heinrich: «Todeinsam, ja. Gerade die Menschen machen mich einsam. Wenn ich allein lebte und hätte Natur um mich herum, ich wäre weniger einsam.»

Anne-Marie: «Du erlebst die anderen im Heim so, daß sie dir das

Leben noch schwerer machen. Und du bist ja auch auf die Menschen angewiesen.»

Heinrich: «Ganz und gar. Sie sind ja nett zu mir. Alle. Das kann ich sagen. Aber *ich* kann nicht nett sein. Ich stoße manchen vor den Kopf.»

Anne-Marie: «Hast du das Gefühl, daß du manche so zurückweist?»

Heinrich: «Doch, ja!»

Anne-Marie: «Das spürst du?»

Heinrich: «Ja.»

Anne-Marie: «Du möchtest es aber gar nicht?»

Heinrich: «Nein.»

Anne-Marie: «Aber irgendwie ist etwas in dir, was dich dann so etwas garstig sein läßt?»

Heinrich: «Die Nerven, die kann ich nicht beherrschen. Ich hab immer um meinen Verstand Angst, daß er verloren geht.»

Anne-Marie: «Das ist jetzt noch eine weitere Angst in dir.»

Heinrich: «Ja, das ist meine Angst. Wenn man immer allein mit seinen Gedanken ist, dann kriegt man einen Koller.»

Anne-Marie: «Du hast Angst, daß du verrückt wirst.»

Heinrich: «Ja.»

Anne-Marie: «Und daß auch die Situation so unerträglich ist. Und daß du so viel allein bist.»

Heinrich: «Ja, Genau!»

Anne-Marie: «Aber in unserem Gespräch hier bist du ganz klar in deinen Gedanken.»

Heinrich: «Noch bin ich klar. Ja – noch. Aber wielange?»

Anne-Marie: «Da hast du Angst.»

Heinrich: «Man ißt, man schläft. Ach, das ist nichts.»

Anne-Marie: «Du hast das Gefühl, daß du eigentlich nur wie so ein Tier existierst.»

Heinrich: «Ja, genau. Mein Leben ist vollkommen sinnlos. Ich hab den Sinn des Lebens verloren.»

Anne-Marie: «Es ist schwer zu leben damit.»

Heinrich: «Sehr schwer . . . Ich dank dir für deinen Anruf, es war sehr schön, dich zu hören.»

Anne-Marie: «Es hat mich auch sehr gefreut, dich zu hören – und ich hab dich lieb.»

Heinrich: «Ach danke. Das ist ein sehr liebes Wort. Das hört man nicht oft, das kommt aus der Seele.»

Anne-Marie: «Das kommt aus meiner Seele und es geht zu deiner Seele, zu deinem Herzen.»

Heinrich: «Dafür bin ich dir sehr, sehr dankbar, ich hab dich immer sehr gern gehabt. Also noch alles Liebe und Gute.»

Anne-Marie: «Danke – gute Nacht.»

Heinrich: «Gute Nacht.»

Dieses Gespräch zeigt, daß das einfühlende Hören und Auf-den-anderen-Eingehen auch und gerade für Menschen hilfreich ist, die sich in einer isolierten, verzweifelten, fast unveränderbar scheinenden Situation befinden. Zwischen Menschen, die ein solches Gespräch führen, entsteht ein Gefühl intensiven Verbundenseins, eine tiefe, vertrauensvolle Beziehung. Der Sprechende fühlt sich nicht alleingelassen, er fühlt sich angenommen und kommt in einen engeren, angstfreien Kontakt zu seinem Erleben.

Menschen nehmen Rücksicht auf die Erlebniswelt anderer

Nehmen wir die seelische Wirklichkeit des anderen wahr, so können wir ihm gegenüber angemessener handeln. Das Wissen um sein Erleben, die Nähe und gefühlsmäßige Beziehung zu ihm ändern und erweitern unser eigenes Bewußtsein. Wir werden den anderen durch unser Verhalten und unsere Handlungen weniger verletzen, weniger beeinträchtigen. Wir werden angemessen auf ihn Rücksicht nehmen und ihn mehr fördern. Das, was wir von seinem Erleben verstanden haben, ist gleichsam die Grundlage, die Orientierung für unsere Handlungen ihm gegenüber.

Wir haben über Äußerungen des anderen hinaus noch andere Möglichkeiten, Zugang zu seinem Erleben zu finden: Seine Stimme, sein Blick, Gesichtsausdruck, Körperhaltung, sein Verhalten usw. Dies wird besonders wichtig bei Menschen, denen es schwerfällt, ihr Fühlen in Worten auszudrücken.

Sind wir im Alltag aufmerksam in dem Erleben des anderen

zentriert, so werden uns viele einfühlsame Aktivitäten für ihn einfallen: ihm einen Gefallen tun, ihm helfen oder ihm Zärtlichkeit geben. Die Fähigkeit, sich in die körperlichen Bedürfnisse und Wünsche des anderen einzufühlen und sie zu berücksichtigen, ist auch in sexuellen Begegnungen förderlich für die Beziehung: «Wenn wir jetzt sexuell beisammen sind, da hat sich etwas geändert. Früher hat mein Mann sehr wenig auf mich geachtet. Und ich habe es mit mir geschehen lassen. Mein Mann versucht jetzt beim Sexuellen, mich etwas mehr zu erspüren. Er nimmt sich Zeit, er versucht, mehr wahrzunehmen, was ich ihm signalisieren möchte.»

Einfühlsames Handeln erleichtert das Zusammenleben von Menschen in vielen Bereichen. Wir möchten einige wenige Beispiele anführen:

○ Professoren und Lehrer, die sich in das Erleben ihrer Schüler beziehungsweise Studenten einfühlen, die Verständnis haben für ihre Schwierigkeiten – etwa bei den Schulaufgaben oder beim Lesen komplizierter wissenschaftlicher Texte –, werden dies in ihren Handlungen berücksichtigen: Sie reden verständlicher, drücken sich weniger kompliziert aus, stellen zum Beispiel Informationsblätter her, die den Schülern und Studenten bei den Aufgaben helfen. Sie stehen ihnen für Fragen und Hilfen zur Verfügung. Auch Untersuchungen haben ergeben, daß Lehrer, die sich bemühten, in der seelischen Wirklichkeit ihrer Schüler zentriert zu sein, Schüler mit deutlich besseren fachlichen Leistungen und einer günstigeren persönlichen Entwicklung hatten. [1, 35, 53]

○ Psychotherapeuten, die sich in die Erlebniswelt ihrer Klienten einfühlen können, in deren Zweifel und Schwierigkeiten, sind fähig, sich in ihren Handlungen nach den Bedürfnissen der Hilfesuchenden zu richten und angemessen für sie zu sorgen, etwa durch verständliche Informationsbögen über die Art und Dauer der Psychotherapie, durch eine Liste mit Telefonnummern früherer Klienten, die Auskunft geben können, durch die Offenlegung der möglichen Kosten, durch die Schaffung einer Beschwerdeinstanz, durch Hinweise auf andere Möglichkeiten der Hilfe, auf Selbsthilfegruppen, Bewegungstherapie, gesündere Lebensformen. Einfühlsame Ärzte werden zum Beispiel für kürzere Wartezeiten sorgen, zu ausführlichen, offenen Gesprächen bereit sein, ihr Warte-

zimmer gemütlicher einrichten, ihren Patienten Kontakte zu Menschen vermitteln, die die gleiche Erkrankung haben oder hatten.
○ Architekten und Kommunalpolitiker, die im Erleben der Bürger zentriert sind, werden diese vor Lärmbelästigungen, Umweltzerstörung, unmenschlichen Wohnbedingungen in vielfältiger Weise zu schützen suchen.

Menschen lernen, sich in andere einzufühlen, ohne sie zu bewerten

Es ist nicht einfach, ohne Bewertung, Vorwurf, Tadel oder Erklärungen im Erleben des anderen zentriert zu sein. Meist ist ein jahrelanges, bewußtes Bemühen notwendig, um dieses Zentriertsein zu lernen, vor allem, um die leisen «Klopfzeichen» der Menschen zu hören, die sich nur selten zu ihrer Erlebniswelt äußern.

Auch wenn wir die Fähigkeit, uns in andere einzufühlen, bis zu einem gewissen Grade gelernt haben, wird es noch oft Situationen geben, in denen wir den anderen nicht hören können oder ihn mißverstehen, in denen wir uns überfordert fühlen, in denen vielleicht eigene Interessen und Wünsche uns die Zentrierung im seelischen Erleben anderer unmöglich machen. Das sollte uns aber auf unserem Weg, Mitmenschen einfühlsamer zu begegnen, nicht entmutigen, kleine Schritte zu gehen. Der *Prozeß* ist wichtig – wichtiger vielleicht als das Erreichen des Ziels. «Ich bemühe mich seit einigen Jahren, mehr auf das Innere der anderen zu achten und wegzukommen von dem Achten auf Fakten, auf Äußeres oder darauf, welchen Eindruck ich auf Menschen mache.» – «Ich spüre jetzt mehr, weshalb die anderen dieses oder jenes wollen. Früher habe ich daran nie gedacht. Da hat sich viel gebessert. Ich kann jetzt auch mehr auf die Empfindungen der anderen eingehen.»

Am ehesten mag es uns gelingen, uns in einen anderen einzufühlen und sein Erleben in unseren Handlungen zu berücksichtigen, wenn er uns vertraut ist oder wenn er sich uns häufig anvertraut. Weitaus schwieriger ist es, im Gespräch die Erlebniswelt von weniger vertrauten Menschen feinfühlig und genau zu spüren und

ihnen gegenüber das, was wir verstehen, zum Ausdruck zu bringen.

Im folgenden haben wir zusammengestellt, was Menschen auf
diesem Weg für sich als bedeutsam empfanden:
○ Menschen lernen einfühlsames Hören von anderen Menschen.
Die meisten von uns haben von anderen Menschen einfühlsames,
nichtwertendes Verstehen nie oder nur selten erfahren. In der
Schule haben sie «Fakten» auswendig gelernt, sich ein «Tatsachen-
wissen» angeeignet; sie haben gelernt, mit Wörtern und Zahlen
umzugehen – nicht aber, im Fühlen anderer Menschen zentriert zu
sein. Wir haben gelernt, mit dem Intellekt Probleme zu lösen,
durch Erklärungen, Bewertungen, aber oft ohne eine Beziehung zu
unserem Erleben und dem anderer zu haben. «Bisher sah ich immer
das Äußere, auch bei Menschen. Aber ich möchte wirklich das
Innere von Menschen sehen können.» Erleben wir, wie Menschen
einfühlsam miteinander umgehen, so werden wir selber auch feinfühliger für die Erlebniswelt unserer Mitmenschen. «Ich wünsche
mir Menschen, die ich sehen und spüren kann, die da schon weiter
sind auf diesem Weg als ich.»
    Die Teilnahme an personzentrierten Gruppengesprächen mit
qualifizierten Psychologischen Helfern ist unserer Auffassung nach
wohl die beste Möglichkeit, aufgeschlossener und feinfühliger für
die seelische Welt anderer zu werden. Die Teilnehmer erleben, wie
sich die Helfer und die anderen Gruppenmitglieder bemühen, die
Erlebniswelt anderer zu verstehen. In der Gruppe können Menschen die Erfahrung machen, was es für sie bedeutet, in der Tiefe
ihres Erlebens gehört zu werden. Bernd, 34, sagt nach der Teilnahme an einem Gruppentreffen zu der Helferin: «Das Gefühl,
wirklich verstanden zu werden, hatte ich zum erstenmal in der
Gruppe. Und da wußte ich irgendwie: Das ist es, das ist der Weg,
wie Menschen besser miteinander leben können.» – «Was ich aus
der Gruppe mitbekommen habe», sagt Rudolf, «ist einfach ein
besseres Zuhören und auch ein Eingehen auf andere Menschen.»
○ Die Ähnlichkeit von eigenen Erfahrungen und denen anderer
erleichtert und vertieft das Verständnis füreinander. Eine Krebspatientin aus einer Selbsthilfegruppe berichtet: «Jemand, der nicht

betroffen ist, kann sich nicht so einfühlen, auch ein Angehöriger nicht. Die Betroffenen sind die Experten im Verstehen.» So sind «Betroffene» – Krebskranke, seelisch Beeinträchtigte, alleinstehende Mütter und Väter, Alkoholabhängige – in Selbsthilfegruppen füreinander Menschen, die häufig mehr Verständnis und Einfühlung aufbringen als «Nichtbetroffene». Sie verstehen einander mehr von innen heraus.

Der Kontakt mit «Betroffenen» kann anderen Menschen helfen, aufgeschlossener für deren Erlebniswelt zu werden. Ärzte berichteten, daß sie ein ganz anderes Verständnis für ihre Krebspatienten gewonnen hätten, nachdem sie selbst an Krebs erkrankt waren. Wenn Ärzte als Patienten bei einem anderen Arzt ein oder zwei Stunden warten müßten, würden sie sicher mehr Verständnis für die seelische Situation ihrer eigenen Patienten bekommen, zum Beispiel durch Vormerklisten und telefonische Kontakte für eine Verringerung der Wartezeit sorgen. Nicht auszudenken ist, was geschehen würde, wenn Architekten und die mitverantwortlichen Politiker mindestens ein Jahr lang in den Wohnsilos leben müßten, die sie geplant, genehmigt und gebaut haben.

O Einige Bücher können dem Leser helfen, sich mit dieser einfühlsamen und sanften Art des Zusammenlebens vertraut zu machen. [39, 40, 42, 54] Einen guten Einblick geben auch Videoaufnahmen und Filme von Einzel- und Gruppengesprächen. [55–61]*

O Wir erforschen uns, ob wir den anderen hinreichend verstanden haben. Nach einem Gespräch fragen wir uns: Habe ich den anderen wirklich gehört? Bin ich ihm ohne Vorurteile begegnet? Bin ich ihm wirklich in seine Gefühlswelt gefolgt? – Wir machen uns selbst dabei nichts vor. Wir werden dabei oft feststellen, daß wir dem anderen nicht intensiv genug zugehört haben. Wir sind sensibel dafür, ob wir verständnisvoll oder verständnislos waren.

Carl Rogers, der Begründer der personzentrierten Psychotherapie, schreibt: «Was ich an mir wirklich nicht mag, ist Unfähigkeit,

*Für öffentlich-rechtliche Institutionen wie Institute von Hochschulen sind Filme und Videocassetten mit personzentrierten Gruppengesprächen kostenlos beim Institut für den wissenschaftlichen Film in Göttingen entleihbar.

224   Sich einfühlen in die seelische Erlebniswelt des anderen

den anderen Menschen zu hören, weil ich von vornherein genau zu wissen glaube, was er sagen wird, so daß ich nicht zuhöre. Erst nachher wird mir klar, daß ich genau das gehört habe, was ich von ihm erwartete. Noch schlimmer ist es, wenn ich mich bei dem Versuch ertappe, seine Botschaft so zu verdrehen, daß sie das aussagt, was ich hören möchte, und wenn ich dann tatsächlich nur das höre. Allein indem ich seine Worte ein bißchen verdrehe und ihre Bedeutung um eine Kleinigkeit entstelle, kann ich den Anschein erwecken, daß er nicht nur die Dinge sagt, die ich hören möchte, sondern daß er der Mensch ist, den ich mir wünsche.» [37]

Eine Hilfe bei dieser Selbstklärung ist, wenn wir im Anschluß an ein Gespräch oder einige Zeit danach unseren Gesprächspartner fragen, inwieweit er sich von uns verstanden oder nicht verstanden fühlte. Dabei kann uns der andere gleichsam helfen, zu sehen, wo unsere Versäumnisse waren und wo Änderungen von uns notwendig sind.

Für Menschen in Helfer- und Lehrberufen gibt es die Möglichkeit, mit Hilfe eines einfachen Fragebogens Rückmeldungen über ihre Fähigkeit zur Einfühlung von ihren Klienten beziehungsweise Schülern einzuholen. Eine weitere Hilfe ist, unseren Unterricht, unser Gesprächsverhalten auf eine Toncassette aufzunehmen und sie nachträglich im Hinblick auf unsere Einfühlung abzuhören.

Die Erkenntnis, daß wir nicht einfühlsam genug auf den andern eingegangen sind, ist für uns selbst die wichtigste Quelle unseres Lernens.

○ Der Weg zum anderen führt über uns selbst. Unserer Erfahrung nach wenden sich Menschen meist nur dann der Erlebniswelt anderer voll zu, wenn sie sich seelisch ausgeglichen fühlen. Nur wenn sie mit sich selbst gut leben, sich selbst gut verstehen können, sind sie gleichsam frei für andere und können ohne Angst die manchmal fremde und widerspruchsvolle seelische Welt von anderen betreten. «Ich fühle mich nervös und unsicher und voller Unruhe», sagt eine Studentin, «und es fällt mir sehr schwer, mich in andere zu versenken. Ich bin zu sehr mit mir selbst beschäftigt.» Gerd: «Wenn ich nicht diesen furchtbar schweren Sack mit Problemen hinter mir herschleppen würde, dann könnte ich auch die Probleme der anderen besser verstehen.» Und ein Jahr später sagt er: «Ich habe das Gefühl, daß ich sensibler auf andere zugehen kann. Früher habe ich nicht zuhören können, weil ich zu sehr mit meinen eigenen Problemen beschäftigt war. Jetzt bin ich nicht mehr so in meinen Ängsten verstrickt, so daß ich mehr vom anderen aufnehmen kann.»

Einige Untersuchungen bestätigen, daß tief einfühlendes Zuhören mit der Art unseres Selbstgefühls zusammenhängt. Psychotherapeuten, die sich mit sich selbst auseinandersetzten, die ihre innere Welt, insbesondere ihr Fühlen, verstanden und ein günstiges Bild von sich hatten, waren eher fähig, die seelische Wirklichkeit anderer zu verstehen. [54]

Der Weg zum anderen über uns selbst ist ein langes Lernen in kleinen Schritten. Anstatt «Was muß ich dem anderen sagen?» beginnen wir uns zu fragen: «Wie kann ich ein Mensch sein oder werden, der den anderen hört?» Dieser Wandel ist kein «Machen», sondern betrifft die Art unseres Seins.

○ Wir bemühen uns, das Erleben anderer zu verstehen, ohne ihre Schwierigkeiten für sie lösen zu wollen. Manche fühlen sich in einem einfühlsamen Gespräch gedrängt, dem anderen mit Ratschlägen zu helfen. «Ich habe immer so das Gefühl, daß ich die Probleme anderer zu meinen eigenen mache und daß ich die Schwierigkeiten der anderen lösen müßte. Und da steckt eigentlich jetzt meine ganze Arbeit drin, daß ich höre, daß ich Anteil an dem anderen nehme, daß ich das mitfühle, aber daß es nicht mein eigenes Problem wird. Ich möchte also lernen, mitzufühlen.» – «Ich neigte dazu», sagt ein Fünfzigjähriger, «bei Problemen anderer einen Lösungsvorschlag zu machen, der für mich denkbar wäre. Doch ich habe gelernt, daß das den anderen nicht hilft; ich berücksichtige nicht ihre Empfindungen und ihre Möglichkeiten.»

Es ist hilfreich, wenn wir uns bewußt machen, daß wir durch unser nichtwertendes Hören den anderen befähigen, sich selbst mehr zu verstehen und seine seelische Erlebniswelt zu ändern. Es nützt zumeist nichts, wenn wir uns seine Schwierigkeiten zu eigen machen und uns verantwortlich für ihn fühlen. Es ist wichtig, daß wir akzeptieren, daß *er* der Mittelpunkt seines Erlebens ist und daß nur er allein sein Erleben klären und ändern kann: «Ich schaffe es jetzt schon ab und an, den anderen in seiner Traurigkeit zu belassen und ihn nicht durch meinen Wunsch, ihn glücklich zu sehen, anders haben zu wollen.»

○ Wir beziehen die Gefühle des anderen nicht auf uns. In einem Gespräch, in dem sich ein anderer uns öffnet und in dem wir ihn durch unsere Einfühlung unterstützen, kann es dazu kommen, daß der andere Gefühle und Einstellungen äußert, durch die wir uns verletzt oder angegriffen fühlen. Solche Gefühle beeinträchtigen unsere Fähigkeit, im anderen zentriert zu sein. Je mehr es uns jedoch gelingt, das Fühlen des anderen als *sein* Fühlen anzusehen, als *seine* Wirklichkeit, die nicht mit unserer seelischen Wirklichkeit oder unseren Auffassungen übereinstimmt und die wir deshalb auch nicht auf uns zu beziehen brauchen, um so eher sind wir fähig, ohne Vorbehalte und Abwehr auf ihn einzugehen.

Die seelischen Schwierigkeiten und die persönliche Entwicklung, die mit dem einfühlenden Verstehen zusammenhängen, schildert ein Student: «Es fiel mir zu Beginn sehr schwer, andere Menschen einfühlend zu verstehen. Ich bemühte mich, ihre innere Welt zu begreifen, aber ich konnte es ihnen nicht angemessen wiedergeben. Heute weiß ich, daß ich mir selbst nie Fehler zugestehen konnte. Ich setzte mich zu sehr unter Druck, ich wollte perfekt, fehlerfrei sein. Mein Bemühen, die innere Erlebniswelt eines Menschen zu erfahren, war nicht frei von eigenen Hemmungen und Ängsten. Ich war auch nicht sensitiv genug, den anderen zu hören. Oft versuchte ich auch, das Geäußerte zu interpretieren oder zu diagnostizieren, so daß meine Äußerungen für den anderen bedrohlich erschienen. Ich kann mir heute meine eigenen Fehler zugestehen und kann verkraften, daß ich von anderen korrigiert werde. Ich habe auch keine Angst mehr vor der inneren Welt des anderen und fühle mich entspannter. Ich glaube, ich versuche, dem anderen heute näher zu sein in dem, was er fühlt, denkt und sagt, und handle dann entsprechend. Aber ich weiß, daß ich noch sehr an mir arbeiten muß. Ich lerne aus Situationen und setze mich damit auseinander. Und indem ich mir den inneren Prozeß des Reifens und persönlichen Lernens zugestehe, weiß ich, daß dadurch ich und meine Gesprächspartner später zu größerer seelischer Lebensqualität gelangen können.»

Wenn wir und andere diesen Weg des einfühlenden Verstehens in

Familien, Partnerschaften, Schulen, am Arbeitsplatz und in anderen Bereichen unseres Alltags leben können, dann tragen wir zu einer sanften Revolution unseres Zusammenlebens bei.

Auswirkungen des einfühlsamen, nichtwertenden Verstehens

○ Menschen fühlen sich erlöst aus ihrer Einsamkeit. «Ich empfinde es als bewegendes, schönes Gefühl, wenn ich merke: Da ist ein Mensch, der mich versteht, der mich hört, dem ich vertrauen kann.» Diese Erfahrung gibt Menschen eine tiefe Befriedigung; sie fühlen sich nicht alleingelassen, verkannt oder vergessen, sie erleben Anteilnahme und Zuwendung. «Endlich hört mir jemand zu und belehrt mich nicht.» – «Ich fühle mich wie erlöst aus meiner Einsamkeit.» Sie erfahren, daß ihre innere Welt, ihr Fühlen von einem anderen geachtet und als bedeutsam angesehen wird. «Ich hatte schon fast gar nicht mehr gehofft, daß mich jemand überhaupt noch versteht. Jetzt weiß ich, jemand mag mich, auch wenn er weiß, wie ich bin.» Carl Rogers schreibt: «Fast immer, wenn jemand erkennt, daß er in der Tiefe gehört wurde, füllen sich seine Augen mit Tränen. Ich glaube, daß es in einem ganz realen Sinn Tränen der Freude sind. Es ist, als sage er: ‹Gott sei Dank, jemand hat mich gehört. Jemand weiß, was es bedeutet, ich zu sein.›» [37]
○ Menschen werden vertrauensvoller und öffnen sich. Wenn wir im Gespräch die innere Welt des anderen hören und ihm das Verstandene mitteilen, so wird er immer weniger über äußere Fakten und in oberflächlichen Redewendungen sprechen. Er faßt langsam Vertrauen zu uns und wagt zunehmend, darüber zu sprechen, wie er sich fühlt, was ihn bewegt, was ihn belastet und was er empfindet: «Meine Mutter leidet unter fürchterlichen Ängsten. Aber in letzter Zeit gelingt es mir, sie zu verstehen. Und von dem Punkt an, wo mir das gelang, merkte ich, daß sie viel offener wurde, sich viel weniger verteidigte und sich besser annehmen konnte.»

Mit zunehmendem Vertrauen werden Menschen fähiger, auch

ungünstige Aspekte ihrer Person, ihre Schwächen und Fehler zu offenbaren – und das erleben viele als sehr befreiend:

«Es tut mir gut, gehört zu werden», schreibt Carl Rogers. «Es hat eine Zeit gegeben, da ich von Gefühlen der Wertlosigkeit und Verzweiflung überwältigt wurde. Ich hatte das Glück, Menschen zu finden, die fähig waren, mich zu hören und mich dadurch aus dem Chaos meiner Gefühle zu befreien.» [37]

«Zu manchen Menschen kann ich sagen, was mich wirklich bedrückt. Und ich möchte es auch sagen, um mich zu entkrampfen. Ich hab dann so ein Signal oder eine feine Antenne, daß ich sprechen kann. Ich kann auch meine Schwächen dabei eingestehen. Aber dann gibt es andere Menschen, die dicht um mich herum sind und von denen ich genau weiß, daß sie mich nicht verstehen können. Und ich kann ihnen nichts sagen.» Eindrucksvoll beschreibt Ingrid die Erfahrung, sich vertrauensvoll fallenlassen zu können, wenn sie Einfühlung von anderen spürt: «Ja, das ist wie Auf-Watte-Fallen – wo alles weich und rund ist, wo ich gut gebettet aufgenommen werde, egal, mit was oder worin.»

○ Menschen können sich fruchtbarer mit sich selbst auseinandersetzen, sich selbst besser sehen und verstehen. Indem wir dem anderen mitteilen, was wir von seiner seelischen Welt verstanden haben, setzt er sich weiter mit seinen Erfahrungen auseinander. Er wendet sich furchtloser seinem Selbst zu, seinem inneren Erleben. Er kommt in einen engeren, ehrlicheren Kontakt zu seinem Fühlen. Er horcht mehr in sich hinein und äußert sich darüber. Er lernt seine «Realität», seine Erlebniswelt näher kennen: «Wenn da jemand ist, der mich so einfühlend versteht, dann laufe ich nicht mehr vor meinen Gefühlen weg. Es nimmt mir erst mal die Angst vor den Dingen. Ich kann dann an sie rangehen.»

Der andere wird also durch unser einfühlendes Verstehen motiviert, sich zu erforschen, zu klären: Wer bin ich? Was will ich? Er kann sich selbst eher verstehen lernen. «Die Gruppe hat mir geholfen; ich hab das Gefühl, daß ich mir selbst begegnet bin und daß mir neue Bereiche klargeworden sind. Aber es ist manchmal auch schmerzlich, da durchzugehen. In diesen Gesprächen kann ich in die tieferen Schichten hineingucken. Und so ein Stück Klarheit und Gewißheit ist dann in mir, manchmal auch etwas Erstaunen, was so alles passiert. Und ich hab für mich ganz stark gefühlt, daß eure Feinfühligkeit wichtig war, durch die ich in mir wirklich alles so lassen konnte, wie es war, und mir dadurch eine Chance gab, an Bereiche heranzukommen, die mir sonst viel Angst machen.»

In einfühlsamen Gesprächen erfährt der andere, daß wir seine Wirklichkeit annehmen, so daß er sie eher selbst annehmen kann. Und er beginnt zu erforschen, ob es auch noch andere Erfahrungen, Gedanken und Gefühle in ihm gibt. Dies ist für ihn eine wichtige Voraussetzung, um sein Fühlen und Denken und damit sich selbst ändern zu können. Dieser Zusammenhang zwischen der Erfahrung, verstanden zu werden, und der fortschreitenden Auseinandersetzung mit sich selbst und der Fähigkeit, sich anzunehmen, ist in vielen Untersuchungen nachgewiesen worden. [54, 65]

Die beiden folgenden Gesprächsausschnitte verdeutlichen diesen Prozeß der Selbstklärung.

Klientin: «Und nachdem ich mich von meinen Eltern gelöst hatte und eben versucht hatte, die Realität zu sehen – daß sie mich eben niemals wirklich lieben würden –, seitdem bemühe ich mich auch nicht mehr so sehr um die Anerkennung meiner Mitmenschen. Eigentlich wollte ich gar nicht *ihre* Anerkennung, sondern ständig die Anerkennung meiner Eltern.»

Reinhard: «Irgend etwas ist in Ihnen, was sich damit nicht abfindet?»

Klientin: «Ja, ich hatte das Gefühl, wenn ich merkte, daß andere mich anerkannten, dann war ich sehr traurig, daß es nur fremde Menschen waren.»

Reinhard: «So daß Ihnen Anerkennung von anderen den Verlust der Anerkennung von Ihren Eltern eigentlich nur schmerzlicher werden läßt?»

Klientin: «Ja. Was ich zu Hause eben auch sehr belastend fand, war, daß meine Mutter ständig davon sprach, daß sie es nur gut meinte und alle so sehr liebt. Und ich hatte immer das Gefühl, daß man recht wenig davon spürt und daß man eben nur geliebt wurde, wenn man sich so verhielt, wie sie es erwarteten.»

Reinhard: «Sie sprach zwar von Liebe, aber Sie spürten nicht wirklich, daß Sie sie bekamen.»

Klientin: «. . . und vor allen Dingen wäre ich sehr froh, wenn der Gedanke an sie mich einfach nicht mehr belasten würde. Wenn ich mit ihnen zusammensein könnte wie mit anderen Menschen.»

Reinhard: «. . . daß es vielleicht nicht Liebe und Anerkennung ist, aber daß es keine Belastung ist.»

Klientin: «Ja. Denn wenn ich so an sie denke oder weiß, daß sie schreiben, oder ich erwarte einen Brief, dann ist es immer das ungute Gefühl: Was schreiben sie mir? Welche Anklagen haben sie in dem Brief? Immer dieses Gefühl, daß sie da noch etwas im Hintergrund haben und irgendwann über einen herfallen werden damit.»

Reinhard: «Diese Furcht: Was wird jetzt wieder von ihnen kommen? Wo wird es mich jetzt wieder treffen oder verwunden?»

Klientin: «Ja, und ich möchte eben dahin kommen, daß – ganz gleich, wie sie sich verhalten – es nicht mehr so trifft.»

Reinhard: «Ja, Sie möchten unempfindlicher werden, daß es mehr an Ihnen herabgleitet?!»

Klientin: «Ja . . . Ich erwarte an sich nicht, daß sie ihre Meinung ändern – nur daß irgend etwas mit mir geschieht. Daß ich nicht mehr so anfällig ihnen gegenüber bin.»

Frau Schmidt, siebzig Jahre alt, kann seit einem Jahr ihre Ein-Zimmer-Wohnung wegen Krankheit nicht mehr verlassen. Der folgende Ausschnitt stammt aus einem Telefongespräch mit ihr.

Frau Schmidt: «Ich weiß selbst nicht mehr, was ich mit mir anfange. Ich versuche es und versuche das auf alle mögliche Art und Weise, von meinen trüben Gedanken abzukommen. Aber es ist so: Es kommt unwillkürlich wieder.»

Anne-Marie: «So daß Sie eigentlich unzufrieden mit sich sind. Sie fühlen: Ich möchte da irgendwie rauskommen, aber wenn es mir so richtig dreckig geht, werde ich dauernd an mich erinnert.»

Frau Schmidt: «Ja, eben, nicht? Also es nützt dann auch nichts, daß man sich vornimmt oder daß man sich, wie ich Ihnen schon sagte, so mit anderen Dingen beschäftigt oder so. Also, ich schaffe es im Augenblick nicht, diese Tage nicht.»

Anne-Marie: «Ja. Ihre Erfahrung mit sich ist: In diesen Tagen ist es dir nicht so gelungen.»

Frau Schmidt: «Es ist irgendwie – irgendwie ist bei mir der Nullpunkt da, nicht? Ich weiß nicht, wie ich mich da rausholen soll. Die Gedanken werden ja immer trüber, wenn man . . . Und dann ist es natürlich . . . dann grübelt und grübelt man ja immer mehr. Ich hatte mich schon ganz schön zusammengerafft wieder. Aber im Augenblick ist es so, daß immer noch dieser Gedanke sich aufdrängt: Warum eigentlich? Mach Schluß! Aber es ist wahnsinnig. Ich würde es nicht tun. Ich meine . . .»

Später, am Ende des Gesprächs, sagt Frau Schmidt: «Ganz so aussichtslos ist es ja für mich gar nicht mal.»

Anne-Marie: «Ja, Frau Schmidt, ist es so, daß Sie das als eine Art Beruhigung empfinden, wenn Sie dann irgendwo doch wieder rangehen an das Leben mit: ‹So trostlos ist es doch eigentlich gar nicht›?»

Frau Schmidt: «Ja, eben. Ich bin darüber dann eigentlich ganz froh. Also muß ja doch noch ein bißchen Kraft in mir sein, ein bißchen Energie. Daß ich mir dann sage: ‹Nein, Schluß, das machst du nicht!› Daß ich so ganz und gar schwarz sehe, nein, das tue ich nicht mehr.»

Anne-Marie: «Im Laufe des Gesprächs empfinden Sie: Es muß doch noch irgend etwas Positives in mir sein, so eine Art von Energie, die diese Flamme immer wieder neu entfacht.»

Frau Schmidt: «Ja, aber das ist nur eben tatsächlich durch diese Gespräche, die wir so miteinander führen. Ich muß sagen, das hat mir eigentlich irgendwo doch so ein bißchen mehr Mut gemacht.»

Anne-Marie: «Ja, so etwas mehr Mut, mit sich selbst wieder weiterzuleben!» [54]

○ Menschen fühlen sich in sich geborgener. Mit zunehmender, durch einfühlsames Verstehen anderer angeregter, angstfreier Auseinandersetzung mit sich selbst lernen Menschen sich selbst immer besser kennen und finden mehr Ruhe in sich: «Ihr nehmt einen an. Ich spüre, ich kann im Gespräch mit euch mich selber verwirklichen, wachsen und werde nicht kritisiert. Ich kann einfach ich sein. Und ich spüre, ihr versteht mich. Es ist so, daß ich mich selbst häufig kritisiere, unter Druck setze, besser sein möchte als ich bin. Und wenn ich mit euch zusammenbin, dann denke ich immer nur:

Ja, da *bin* ich einfach nur. Das ist das Bereichernde.» Die Ruhe und innere Zuversicht, die der Helfer dem Hilfesuchenden im Gespräch ermöglicht, fördern dessen Selbstfindung.

○ Menschen, die die Einfühlung anderer erfahren haben, gehen verständnisvoller auf andere ein. «Je mehr ich von der Wertung meiner selbst und der anderer Abschied nehmen kann, desto mehr kann ich in mir ruhen und mich entspannen, und desto mehr bin ich in der Lage, mir und den anderen hilfreich zu sein. Ich habe gelernt, viele Signale wahrzunehmen, die ich früher überhört habe.» So wachsen in Menschen, die sich in ihrer inneren Welt verstanden fühlen, die Fähigkeit und der Wunsch, anderen ähnliche Erfahrungen zu ermöglichen.

○ Menschen erleben es als Bereicherung, dem anderen einfühlsam zu begegnen. Wenn wir die innere Erlebniswelt eines anderen hören, wirkt sich dies auch positiv auf uns selbst aus. Ein tiefes Verstehen des anderen beeinflußt uns selbst merklich. Wir erhalten tiefe Einblicke in die seelische Wirklichkeit anderer Menschen, in eine Welt, die uns sonst verschlossen bliebe «Daß ich auf Gertrud eingegangen war, das war die vollständige Identifikation und das absolute Mitfühlen – nicht in mitleidigem Sinne. Dieses ‹Durchdringen› zu ihr hat mich so stark berührt, und dies war mein stärkstes Erlebnis.»

«Wenn ich einem Klienten wirklich zuhöre», sagt Carl Rogers in einem Interview, «dann ist das so intensiv, fast als ob ich in einen veränderten Bewußtseinszustand eintrete. Und ich bin dann völlig fasziniert von seiner Welt oder seiner Art, Dinge aufzufassen und zu fühlen, daß ich ihm in seiner innersten Gefühlswelt so etwas wie ein Gefährte werde.» [38]

Andere mehr achten und für sie sorgen

Menschen mißachten andere und behandeln sie lieblos

In vielen Familien, Partnerschaften oder auch in Betrieben gehen Menschen bisweilen geringschätzig und rücksichtslos miteinander um. Sie machen sich über den anderen lustig, machen ihn lächerlich, kommandieren ihn herum, übervorteilen ihn. Sie engen seine Freiheit ein, sie gehen mit ihm um, als ob er ihr Eigentum wäre. Manche können andere nicht ausstehen oder hassen sie sogar. Gelegentlich kommt es zu Handgreiflichkeiten.

Andere leben jahrelang gleichgültig nebeneinander her, ohne sich um den anderen zu kümmern: «Also ich kam mir mit der Zeit irgendwie überflüssig vor und dann ausgenutzt», sagt die vierundzwanzigjährige Maria. «Er kam nach Hause, schlafen, essen, umziehen, und weg war er wieder. Und ich habe mich dann gefragt: Wozu bist du denn überhaupt noch da? Um die Wäsche zu waschen, einkaufen zu gehen, Essen zu kochen? Wenn ich in der Anfangszeit noch gefragt habe: Wo gehst du denn hin?, dann hat es geheißen: Das geht dich nichts an. Mittlerweile habe ich dann überhaupt nicht mehr gefragt. Nicht nur, daß er keine Rücksicht auf meine Bedürfnisse genommen hat – er hat nicht einmal den Versuch gemacht! Das ärgert mich!» [58] Maria fühlt sich von ihrem Mann ausgenutzt, nicht in sein Leben einbezogen. Menschen mißachten so die Bedürfnisse und Wünsche ihres Partners oder ihrer Kinder, nehmen sich nicht genug Zeit für sie und vernachlässigen sie.

In manchen Beziehungen kommt es Tag für Tag zu Machtkämpfen. Einer versucht den anderen zu übertrumpfen und zu beherrschen: «Irgendwie waren wir beide so gegeneinander», berichtet Egon. «Jeder versagte dem anderen die Anerkennung. Wir waren eigentlich dauernd in einem Machtkampf. Dabei geht es natürlich keinem gut.» Auch Katrin berichtet von ähnlichen Erfahrungen in ihrer Ehe: «Wenn er eine Schwäche hatte, dann habe ich voll reingehackt. Das war ein ewiges Austeilen und Einfangen. Ich habe nicht aufgehört, bis ich eine Blöße entdeckt hatte und ihn am Boden hatte.» Gewiß gibt es in fast jeder Beziehung gelegentlich Meinungsverschiedenheiten und Streit. Doch was in den wieder-gegebenen Äußerungen zutage tritt, geht darüber weit hinaus: Viele Menschen bekriegen sich jahrelang und lauern darauf, daß der andere eine Schwäche zeigt.

Viele menschliche Kontakte sind durchsetzt von Beleidigungen, Demütigungen, Herabwürdigungen und Befehlen. Erwachsene sagen einander grobe Worte, sie beschimpfen und dirigieren Kin-der in Familien, Kindergärten und Schulklassen. Kinder bekriegen sich auch untereinander, Jugendliche provozieren Erwachsene. Lehrer: «Jetzt blamier ich dich bis auf die Knochen.» – «Du bist auch so ein Würstchen.» – «Machst du jetzt endlich zu, du Dumm-kopf!» – «Die Klasse ist eine richtige Meute; die Schüler sind total verschlampt.» – «Quatsch, was redest du heute nur für einen Blödsinn!» – «Stell dich nicht so dumm an.» – «Du hast ein Vierer-Gesicht, mehr ist für dich nicht drin.» – «Der kriegt mal einen Hang zum Klauen.» – «Bei dir konnte ja nichts anderes herauskommen.» Jugendliche: «Die blöden Alten, völlig verkalkt.» – «Der ist nicht ganz dicht.»

Mißachtung und Lieblosigkeit drücken sich oft auch in den Gesten der Menschen aus, in ihrer Mimik und ihren Handlungen: Sie grinsen schadenfroh, lachen andere aus, hänseln sie, schauen sie mißbilligend an, zucken voller Verachtung mit den Achseln, sie übersehen andere demonstrativ, fahren sie mit lauter Stimme an.

Besonders häufig richten sich Mißachtung und Spott gegen Menschen, die von der «Norm» abweichen, die irgendwelche Auf-fälligkeiten zeigen. Sie werden als «Menschen zweiter Klasse» behandelt. Bernd: «Ich hatte früher Rachitis. Und ich weiß, wie verletzend es ist, das Gefühl zu haben: Du bist anders, du bist nicht normal. Du bekommst das zu spüren, manchmal sehr, sehr hart. Das tut weh.» Vorwurfsvoll und fast hämisch reagiert eine Arzthel-ferin, als eine etwa achtzig Jahre alte Frau beim Heruntersteigen

von der Bestrahlungsliege hinfällt: «Na, wenn Sie da so dumm
herunterkrabbeln! Sie hätten sich ja umdrehen können!» Diffamie-
rende Sprüche, zum Beispiel «Ausländer raus!», finden sich auch
häufig an Hauswänden oder Bauzäunen.

Menschen gehen auch gefühllos mit anderen um, indem sie sie
als «Fall», als Objekt, als «Leistungsproduzenten» ansehen und
behandeln. Sie sehen nicht in ihnen den Menschen, sondern geben
ihnen zu verstehen, daß sie nur von Wert sind, wenn sie gut
funktionieren und Leistungen erbringen: «Ich hatte zeitweise
starke Depressionen. Die Ärzte haben mir Medikamente verschrie-
ben, damit meine Seele beruhigt wird. Bei der Chefvisite kamen die
Oberärzte und der Chefarzt ins Zimmer rein und fragten mich: Na,
wie geht's? Ich hatte aber das Gefühl, daß sie sich im Grunde
genommen gar nicht dafür interessierten – höchstens, wie's mir
körperlich geht. Ich find das alles sehr unmenschlich.» – «Unsere
Lehrer haben uns oft von oben herab behandelt. Sie sahen in uns
kaum selbständige und wertvolle Persönlichkeiten. Sie schienen in
uns eher Befehlsempfänger und Lernmaschinen zu sehen.»

Kinder werden oft zusätzlich noch von ihren Eltern abgelehnt
und bestraft, wenn sie keine guten Schulleistungen erbringen: «Es
war beinahe eine Katastrophe, wenn ich mal einen Dreier heimge-
bracht habe.» – «Ich werde es nie vergessen, als ich einmal eine Vier
im Rechnen im Zeugnis hatte. Wie schlimm das war, mit dem
Zeugnis nach Hause zu kommen! Da hab ich wirklich Angst
gehabt.» Und etwas später sagt die jetzt 25 Jahre alte Frau: «Ich leb
jetzt mein eigenes Leben; aber wenn ich mal ein paar Tage bei
meinen Eltern bin, dann will ich einfach wieder weg. Das halte ich
nicht aus, einfach weil ich mich nie so richtig abspannen kann und
nie ich selber sein darf.» – Ein Student: «Die Dozenten hier:
menschenverachtend, sehr zu, vor allem uneinfühlsam. Ich sehe es
schon an ihren Gesichtern – keine Ratgeber, keine Helfer auf dem
Lebensweg.»

Viele wünschen sich, daß ihnen ihre Fehler nicht laufend vorge-
halten werden, sondern daß sie als Menschen akzeptiert werden.
Ina, 60 Jahre alt, über ihre Beziehung zu ihrem erwachsenen Sohn:
«Udo muß mir das auch zugestehen, daß ich früher mal Fehler
gemacht habe in seiner Erziehung. Er gräbt die Dinge von früher

immer wieder aus. So sitzt man ewig auf der Anklagebank. Ich möchte auch verstanden werden.» – «Ich möchte, daß ich um meiner selbst willen gemocht werde und nicht nur, wenn ich etwas Interessantes oder Außergewöhnliches mache. Daß man mich so nimmt, wie ich bin.»

Gelegentlich macht es Menschen sogar Spaß, anderen weh zu tun und ihre intellektuelle oder körperliche Überlegenheit auszuspielen: «Was mich stört: seine Freude darüber, mich vor anderen Leuten in die Pfanne zu hauen.» – Die siebenunddreißigjährige Anne wird von ihrem Mann mißachtet und gequält. «Ich habe manchmal das Gefühl, daß es meinem Mann innerlich wohltut, wenn ich leide. Das äußert sich auch im sexuellen Bereich, im Schlagen – und zwar wirklich ganz doll schlagen, mir wirklich ganz bös wehtun. ‹Es soll nicht wehtun›, sagt er noch dazu. Aber sein Gefühl ist ganz stark: Schlagen. Das heißt, mir eigentlich so wehtun, daß es mich trifft. Dann fühlt er sich wohl.»

Eindringlich zeigt das folgende Familiengespräch, wie Menschen sich gegenseitig nicht annehmen können, sich dirigieren, einengen, sich ausgenutzt fühlen und aneinander vorbeileben:

Mutter: «Wir können zu Hause nicht diskutieren. Da wird zum Schluß immer geschrien, dann ist man halt fertig. Ja, und ich komm mir zu Hause manchmal wirklich wie ein Dienstmädchen vor, das tut mir sehr weh. Und mein Mann steht immer wie ein Lehrer da: Das darf man doch nicht! So darfst du dich nicht geben! Das macht man nicht! Was werden die anderen dazu sagen! Wir – der Vater und ich – akzeptieren uns da gegenseitig nicht, wie jeder ist und sein möchte. Ich fühle mich einfach verlassen von ihm. Ich fühle mich einfach von ihm abgelehnt. Deshalb kann ich ihm auch nicht so zärtlich entgegenkommen, wie er es möchte.«

Vater: «Wir können einfach viel zuwenig miteinander reden. Ich würde schon sagen, daß ich manchmal penibel und ein bißchen kleinlich bin. Aber das ist meist bloß der auslösende Faktor für eine Explosion. Wenn ich über manche Punkte zu meiner Tochter spreche, dann ist gleich der Ofen schon zwischen uns aus. Und zwischen meinem Sohn und mir ist es so, daß wir praktisch schon wochenlang überhaupt nicht mehr miteinander gesprochen haben, weil wir nichts zu reden haben, weil wir keine Offenheit haben. Ich

sehe einfach keine echte Verbindung mehr. Ich denke auch, daß wir
unsere Probleme in der Ehe auf unsere Kinder verlagern.»

Tochter, 16: «Ich empfinde es als einfach wahnsinnig einengend
und deprimierend, wenn ich immer wieder sehe, wie meine Eltern
versuchen, mich in gewisser Weise so hinzubiegen, daß ich eine
bestimmte Form erreiche.»

Sohn, 20: «Mich stört es ganz gewaltig, daß der Vater nicht
irgendwie stark ist. Es fehlt jemand, der die Richtung ein bißchen
angibt. Ich finde, daß wir als Familie irgendwie ein unsicherer
Haufen sind.»

Auswirkungen von Mißachtung und Lieblosigkeit

Untersuchungen ergaben, daß Mißachtung und dirigierendes Verhalten in Familie, Partnerschaft, Kindergarten, Schule und Betrieben entscheidend die seelische Lebensqualität von Menschen beeinträchtigt:

O Menschen fühlen sich entmutigt, verlieren ihr Selbstvertrauen
und lehnen sich ab. Werden Menschen lange Zeit, besonders in
ihrer Kindheit, gedemütigt, kalt und lieblos behandelt, so entsteht
in ihnen häufig ein Gefühl der Minderwertigkeit: «Ich habe das
Gefühl: Im Grunde zähle ich für andere gar nicht», sagt ein Vier-
unddreißigjähriger. «Ich trau mir gar nichts mehr zu!»

O Menschen fühlen sich dem anderen ausgeliefert, sind verzweifelt
und haben Ängste: «Irgend etwas geht da so von den Menschen
aus. Ich erlebe sie als etwas Gefährliches.» – «Ich muß immer an
meine Mutter denken. Wenn's so ums Widerwort ging oder irgend
etwas, dann sagte sie: ‹Muß ich dich wieder hauen?!› oder ‹Muß ich
wieder den Klopfer nehmen?!› Oder sie sagte dann so: ‹Komm her,
daß ich dich hauen kann!› Und auch heute noch, mit fast vierzig
Jahren, habe ich oft instinktiv den Eindruck, als würde mich gleich
jemand schlagen . . . Einmal lachte ich, und da sagte mein Vater:
‹Junge, du siehst so fröhlich aus, irgendwie lachst du wohl über
mich.› Und dann sagte er: ‹Ich verfluche dich, daß es dir nie
gutgehen soll!› Und schlug so mit der Faust auf den Tisch. Ich
fühlte mich als Kind nie so richtig geborgen in der Familie. Mit

zehn Jahren war ich dann einmal so unglücklich, daß ich nachts betete, ob ich nicht sterben könnte.»

○ Manche fürchten, lächerlich gemacht zu werden: «Bei der Arbeit bin ich immer mit Menschen zusammen. Und da habe ich große Schwierigkeiten: Ich weiß nichts zu sagen. Wenn ich nichts sage, ist das noch das sicherste. Dann können sie mich nicht darauf festlegen oder auslachen.»

○ Menschen neigen eher zu seelischen Störungen und werden anfälliger für körperliche Erkrankungen. Jahrelang erfahrene Herabsetzung, Demütigungen und Gängeleien führen bei Menschen meist zu erheblichen Beeinträchtigungen ihrer seelischen Lebendigkeit und Lebensfreude. Sie sind in der freien Entfaltung ihrer seelischen Möglichkeiten stark eingeschränkt, geraten zum Beispiel leichter in depressive Verstimmungen und sind anfälliger für psychosomatische Leiden, etwa für vegetative Störungen.

○ Menschen, die andere mißachten, schädigen sich selbst. «Ich bin dahintergekommen, daß ich mich mit meinem Haß und meiner Wut gegenüber meinem Mann selber kaputt mache.» − «Wenn ich gemein zu jemandem bin − das hängt mir ja noch lange hinterher an.»

Warum mißachten Menschen einander?

○ Viele Menschen sind selbst rücksichtslos behandelt worden und haben dieses Verhalten übernommen. Wenn Kinder und Jugendliche in Familie, Kindergarten und Schule häufig Mißachtung, Lieblosigkeit und starke Lenkung erfahren oder dies bei anderen miterleben, neigen sie eher dazu, ähnlich zu handeln: «Wenn ich mir meine ganze Jugend anschaue, dann wundere ich mich nicht, daß ich häufig so bin. Ich habe eigentlich wenig Fürsorge, Wärme und Liebe erfahren. Mein Vormund kam nur, wenn mal eine Tracht Prügel fällig war. Genau das hat mich hart gemacht. Jetzt teile ich die Härte aus, obwohl ich es gar nicht will. Ich würde manchmal viel lieber etwas anderes sagen, um den anderen nicht so zu treffen. Aber es ist fast immer so wie ein Schuß vor den Bug des anderen.» − «Einerseits habe ich schon kleine Kinder», sagt die fünfunddreißig-

jährige Ulrike. «Andererseits bin ich die Tochter meiner Mutter.
Und ich ertappe mich jetzt dabei, daß ich bei meinem Sohn genauso
wieder verfahre, wie es meine Mutter damals bei mir tat. Ich geh
auch ins Zimmer und mecker bei jedem bißchen, was herumliegt.
Ich bin im Grunde dagegen – und hab das ja am eigenen Leibe
gemerkt.» [55]

○ Menschen sind in ihrem Vertrauen zu anderen enttäuscht worden. Auf Grund dieser Erfahrung und aus Angst vor möglicher
Verletzung greifen sie andere an. In einem gefilmten Gruppengespräch wendet sich ein dreißigjähriger Mann heftig gegen eine
achtzehnjährige Schülerin, die sich kurz zuvor mit ihrem Selbstmordversuch auseinandergesetzt hatte: «Also es widert mich regelrecht langsam an. Du hast vorhin dein Problem der Sinnlosigkeit
des Lebens besprochen . . . Du taugst doch nichts! Du stinkst doch,
du siehst ekelhaft aus jetzt. Das ist doch niederträchtig, so etwas!»
Wenig später sagt er von sich: «Also ich könnte keinem vertrauen . . . dadurch, daß Gutmütigkeit grundsätzlich mißbraucht
wird. So hab ich's bisher erlebt . . . Ich glaube, daß ich täglich
enttäuscht werde in meinem Vertrauen . . . so daß ich ein richtiges
Waffenlager habe.» [61]

○ Die Angst, vereinnahmt zu werden, ist ein weiterer Grund für
ein distanziertes und eher abweisendes Verhalten: «Ich möchte
Beziehungen zu anderen Menschen haben können, ohne Angst,
daß der andere mich schluckt.»

Viele fühlen sich durch die Nähe eines anderen bedroht: «Ich
habe Angst vor anderen, die mich gefühlsmäßig berühren könnten.» – «Ich habe eine große Sehnsucht nach körperlicher Berührung. Aber ich habe Angst, dann mißverstanden zu werden.»

○ Menschen sehen ihre Gefühle und ihre Neigung zu Zärtlichkeiten
als Schwäche bei sich an. Sie befürchten, sich lächerlich zu machen,
wenn sie für andere Zuneigung empfinden und sie ihnen zeigen.

○ Manche Menschen sind so stark von ihrem Streben nach den eigenen Zielen beansprucht, daß ihnen keine Zeit bleibt, sich den Bedürfnissen, Sorgen und Nöten anderer zuzuwenden. Oft fühlen sie sich
auch durch persönliche Beziehungen in ihrem zielstrebigen Handeln
behindert: «Ich war auf der Karriereleiter und habe mühselig Etappe
für Etappe genommen. Etliche Jahre habe ich draußen wie aus dem

Koffer gelebt, auch unter Aufgabe des Familienlebens. Aber ich hatte mir zum Ziel gesetzt: Das will ich erreichen. Und ich habe es erreicht. Ja, das hat mich bestimmt hart gemacht, auch mir selbst gegenüber. Und so ist es leider bei uns so, daß die anderen Familienmitglieder keine freien Entfaltungsmöglichkeiten haben, weil ich überall meine Stempel aufdrücke. Und die Kinder wissen genau, wenn sie die Marke überschreiten, dann gibt's ein Donnerwetter.» [56]
○ Menschen sehen andere als Personen von geringerem Wert an. Dieses Empfinden der Ungleichwertigkeit läßt sie andere in einer Art behandeln, wie sie selbst nicht behandelt werden möchten: abwertend, demütigend, dirigierend und bevormundend: «Mein aggressives Handeln gegenüber meiner Partnerin», sagt ein Sechsundzwanzigjähriger sehr ehrlich, «bringt mir oft ein Gefühl des Triumphes, läßt mich erleben, daß sie unterlegen ist. In diesen Momenten empfinde ich mich als wertvoll.»

Menschen achten einander und gehen liebevoll miteinander um

Menschen wünschen sich, von anderen respektiert, umsorgt und geliebt zu werden. Sie möchten gern, daß andere ihnen vertrauen und daß sie in ihrer Selbstbestimmung nicht eingeengt werden. Sie möchten in ihrer Einzigartigkeit angenommen werden. Wenn wir uns gegenseitig so akzeptieren, wie wir sind, schaffen wir uns eine wichtige Umweltbedingung für unser seelisches und körperliches Wohlbefinden. Wie können wir einander dieses Wohlbefinden ermöglichen? Wie können wir anderen das geben, was wir uns auch für uns selber wünschen?

Wir akzeptieren andere in ihrer Andersartigkeit

Das Annehmen des anderen fällt uns besonders schwer, wenn dieser ganz anders denkt, fühlt und handelt als wir. Es macht uns Schwierigkeiten, in ihm einen eigenständigen Menschen mit eige-

nen Ideen, Zielen und Werten zu sehen. Häufig bedroht und
verunsichert uns das. «Ich denke an einen meiner Mitarbeiter, der
glänzende Züge aufwies, aber sichtlich andere Wertvorstellungen
hatte als ich und sich ganz anders verhielt, als ich es getan hätte. Es
war ein wirkliches Ringen, bei dem es mir, wie ich glaube, teilweise
gelungen ist, ihn die Person sein zu lassen, die er war und ihm zu
gestatten, sich völlig losgelöst von mir und meinen Ideen und
Werten als Person zu entfalten.» [37] «Den anderen wirklich zu
akzeptieren, heißt, den anderen mit seinem anderen Weg zu respektieren – daß ich nicht sage: Komm mal rüber auf *meinen* Weg, der ist
viel besser. Sondern ich laß ihn spüren: Ich nehm dich so an, auch
wenn du deinen Weg gehst.»

Eine solche Haltung wirkt sich auf den anderen sehr positiv aus:
«Was ich an meiner Partnerschaft besonders schätze, ist, daß ich so
kommen kann – so elend, so traurig oder verquer –, wie ich gerade
bin, und daß ich mich ganz aufgehoben fühlen kann.» – «Ich bin
einfach überglücklich darüber, daß ich geliebt, geschätzt und wichtig bin, daß ich angenommen werde, wie ich bin – und daß es
endlich einmal auf gleicher Ebene ist, wo ich kein Kind, keine
Schülerin oder Patientin bin.»

Wenn wir einen Menschen als wertvoll ansehen, achten wir ihn.
Wir erkennen die andersartige Erlebniswelt des anderen an, ohne
ihn verändern zu wollen: «Ich bin einzigartig. Der neben mir ist es
auch.» Wir nehmen andere in ihren Gefühlen, Meinungen, Vorlie-
ben und Eigenarten an. Wir kritisieren und beurteilen nicht. Dies
ist für den anderen eine wichtige Erfahrung. Eine junge Frau,
Patientin in einer psychiatrischen Klinik, schreibt an ihren Helfer:
«Sie verstehen mich wirklich, Sie kennen meine Schmerzen und
mein seelisches Leid. Sie geben meinem Leben Hoffnung und
Licht, weil Sie mich als Mensch sehen und nicht, wie die meisten
hier, als geistig nicht normal.»

Auch in der Kind-Eltern-Beziehung ist es häufig schwer, einander zu achten. «Früher habe ich meine Eltern abgelehnt und teilweise auch gehaßt. Ich bin jetzt an dem Punkt, daß ich sie so
annehmen kann, wie sie sind. Ich bin jetzt auch ganz zufrieden mit
der Beziehung», sagt der vierunddreißigjährige Bernd. Eine junge
Frau: «Ich fühle mich von meinen Eltern akzeptiert, ohne daß ich

dafür bestimmte Bedingungen erfüllen muß. Ich kann aus mir herausgehen und sehen, was ich wirklich bin.» Ingrid, Mutter eines Zwölfjährigen: «Mit der Aggressivität und Wut meines Jungen konnte ich schlecht umgehen. Heute ist es so: Das bedroht mich nicht mehr. Das macht mir nicht mehr Angst. Ich kann ganz dicht bei ihm sein und erfahre diese Wut und diesen Ärger. Es ist eine Seite, die ich immer mehr bei ihm akzeptieren kann. Es ist mir sogar schon passiert, daß ich hinterher gedacht habe: So ähnlich ist es dir eigentlich auch schon mal ergangen.»

Vor allem, wenn wir mit einem anderen in einen Konflikt verwickelt sind, fällt es uns schwer, ihn anzunehmen. Wir fühlen uns in solchen Situationen leicht angegriffen und bedroht. Wir schaffen es dann häufig nicht, den Konflikt bei dem anderen zu lassen und ihm bei seiner Selbstklärung beizustehen. In eindrucksvoller Weise schildert Bettina, wie sie solche Konfliktsituationen in ihrer Partnerschaft bewältigt. «Bei Konflikten, die mit mir zusammenhingen, war es früher für mich sehr schwer, mit seiner Aggression fertig zu werden. Da ging mein Ego hoch. Aber dann habe ich gedacht: Nein, das ist der falsche Weg. Es ist ja nicht gegen dich, sondern es ist *seine* Auseinandersetzung. Ich habe ihn ganz liebevoll betrachtet, wie ein Juwel, das eigentlich strahlt, aber von selbstfabriziertem Dreck verhüllt ist. Ich habe mir gesagt: *Er* muß durch alles durch, er muß erst mal seinen ganzen Dreck wegpolieren. Das kannst du nicht. Er muß nur Ruhe haben, und ich muß ihn lassen. Diese positive Einstellung führte dann auch dazu, daß sich der Konflikt fast immer von allein auflöste.»

Was können wir in solchen Konfliktsituationen tun? *Wie* können wir uns äußern, wenn sich die Welt des anderen kraß von unserer eigenen unterscheidet?

Es ist nach unserer Erfahrung in solchen Situationen sehr hilfreich, wenn wir in uns hineinhören und über unsere Gefühle in dieser Situation sprechen, ohne den anderen zu bewerten: «Ich fühle mich verletzt.» – «Ich ärgere mich.» – «Es fällt mir sehr schwer, zu verstehen, daß es keine anderen Möglichkeiten gibt als die, die du siehst.» – «Ich erlebe es ganz anders als du.» – «Wenn ich frühzeitig *meine* Gefühle ausdrücke, bin ich mehr bei mir, und der andere hat die Chance, mich zu verstehen.»

Es ist sicher schwer, jedem diese Achtung zu geben – manche werden sich zunächst überfordert fühlen. Aber wir können uns bemühen, sie erst einmal den Menschen entgegenzubringen, die in unserem unmittelbaren Umkreis leben: in der Familie, im Freundeskreis, unter Nachbarn und Kollegen.

Wie schaffen wir es, den anderen so anzunehmen, wie er ist? «Eines der befriedigendsten Gefühle, die ich kenne, habe ich, wenn ich einen anderen auf dieselbe Weise genieße wie zum Beispiel einen Sonnenuntergang», schreibt Carl Rogers. «Menschen sind genauso wundervoll wie ein Sonnenuntergang, wenn ich sie *sein* lassen kann. Ja, vielleicht bewundern wir einen Sonnenuntergang gerade deshalb, weil wir ihn nicht kontrollieren können. Wenn ich einen Sonnenuntergang betrachte, wie ich es vor ein paar Tagen tat, höre ich mich nicht sagen: ‹Bitte das Orange etwas gedämpfter in der rechten Ecke und etwas mehr Violett am Horizont und ein bißchen mehr Rosa in den Wolken.› Ich versuche nicht, einem Sonnenuntergang meinen Willen aufzuzwingen. Ich betrachte ihn mit Ehrfurcht.» [37]

Den anderen wie eine Blume oder einen Sonnenuntergang in seiner Art des Seins und Erlebens anzunehmen, bedeutet nicht, daß wir uns nicht um ihn kümmern, daß wir ihm nicht zu helfen suchen oder daß wir auf eigene Bedürfnisse verzichten. Im Gegenteil: Wenn wir den anderen in seiner Art des Seins annehmen, so ist dies häufig ein wichtiger Schritt bei unserem Bemühen, ihm gegenüber angemessener zu handeln. Den anderen anzunehmen, bedeutet auch nicht, daß wir sein Verhalten und seine Auffassungen billigen oder sie für uns als richtig ansehen. Es heißt vielmehr, daß wir das Verhalten und die Auffassungen des anderen als *seine* im Moment gegebene Realität anerkennen. Es steht uns frei, *unser* Fühlen dem anderen gegenüber zu äußern, ohne ihn zu bewerten.

Wir lassen anderen ihre innere Freiheit

Die meisten Menschen möchten über sich selbst bestimmen und möglichst wenig Zwang und Bevormundung erfahren. Achten wir ihr Recht auf Selbstbestimmung, oder erwarten wir von ihnen, so zu leben, wie wir es für richtig halten?

In vielen Familien und Partnerschaften klammern sich Menschen aneinander, versuchen Besitz voneinander zu ergreifen. Es fällt ihnen schwer, dem anderen Eigenständigkeit zuzugestehen. Dies hängt häufig damit zusammen, daß sie selbst wenig eigenständig sind. Die folgenden Äußerungen zeigen, wie sich Menschen in diesem Bereich ändern. Gabriele über ihre Ehe: «Wenn ich nachmittags nach Hause komme, dann klönen wir, oder wir machen etwas gemeinsam. Aber Peter akzeptiert jetzt eher, wenn ich sage, ich muß heute nachmittag das Wohnzimmer machen. Er akzeptiert jetzt mehr, daß ich nicht ständig nur bei ihm hocken kann, daß wir da ein Stück gegenseitiger Freiheit irgendwo haben. Und wenn er mit seinem Freund weggeht, dann sage ich sogar: ‹Ich freue mich.› Ich freue mich, weil ich sehe, ihm tut das gut. Im Gegensatz zu früher ist heute die ganze häusliche Atmosphäre viel entspannter.» Ulrich, 40: «Ich hatte früher immer das Gefühl, daß sich meine Mutter an mich klammert. Sie wollte und konnte nichts ohne mich machen. Jetzt ist sie selbständiger geworden, unabhängiger. Sie konnte auch mal wieder etwas ohne mich genießen. Sie hat dadurch jetzt für sich ein Stück mehr Freiheit, und ich habe dadurch auch mehr Freiheit.»

Es macht manchen Menschen Angst, eigene Wege zu gehen oder einen Partner eigene Wege gehen zu lassen. Sie fürchten, die Wege könnten sie voneinander wegführen, die seelische Brücke zwischen ihnen könnte zerbrechen. Das folgende Beispiel zeigt, daß eine solche Entfremdung nicht eintreten muß: «Wir haben ein Gefühl der Gemeinsamkeit entwickelt, das nicht davon abhängig ist, daß wir immer gemeinsam Händchen halten. Wenn er zu seinem Freund geht, dann handarbeite ich dort, oder ich lese ein Buch, und er bastelt mit seinem Freund im Garten. Jeder weiß, wo der andere zu finden ist und daß der andere jederzeit für ihn da ist. Jeder kann selbständig für sich etwas tun, und trotzdem ist so ein Gefühl der Gemeinsamkeit da.»

Nur wenige wissen, wie wichtig es für viele Sterbende ist, daß sie von ihren Angehörigen und Freunden die Freiheit, die «Erlaubnis» erhalten, sterben zu dürfen, daß ihre Angehörigen sie gleichsam in Frieden loslassen können. In eindrucksvoller Weise teilt dies ein Siebzigjähriger seiner kranken Freundin in einem Brief mit: «Ich

habe gehört, daß Deine Gesundheit nicht gut ist. Ich bin traurig
darüber. Ich möchte Dich wissen lassen, wie sehr ich Dich und
Deinen Mut bewundere, dem Leben ins Auge zu blicken und auch
der Möglichkeit des Todes. Deine Liebe hat mich über Zeit und
Raum hinweg begleitet. Für die Zukunft wünsche ich Dir, was
immer Du für Dich selbst wünscht. Wenn du wünschst, daß es Dir
besser geht, wünsche ich dir das von ganzem Herzen. Wenn das
Leben zu sehr eine Bürde für Dich wird und du wünschst, Du
möchtest davon erlöst werden, dann will ich das für Dich wünschen – traurig, aber mit einem tiefen Verständnis.»

Eltern, Lehrern und Kindergärtnerinnen fällt es vielfach schwer,
ihren Kindern einen eigenen Lebensraum zuzugestehen, so daß sie
sich zu eigenständigen Menschen entwickeln können. Der Dichter
und Philosoph Kahlil Gibran schreibt [18]:
«Eure Kinder sind nicht *eure* Kinder.
Es sind die Söhne und Töchter von des Lebens Verlangen
nach sich selber.
Sie kommen durch euch, doch nicht *von* euch.
Und sind sie auch bei euch, so gehören sie euch doch nicht.
Ihr dürft ihnen eure Liebe geben,
doch nicht eure Gedanken,
denn sie haben eigene Gedanken.
Ihr dürft ihren Leib behausen, doch nicht ihre Seele.
Denn ihre Seele wohnt im Hause von morgen,
das ihr nicht zu betreten vermöget,
selbst nicht in euren Träumen.
Ihr dürft euch bestreben, ihnen gleich zu werden,
doch suchet nicht, sie euch gleich zu machen.»

Wir vertrauen einander und gehen zärtlich miteinander um

Wie bedeutsam es für den anderen sein kann, wenn wir auf ihn
zugehen und ihm unser Vertrauen und unsere Zuneigung zeigen,
geht aus den folgenden Äußerungen hervor. Ein Achtundvierzigjähriger: «Mein Vater zeigte mir, daß er glaubte, daß ich meinen
Weg alleine gehen kann. Ich fand das sehr hilfreich, daß er mir das

zutraute.» Eine ehemalige Studentin in einem Brief an einen Professor: «Für mich war es so wichtig, von Ihnen Vertrauen und Zuversicht bei meiner Arbeit zu erfahren. Ich glaube, Ihr Vertrauen zu mir war ein Schlüsselerlebnis für alle meine spätere Arbeit. Dadurch, daß Sie geglaubt haben, ich könnte hilfreich sein, wurde ich es in der Tat.»

Wohl alle Menschen brauchen Nähe und liebevolle Zuwendung. Sie haben sie oft jahrelang entbehrt. «Ich habe als Kind und auch später diese Zärtlichkeiten wahnsinnig vermißt. Ich habe oft als Kind davon geträumt, daß meine Mutter mich in den Armen hält. Denn sie tat es niemals. Und so habe ich eben ein großes Nachholbedürfnis nach Zärtlichkeit und Nähe.» Nur wenigen gelingt es, ihr Bedürfnis nach Zuneigung auszudrücken. Die siebenjährige Natalie ruft ihren Vater an seinem Arbeitsplatz an: «Ich mußte dich anrufen, ich hatte Sehnsucht nach dir.» Eine Achtzehnjährige in einer Gesprächsgruppe: «Warum hören wir nicht auf, uns gegenseitig zu beschimpfen, und gestehen uns ein, daß wir einander brauchen? Ich dachte, was muß ich machen, um euch sagen zu können: ‹Ich brauche euch! Ich brauche Liebe, und ich brauche Menschen, und ich brauche jemanden, der manchmal meine Hand hält . . .›» [43]

Zuneigung und Zärtlichkeit können in vielfältiger Weise gegeben werden. Eine Tochter zu ihrer kranken Mutter: «Auch wenn du dich manchmal körperlich als Schwächling fühlst, bist du doch ein seelischer Stärkling. Ich danke dir, daß es dich gibt, daß du mir ein so guter Wegbegleiter bist.» Ein Mann über seine Partnerschaft: «Wir geben uns jetzt einfach mehr kleine Zärtlichkeiten, zum Beispiel, daß wir uns mal über das Haar streichen oder uns einen Kuß wünschen und geben.»

Viele müssen es erst in tastenden Schritten lernen, Zärtlichkeiten als natürlichen Ausdruck von Nähe zu verstehen, sie anderen spontan zu geben oder von ihnen anzunehmen: «Ich kann meine inneren Gefühle ausdrücken, indem ich andere Menschen spontan in den Arm nehme», sagt eine junge Frau. «Ich kann Zärtlichkeiten geben und finde diese Momente sehr schön. Allerdings kommen mir im nachhinein immer Bedenken, weil der Austausch von Zärtlichkeiten auch mißverstanden werden kann. Aber ich lasse mich dadurch nicht entmutigen.»

Menschen kümmern sich um andere

Wenn wir in einer nahen Beziehung zu uns selbst leben und auf unsere spontanen Regungen reagieren, werden wir aus unserem Empfinden heraus anderen helfen und ihnen fürsorgliche Angebote machen. Wir sorgen auf eine nichtdirigierende, einfühlsame Weise für den anderen, indem wir ihm die Möglichkeit geben, unsere Angebote anzunehmen, ohne enttäuscht zu sein, wenn er sie zurückweist.

Ein alleinstehender Mann: «Da rief doch neulich ein Kollege an, den ich gar nicht so gut kenne. ‹Georg›, sagt er, ‹willst du morgen mitkommen zum Angeln?› Das fand ich ganz toll.»

«Mein Mann geht jetzt mehr auf mich ein», sagt eine vierzigjährige Arbeiterin. «Ich weiß nicht – er zeigt eher Gefühle. Er ist jetzt unheimlich nett, er macht auch mal, was *ich* gerne möchte: Er schaltet mal den Fernseher ab und legt eine Platte auf. Da sagte er doch neulich: ‹Du brauchst bestimmt frische Luft, wollen wir eine Runde drehen?› Das hat er, solange wir zusammen wohnen, zwölf Jahre lang, niemals mit mir gemacht.»

Eine schwer erkrankte Frau berichtet: «Obwohl ich zu Hause war und etwas hätte tun können, haben die Nachbarn einfach gesagt: Sie gehen spazieren und machen das und das. Für das Kochen sorgen wir. Da haben fünf Familien wochenlang Essen für uns gekocht. Mittags stand ein Korb vor der Tür. Sie klingelten nicht. Ich wußte nie, bei wem ich mich bedanken sollte. Ich hab das nachher erst richtig gehört: Das hatte die eine Nachbarin in die Hand genommen. Zu diesen Menschen habe ich heute noch einen ganz starken Kontakt.» [51]

Durch vielfältige Aktivitäten können Menschen einander helfen. Sie können sich für andere einsetzen, Sprachrohr ihrer Nöte sein – Menschen ermutigende Erfahrungen ermöglichen – für andere Zeit haben – Mitschülern bei den Schularbeiten helfen – für eine ältere Nachbarin einkaufen oder ihr die Hecke schneiden – einem Kranken den Zugang zu einem guten Facharzt oder zu einer Selbsthilfegruppe erleichtern – als Lehrer leicht verständliche Informationspapiere erstellen – im Altersheim einen Mitbewohner mit auf den Spaziergang nehmen oder für ihn einen Brief schreiben

– einem anderen Menschen durch Fürsprache eine Arbeitsstelle vermitteln – einem neuen Kollegen am Arbeitsplatz helfen – jemanden zur Behörde begleiten . . .

Mit unseren helfenden Aktivitäten nehmen wir dem anderen nicht seine Eigenständigkeit. Er bleibt für sein Wohlergehen und seine Entscheidungen verantwortlich. Es ist wichtig, daß wir uns nicht für den anderen «aufopfern» und meinen, zu seiner Verfügung stehen zu müssen. Als Helfer müssen wir auch auf uns und unsere Bedürfnisse hören – ob wir selbst hinreichend versorgt sind und in welchem Maße wir dem anderen helfen können und wollen: «Ich habe auch gelernt, auf mich zu hören, wie weit meine Kräfte reichen und wann ich stoppen muß, um genug Zeit für mich, meinen Mann und die Kinder zu haben. Und so fühle ich mich deutlich ausgeglichen und ruhig», sagt Sybille, Mutter von drei Kindern, die in ihrer Freizeit alte Menschen betreut. «Ich bekomme von den alten Menschen viel Kraft. Und diese Kraft kann ich wiederum sinnvoll für andere einsetzen.»

Indem wir anderen helfen, geben wir nicht nur, sondern bekommen auch viel. Der andere braucht uns nicht zu danken – es ist ein gegenseitiges Nehmen und Geben. «Ich möchte kein Gefühl der Dankbarkeit in meinen Patienten auslösen, wenn ich ihnen etwas Gutes tue, sondern eher ein Gefühl der Ruhe, der Gelassenheit und Geborgenheit», sagt eine Krankenschwester, die ihren Beruf seit zwanzig Jahren ausübt.

Wir kümmern uns auch um andere, indem wir sie vor schädigenden Erfahrungen bewahren. Wir schildern ihnen unsere eigenen ungünstigen Erfahrungen. Wir empfehlen ihnen nur etwas, was wir auch für uns selbst als hilfreich ansehen. Und wir sind darauf bedacht, ihr Selbstbewußtsein nicht zu schädigen.

Eine weitere Möglichkeit, andere zu unterstützen, ist, ihnen konstruktive Angebote zu machen, die ihre körperliche, geistige und seelische Entwicklung fördern. Wir können sie zu einem Volkshochschulkurs oder zum Sport mitnehmen – mit ihnen gemeinsam einen Film sehen und darüber sprechen – ihnen ein anregendes Buch leihen – ihnen helfen, ein Hobby zu entwickeln oder kleine Aufgaben zu übernehmen . . . Eine Untersuchung zeigte, wie wichtig es zum Beispiel für alte Menschen ist, für etwas zu sorgen: Ältere Patienten in einem Pflegeheim erhielten nach einem Vortrag, der ihre Verantwortlichkeit für sich selbst herausstellte, kleine Pflanzen. Sie wurden gebeten, verantwortlich für sie zu sorgen. Einer anderen Gruppe wurden Pflanzen ins Zimmer gestellt, die durch die Heimleitung betreut wurden. Die Menschen, die die Pflanzen selber versorgten, wurden im Vergleich zu den anderen fähiger zu lebendigen Kontakten mit Pflegepersonen und Freunden, und ihr allgemeiner Gesundheitszustand besserte sich. [34]

Menschen lernen, andere zu achten und sich liebevoll um sie zu kümmern

Ein von Achtung und liebevoller Zuwendung geprägter Umgang mit dem anderen ist nicht durch ein äußeres «Machen», durch überstürzte Aktivitäten zu erreichen. Vielmehr liegt dieser Haltung ein tiefes positives Empfinden für andere Menschen, eine bejahende Einstellung zu ihnen zugrunde. Dieses Empfinden und diese Einstellung sind gleichsam die Quellen unseres Sorgens für den anderen. Sie lassen ihn fühlen: Ich bin gemeint. Ich kann ich selbst sein. Ich werde geliebt.

Um mehr auf andere zugehen zu können und ihnen mehr Freiheit, Nähe, Wärme und Vertrauen zu geben, ist es oft notwendig, daß wir uns selbst ändern: «Was ich wirklich noch mehr lernen muß: den anderen so zu nehmen, so zu lieben, wie er ist. Hinterher wird es mir oft klar, dann denke ich: Du zerrst schon wieder an ihm herum. Aber meine eigenen Veränderungen, die brauchen eben ihre Zeit, ehe ich nun wirklich den anderen so belassen kann.» Carl Rogers: «Weil ich mich weniger davor fürchte, positive Gefühle zu geben oder zu empfangen, bin ich fähig geworden, Menschen mehr zu schätzen.» [37]

Wie sehen solche persönlichen Wandlungen, durch die wir wichtige Bereiche unserer Persönlichkeit mehr verwirklichen, im einzelnen aus?

○ Wir lernen, uns selbst mehr zu achten und zu lieben: «Ich glaube, erst wenn man sich selber richtig annehmen und lieben kann, kann man einen anderen wirklich lieben und annehmen.» Ein tiefes Selbstwertgefühl ermöglicht es uns zum Beispiel, uns durch Vorwürfe eines anderen nicht angegriffen zu fühlen, sondern ihn in seiner seelischen Wirklichkeit anzunehmen. Eine Vierundvierzigjährige: «Früher war es immer so, daß ich mich sofort angegriffen fühlte und überhaupt keinen Wert in mir verspürte. Ich kann's jetzt ertragen, daß alles so furchtbar bei meinem Mann herauskommt, daß er sagt, daß er unter mir oft schrecklich leidet. Es rasselt nicht mehr sofort eine Jalousie bei mir herunter. Ich weiß, daß ich trotzdem einen Wert habe, daß ich ‹ich› bleiben kann. Ich sehe es jetzt mehr, daß es *seine* Schwierigkeiten sind; daß es keine Angriffe sind, um mich zu verletzen. Ich glaube schon, daß es ihm hilft, wenn er es sagen kann.»

○ Die ehrliche Auseinandersetzung mit uns selbst verhindert, daß wir überwiegend an uns denken, andere vernachlässigen und ignorieren, die Augen schließen vor den Bedürfnissen anderer. Wir fragen uns: Was tue ich für andere? Kümmere ich mich genug um Menschen, die Hilfe brauchen? Sie hilft uns auch, nicht *über andere* zu reden, sie zu bewerten oder zu kritisieren, sondern *über unser Fühlen in der Beziehung zu einem anderen* zu sprechen.

Wenn wir uns mit uns selbst auseinandersetzen, werden wir fähiger, bessere Partner und Helfer für andere zu sein. Ein Arzt: «Erst im Verlauf meiner ärztlichen Tätigkeit wurde mir deutlich, daß das Ausweichen vor bestimmten Fragen der Patienten mit meinen eigenen Schwierigkeiten, über meinen Tod zu reflektieren, zusammenhing. Erst nach persönlichen Erfahrungen, dem Tod meiner Eltern, war es mir möglich, mich intensiver mit meinem eigenen Tod zu beschäftigen. Danach gelang es mir, mit schwerkranken Patienten ein offenes Gespräch zu führen.»

○ Wir gelangen zu einer positiveren Einstellung zu anderen. Diese erleichtert es uns, in Beziehungen zu anderen stärker «uns selbst zu riskieren». Wir fühlen uns weniger von anderen bedroht: «Ich fühle mich nicht mehr so oft als Konkurrent der anderen. Ich kann sie besser akzeptieren in ihrem So-Sein.» – «Früher habe ich anderen mißtraut. Ich mochte sie gar nicht fragen, wie es ihnen geht. Ich hatte Angst, sie könnten *mich* fragen und erfahren, daß es mir nicht gut geht. Jetzt bin ich in Kontakten zu anderen zutraulicher gewor-

den. Wenn ich jetzt mit anderen Leuten zusammen bin, spreche ich
auch mal über mich selbst.» – «Ich konnte sehr schlecht auf einen
Menschen zugehen. Ich hatte immer Angst, daß er mich auslacht,
wenn ich ihm sage, daß ich ihn mag. Jetzt habe ich das dann mal
versucht. Das hat unheimlich gut geklappt – ich wurde nicht
zurückgestoßen. Und ich habe das in den zwei Wochen mehrmals
getan, und ich war also wirklich überrascht, daß das geht. Ja, ich
kann auf Menschen zugehen. Ich gehe jetzt auch mit viel offeneren
Augen durchs Gelände als vorher.»

○ Wir fühlen uns tiefer in andere ein. Wir behandeln andere eher
so, wie wir selbst behandelt werden möchten. Eine Vierunddreißigjährige: «Wie ich es jetzt schaffe, ihn nicht gleich zu beschimpfen und ihm nicht gleich zu sagen: ‹Hau ab›? Ich bin durch Werner dazu gekommen. Weil er sagte, daß ihn das unheimlich
kränkt, daß es ihm wehtut. Ich würde es ja selber auch nicht gut
finden, wenn er zu mir sagte: ‹Nimm deine Koffer, und zieh aus!›
Da würde ich ganz doof gucken und unheimlich gekränkt sein.
Und eben, weil ich mich jetzt mehr in ihn einfühle und weiß, wie
kränkend es ist, sage ich es jetzt nicht mehr.» – «Für mich ist es
sehr wichtig», sagt Reinhold, ein Lehrer, «den anderen als gleich-
wertig anzusehen. Denn ich bin mir bewußt: Was kann ich dafür,
daß ich so bin? Und was kann der andere dafür, daß er so ist?
Wenn ich dem zustimme, dann billige ich dem anderen grundsätzlich das zu, was ich für mich selbst wünsche, was für mein
Leben notwendig und wichtig ist.»

○ Wenn wir unsere Wunschbilder loslassen, die Erwartungen, die
wir anderen Menschen gegenüber haben, können wir diese besser
annehmen: «Früher konnte ich die Andersartigkeit bei meinem
Freund ganz schlecht akzeptieren. Ich habe da immer ein bestimmtes Bild von ihm gehabt und gedacht, so und so müßte er
jetzt sein. Ich kann ihn jetzt wesentlich besser annehmen, weil ich
mir immer wieder sage: Das ist seine Art, und das ist für ihn eine
angemessene Reaktion.» Häufig fällt es Eltern schwer, ihre Kinder anzunehmen, weil sie bestimmte Erwartungen an sie haben,
die mit den Vorstellungen der Kinder nicht übereinstimmen:
«Mein Mann und ich haben gegen den Motorradclub von Thomas, unserem Siebzehnjährigen, angekämpft. Wir hatten ihm echt

Schwierigkeiten gemacht. Aber ich weiß, er wäre eher ausgezogen, wenn wir ihm das abgefordert hätten. Ich erwarte jetzt überhaupt nicht mehr, daß er vom Motorradclub wegkommt. Ich sage, das ist *seine* Sache. Er soll sich entwickeln. Es bedrückt mich heute nicht mehr, wenn etwas nicht so ist, wie man es einfach erwarten sollte. Ich habe ganz einfach mein Wunschdenken abgeschafft. Es war auch ein Entwicklungsprozeß bei mir, der ganz langsam vor sich gegangen ist. Und ich denke, wenn *wir* unser Leben bewältigt haben – so viel Vertrauen setze ich in die Jugend, daß *sie* es auch schaffen.» [55]

○ Äußere Bedingungen können das gegenseitige Akzeptieren erleichtern: Vielleicht ist es uns möglich, eine neue Wohnsituation zu schaffen, durch die Reibungspunkte vermieden und Freiräume geschaffen werden, zum Beispiel die Möglichkeit, einem Hobby nachzugehen oder häufiger Freunde einzuladen. «Irgendwie waren wir beide so gegeneinander», berichtet Erwin. «Jeder versagte dem anderen die Anerkennung. Das Ganze hat sich jetzt verändert, seit Beate arbeitet. Sie hat jetzt mehr Aufgaben, wo sie sich mehr verwirklichen kann, wo sie zur eigenen Zufriedenheit kommt. Vorher hat sie die Zufriedenheit nur durch mich bekommen.» Eine weitere förderliche Bedingung können sich Partner bei anhaltenden Schwierigkeiten dadurch schaffen, daß sie auseinanderziehen. Die räumliche Veränderung kann es ihnen ermöglichen, sich selbst zu klären und wieder positiv auf den anderen zuzugehen: «Ich kann Renate jetzt besser akzeptieren, wahrscheinlich auch gerade wegen der räumlichen Trennung. Ich habe nicht mehr so starke Forderungen an sie, wie sie sein müßte, um ein befriedigender Partner zu sein.»

○ Menschen lassen sich auf förderliche zwischenmenschliche Begegnungen ein. Auf dem Weg, andere mehr zu akzeptieren, können Mitmenschen für uns eine große Hilfe sein: «Wenn mein Mann wieder mit seiner Autorität durchkommt, kann ich ihm das heute sagen. Manchmal sagt er dann: ‹Ich will es doch gar nicht.› Wenn ich ihn daraufhin anspreche, wird es ihm auch klar. Und es hilft ihm, seine Art zu überprüfen.»

Auswirkungen unseres Sorgens für andere

Diese Erfahrungen helfen Menschen, sich mit sich selbst und
anderen wohler zu fühlen und sich weiterzuentwickeln. Sie sind
eine entscheidende Bedingung für ihr seelisches Wachstum. «Der
Mensch, der auf eine nicht besitzergreifende Weise geschätzt und
geliebt wird, blüht auf und entwickelt ein einzigartiges Selbst.»
[37]
   Wir wirkt es sich im einzelnen aus, wenn Menschen beständig –
nicht nur gelegentlich – angenommen, geliebt und geachtet werden?
○ Menschen erhalten seelische Kraft. Dies ist besonders bedeutsam, wenn sie sich in einem Tief befinden: «Briefe, Blumen, Besu-
che und Anrufe haben eine Batterie in mir aufgeladen, die sich jetzt
weiterhin selber auflädt.» – «Als Du am Telefon zu mir sagtest, daß
Du mich magst, hat mir das geholfen, weil ich mich in meiner
ganzen Situation zu Hause so unsicher fühlte.» – «Ich fühlte mich
sehr allein, durcheinander, und es ging mir dreckig. Als ich auf dem
Höhepunkt war, wo ich nicht mehr weiter wußte, klingelte es und
Regine stand vor der Tür. Sie nahm mich in den Arm, sprach mit
mir, und wir gingen spazieren. Das hat mir so gutgetan und half
mir, aus diesem Tief herauszukommen.»
○ Menschen entwickeln Selbstvertrauen und Selbstachtung. In
Untersuchungen zeigte sich: Kindergartenkinder und Jugendliche
hatten mehr Selbstvertrauen, wenn ihre Eltern ihnen deutlich Zuwendung und Unterstützung gaben. [53] Andere Untersuchungen
ergaben: Erfahren Menschen von ihren Eltern, ihrem Partner oder
Vorgesetzten Achtung und Wärme, so fühlen sie sich mit sich selbst
und anderen zufriedener. [53, 11]
   Die große Bedeutung selbst einer nur kurzen von Achtung und
Zuwendung geprägten Begegnung zeigt der folgende Brief, den
eine Frau Carl Rogers nach ihrer Teilnahme an einer Gesprächsgruppe schrieb. Sie bezeichnete sich selbst als eine laute, «kratzbür-
stige», überaktive Person, deren Ehe in die Brüche gegangen war
und die das Gefühl hatte, daß das Leben nicht lebenswert sei: «Ich
hatte viele Gefühle, von denen ich fürchtete, daß die Leute darüber
lachen oder sie zertrampeln würden. Ich hatte sie unter einer

Betonschicht begraben, was natürlich das Leben für meine Familie und mich zur Hölle machte. Der eigentliche Wendepunkt für mich war eine einfache Geste Ihrerseits, als Sie ihren Arm um meine Schulter legten. Ihre Anteilnahme an dem Tag, als ich zusammenbrach, erschien mir so echt, daß ich ganz überwältigt war. Ich empfand diese Geste als ein Gefühl des Angenommenseins, eines der ersten, die ich je erlebt habe – ich, so dumm wie ich nun einmal bin mit meiner Kratzbürstigkeit und allem. Sie können sich vorstellen, welche Woge der Dankbarkeit, Demut, ja der Erlösung mich erfaßte. Mit unerhörter Freude schrieb ich: ‹Ich habe tatsächlich Liebe gespürt.›» [37]

○ Menschen verlieren ihre Ängste und werden freier im Umgang mit anderen: «Ich habe die Angst vor anderen Menschen verloren. Ich habe mehr Mut, auf andere zuzugehen.» – «Für mich war das Gefühl entscheidend, von einem Mädchen akzeptiert zu werden, dem ich von meinen sexuellen Schwierigkeiten erzählt hatte. Und dadurch ging auch die Angst vor anderen Mädchen zurück.»

Erfahren Menschen von anderen Achtung und Zuwendung, dann ziehen sie sich nicht in ihr Schneckenhaus zurück, sondern gehen eher auf andere zu.

○ Kinder und Jugendliche werden lern- und leistungsfähiger, reagieren weniger aggressiv. Eine Grundschullehrerin: «Ich habe einen Geheimtip: die Kinder in den Arm nehmen. Die brauchen das. Überhaupt körperlichen Kontakt mit den Schülern. Diese Nähe hilft ihnen. Diese Sprache verstehen sie, sie ist unmittelbar. Seitdem hab ich keine verhaltensgestörten Kinder mehr.» Auch über diese Auswirkung liegen Forschungsergebnisse vor: Erfuhren kleine Kinder von ihren Müttern oder anderen Pflegepersonen Zuwendung und Wärme, so förderte dies ihre Intelligenz, ihr Lerninteresse und ihre soziale Entwicklung. Ferner: Schüler verschiedener Schulklassen lernten persönlich und fachlich im Unterricht mehr, beschädigten weniger Schuleigentum, kamen regelmäßiger zur Schule und hatten eine günstigere Beziehung zu sich selbst und ihrem Körper, wenn ihre Lehrer ihnen Achtung und Wärme entgegenbrachten und zugleich einfühlsam und echt waren. [53]

○ Menschen fühlen sich körperlich besser. Von den vielen vorliegenden Befunden möchten wir nur den folgenden erwähnen: Erhielten Schwerkranke auf der Intensivstation liebevolle Zuwendung in Form von Handauflegen, so zeigten sich bei ihnen meßbare Verbesserungen, zum Beispiel von Pulsschlag und Atmung. [27]

○ Menschen bekommen mehr Zuversicht und Kraft für ihr Leben. Ein Neunzehnjähriger in einem gefilmten Gruppengespräch: «Meine Mutter war für mich da; aber mein Vater – er zeigte nie das kleinste bißchen Zuneigung zu mir. Ich denke, die Zuneigung meiner Mutter hat mir sehr geholfen, mit dem Leben fertig zu werden. Mein Vater hat mich nie in den Arm genommen, hat nie mit mir geweint. Wenn nur ein Mensch da ist, wenn auch nur ein Augenblick lang Zuneigung zwischen dir und dem anderen war, so ist das ein großer Unterschied. Es bleibt dir sehr lange im Gedächtnis. Als mein Vater eines Tages meine Hand schüttelte, bedeutete das mehr als all das Anschreien und Brüllen. Er zeigte, daß er stolz auf mich war, weil ich die Führerscheinprüfung gleich beim ersten Mal bestanden hatte, wo er doch einmal durchgefallen war. Er hat mir die Hand geschüttelt. Er ließ mich fühlen, daß er stolz auf mich war. Ich möchte mein Leben lang geliebt werden, nicht immer nur angebrüllt werden. Dann werde ich mit der Welt besser fertig.» [43]

○ Wenn wir andere achten und liebevoll für sie sorgen, wirkt sich dies auch positiv auf uns selbst aus. Jakob: «Ich habe meine Kinder und meine Frau in keiner Weise eingeengt oder ihnen etwas versagt. Ich habe ihnen von mir aus keine Schranken gesetzt. Dadurch habe ich immer etwas bekommen. Das heißt, wenn ich jeden sich in meiner Nähe entfalten lasse, kriege ich selbst viel.» – «Meine Partnerschaft ist warm, gibt mir Sicherheit und Wohlbefinden. Was ich besonders positiv finde: wenn sich meine Partnerin um mich sorgt, mich umsorgt, teilnimmt an meinen Schwierigkeiten und Problemen; wenn ich sie umsorgen kann, sie sich hilfesuchend an mich wendet; wenn sie lustig und fröhlich ist, wenn ich sie an die Hand nehmen kann, wenn ich sie in die Arme nehmen kann, wenn wir miteinander schlafen.»

So geben sich Menschen gegenseitig einen Lebenssinn.

○ Manchen hilft eine Gruppe, den Weg zu sich und anderen zu finden: «Seitdem ich in einer Gruppe angefangen habe, mich selbst zu entwickeln und meinen Körper, meine Seele und meinen Geist in einen größeren Einklang zu bringen, bin ich jetzt immer mehr in der Lage, anderen Menschen zu helfen.»

«Ich glaubte immer, ich suche Zärtlichkeit und Geborgenheit und bin immer mehr so der Nehmende. In der Gruppe habe ich erfahren: Anscheinend kann ich das auch jemand anderem vermitteln. Da hab ich gedacht: Wie schön, du kannst vielleicht sogar das, was du dir selber wünschst, anderen geben. Ich bin ganz erstaunt, daß so eine Fähigkeit in mir drin steckt.» Nach der Teilnahme an personzentrierten Gesprächsgruppen verbesserten sich Untersuchungen zufolge, die an mehr als tausend Personen durchgeführt wurden, bei den meisten die zwischenmenschlichen Beziehungen zum Partner, zu ihren Kindern, zu Freunden, Eltern und Kollegen. [40, 54, 65]

○ Bei manchen führt der Weg zum anderen über Meditation, Religion oder humane Lebensanschauungen. «Ich suche mir bewußt zu bleiben, daß jeder eine einzigartige, wertvolle Schöpfung Gottes ist. Und indem ich den anderen so behandle, spüre ich, daß ich auch einen Wert habe, daß ich auch ein Geschöpf Gottes bin.»

Wege zu uns
im politischen Zusammenleben*

Betrifft meine persönliche «individuelle» Entwicklung nur mich und die Menschen in meiner unmittelbaren Umgebung? Oder wird sie über meinen Partner, meine Familie und Freunde hinaus auch für andere, für das politische Zusammenleben bedeutsam? «Hat es einen Sinn für das politische Zusammenleben», fragt der sechsundzwanzigjährige Gerhard, «wenn ich mich persönlich entwickle? Ist das Persönliche nicht etwas sehr Individuelles, etwas ganz anderes als das Politische?»

Diese Fragen mögen sich viele stellen. Wir möchten in diesem Kapitel zeigen: Die Wege, die zu uns selbst und zu unseren Mitmenschen führen, sind auch im politischen Zusammenleben von großer Bedeutung.

Unter Politik verstehen wir alle Handlungen und Tätigkeiten von Personen, die für die Regelung des menschlichen Zusammenlebens notwendig erscheinen. Politik ist die Art, wie wir aufeinander Einfluß nehmen zur Regelung unseres Zusammenlebens, unserer Rechte, Möglichkeiten und Verpflichtungen.

Zur Zeit wird Politik noch viel von «oben» gemacht. Deswegen wenden wir uns den Politikern − oder besser: politischen «Helfern» − vordringlich zu. Aber wir wissen, daß auf die Dauer eine humane, befriedigende Politik nur möglich ist, wenn die Millionen Bürger anfangen, in ihrem persönlichen Umfeld angemessen und verantwortungsvoll zu handeln.

---

* Für das Verstehen dieses Kapitels ist die Kenntnis der vorangegangenen erleichternd.

Beeinträchtigendes Verhalten
im politischen Zusammenleben

Unechte und fassadenhafte Politiker und Bürger

«Ich zeige doch nicht meine wahren Gedanken und Gefühle, wo käme ich da hin!» Viele Politiker bemühen sich, in ihren Reden und ihrer Mimik etwas anderes auszudrücken als das, was sie wirklich denken und fühlen. Sie bemühen sich, stark und sicher zu erscheinen, wenn sie sich unsicher fühlen. Sie lächeln, wenn sie im Fernsehen nach einer verlorenen Wahl interviewt werden. «Als unsere Partei aus dem Parlament herausgeflogen ist», sagt ein Landtagsabgeordneter, «war in meinem Kopf nur noch: Du mußt jetzt so sympathisch auftreten, wie es nur geht, daß der Bürger nicht noch sagt: Du hast auch nichts anderes verdient. Man weiß ganz genau, man hat es doch gelernt, was Wirkung heißt: wie man wirkt, wodurch man wirkt, wie man ankommt. Und man setzt es auch ein.» – «Bei den meisten Wählern dürfte ich niemals zugeben», sagt ein Abgeordneter, «daß ich von einer Sache keine Ahnung habe.»*

Einige Politiker sind sich bewußt, daß sie eine Rolle spielen. Der Spitzenkandidat einer Landespartei: «Eigentlich ist es ja ein Stückchen Schauspielerei, etwa wenn man vor der Fernsehkamera steht. Ich bemühe mich in öffentlichen Veranstaltungen, nicht immer so grimmig zu gucken. Man muß wohl einen Teil dieses Schauspiels mit akzeptieren.»

Manche Politiker verbergen ihre wahren Empfindungen und spielen statt dessen Gefühle vor und setzen sie gezielt ein. Bei Hitler war diese Taktik stark ausgeprägt: «So treffend er Gefühle darstellen konnte, so peinlich vermied er es, sie zu zeigen», schreibt Joachim Fest. «Er unterdrückte jede Spontaneität . . . Er beobachtete sich ständig und sprach buchstäblich nie ein unbedachtes Wort.

---

* Alle Äußerungen von Politikern geben wir wieder, ohne ihre Namen und ihre Partei- und Staatsangehörigkeit zu nennen. Äußerungen ohne Quellenangabe stammen aus Interviews, die wir selbst oder Regina Weingartz im Rahmen ihrer Diplomarbeit [64] mit Politikern führten.

Das verbreitete Bild des emotional unkontrollierten, wild gestiku-
lierenden Hitler verkehrt geradezu das Verhältnis von Regel und
Ausnahme: Er war die denkbar konzentrierteste Existenz, diszipli-
niert bis zur Verkrampfung ... Aus den gleichen Gründen quälte
ihn auch die Angst vor der Aufdeckung seines Privatlebens. Be-
zeichnenderweise existiert nicht ein einziger persönlicher Brief von
ihm.» [9]

Auch untereinander äußern Politiker häufig nicht offen, was sie
denken und wünschen. So stimmen Abgeordnete der Opposition
im Parlament oder in Gemeindesitzungen mit «nein», obgleich sie
innerlich «ja» sagen und dies auch öffentlich täten, wenn *ihre* Partei
regieren würde. Politiker und Vertreter von Interessengruppen
gehen mit Pokergesichtern in Verhandlungen: Sie fordern zunächst
viel mehr als das, was sie wirklich erwarten, was ihnen realistisch
und möglich erscheint.

Manche Bürger durchschauen, daß Äußerungen von Politikern
oft dazu dienen, die eigene Partei oder die eigene Person besser
darzustellen und den «Gegner» anzugreifen und zu schwächen, und
sie erkennen die Künstlichkeit und Verlogenheit dieses Verhaltens:
«Die lächeln immer, und wenn sie mal böse werden, dann habe ich
das Gefühl, das ist auch immer noch Taktik. Die schauspielern dir
da einen runter.» – «Ich merke es, wenn da jemand Betroffenheit
und Gefühle nur als rhetorischen Trick zeigt. Ich werde dann oft
mißtrauisch, wenn das zu flott kommt. Sie erzählen irgendwelche
Anekdoten, um Nähe herzustellen, um dem anderen ein bißchen
menschlich zu kommen. Aber diese Art von Menschlichem ist
meist eine Fassade. Sie setzen etwas Persönliches ein, um eine
Wirkung zu erzielen, um bei bestimmten Leuten anzukommen. In
Wirklichkeit sagen sie aber nicht, was sie persönlich fühlen.»

«Persönliches und Gefühle haben in der Politik nichts zu suchen.» Diese
Auffassung vieler Politiker steht im Zusammenhang mit ihrer
Haltung, ihre Gefühle und Gedanken zu verbergen. Persönliches
und Gefühle werten sie als «subjektiv» ab; Politik dagegen sei etwas
«Objektives», Unpersönliches. Und so verdrängen sie ihr persönliches Erleben und Sein aus ihrer politischen Tätigkeit: «Ich versuche, wenn ich in der Bevölkerung arbeite, meine Stimmungen zu

verheimlichen, weil ich mich sonst selber behindern würde in dem, was ich mir vorgenommen habe», sagt eine Abgeordnete eines Landesparlaments. So ergab sich auch in einer Untersuchung: Reden deutscher Politiker sind häufig sehr unpersönlich; Politiker äußern selten ihr persönliches Fühlen und Denken. [50]

Es ist deshalb nicht verwunderlich, daß es vielen Politikern schwerfällt, mit den Gefühlen anderer umzugehen. Sie begegnen zum Beispiel der Angst, die von den in der Friedensbewegung engagierten Menschen zum Ausdruck gebracht wird, mit Ablehnung. Vermutlich fürchten sie sich vor diesen Gefühlen der Bürger. Sie setzen das Zulassen und Aussprechen von Angst leicht mit «unvernünftigem Handeln» gleich. «Viele von uns hat überrascht, mit welch leidenschaftlicher Heftigkeit sich in den Friedensbewegungen Angst ausdrückt und ausbreitet und wie oft dabei die Vernunft in Gefahr gerät», sagt ein Mitglied der Bundesregierung. «Wer seiner Angst nachgibt, obgleich er öffentliche Verantwortung trägt, der läuft allerdings große Gefahr, unmoralisch zu handeln.» [15] Wir können diese Auffassung nicht teilen: Hätten Politiker in den vergangenen Zeiten mehr Angst empfunden und zugegeben, so hätten sie weniger Kriege geführt und sich mehr um Frieden bemüht. Und dies gilt auch für die heutige Zeit: Wie selten sprechen Politiker, die die Aufrüstung betreiben, offen aus, daß sie große Angst vor dem Gegner, vor Einschränkungen ihrer Freiheit, ihres Lebensstandards haben!

Andererseits versuchen sie häufig, beim Bürger Angst zu erzeugen, um ihre politischen Vorstellungen besser durchsetzen zu können: «Der von ihnen so oft zu hörende Ruf nach Sachlichkeit richtet sich gegen unsere Gefühle. Aber andererseits versuchen viele Politiker, durch Panikmache und Erzeugung von Angst uns zu einem bestimmten Wohlverhalten in ihrem Sinne zu drängen.»

Viele Bürger sind enttäuscht über das unpersönliche Verhalten von Politkern: «Ich finde in ihren Reden und in ihren Gesichtern so gar nichts von dem Menschen selbst. Bei vielen Politikern habe ich nie auch nur einige Sätze gehört, wie sie innerlich fühlen.» – «Ich vermute, daß Politiker völlig verhärtete Kopf-Menschen sind. Betroffenheit oder ein Gefühl der wirklichen Freude kommen selten vor.» Eine Frau, die sich einige Jahre in der Politik betätigte, sagt:

«Ich möchte den Menschen sehen – und nicht, daß er als Minister gut gekleidet ist. Ich möchte erfahren: Was ist das für ein Mensch? Aber das ist meistens unvorstellbar. Sie denken nur ans Repräsentieren, an ihre Rolle.» – «Politik ist doch mitmenschlicher Umgang. Aber irgendwo auf jeder Politikerkarriere scheint jedes Gefühl systematisch zerstört zu werden. Danach muß dann Politik nüchtern, rational, kühl praktiziert werden. Aber gerade dies führt oft ins Gegenteil, ins Irrationale.»

Nur im engsten privaten Kreis wagen manche Politiker, ihre Gedanken und Gefühle auszusprechen. Ein Minister antwortet auf die Frage eines Interviewers, ob er mit seiner Tochter kritisch diskutieren würde: «Wir diskutieren sehr offen.» Interviewer: «Worüber? Ist sie vielleicht auch gegen Kernkraftwerke?» Bundesminister: «Das gehört zur Intimsphäre.» Interviewer: «Was sagen Sie Ihrer Tochter denn über die Zukunft dieses Landes und dieser Gesellschaft?» Bundesminister: «Das, was ich darüber denke. Aber ich sage das meiner Tochter persönlich und möchte es nicht öffentlich tun.» [30]

Aber auch Bürger bringen ihre wahren Bedürfnisse und Standpunkte häufig nicht zum Ausdruck: «Meist wagt keiner von uns, in der Versammlung offen zu sagen, was er fühlt und denkt. Sie haben Angst, abgelehnt oder lächerlich gemacht zu werden; sie zweifeln daran, daß ihre persönlichen Gedanken und ihr Gefühl wirklich wertvoll sind. Das ist eine Erfahrung, die mich so wahnsinnig fertig macht. Das verbittert mich; denn wenn ich meinen Mund aufmache, dann werde ich allein gelassen.»

«Politik ist eine Sache rationalen Denkens, logischen Handelns und der objektiven Sachverhalte.» Diese Äußerung eines Abgeordneten ist kennzeichnend für die Einstellung vieler Politiker und auch Bürger. Politiker versuchen oft den Eindruck zu erwecken, daß es sich bei den von ihnen geäußerten Ansichten um allgemein gültige Wahrheiten handle, um «objektive Tatbestände». Sie sagen nicht – und sind sich wohl häufig auch nicht bewußt –, daß es eigentlich *ihre* Urteile und Auffassungen sind. So schreibt ein Stadtdirektor einigen Bürgern, die eine Eingabe zum Bebauungsplan gemacht hatten: «Es mußte eine objektive Entscheidung gefunden werden.

Für die von Ihnen angeregte Ortsbesichtigung ergab sich kein Bedürfnis.» Mit keinem Wort erwähnt der Stadtdirektor, daß er (oder sein Referent) diese Entscheidung getroffen hat, daß *er* kein Bedürfnis zu einer Ortsbesichtigung hatte, daß es sich also um Entscheidungen handelt, die andere Personen möglicherweise anders getroffen hätten. Die persönliche Entscheidung wird als ein sachlicher, objektiver Tatbestand dargestellt. «Er ist wirklich schon schwer berufsgeschädigt. Früher war er noch recht dicht an unserem Puls. Heute versteckt er sich hinter Paragraphen, Vorschriften, Regeln, Wenn und Aber. Kaum ein persönliches Wort, kaum eine persönliche Entscheidung, sondern: *es* geht nicht, man kann nicht. Herrgott, wenn er doch sagen würde: Wissen Sie, *ich* gebe dafür kein Geld. Das wäre nicht schön für uns, aber es wäre ehrlich.» – «Persönliche Auffassungen und persönliche Wünsche, zum Beispiel die Macht zu erhalten oder das eigene Programm durchzusetzen, werden bemäntelt und zu Sachzwängen, zu objektiven Tatbeständen gemacht», sagt ein junger Abgeordneter.

Bürger, die diese vorgespielte Sachlichkeit nicht erkennen, übernehmen oft den Standpunkt, daß Politik etwas rein Sachliches sei. Die Nachrichtensendungen im Fernsehen und Rundfunk und Berichte und Kommentare in Zeitungen stützen diese Auffassung. Die meisten Beiträge sind Informationen über Verordnungen, Gesetze, Verträge, juristische Verhandlungen und Abmachungen zwischen Parteien, Ländern und Staaten. Es ist viel von Rechtsstaat die Rede. Wenn Politiker interviewt werden, so äußern sie sich fast immer in «sachlichen» Formulierungen. Das Wort «ich» verwenden sie selten.

Wenn jemand politisch aktiv werden möchte, so bemüht er sich stark um abstraktes Denken. Ein ehemals politisch organisierter Student berichtet: «Und was haben wir für Referate geschrieben! Revolutionäre Referate, in denen kein Wort von uns vorkam. Wir selbst, wir hatten unsere Personen ausgeknipst wie Nachttischlampen. Warum? Es ging um die Objektivität. Und wo es um die Objektivität ging, haben Menschen nichts zu suchen . . . Alles spielte sich in Zitaten ab, die jederzeit abrufbar aus den Mündern fielen und aufs Papier. Und geht man diese Papiere heute durch, möchte man am liebsten Suchanzeigen nach eigenen Gedanken aufgeben.» [5]

Manche Bürger sind beeindruckt von der «Sachlichkeit» der Politiker, von deren «messerscharfen», «geschliffenen» Äußerungen. Viele denken, es handle sich hierbei um «Erkenntnisse», «wissenschaftliche Geschichtsauffassungen», die «objektiv» seien: «Ich hab das so oft in meiner eigenen Familie gesehen», sagt Harald, «an meinem Onkel, der Hafenarbeiter ist, und meiner Oma, die Putzfrau war. Irgendwo macht mich das richtig traurig, wie sehr diese Leute den Politikern glauben, was sie sagen. Es tut mir weh, wie diese Menschen verschaukelt werden. ‹Der hat ja was los, der kann argumentieren›, hat mein Onkel oft gesagt. Weil sich da so ein Funktionär hinstellt und sich wichtig aufbläht, was von Kompetenz raushängen läßt; das beeindruckt so viele Menschen. Dabei ist es eine ganz gewaltige Fassade, die die zeigen.»

«Wir lebten untereinander nicht das, was wir in unseren Parolen versprachen.» Politiker und politisch engagierte Bürger vertreten in ihren Reden und Programmen häufig hohe Ideale – zum Beispiel Solidarität, Menschlichkeit, Gerechtigkeit, Freiheit. Sie reden davon; aber ihre Äußerungen stimmen oft nicht mit ihrem eigenen alltäglichen Verhalten überein. Auch darin sind sie gleichsam gespaltene, wenig echte Personen. «In meiner Partei fiel mir auf, daß die Parteimenschen sich offenbar selbst von den Veränderungen ausnahmen, die sie erhofften. Sie versuchten nicht das, was sie als menschenwürdig erkannten, nun auch im Umgang mit anderen in Ausschüssen und Arbeitsgruppen zu leben.» – «Die kämpfenden Völker Indochinas unterstützten wir. Aber den schwäbischen und türkischen Putzfrauen überließen wir den Saustall unserer vielfältigen Flugblattmakulatur, die verpackt mit Essensresten auf den Mensatischen klebte.» [5]

Manche Politiker treten für ein humanes Leben ein, aber sie selbst sind intolerant, lassen wenig Selbstbestimmung zu, unterdrücken, ja wenden Gewalt an. Andere fordern Konsumverzicht, Sparen und Kostensenkungen, aber sie sind häufig nicht bereit, ihren eigenen Lebensstandard einzuschränken oder in dem Bereich, für den sie als Politiker zuständig sind, unnötige Ausgaben zu verhindern. Wahrscheinlich glauben manche, daß die aktive Mitgliedschaft bei einer Partei mit einem sozialen, demokratischen oder christlichen Etikett gleichsam automatisch ihr eigenes Verhalten demokratisch oder christlich werden läßt.

Es wurden zahlreiche Behörden und Institutionen geschaffen, die dem Bürger dienen sollen. Aber manche, die dort beschäftigt sind, nutzen ihre Position aus und handeln gegen die Interessen der Bürger. So wurde eine große gewerkschaftliche Wohnungsbaugesellschaft, die Menschen zu preisgünstigen Wohnungen verhelfen sollte, durch Bereicherung und unsachgemäße Arbeit von Vorstandsmitgliedern und Sachbearbeitern an den finanziellen Abgrund gebracht. Ein anderes Beispiel: Eine staatliche Versicherungsanstalt bewilligte 2,6 Prozent der 13 Millionen bei ihr versicherten Menschen einen Kuraufenthalt, während im gleichen Zeitraum 15 Prozent ihrer Angestellten eine Kur in Anspruch nahmen. [49]

Ein solches Verhalten läßt Bürger an der Aufrichtigkeit und Echtheit der Funktionäre und Mitarbeiter von staatlichen und halbstaatlichen Institutionen zweifeln.

Politiker und Bürger setzen sich nicht mit sich selbst auseinander

«Ich wollte einfach die Wahrheit nicht wissen, ich wollte der Wahrheit ausweichen!» Viele Politiker setzen sich wenig mit sich selbst, ihren Auffassungen, Entscheidungen und Handlungen ehrlich auseinander. Sie ignorieren die Fehler, die sie gemacht haben, sie nehmen Sachverhalte nicht zur Kenntnis, die ihren Wünschen und Auffassungen widersprechen. Sie setzen sich nicht mit den Nachteilen ihrer Maßnahmen oder mit ihren Unterlassungen auseinander.

Wir sehen dieses Verhalten als sehr ungünstig für die betroffenen Bürger an. Diese Politiker können zu einer großen Gefahr für die Bevölkerung werden. Sie sind ohne inneren «Kompaß», ohne eigenes, verantwortliches Handlungszentrum. «Ich wollte einfach die Wahrheit nicht wissen, ich wollte der Wahrheit ausweichen», antwortet ein ehemaliger nationalsozialistischer Minister in einem Fernsehinterview auf die Frage, ob er etwas von der Vernichtung der Juden gewußt habe. «Ich selbst habe es nicht richtig gewußt;

aber ich hatte so viele Hinweise darauf, daß etwas Furchtbares geschieht, daß ich bei einem Weiterfragen wahrscheinlich sehr schnell hinter das Geheimnis gekommen wäre.» [29]

Die Bedeutung fehlender Selbstklärung für das alltägliche politische Handeln zeigt die folgende Aussage eines fünfunddreißigjährigen Bezirkspolitikers über seine frühere Tätigkeit: «Ich war wie in einem politischen Rausch. Aber das verstellte den Blick für die Wirklichkeiten. Irgendwo war es wie mit Scheuklappen, so engstirnig ... Ich habe damals gewaltig taktiert, und zwar hart. Ich habe von mir aus nicht die Bereitschaft gehabt, irgend etwas anderes zu sehen. Ich hatte die Einstellung: Wenn da ein Antrag kommt und wenn der gegen meinen Antrag redet, dann muß ich auch gegen den wieder etwas sagen. Ich habe überhaupt nicht gesehen: Wo gibt es da noch irgendeine Gemeinsamkeit? Und etwas war auch dabei, daß ich mich gegen Autoritäten beweisen wollte. Manchmal habe ich mich da höllisch und lange darüber gefreut.» – Eine Landtagsabgeordnete: «Wenn die herrschenden Politiker einmal zu Ende denken und die Konsequenzen ziehen würden, dann könnten sie diese Politik nicht machen.» Und über die Gründe, warum sie dies nicht tun, sagt sie: «Sie meinen, das verkaufen zu müssen, was sie machen und was eigentlich hinten und vorn nicht reicht. Sie meinen, trotzdem dazu stehen zu müssen.»

Die Selbstklärung der Politiker ist auch deswegen bedeutsam, weil sich heute die Werte und die Auswirkungen von Maßnahmen schnell ändern können. Die Erweiterung eines Flughafens, der Bau neuer Autobahnen und Straßen, die Forcierung wirtschaftlichen Wachstums, die Neugründung von Behörden – Pläne und Entscheidungen, die vor wenigen Jahren noch als günstig angesehen wurden, können heute die Lebensqualität der Bevölkerung gefährden.

Auch die Selbstklärung der *Bürger* ist eine wichtige Voraussetzung für ein befriedigendes politisches Zusammenleben. Noch vor wenigen Jahrzehnten übernahmen die meisten Menschen die Wertmaßstäbe für ihren Lebensstil von den Eltern, der Kirche, vom Staat, von einer politischen Partei. Sie ließen sich «vorschreiben», was gut oder wertvoll war, welche politischen Maßnahmen richtig oder schlecht waren. Sie lernten selten, die von Generation zu

Generation weitergegebenen traditionellen Werte in Zweifel zu ziehen, auf ihre eigenen Gedanken, Gefühle und Bedürfnisse zu achten.

In dieser Hinsicht ist ein tiefgreifender Wandel eingetreten: Menschen haben erheblich mehr Freiheit, nach eigenen Werten und Auffassungen zu leben. Und zugleich haben sich die Möglichkeiten und Bedeutungen ihrer Tätigkeiten im politischen Zusammenleben vermehrt und erweitert. Aber welchen Werten sollen sie folgen? Welche der vielfältigen Auffassungen und Aufforderungen sind sinnvoll, sind «richtig»? Bei welchen überwiegen die Nachteile? Die Auseinandersetzung jedes einzelnen mit sich selbst ist unserer Erfahrung nach bei der Klärung solcher Fragen eine große Hilfe.

Diese Selbstklärung wird allerdings von vielen Politikern erschwert: «Den Leuten wird von den Parteien so viel eingeredet, was richtig ist, daß sie sich selbst gar nicht mehr hören können. So wissen sie gar nicht, was sie selbst eigentlich denken und fühlen», sagt eine junge Frau, die beginnt, sich politisch zu betätigen. Andere Politiker wünschen den aufgeklärten, mündigen Bürger – aber nur, wenn er in *ihrem* Sinne «aufgeklärt» ist, wenn er ihren Auffassungen folgt. Sie sehen mögliche Änderungen in der Gesellschaft, die nicht «entlang ihrer Parteilinie» erfolgen und von ihnen kontrolliert werden, als gefährlich an. Vor allem in totalitären Staatsformen ist die eigenständige Auseinandersetzung der Bürger und Parteimitglieder und -funktionäre unerwünscht: «Jede Abweichung von unserer revolutionären Lehre hat tödliche Folgen», erklärte ein Funktionär einer diktatorischen Partei öffentlich.

Wenig einfühlsam und achtungsvoll handelnde Politiker und Bürger

«Die Politik, die die betreiben, ist nicht ausgerichtet auf die Bürger. Die geht wirklich an ihnen vorbei», sagt Harald, ein junger Kommunalpolitiker. «Sie setzen sich einfach über die Interessen der Bürger hinweg.» – «Ich habe das Gefühl», sagt eine Spitzenkandidatin einer Partei, «daß die Politiker im Parlament über die Menschen hinweg Politik machen.»

Viele Politiker, Beamte und politisch tätige Bürger sind nicht in den Bedürfnissen und der Erlebniswelt der Bürger zentriert. Statt dessen richten sie ihr Handeln an Theorien, Programmen, Ideologien aus. Sie sehen dort den Kompaß ihres Handelns. Für sie besteht Politik häufig darin, das Programm ihrer Partei, die politische Theorie, der sie sich verpflichtet fühlen, «zu verwirklichen»: «Das Ziel der Politik ist für mich: Regieren», sagt ein Landtagsabgeordneter, «und Regieren heißt gestalten. Regieren ist die Umsetzung von bestimmten Erkenntnissen und Grundmustern.» – «Für mich ist Politik nicht Dem-Bürger-aufs-Maul-Schauen, sondern selber gestalterisch tätig zu werden», sagt ein Bundestagsabgeordneter. – «Wenn ich zu stark die persönlichen Motive und den guten Willen der anderen sehe, dann lenkt mich das im Grunde genommen ab. Es erschwert mir auch, politische Auseinandersetzungen mit aller Konsequenz und Härte zu führen. Ich denke, daß man nicht darum herumkommt, eine sehr rationale und sachliche Politik zu machen.»

Politiker, die Parteiprogramme verwirklichen wollen, sind überwiegend mit der «Durchsetzung» ihrer Auffassungen beschäftigt. Dadurch werden sie unflexibel, sie neigen zur Härte, zur Mißachtung der Interessen und Wünsche der Bürger. Oft führt diese Haltung sogar zu einer Umkehrung des eigentlichen Sinnes eines «politischen Helfers». Bei Wahlen etwa wird die Bevölkerung häufig aufgefordert, die Ziele und Programme der Politiker zu verstehen, also politiker-zentriert oder partei-zentriert zu denken. So fühlen sich viele Bürger von Politikern nicht verstanden. Sie erfahren, daß die Interessen und Handlungen der Politiker nicht ihren Lebensbedürfnissen entsprechen. Darum wenden sich viele von der Politik ab: «Die Politiker machen abgehobene Politik und sind gar nicht mehr in der Bevölkerung. Sie haben sich so von ihr entfernt, daß ein Gespräch nicht mehr möglich ist.»

Politiker und Regierungen, die sich über die Bedürfnisse ihrer Bürger hinwegsetzen, begegnen neuen Möglichkeiten des zwischenmenschlichen Zusammenlebens wenig flexibel und offen. Wie viele Jahre oder Jahrzehnte sind zum Beispiel nötig, um die von vielen gewünschten neuen Regelungen der Arbeitszeit und -organisation im öffentlichen Dienst, Teilzeitarbeit oder Job-sharing durchzusetzen und damit neue Arbeitsplätze zu schaffen? Wie lange wird es dauern, bis Angestellte und Beamte des öffentlichen Dienstes nach dem sechzigsten Lebensjahr halb- oder dritteltägig arbeiten können, aber auch noch nach dem fünfundsechzigsten Lebensjahr eine Chance zur teilweisen Weiterarbeit bekommen? «Das Beamtenrahmengesetz sieht das nicht vor» ist eine Antwort der Verwaltungsleute. Und da es nicht im Parteiprogramm steht, daß auch Menschen über 65 Jahre ein gewisses Recht auf Arbeit haben, fühlen sich viele Politiker nicht angesprochen, an dieser Regelung etwas zu ändern.

Mangelndes Sorgen und fehlende Achtung der Politiker für Menschen

«Für diese Strategen, Macher und Technokraten ist die Politik nur ein Umherschieben von Geldern und Verteilen von Ämtern.» Die Handlungen vieler Politiker sind auf Machterhaltung und Machterweiterung ausgerichtet. Macht gibt ihnen die Möglichkeit, zu regieren, und das heißt, ihre Programme durchzusetzen: «Um es ganz ehrlich zu beantworten: Es gab eine Zeit, wo das Prestigebedürfnis, der Machtgewinn und Machterhalt meine wesentliche Antriebskraft in der Politik waren», sagte der Spitzenkandidat einer Partei. – «Politik ohne Ausübung von Macht verdient den Namen Politik nicht», sagt ein Bundestagsabgeordneter, «infolgedessen muß man, wenn man Politik richtig versteht und richtig leben will, selbstverständlich an der Ausübung und Gewinnung von Macht interessiert sein.»

Gewiß, die Zeit absoluter Herrscher ist vorbei. Politiker werden gewählt, sie unterliegen der Kontrolle des Parlaments und der Parteien. Grobe Willkür ist erheblich erschwert. Aber viele Politiker sehen ihre Aufgabe immer noch darin, Menschen zu dirigieren und notfalls Zwang auszuüben. Manche Politiker sind sogar der Auffassung, die ungünstigen Verhältnisse in der Gesellschaft seien darauf zurückzuführen, daß die Politiker zu wenig Macht haben: «Meiner Meinung leidet die Bundesrepublik noch an zu wenig Machtausübung. Eine Ursache für die Jugendaufstände zum Bei-

spiel ist, daß in diesem Land nicht richtig regiert werden kann»,
sagt der Fraktionsvorsitzende in einem Landesparlament. Oft sehen sie die Institutionen des Staates als Instrumente an, über
Menschen zu herrschen.

Der junge Kommunalpolitiker Harald: «Viele kämpfen um ihre
Macht. Warum? Aus Angst, von den anderen in der Politik unterdrückt zu werden. Die Leute kämpfen und unterdrücken dann
lieber selbst die anderen.»

*«Die Art des Miteinanderumgehens der professionellen Politiker halte ich
für verwildert und katastrophal»,* schreibt der Bundesgeschäftsführer
einer Partei. [19] Viele Politiker und politisch tätige Bürger empfinden im politischen Zusammenleben wenig Achtung und Respekt
vor anderen Personen. Oft ist ihr Verhalten sogar von offener
Mißachtung geprägt. Sie sehen in Andersdenkenden oder in den
Mitgliedern anderer Parteien ihre «Gegner», die sie «bekämpfen»,
abwerten, lächerlich machen, beschimpfen, herabsetzen und ver-
leumden. Das geschieht öffentlich, aber auch in vertraulichen Gesprächen.

Diese Mißachtung zeigt sich auch deutlich in dem mangelnden
Bemühen von Politikern, Andersdenkende zu verstehen und mit
ihnen gemeinsam Lösungen zu erarbeiten: «Das einzige, woran sie
dann denken und was sie tun, ist, Gegenargumente zu dem zu
sagen, was du vorschlägst. Sie hören gar nicht hin», schreibt uns ein
Politiker über seine Erfahrungen in Ortsausschüssen. «Die meisten
Politiker sind wie eine Walze, die rollen über die anderen weg,
immer wieder. Weißt du, das ist so einseitig, so eine Einbahnstraße.
Hauptsache, sie können mit *ihrem* Auto durch. Wer von der andern
Seite kommt, hat sowieso keine Möglichkeit!» Der junge Politiker
Harald: «Von unserem Fraktionsvorsitzenden wird direkt nach
Möglichkeiten gesucht, der Gegenpartei einen reinzuhauen, und
umgekehrt sucht uns die Gegenpartei eins reinzuhauen oder einen
von uns lächerlich zu machen – etwa um Punkte zu machen für den
Wahlkampf oder um im Protokoll oder in der Zeitung gut auszu-
sehen.»

Von gegenseitiger Mißachtung, von Konkurrenzgefühlen und
Mißtrauen ist häufig auch der Umgang mit Menschen *innerhalb*

einer politischen Organisation geprägt: Ein Politiker: «Wir haben
eine sehr negative zwischenmenschliche Beziehung. Bildlich gesprochen: Einer haut dem anderen mit dem Knüppel über den
Kopf.» – «Wir haben in unserer Partei ein paar dominante Typen,
die alles niederargumentieren.» – «Du gehst zu einem Genossen hin
und sagst ihm etwas relativ Vertrauliches. Der geht zur regionalen
Leitung, und plötzlich kommt einer an: ‹Hör mal, was hast du denn
da gesagt?› Das passiert andauernd.» [4]

Das geringschätzige, aggressive und intolerante Verhalten man-
cher Politiker und Parteimitglieder beeinträchtigt das soziale
Klima und das Zusammenleben der Mitglieder einer politischen
Gruppe. Ein ehemaliger Student sagt über seine politische Tätigkeit während und nach der Studentenbewegung: «Wir wollten die
Revolution zur Befreiung aller. Und wir bekriegten uns nur selbst.»
[5] «Es ist der totale Gegensatz zu Freundschaft oder Partnerschaft.
Politik läuft unheimlich stark über Reglementierung. Es ist wenig
Bemühen da für den anderen, kein Verständnis und keine Gleich-
berechtigung. Das ist ein einziges Gesäge und Gegeneinander-
arbeiten. Sie versuchen sich gegenseitig auszutricksen; da ist so
wenig, was menschlich ist. Ja, es ist oft das Gegenteil von menschlich.»

Warum verhalten sich Politiker und Bürger wenig förderlich?

Nach unserer Auffassung haben Fassadenhaftigkeit, Mangel an
Selbstklärung sowie geringe Einfühlung und Achtung gegenüber
anderen im politischen Zusammenleben vor allem folgende
Gründe:
○ Politiker und Bürger haben in Familien und Schulen als Kinder
und Jugendliche kaum erfahren und gelernt, daß Menschen in der
Erlebniswelt anderer zentriert waren, sie hörten und respektierten
und anderen echt und offen begegneten. Sie können die Haltungen
auch in der Familie kaum leben: «Wenn sie auch in ihrem sonstigen
Leben häufig hinter einer Maske leben und wenig sensitiv sind für
ihren Partner und für ihre Kinder, wie sollen sie dann in der Politik
echt und persönlich sein?»

○ Der Antrieb zur politischen Aktivität ist bei manchen eine geringe Selbstachtung. Sie möchten diesen Mangel durch die politische Karriere ausgleichen. Dieser Antrieb ist fast gegensätzlich zu dem Motiv, ein kreativer, dienender Helfer für die Bürger zu sein: «Ich vermute, daß Menschen, die sich zum großen Teil minderwertig fühlen, das durch Macht zu kompensieren suchen. Und im politischen Bereich kannst du natürlich Macht erlangen. Ich weiß es von mir. Ich hab mich früher, als ich politisch sehr aktiv war, wenig akzeptieren können. Ich habe mir früher durch meine Tätigkeit Anerkennung und Beifall geholt.» Viele Politiker wagen darum nicht, in ihrer Partei ihre eigenen Gedanken und Gefühle auszusprechen. Sie fürchten, die Anerkennung der anderen zu verlieren, bei Wahlen nicht mehr als Kandidaten aufgestellt zu werden.

○ Politiker möchten «ankommen», sie möchten bei Bürgern und Politikern ihrer Partei Zustimmung finden, sie möchten gewählt werden, sie möchten sich und ihre Ideen «durchsetzen». Eine Bundestagsabgeordnete: «Als Politiker muß man sich darstellen, seine Ideen an die Leute verkaufen. So suchen Politiker möglichst das an Gedanken, Gefühlen und Persönlichem wegzulassen, was für dieses ‹Verkaufen› hinderlich sein könnte. Sie halten den Menschen eine Fassade hin.» – «Die meisten Politiker denken, sie müßten sich wie ein Waschmittel verkaufen», sagt ein Bundestagsabgeordneter. «Man macht Politik aus einer gewissen Eitelkeit heraus, aus einer gewissen Selbstdarstellungslust – daß man wie ein Schauspieler Anerkennung bekommt – und hat eine gewisse Lust, Einfluß zu haben.»

○ Die Tatsache, daß die Handlungen der Regierungspolitiker enorme Auswirkungen auf Millionen von Menschen haben, macht es teilweise verständlich, warum Politiker davor zurückschrecken, ihr Handeln als ihr persönliches Handeln darzustellen. Durch ein «rein objektives», formales Vorgehen scheint es so, als ob die Regierenden nicht als Personen handelten, sondern als ob sie nur den «Willen des Gesetzes» vollzögen, als ob «Sachzwänge» ihre Entscheidungen herbeiführten – und nicht sie selbst: «Wenn ich mich sachlich ausdrücke, so daß meine Person gar nicht darin ist, und ich irre mich, dann sieht das so aus, als ob nicht ich mich geirrt hätte.»

○ Manche Politiker haben sich innerlich von den Menschen entfernt, denen sie eigentlich dienen sollten: «Ich hab das Gefühl, daß die Unterschiede zwischen den Betroffenen und denen, die die Macht haben, unheimlich groß geworden sind», sagt Harald. «Und wenn die einige Zeit oben sind, dann denken sie nicht mehr an uns.» Politiker, Funktionäre und leitende Beamte entfernen sich von ihrer Ausgangsbasis. Auch äußerlich sind sie durch «ausgebuchte Terminkalender», durch Sicherheitsmaßnahmen, durch Berater, Sekretäre, Assistenten von der Bevölkerung isoliert. Sie leben in einer Art Getto, häufig umgeben von Bürokraten und Personen, die in Parteien, Theorien, formalen Sachverhalten, Verwaltungsregeln oder in Kämpfen um die Erhaltung der Macht zentriert sind. Ihre persönlichen Haltungen werden durch diese Art des Umgangs langsam deformiert. Der Fraktionsvorsitzende einer Partei: «Ich habe mich zum Beispiel insofern verändert, als ich nicht mehr zuhören kann. Das ist leider bei vielen Politikern der Fall. Sie legen immer dieselben Platten auf. Wenn man nicht mehr für anderes aufnahmefähig ist, dann wird man irgendwo stereotyp. Das sind für mich die ersten ganz schlimmen Veränderungen.»
○ Schwächen, Fehler und menschliche Unzulänglichkeiten zu zeigen, wird von vielen Politikern als ungünstig angesehen. «Solange Ehrlichkeit und Offenheit im Geruch der Schwäche stehen, ist Besserung nicht in Sicht», schreibt ein Politiker. [19] Ein anderer Politiker sagt in einem Interview: «Ich bin verletzlich, wenn ich persönlich spreche – dann kann man mich persönlich angreifen, und dann bin ich hilflos. Wenn ich distanziert bin, erspare ich mir die Verletzung.» In den Medien werden «Schwächen», die bekannte Personen gezeigt haben, häufig mit Schadenfreude ausgemalt, anstatt sie als Zeichen von Stärke und Mut anzusehen.
○ Etliche Politiker halten Bürger für unfähig, über sich selbst zu bestimmen: «Oft wird nur aus dem Grund etwas vorgelogen, weil man den Bürger für ziemlich unmündig hält», sagt ein Spitzenpolitiker einer Landespartei, «weil man glaubt, ihm die Wahrheit nicht zumuten zu können.»
○ Politiker denken – und erleben es auch teilweise –, daß die Bürger von ihnen ein bestimmtes Verhalten erwarten: «Die Bevölkerung hat sich im Laufe der letzten Jahrzehnte ein Bild von einem

Politiker aufgebaut, der alles weiß und der alles kann und der eben keine Schwächen haben darf», sagt der Landesvorsitzende einer Partei. Und ein Abgeordneter: «Ich glaube, daß viele in der Bevölkerung erwarten, daß Politiker unanfechtbar oder als Übermenschen auftreten. Manche Leute erwarten, daß man als Politiker eigentlich kein Mensch mehr sein darf.» Diese Erwartungen der Bürger werden häufig von den Politikern selbst sehr gefördert.

○ Manche Politiker fürchten, daß sie sich verändern könnten, wenn sie sich auf die Erlebniswelt und die Bedürfnisse der Bürger intensiv einlassen. Sie haben Angst davor, zu Einsichten zu kommen und Konsequenzen in ihren Theorien, politischen Zielen und für ihr alltägliches Verhalten ziehen zu müssen. «Ich vermeide Veränderungen in meinen politischen Auffassungen aus Angst, etwas Sicheres aufzugeben und mich in Unsicherheit zu bringen.»

Auswirkungen des beeinträchtigenden Verhaltens im politischen Zusammenleben

Die Folgen von Fassadenhaftigkeit, mangelnder Auseinandersetzung mit sich selbst und geringer Einfühlung und Achtung im Umgang mit anderen sind weitreichend:
○ Viele Politiker sind in ihrer seelischen Lebendigkeit und Ausdrucksfähigkeit und in ihren seelischen Möglichkeiten erheblich beeinträchtigt. Durch ihre Fassadenhaftigkeit und die Unterdrückung ihres Fühlens sind sie von wichtigen Erlebnisbereichen abgeschnitten. Sie müssen erhebliche Energien aufwenden, um nach außen hin «etwas darzustellen». Hinzu kommt, daß ihre Arbeit und ihr Umgang mit anderen Politikern sie an der Entwicklung ihrer Persönlichkeit hindert: «Die Gefahr des Politikers besteht darin, total zu verhärten. Weil man oft einen drauf bekommt, und um dabei nicht kaputtzugehen, schafft man sich einen Panzer. Je höher die Position eines Politikers, desto größer ist die Gefahr der Verhärtung.» Dieser Fraktionsvorsitzende einer Landespartei sagt weiter von sich selbst: «Ich mache zwischen 75 und 90 Stunden Politik in der Woche. Ich habe fast gar kein Familienleben.» Ein führendes Mitglied einer politischen Jugendorganisation: «Viele

Politiker haben ihre ganze Individualität aufgegeben. Sie leben nur noch für die Partei. Dadurch können sie sich wenig als Personen entfalten, sie funktionieren oft nur als Rad in einer Maschinerie.»

Dies führt dazu, daß viele Politiker einen großen Teil ihrer Kräfte nicht darauf verwenden können, den Bedürfnissen der Bürger zu dienen. «Ich habe oft den Eindruck: Die, die dazu da sind, den Bürgern zu helfen, die Parteien oder auch die höheren Verwaltungen, brauchen einen sehr großen Teil ihrer Zeit und Kräfte dazu, um mit ihren eigenen Querelen fertig zu werden. Aber es ist sehr wenig Nachdenken und Einsatz dafür da: Welche konkreten Möglichkeiten haben wir, um Arbeitslosen Arbeit zu verschaffen, um den alten Mitbürgern mehr zu helfen?»

○ Bürger fühlen sich von Politikern, die im Parteiprogramm zentriert sind, wenig verstanden und haben wenig Vertrauen zu ihnen. Sie haben das Gefühl, daß ihre Wünsche und ihre Erlebniswelt nicht berücksichtigt werden. Sie gewinnen den Eindruck, daß diese Politiker mehr herrschen als dienen und helfen. Der Kommunalpolitiker Harald: «Das Vertrauen der Leute ist verletzt. Sie haben kein Vertrauen mehr, wenn wir uns da hinstellen und im Wahlkampf mit ihnen reden. Und mir geht's auch so, daß ich kein Vertrauen mehr habe in das, was gesagt wird – weil ich das selbst erlebt habe und weil das erschütternd ist, was die den Leuten im Wahlkampf versprochen haben und was sie dann alles nicht gemacht haben. Wie können die behaupten, für den Bürger zu sprechen und daß ihre Meinung eine ‹breite Bürgermeinung› ist?!»

○ Viele Bürger fühlen sich minderwertig und ungeeignet für die Politik. Sie glauben, Politik werde von Experten gemacht und sie selbst seien mit ihren geringen Kenntnissen Laien auf diesem Gebiet. Sie resignieren und ziehen sich zurück. Sie empfinden Politik als etwas, was nicht mit ihnen zusammenhängt und was über ihre Köpfe hinweg geschieht: «Bei diesen aalglatten Formulierungen, den unpersönlichen, ‹sachlichen› Argumenten, den verschleierten Sachverhalten, die der Tarnung, der Verteidigung oder der Manipulation dienen, wird das Mitdenken der Bürger unheimlich erschwert.»

Viele Bürger wagen es auch nicht, auf politischen Veranstaltungen ihre eigene Auffassung zu äußern. Angesichts der «sachlichen»,

«objektiven», glatt und unangreifbar formulierten Aussagen der
Politiker haben sie Angst, sich mit ihren Gedanken, Vorstellungen
und Wünschen lächerlich zu machen oder lächerlich gemacht zu
werden. Viele Menschen ohne Hochschulbildung beherrschen
diese sprachliche Akrobatik, das Schattenboxen und die geschau-
spielerten Argumente nicht. So fühlen sie sich von der politischen
Diskussion ausgeschlossen. Ihr Rückzug hat zur Folge, daß in
Versammlungen, Ausschüssen und Parteien Beschlüsse gefaßt werden, die viele der Anwesenden nicht teilen.

So behalten viele Menschen ihre Meinung für sich. Sie denken:
Die anderen sind klüger, sachkundiger, erfahrener – meine Auffassung ist wohl falsch. Aufgrund dieses Schweigens wissen Politiker
häufig auch wenig darüber, was die Mehrheit der Bevölkerung
wünscht, wodurch sie sich beeinträchtigt fühlt. Viele deuten fälsch-
licherweise das Schweigen als Zustimmung.

○ Die Art des Umgangs der Politiker und in politischen Gruppen
hält viele davon ab, sich dort politisch zu betätigen. Claudia: «Ich
habe das nur kurze Zeit gemacht. Dieser ständige Kampf um
Macht – und dabei den anderen herunterziehen – das war nicht das,
was ich in der politischen Bewegung gesucht habe.» – «Ziel meiner
Vorstellungen war immer eine Gesellschaft, die humanere, gleich-
berechtigte zwischenmenschliche Beziehungen ermöglicht. Unser
Zusammenleben in den politischen Gruppen war aber gekennzeichnet durch völlig nach außen gerichtetes, von unseren eigenen
Personen und Beziehungen abstrahiertes Interesse. Das ließ mich
an dem Sinn politischer Betätigung zweifeln. Es galt die Forde-
rung: Eigene Gefühle und Bedürfnisse sind gegenüber dem hohen
angestrebten Ideal zurückzustecken. Das führte bei mir oft zur
Frustration und zur Frage nach dem Sinn des Ganzen. Ich will
nicht eine humane Gesellschaft in ferner Zukunft. Sondern ich will
heute schon mein Leben in positiver Weise verändern.»

○ Fassadenhaftigkeit der Politiker, ihr Hinweis auf «objektive»
Argumente, ihre Unterdrückung des Fühlens und ihr Mangel an
Selbstklärung begünstigen inhumane, diktatorische Staatsformen.
So wurden zum Beispiel von vielen Deutschen die Hetzparolen der
NSDAP hingenommen, ihre Behauptungen, daß die «jüdische
Rasse» minderwertig sei, obwohl die meisten von ihnen jüdische

Bekannte und Freunde hatten. Aber wie sollten sie es wagen, mit ihren persönlichen Erfahrungen gegen «objektive Sachverhalte», gegen «wissenschaftliche Erkenntnisse» einer sogenannten Rassentheorie anzugehen? Diejenigen, die die Vernichtung von Millionen Juden betrieben, hatten gelernt, ihr eigenes Empfinden vollkommen zum Schweigen zu bringen. Sie handelten als «Träger» einer politischen Ideologie. So konnten sie «kaltblütig» andere Menschen drangsalieren und töten.

«Der ‹Hitler in uns› – das sind für mich Haß und Machtgelüste», sagt der ehemals politisch aktive Student Wilhelm. «Und die kommen dann zustande, wenn ich nicht offen mir selbst gegenüber bin, wenn ich blind vor mir selber bin und keinen Kontakt zu mir und meinem Fühlen habe.» Ein Fünfunddreißigjähriger: «Wenn ich innerlich taub bin, wenn ich innerlich nicht mitempfinde, dann bin ich ein Stück Holz, ein Neutrum im menschlichen Zusammenleben; ich kann jederzeit zum Mitläufer einer Diktatur werden. Und so kann es geschehen, daß ich andere quälen und töten werde, weil die es von oben befehlen.»

Förderliches Verhalten von Politikern und Bürgern

Echte, ehrliche Politiker und Bürger

«Das Persönliche ist sehr politisch.» Gegenstand der Politik ist der persönliche Bereich jedes einzelnen: wie jeder von uns lebt und leben möchte, daß er eine befriedigende Arbeit hat, daß er in Frieden leben kann: «Politik hat mit dem Menschen zu tun; infolgedessen sollte der Mensch im Mittelpunkt der Politik stehen und sie für ihn da sein, statt umgekehrt.»

Viele sind der Auffassung, Politik befasse sich mit «Sachregelungen», zum Beispiel der Ansiedelung von Industrie, dem Umweltschutz, der Sicherung der Arbeitsplätze oder des Straßenverkehrs. Doch auch bei diesen «Sachregelungen» geht es letztlich um das persönliche, das körperliche und seelische Wohlergehen der Bürger. Jede politische Handlung sollte zum Ziel haben, ihre Lebensqualität zu schützen.

Es gibt noch einen weiteren Grund für die Auffassung, daß das Politische persönlich und das Persönliche politisch ist: Alle diese Regelungen werden von Personen getroffen – nicht von einem anonymen Staat, nicht von Behörden, der Regierung, nicht von Schulen. Es sind Personen, die als Politiker, Verwaltungsbeamte, Lehrer tätig sind. Sie handeln als Menschen für andere Menschen. Es gibt auch keine Bürokratie; es gibt nur bürokratische Menschen. Alle Handlungen der Politiker und Verwaltungsbeamten werden in hohem Maße von ihrer Person, von ihren persönlichen Einstellungen beeinflußt. Politik ist die Art und Weise des Umgangs von Menschen mit anderen.

«Politik ist nicht ‹Verwirklichen› des Parteiprogramms», schreibt uns ein Politiker, «sondern die Art, wie wir auf andere Menschen Einfluß nehmen. Und ich selbst bin es, ich als Person, die dafür wichtig ist, wie ich mit anderen und mir selbst umgehe. Ich orientiere mich nicht an abstrakten, allgemeinen Ideologien und Vorstellungen. Es ist persönliche Politik, wie ich gegenüber anderen lebe und was ich für andere tue.» – «Ich kann doch nicht glaubhaft für etwas eintreten, wenn ich mich nicht wenigstens bemühe, diese Vorstellungen auch selbst zu leben. Eine persönliche Politik bedeutet für mich, daß Politik nicht zu trennen ist in einen individuellen und in einen politisch-öffentlichen Bereich. Persönliche Politik heißt auch, das, was ich mir für eine demokratische Gesellschaft wünsche, in meiner Familie zu leben.» – «Ich hoffe sehr, daß meine persönlichen Verhaltensweisen in der Politik sichtbar werden. Ich möchte meinen Wählern so gegenübertreten wie meinen Kindern.»

Politiker, die sich nicht hinter Fassaden und Masken verbergen, werden in ihrer Persönlichkeit dem Bürger transparent, durchsichtig. Die Bürger können so eher erfahren, mit welcher Person sie es zu tun haben. Sie können Politikern, die ihre Person nicht verbergen, eher vertrauen. Sie können prüfen, ob die Worte mit der Person übereinstimmen. Eine junge Politikerin: «Die Art, wie Menschen mit sich selbst und anderen umgehen – das ist politisch, und das nenne ich die jetzige Revolution.»

«Enttäuschungen und andere Gefühle werden bei mir nach außen hin sichtbar.» Einige Politiker haben den Mut zu zeigen, wie *sie* gedanklich und gefühlsmäßig zu politischen «Sachfragen» stehen.

«Warum, zum Teufel, soll ich lächeln, wenn mir nicht danach zumute ist?» – «Ich versuche nicht, die Leute zu täuschen, sondern versuche sicherzustellen, daß man sich auf das, was ich sage, auch verlassen kann. Ich bemühe mich, auch unbequeme Dinge nicht zu verschweigen», sagt ein Abgeordneter. Ein anderer Politiker: «Ich bin in der Politik genauso spontan und genauso enttäuscht wie zu Hause.»

Diese Politiker äußern ihre Zweifel, Unsicherheiten, Widersprüche. Bei Entscheidungen erwägen sie offen die verschiedenen Möglichkeiten, die sie sehen, mit ihren Vor- und Nachteilen. Sie sind dazu bereit, auch Auffassungen zu äußern, mit denen sie sich bei einzelnen Bevölkerungsgruppen unbeliebt machen. Sie können ihre Meinung ändern und geben es zu, wenn sie sich geirrt haben: «Das ist ein überkommenes Verständnis von Politik, daß man immer den starken Mann markieren sollte. Ich meine, daß es viel richtiger ist, daß ich durchaus auch meine Niederlagen und meine Schwächen und meine persönlichen Ängste öffentlich darstelle und zugebe.» – «Ich meine, daß ich mir durchaus nichts vergebe, wenn ich sage: Tut mir leid, aber über dieses Sachgebiet kann ich selbst keine Auskunft geben. Wir haben da eine Arbeitsgruppe, die könnte das.» – «Ich finde, daß es eigentlich eine Stärke ist, wenn ich meine Fehler und Schwächen offen zugebe.» Indem Politiker sich mit ihrer Person öffnen, geben sie dem Bürger die Chance, bewußter zu entscheiden: Wen wähle ich? Wem kann ich vertrauen? Wem übertrage ich einen Teil meiner Verantwortung?

Politiker, die freier von Fassaden werden, brauchen nicht *über andere* zu reden, sie zu bewerten, zu beschimpfen, abzulehnen, sondern sie sagen und diskutieren das, was *sie* fühlen, was *sie* wünschen, was *sie* tun möchten.

«Ich denke: Nur wenn ich etwas ganz Persönliches von mir sage – wo es mich drückt und wie ich mich fühle –, kann ich den Politikern wirklich zeigen, wie es mir ergeht. Denn im Argumentieren lassen dir die Politiker keine Chance.» Worüber sollen Bürger in öffentlichen Versammlungen

sprechen? Was sollen sie äußern? Manche sehen es als wirksam an, Maßnahmen und Handlungen von Politikern und Verwaltungsbeamten zu kritisieren. Andere halten das Vorbringen von vernunftgemäßen, sachlichen Argumenten für die geeignetste Form, ihre Meinung zum Ausdruck zu bringen. Andere wiederum lassen ihren «Frustrationen», ihrem Zorn und Ärger freien Lauf.

Nach unseren Erfahrungen sind Äußerungen von einzelnen über das, was sie als wichtig für sich selbst empfinden, in solchen Auseinandersetzungen sehr förderlich. Das ist meist das eigene Fühlen: «Ich habe Angst vor Atomenergie, vor einem Reaktorunfall.» – «Ich habe Angst, daß Politiker nicht fähig sind, einen Krieg zu verhindern.» – «Ich fühle mich vom Kommunismus bedroht, weil er meine persönliche Freiheit einschränken könnte.» Sie äußern, wie sehr sie sich durch den Lärm einer Stadtautobahn gestört fühlen, wie sehr sie das Grün in ihrem Stadtviertel vermissen, wie sehr sie unter Arbeitslosigkeit leiden, daß sie zu Einsparungen und Opfern bereit sind.

Menschen, die auf diese Weise ihr Fühlen in einer öffentlichen Versammlung zum Ausdruck bringen, erleben häufig, daß auch andere beginnen, von *ihren* Ängsten und Zweifeln zu sprechen und daß diese den eigenen gleichen: «Ich war neulich in der Vollversammlung, es waren so etwa dreihundert da», berichtet eine Studentin. «Und vorn waren ein paar Macher, die haben das Ganze manipuliert. Das hatten die alles abgesprochen. Und ich war so enttäuscht und ärgerlich und wütend. Aber niemand wagte, irgend etwas zu sagen. Die kauten das alle in sich hinein. Aber dann stand ich auf und sagte: ‹Ich habe jetzt große Angst, meine Hände und auch meine Stimme zittern. Aber ich muß es euch sagen: Ihr laßt hier eure Reden über uns ab und denkt überhaupt nicht an uns. Und ich finde das Ganze hier so wenig menschlich, so gemacht, so voller Angst und Haß.› Mir sind dann die Tränen gekommen. Aber hinterher war ich doch froh, daß ich es gesagt hatte. Und danach wagten auch die anderen, sich zu äußern. Sie kamen endlich mit dem heraus, was sie wirklich darüber dachten.»

Wenn Bürger häufig ihr Fühlen äußern, so wird die seelische Wirklichkeit vieler einzelner zwangsläufig Gegenstand der Politik. Die Politiker, die so mit der Erlebniswelt der Bürger konfrontiert werden, können sich eher von ihren Parteidogmen lösen. Äußerungen des eigenen Fühlens drücken aus, was die einzelnen an einer politischen Maßnahme unmittelbar selbst beeinträchtigt. Dieses Fühlen ist eine Wirklichkeit, die nicht einfach wegzuleugnen ist, die die Politiker nicht einfach mit Gegenargumenten vom Tisch wischen können. Der einzelne kann sich beim Ausdruck seines Empfindens nicht irren, wenn er ehrlich zu sich selbst ist.

Dieser Ausdruck des persönlichen Fühlens, von Ängsten und Wünschen wäre auch für die internationale Politik sehr bedeutsam. Wenn etwa Politiker einer anderen Nation mitteilen würden: «Die meisten von uns haben Angst vor euren Raketen. Wir haben Angst, daß ihr uns überfallt und uns unsere persönliche Freiheit und unsere Lebensqualität nehmt. Wir haben Angst vor einem Krieg!», so würden sie mehr bewirken als durch die Zur-Schau-Stellung von Macht, als durch Drohungen und Beschimpfungen. Wahrscheinlich fürchten sich auch die Politiker des anderen Landes davor, überfallen zu werden. Könnten sie ebenfalls ihre Ängste aussprechen, dann würden beide Seiten gemeinsam feststellen, daß sie die gleichen Ängste voreinander haben.

«Jeden Anspruch, den ich an die Gesellschaft stelle, muß ich erst einmal selber vorleben.» [48] Sich selbst gegenüber ehrliche Politiker werden in ihren Äußerungen und politischen Auffassungen mehr mit ihrem persönlichen Leben übereinstimmen, also echter sein. Leben Politiker ihre Ideen selber, so ist ihr Leben ihre Botschaft. Ihr Leben wird von vielen anderen Menschen wahrgenommen und beeinflußt diese. Ein Abgeordneter: «Es wird immer mehr das Bewußtsein dafür geweckt werden, daß Politik ohne Menschlichkeit, ohne das Persönliche, gefährlich ist.» – «Glaubwürdig ist doch nur *der* Mensch, bei dem man gewiß ist, daß sein Fühlen, Handeln und Auftreten in Übereinstimmung ist mit seinem wirklichen Ich, mit seiner Person, mit seiner Persönlichkeit», sagt ein Landtagsabgeordneter.

Ebenso ist es sehr wichtig, daß der *Bürger* seine politischen Ziele und Überzeugungen selber lebt. Der *Weg* zu einem Ziel – zu Menschlichkeit, zu Gewaltfreiheit – ist bereits ein Teil des Ziels.

Wenn wir gegen Atomkraftwerke sind – was tun wir selbst, um

Energie einzusparen? Begrenzen wir selbst unsere Geschwindigkeit, wenn wir auf der Autobahn fahren? Fahren wir selbst mehr
mit öffentlichen Verkehrsmitteln oder dem Fahrrad und lassen das
Auto stehen? Wenn wir für den Frieden sind – leben wir selbst
diesen Frieden in unserer Familie und in unserer beruflichen Umwelt? Wenn wir für eine humanere Welt sind – vermeiden wir selbst
Gewalt und Beschimpfungen in alltäglichen Situationen? Wenn wir
für Umweltschutz sind – wie sorgfältig gehen wir selbst mit der
Natur um, mit uns selbst und anderen? Schränken wir unseren
eigenen Konsum ein? Oder fordern wir all dies nur von anderen?

Das entscheidende also ist: Sind wir glaubwürdig?! Stimmt das,
was wir sagen, wünschen und fordern, mit unserem Leben und
unseren Handlungen überein? Wenn wir etwas fordern – sind wir
bereit zu sagen, was wir geben wollen, welche Opfer wir bringen
wollen? Ist die Äußerung «Man kann da nichts tun» wirklich
ehrlich uns selbst gegenüber? Meinen wir nicht: «*Ich* kann nichts
tun?» oder «Ich möchte nichts tun, mir fällt es zu schwer»?

«Fang bei dir selbst an mit deiner Politik» – das ist nicht einfach
zu leben, aber ein sicherer Weg zu einer humaneren Welt.

Politiker und Bürger
setzen sich mit sich und ihren Erfahrungen auseinander

*»Wenn ich meine eigene Welt erforsche, dann bin ich in meiner Politik
verantwortlicher und mehr den Gefühlen der Bürger gerecht.»* Wir sind
davon überzeugt, daß Selbstklärung eine wichtige Voraussetzung
für ein besseres politisches Zusammenleben ist. Bürger und Politiker, die sich ehrlich mit sich selbst auseinandersetzen, können
verantwortlicher für sich und andere handeln, eigene Werte und
Urteile bilden, diesen folgen und ihre persönliche Freiheit angemessen für sich nutzen, ohne andere zu beeinträchtigen. Sie stellen
sich freimütig Fragen, hören in sich hinein und suchen sich zu
klären: Wie will ich mit Menschen zusammenleben? Bin ich bereit,
auch anderen das zuzugestehen und ihnen dazu zu verhelfen, was
ich selber für mich fordere? Was trage ich dazu bei, daß es für
andere Wirklichkeit wird? Es ist eine Prüfung unserer Handlungen

und Einstellungen im politischen Zusammenleben unter dem Maßstab der sozialen Umkehrbarkeit: *Bin ich bereit, von anderen so behan-*
delt zu werden, wie ich selbst ihnen gegenüber handle? Bürger und Politiker
sind bemüht, sich zu klären: Weswegen mache ich das? Wohin
führen meine Handlungen? Welche Vorteile werden meine Reform-
ideen bringen? Für welche Menschen? Und welche Nachteile werden sie haben? – Handle ich in meinem Alltag so, wie es meinen
politischen Idealen und meinen Forderungen an andere entspricht?
Was gebe *ich* der Gemeinschaft? Gebe ich ihr zum Beispiel das
wieder, was sie für meine Ausbildung investiert hat?

Auch die Auseinandersetzung mit den eigenen Fehlern und
Schwächen ist sehr bedeutsam. Sie findet zwar oft erst im nachhinein statt. Aber wenn Menschen sich durch sie ändern und wenn
sie dies anderen mitteilen, tragen sie dazu bei, das politische Zusammenleben menschlicher zu gestalten. Ein Zweiunddreißigjäh-
riger schreibt uns über die vergangenen neun Jahre seiner Arbeit in
einer Partei: «Früher bedeutete politisches Handeln für mich, Ziele
für andere allgemein verbindlich festzusetzen und Strategien und
Taktiken zu ihrer Durchsetzung zu erarbeiten. Strategie und Taktik
– das waren die Mittel, meine politischen Absichten zu verwirklichen, auch in Reden und in Diskussionen in der Partei und vor
Bürgern. Zum Beispiel verstellte ich mich, sprach mich für eine
Sache aus, die mir gleichgültig war. Oder ich versuchte Menschen,
die eine andere Meinung hatten als ich, lächerlich zu machen. Heute
verspüre ich: Wenn Menschen in der ‹Politik› so mit mir umgehen,
wie ich es mit ihnen getan habe, so fühle ich mich unbehaglich und
unzufrieden. Ich bin betroffen darüber, daß ich Menschen mißachtet, gedemütigt und auch verspottet habe, um bestimmte Ziele
durchzusetzen. Mich stören heute ‹Politiker›, die andere Menschen
mit Geringschätzung behandeln. Ich habe begonnen, auch in der
Politik echt und aufrichtig zu sprechen, meine Wünsche und meine
Bedeutungen, die ich zu einer ‹Sache› habe, als meine ‹subjektive›
Meinung zu äußern. Ich denke darüber nach und frage andere, ob
ich ihre Meinung und ihre Wünsche richtig verstehe. Ich bin in der
Politik ‹persönlicher› geworden.»

Ein Abgeordneter: «Geld spielt eine wichtige Rolle, und Prestige spielt eine enorme Rolle. So kann Politik zum Besitzstands-

denken verkommen, und dann ist man bereit, unglaubliche Verbie-
gungen zu machen. Ich habe das auch eine Zeitlang gemacht. Aber
glücklicherweise habe ich es gemerkt. Ich habe mich zurückgezogen und nicht nur noch auf die gehört, die einem das Gefühl
vermitteln, man sei ungeheuer bedeutend und hätte Einfluß. Es ist
das schlimme, daß es ein unmerklicher Prozeß ist bis dahin, daß
man nicht mehr weiß, was man da eigentlich redet und tut und
wessen Text man redet. – Für mich haben Freunde eine wichtige
Rolle gespielt und meine eigenen Kinder. Ich hatte immer ein gutes
Verhältnis zu ihnen, und Kinder fragen einfach anders als Erwachsene und bewerten Dinge anders, viel direkter und spontaner und
viel nervender. Und einmal konnte ich meiner Tochter einfach
nicht mehr erklären, was ich da mache; und dann hab ich langsam
versucht zu überlegen, ob vielleicht mein ganzer Ansatz nicht
stimmt.»

*«Offenheit gegenüber neuen Ideen – das ist es, was uns davor schützen kann,
uns in irgend etwas zu verrennen.»* Für eine menschlich sinnvolle Politik
ist es wichtig, daß Bürger und Politiker nach alternativen Möglichkeiten Ausschau halten. So kann die Begegnung mit anderen politischen «Systemen» und Gesellschaften sehr hilfreich sein, die eigenen politischen Vorstellungen und Pläne zu überdenken und zu
Alternativen zu kommen. Wilhelm beschreibt, wie er sich mit
seinen Erfahrungen andersartiger politischer Systeme auseinandersetzte und wie ihn das beeinflußte: «Ich hatte zu der Zeit, als ich im
Studentenparlament war, sehr guten Kontakt zur politischen Stu-
dentenorganisation in der DDR. Das hat aber nicht dazu geführt,
daß sie mich überzeugt haben, ganz im Gegenteil: Dieses Angucken der Verhältnisse dort hat mich eher dazu gebracht, daß ich
immer mehr Distanz dazu kriegte. Ich habe die Privilegien der
Parteihierarchie kennengelernt. Wir wurden in Hotels von befrack-
ten Obern bedient. Wir kriegten das beste Essen usw. Mich hat das
nicht beeindruckt, sondern es hat mich eher skeptisch gemacht. Ich
hab gesehen, wie ein Großteil der Führungshierarchie drüben auch
korrumpiert ist und Selbstbedienung macht, nicht anders als hier
auch. Ich hab's auf der einen Seite drüben schlimmer erlebt deswegen, weil ich die Grundideen des Marxismus in der Theorie eigent-

lich besser finde als die kapitalistischen Ideen. Aber die Realität ist
fast immer schlimmer. Diese Erfahrung damals war ganz entscheidend für mich.»

So vertrauen Menschen auf ihre Erfahrungen und auf ihre Fähigkeit, sie zu klären und sich selbst eine Richtschnur für ihr
Handeln zu schaffen. Sie richten ihr Handeln weniger an Autoritäten, an sogenannten Experten, aus.

«Besonders jüngere Menschen stellen viele Werte in Frage», sagt
der amerikanische Psychologe Carl Rogers, «und hierbei hilft ihnen
ihre Auseinandersetzung mit sich selbst. Sie erkennen, daß sie sich
in einem entscheidungsbildenden Prozeß hinsichtlich ihrer Werte
befinden. Denn die meisten der alten Werte sind über Bord gegangen. Die jungen Menschen stehen nun ohne ‹solide› Leitlinien da.
Sie müssen Vertrauen in sich selbst entwickeln, daß *sie* es sind, die
die Werte für sich aussuchen. Die Offenheit gegenüber jeglicher
Erfahrung ist die einzige Norm, die ich in ihrem Denken und in
ihrer Theorie gefunden habe.» [38] – «Werte werden zunehmend
mehr in den Personen selbst gebildet, nicht von Büchern, einem
Lehrer, Parteien oder Traditionen übernommen. Der Ort der Bewertung ist in der Person, nicht außerhalb.» [37]

Im folgenden sucht eine Neunzehnjährige sich selbst und ihre
Erfahrungen offen zu erforschen. Sie schreibt uns in einem Brief:
«Ich möchte Euch etwas von dem erzählen, was mir zur Zeit
wichtig erscheint und mir dauernd durch den Kopf geht. Ich habe
Angst vor Veränderung. Aber ich verurteile andere, wenn sie nicht
Veränderungen herbeiführen, die ich für nötig halte. Ich stemple
sie dann als ‹Reaktionäre› ab. Und es fällt mir sehr schwer zu sehen,
daß ich schlicht unfähig bin, Veränderungen geschehen zu lassen.
Denn dazu müßte ich zugeben, daß ich diese Menschen in ihrer –
ich nenne es mal Unfähigkeit – verstehe. Mehr noch, daß ich sie mit
ihnen teile. Sollte es wirklich sein, daß diese anderen Menschen, die
politisch anders denken, gar keine so furchtbar ‹bösen› und ‹ver-
werflichen› Wesen sind?»

«Ich habe gemerkt, daß Gewalt kein Weg ist, der weiterführt.» Die
Auseinandersetzung mit sich selbst erleichtert es Menschen, auf
Gewalt und Macht zu verzichten. Sie werden hierdurch freier, nach

anderen Möglichkeiten der Klärung von Konflikten zu suchen und sich für andere fördernd und helfend zu engagieren. Wilhelm: «Ich hab friedlich demonstriert und bin mit Gummiknüppeln geprügelt worden. Anfangs habe ich nicht zurückgeschlagen. Aber dann gab es eine Zeit, da war mein Zorn so groß, daß hab ich auch Steine in die Hand genommen und gegen Wasserwerfer geworfen. Aber ich denke, Gewalt erzeugt Gewalt. Ich habe gemerkt, daß Gewalt kein Weg ist, der weiterführt. Es ist kein Weg der Verständigung. Die Fronten werden härter.» – Claudia, 32: «Ich spüre, daß ich allzu häufig nach der Axt greife statt nach der Palme. Häufig ist mir das früher so als die schnellste Lösung anerzogen worden. Aber ich muß sagen, daß ich mich von der Möglichkeit, die Probleme mit Gewalt zu lösen, immer mehr distanziere. Sie scheidet zunehmend für mich aus. Für mich ist das einfach unmenschlich, in welchen Situationen auch immer, dem Gegenüber auf den Kopf zu hauen. Für mich ist es jetzt ein ganz persönliches Erfolgserlebnis, wenn ich in einer Krise, in einer sich zuspitzenden Situation einen Weg finde, ohne daß es zu sehr aggressiven Äußerungen kommt. Ich fühle mich dabei einfach sehr viel wohler.»

Diese Äußerungen zeigen, daß Menschen durch Selbstklärung zu angemesseneren Werten und verantwortlicherem Handeln kommen. Aber dieser Weg ist nicht einfach. Menschen, die nach sanfteren Formen der Auseinandersetzung suchen, machen zunächst oft Fehler, erleben Enttäuschungen, erleiden Rückschläge. Das ist für sie oft schmerzlich; aber manchmal scheinen solche Erfahrungen geradezu notwendig zu sein, damit Menschen lernen können. Die Fehler werden geringfügiger sein, wenn Kinder schon in der Familie und im Unterricht lernen, sich mit sich selbst auseinanderzusetzen und herauszufinden, was für sie und andere bedeutsam und hilfreich ist. Und wenn Bürger und Politiker in der Öffentlichkeit häufiger zeigen, wie sie sich um Selbstklärung bemühen, aus ihren Fehlern lernen und dadurch zu angemesseneren Auffassungen kommen, dann werden viele andere angeregt, sich verantwortlich mit *ihren* politischen Werten auseinanderzusetzen, anstatt sie ungeprüft von anderen zu übernehmen.

Einfühlsame und achtungsvoll sorgende Politiker und Bürger

«Ich glaube, daß Politiker nur dann hilfreich sein können, wenn sie an den geäußerten konkreten Wünschen der Bevölkerung ansetzen und ihnen nicht die eigenen dogmatischen Theorien näherbringen wollen», sagt ein Abgeordneter. Sind Politiker im seelischen Erleben der Bevölkerung zentriert, dann bemühen sie sich, deren Welt, Gefühle und Wünsche wahrzunehmen und zu verstehen. «Wessen Interessen sind maßgebender als die von Millionen von Menschen?» sagt der Kommunalpolitiker Harald. Ein Gewerkschaftler: «Was den Leuten hilft, ist gut. Was ihnen nicht hilft, ist schlecht. Natürlich muß man darauf achten, wie und in welcher Hinsicht etwas nützlich ist.»

Für achtungsvoll sorgende Politiker ist die Förderung der Lebensqualität der Bevölkerung oberstes Ziel. Sie sind den Interessen der Bevölkerung zugewandt. Sie erkennen etwa, daß die persönliche Initiative und Aktivität des einzelnen oft in bürokratischen Groß- und Staatsbetrieben erstickt wird. Sie helfen, die Humanisierung der Arbeitswelt, neue Formen wirtschaftlicher Organisation zu fördern, etwa die Übereignung der Betriebe in die Hände der Menschen, die dort arbeiten, und sie sind aufgeschlossen für die Erfahrungen, die Rückschläge und Fortschritte, die mit den verschiedenen Formen des Zusammenarbeitens gemacht werden. Der Vorsitzende einer Landesjugendorganisation: «Ich überlege bei jeder Frage neu, was mir sinnvoll erscheint. Hauptrichtschnur ist für mich, dafür zu sorgen, daß Bevormundungen – sei es durch den Staat, die Kirche, durch Gewerkschaften oder durch Massenorganisationen – möglichst kleingehalten werden. Daß wir zu einer Gesellschaft kommen, wo jeder in der Lage ist, für sich Initiative zu ergreifen, und so wenig wie möglich bevormundet wird.»

Bürgerzentrierte Politiker machen sich zu Sprechern der Menschen, die Sorgen haben und in Not geraten sind: Ein politisch engagierter Bürger: «Die Lebensumstände der Mehrheit – dort wo es Menschen schlecht geht, dort, wo sie sich nicht frei entfalten können – da liegt für mich die Richtschnur meines politischen Handelns – ob es nun die Unterdrückung der Frau oder die Streßsituation in Betrieben ist.» Die Spitzenkandidatin einer Partei: «Ich vertrete die Gruppen, die bei uns als Minderheitsgruppen abgestempelt sind, etwa sozial schwache Leute, die sich nicht selbst artikulieren können, oder Bürgerinitiativen. Wir fühlen uns da gleichsam als ihr verlängerter Arm.» Der Kommunalpolitiker Harald: «Für das Gespräch mit dem Minister wünsche ich mir, daß er mal die Betroffenheit der Leute in meinem Wohnviertel annimmt. Als er die Kleingartensiedlungen für Hochhäuser abreißen wollte, hab ich ihm gesagt: ‹Hör mal zu – die Leute, die da leben, die haben hier ihre Gärten, das ist eine kleine heile Welt für sich. Ich finde es wahnsinnig wichtig, daß die Menschen da so leben können, gerade weil es das heute kaum noch gibt, dieses Kleine und Überschaubare.›»

Politiker, die im Erleben der Bürger zentriert sind, suchen einen nahen Kontakt zu ihnen nicht nur in den Wochen vor einer Wahl. Ein Landtagsabgeordneter:»Das Interesse der Bevölkerung kriege ich mit, weil ich als Politiker sehr oft in Stadtteile eingeladen werde und in Diskussionen mit alten und jungen Leuten rede. Dort tragen die Leute die Ungerechtigkeiten vor, die ihnen widerfahren.»

Jeder Politiker und Bürger hat die Möglichkeit, sich zeitweise in die Rolle von Betroffenen zu begeben, um diese besser zu verstehen. Er kann zum Beispiel für einige Tage oder Wochen mit dem Fahrrad zu seiner Arbeitsstätte fahren oder mit einem Kinderwagen öffentliche Verkehrsmittel benutzen. Verantwortliche Beamte der Baubehörde und Architekten können einige Tage lang in den von ihnen geschaffenen Wohnhaussilos wohnen. Ärzte können sich in der Rolle des Patienten in einer Klinik aufhalten. Politiker können einige Wochen lang in der Nähe des Flughafens leben, für den sie den Bau einer weiteren Startbahn befürworten. Politiker, Wissenschaftler und leitende Beamte können eine Zeitlang am Fließband stehen. So ergab sich zum Beispiel, daß sich Bürgermeister und Architekten, die ihrer Arbeit einen Tag lang im Rollstuhl nachgingen, danach viel besser in die Lage von Behinderten einfühlen konnten, was in ihrer Stadt zu kreativen, hilfreichen Maßnahmen für Rollstuhlbenutzer führte.

«Ich bin eigentlich der Handlanger der Bevölkerung.» Wer als Politiker in der Erlebniswelt der Bevölkerung gleichsam zu Hause ist, hat einen hilfreichen «Kompaß» für sein sorgendes Handeln gegenüber der

Bevölkerung. Seine Entscheidungen und Aktivitäten sind geprägt von Achtung gegenüber den Bürgern, Respekt vor ihrer Selbstbestimmung und ihrer inneren und äußeren Welt. Wie ein fürsorglicher Helfer in einer Gruppe ist er engagiert, aber nicht dirigierend tätig: Er unterstützt andere, macht Vorschläge, bietet Lösungen an, ist offen für die Nöte und Wünsche anderer und zeigt Wege zum Erreichen von Zielen auf. Er fühlt sich verantwortlich für seine Tätigkeit. Er ist darum bemüht, daß Institutionen hilfreich für die Menschen arbeiten und nicht umgekehrt. Er trifft Entscheidungen, die die Lebensqualität der Bevölkerung verbessern.

So wie sich in der Erziehung ein Wandel vollzogen hat – von einer stark lenkenden, auf Macht und auf Strenge beruhenden Beziehung von Eltern und Lehrern zu Kindern hin zu einem befriedigenden Zusammenleben auf der Basis von gegenseitiger Achtung und Förderung –, so wird diese Lebensform wahrscheinlich auch in der Politik Verbreitung finden.

«Ich erkenne bei meiner Arbeit im politischen Bereich immer mehr die Bedeutung vertrauensvoller Beziehungen und Atmosphäre zwischen Menschen.» Für soziale Gruppen und «Netzwerke» ist die vertrauensvolle Beziehung und Atmosphäre eine unerläßliche Bedingung ihrer Aktivität und Wirksamkeit. Ohne die Respektierung des anderen ist ein wirklich soziales Zusammenarbeiten und Zusammenleben kaum möglich: «Ich akzeptiere den Bürger in seinen Schwächen und Stärken und erwarte auch von ihm, daß er mich annimmt», sagt eine Landtagsabgeordnete.

Den «politischen Gegner» allerdings, den Andersdenkenden achten zu lernen, ist für viele ein langer, mühevoller Weg: «Einige Jugendliche, die ich in Jugendgruppen betreue, sind Anhänger nationalsozialistischer Ideen. Je mehr ich versuchte, sie davon abzubringen, desto weniger erreichte ich sie. Erst als ich versuchte, die Jugendlichen besser zu verstehen, konnten wir offenere Gespräche führen. Und inzwischen hat sich bei manchen die Einstellung stark verändert.»

Wir können auf diesem Weg der Verständigung und Gewaltlosigkeit viel von Gandhi lernen. Seine Wege in der Politik charakterisiert die amerikanische Wissenschaftsjournalistin und Schriftstellerin Marilyn Ferguson: «Wenn du meine Absichten erkennst und mein Mitgefühl und wenn du meine Aufgeschlossenheit gegenüber deinen Bedürfnissen fühlst, wirst du so reagieren, wie ich das durch Drohen, Verhandeln, Bitten oder Anwendung körperlicher Gewalt niemals erreichen könnte. Gemeinsam können wir das Problem lösen. *Dies* ist es, wogegen wir ankämpfen müssen, und nicht gegeneinander. Ich werde dich zu nichts zwingen. Ebenso werde ich von dir zu nichts gezwungen werden. Ich werde dir nicht mit Gewalt, sondern mit der Kraft der Wahrheit, der Integrität meiner Überzeugungen gegenübertreten. Meine Integrität zeigt sich in meiner Bereitschaft, zu leiden, mich in Gefahr zu begeben, ins Gefängnis zu gehen und wenn nötig sogar zu sterben. Aber ich werde nicht die Ungerechtigkeit unterstützen.» [8]

Diese revolutionäre Kraft, von Gandhi als «satyagraha» bezeichnet, kann als die Kraft der Seele oder die Kraft der Wahrheit charakterisiert werden: «Satyagraha ist ein Verhalten, das die Politik aus dem alten Bereich, in dem man sich feindselig gegenüberstand, faule Kompromisse einging, den anderen zu etwas überredete und seine Spielchen spielte, hin zur Aufrichtigkeit, zu gemeinsamer Menschlichkeit und der Suche nach Verstehen überführt. Es wandelt den Konflikt an seinem Ursprung, in den Herzen der Beteiligten. Satyagraha arbeitet im stillen und scheinbar langsam. Aber in Wirklichkeit gibt es keine Kraft in der Welt, die so direkt und schnell arbeitet. Es bedeutet eine Umwelt, in der man sich gegenseitig akzeptiert; und in der die Menschen sich, ohne das Gefühl, eine Niederlage erlitten zu haben, ändern können. Jene, die es anwenden, müssen umsichtig und flexibel sein und sogar den Standpunkt des Gegners auf seinen Wahrheitsgehalt hin überprüfen.» [8] Das Revolutionäre ist, daß den Vertretern der anderen Seite, dem sogenannten politischen Gegner, nicht unterstellt wird, daß er die Verkörperung des Bösen ist und wir die Verkörperung des Guten.

Gerald, der zehn Jahre lang politisch gearbeitet hat, ist auf dem Weg, sich in diese Richtung zu entwickeln; er spürt, daß er bisher in seiner Arbeit nur *eine* Seite seines Wesens beansprucht hat und daß dies hinderlich für ihn selbst und andere ist. In einer Gruppe sagt er: «Ich habe Probleme mit mir, den anderen zu zeigen, daß ich nicht immer nur powern oder Leistungen erbringen will. Ich leide darunter, daß ich manchmal sanft sein möchte, aber mich dann verkrieche. Ich powere viel in Gremien. Aber manchmal merke ich schon: Ich will nicht mehr, und ich kann nicht mehr. Ich dachte bisher immer, ich bin nur wer, wenn ich powere, wenn ich austeilen und einstecken kann, dann kriege ich Anerkennung. Mit dem anderen Teil, dem sanften von mir, kann ich noch nicht umgehen. Aber ich will versuchen, ob ich das Sanfte mit dem Powern verbinden kann.» Eine Erfahrung und Begegnung auf diesem Weg, sich gegenseitig trotz großer Gegensätze und Vorurteile zu achten, beschreibt der fünfunddreißigjährige Wilhelm, der nach einer Facharbeiterausbildung studierte und während der Studentenunruhen als Vertreter im Studentenparlament war: «Ich erinnere mich an eine Begebenheit in den unruhigen Wochen 1968. Ich war in den Tagen der Institutsbesetzung mit einem anderen Studenten in der Mensa. Ich traf Reinhard Tausch, der ja Professor war und also von mir als Student damals sehr weit entfernt. Er lud uns zu einer Tasse Kaffee ein. Das hat mir im Nachhinein imponiert. Mir wurde bewußt: Er hat das Gespräch mit uns gesucht. Wir haben miteinander gesprochen, und es waren sehr viele Barrieren da. Ich hatte das Gefühl, er versteht uns nicht richtig. Und ich bin sicher, ich hab ihn zu dem Zeitpunkt auch nicht richtig verstanden. Wir waren damals sehr unterschiedlicher Meinung, das war die Barriere. Ich hab aber gemerkt, daß da doch so ein Stück Akzeptieren war auf seiner Seite: Okay, du bist anderer Meinung, trotzdem kann ich dich als Mensch akzeptieren. Ich übernehme nicht deine Meinung, damit will ich vielleicht auch gar nichts zu tun haben. Aber trotzdem, als Mensch erkenne ich dich an. Und das fand ich gut. Das war wichtig für mich. Das ist jetzt vierzehn Jahre her. Ich empfand sein Verhalten damals als sehr ungewöhnlich. Die Fronten waren zu der Zeit ja sehr hart, und das war so ein Stück ‹Frontübertritt›, ‹Frontaufweichung› für einen Moment – einen Stein aus der Mauer herausbrechen, die zwischen den Menschen ist. In dem Moment hat das wenig bewirkt, aber es hatte eine Langzeitwirkung. Es war auch ein Anstoß für mich, mehr über das Persönliche, über das Zwischenmenschliche nachzudenken, über persönliche Veränderungen.»

Auswirkungen förderlichen Verhaltens
von Politikern und Bürgern

Wir möchten die unserer Meinung nach bedeutendsten Auswirkungen größeren Echtseins, intensiver, ehrlicher Auseinandersetzung mit sich selbst, des Verständnisses füreinander und der gegenseitigen Achtung im politischen Zusammenleben noch einmal zusammenfassend nennen:

○ Politiker und Bürger sorgen angemessener für andere. Sie richten sich nicht nach Parteidoktrinen, sondern nach den Bedürfnissen der Menschen, und können dadurch flexibler handeln. Dafür ist jedoch wichtig, daß Bürger fähig sind, ihr Fühlen, ihre Lebensvorstellungen, Absichten und ihre Bereitschaft zu eigenen Beiträgen deutlicher auszudrücken. So erhalten Politiker die für ein angemessenes Handeln notwendigen Informationen und Rückmeldungen. Politiker, die förderliche und verständnisvolle Helfer der Bürger sind, setzen sich mit deren Wünschen und Nöten auseinander und machen sie zur Richtschnur ihres Handelns.

○ Politiker und Bürger erfahren größere Nähe zueinander und Gemeinsamkeit. Die Gedanken und Maßnahmen der Politiker werden für die Bürger nachvollziehbarer. Einfühlende Politiker und Bürger ziehen gleichsam an einem gemeinsamen Strang. Konflikte zwischen Bürgerinitiativen und Politikern können in einem vertrauensvollen Klima eher geklärt werden. Nähe und Gemeinsamkeit zwischen Politikern und Bürgern werden auch hergestellt, wenn Politiker ihre Schwächen nicht überspielen.

○ Es kommt zu einer besseren Verständigung unterschiedlicher politischer Gruppen. Größere Ehrlichkeit und Offenheit gegenüber dem eigenen Fühlen ermöglichen es Politikern, auch ihrem «politischen Gegner» echter und offener zu begegnen, ohne ihn zu bewerten. Sie sind fähig, *ihr* Enttäuschtsein, *ihr* Hoffen, *ihre* Ängste, *ihre* Gedanken zu alternativen Vorschlägen zu äußern, ohne über den anderen zu urteilen oder aggressiv zu sein. Selbst wenn die Gegensätze zwischen politischen Anschauungen groß sind, kann das Verstehen des inneren Erlebens zu einer besseren Beziehung und zu angemesseneren Lösungen für *alle* Beteiligten führen.

○ Wenn ein Politiker den Bürgern gegenüber ehrlich auftritt, haben diese eher die Möglichkeit, anhand seiner Persönlichkeit und seines Lebensstils die Art und die Glaubwürdigkeit seiner Politik einzuschätzen. Aus der Person der Politiker können sie auf seine Toleranz, Einfühlung in andere, Fairneß und Bereitschaft zur Zusammenarbeit schließen. Dies bestätigte auch eine Untersuchung: Bürger schätzten Politiker, die sich in ihren Reden persönlich äußerten, ihr Fühlen und Denken aussprachen und wenig allgemeine, abstrakte Aussagen machten, als aufrichtiger, anregender und verständlicher ein; dies war auch der Fall, wenn sie die politischen Ansichten der Redner nicht teilten. [50]

○ Durch bürgerzentrierte Politiker fühlen sich Menschen ermutigt und angeregt, sich stärker politisch zu engagieren: «Mit offeneren Leuten politisch zu arbeiten – das könnte ich mir vorstellen – wo mehr Gemeinsamkeit da ist, wo mehr Menschlichkeit untereinander ist.»

○ Politiker, die echt, einfühlsam und achtungsvoll im politischen Zusammenleben sind, fühlen sich mit sich selbst wohler. Sie sprechen gleichsam die gleiche Sprache nach innen zu sich wie nach außen zu den Bürgern. Sie können ihre Kräfte und Energien – statt zur Aufrechterhaltung einer Fassade, um einen bestimmten Eindruck zu vermitteln – für ihr Denken, die Klärung ihrer Auffassungen und die Suche nach kreativen, hilfreichen Lösungen verwenden.

Persönliche Entwicklung und politischer Wandel

Persönlich entwickelte Politiker und Bürger leben verantwortungsbewußter

«Das ist wahre Revolution: die im Bewußtsein und im Verhalten der Menschen stattfindet.» Ungerechtigkeiten, zunehmende Spannungen, gegenseitiges Bekämpfen, gewalttätige Auseinandersetzungen, drohendes Chaos, Kriege und Kriegsgefahr – das ist der Zustand, unter dem heute noch unzählige Menschen leiden. Er ist zu einem wesentlichen Teil auf den Mangel an persönlicher Ent-

wicklung von Politikern und Bürgern zurückzuführen. «Wie kann ich mit anderen klarkommen und in der Politik etwas Sinnvolles arbeiten, wenn ich nicht einmal mit mir selbst klarkomme?» fragt ein Fünfundzwanzigjähriger. Immer mehr Menschen haben in den letzten Jahren erkannt, wie wichtig es für ein befriedigendes persönliches und politisches Zusammenleben ist, sich selbst und den eigenen Lebensstil zu ändern. Eine Vierunddreißigjährige: «Wenn ich etwas im Sinne meiner Ideale erreichen will, dann muß ich mich selber mehr kennenlernen. Ich muß mit *mir* weiterkommen; denn ich selber bin die Grenze, *ich* begrenze mich. Ich hatte meine Tätigkeit in den politischen Gruppen irgendwie als erfolglos erlebt. Ich spürte: Uns fehlt etwas. Wir waren nicht überzeugt genug, es fehlte die Tiefe. Wenn jemand mit der ganzen Tiefe seiner Erfahrungen und seines Lebens etwas vertritt, dann erreicht er unheimlich viel. Uns fehlte die persönliche Entwicklung des einzelnen, die ihm die Kraft und die Fähigkeit gibt, wirklich selbstverantwortlich und von innen her, vom eigenen Gefühl und eigenen Denken her, zu handeln. Wir hatten zwar Argumente und Ideen, aber sie waren nicht in unserer ‹persönlichen Mitte› verankert, in unserem Selbst.»

Manche Menschen, die sich ehrlich mit ihrer politischen Tätigkeit auseinandersetzen, erkennen: «In dieser ganzen Zeit habe ich gelernt, daß niemand anders als *ich selber* mir helfen kann, Zustände zu verändern, unter denen ich leide. Deshalb beginnt meine politische Arbeit bei mir selbst. Ich will nicht mehr meinen persönlichen Problemen ausweichen, indem ich von Versammlung zu Versammlung, von Aktion zu Aktion renne und andere Leute dazu auffordere, ihr Schicksal in die eigenen Hände zu nehmen.» [10] – «Ich denke, daß heute viel mehr Revolution stattfindet als damals, in den achtundsechziger Jahren. Heute findet Revolution statt im Sinne von langsamer Veränderung in dem Bewußtsein der Menschen. Die wirkliche Wandlung findet innen statt, im Menschen.» – «Früher habe ich gedacht, wenn ich mich viel bewege, dann bewege ich etwas. Aber das ist nicht so. Es kommt auf die innere Bewegung von mir an.»

Viele Menschen kommen zu dieser Einsicht, nachdem sie in ihren früheren Aktivitäten Fehlschläge und Enttäuschungen erlebt haben: «Anfangs versuchten die Mitglieder der Gegenkultur, die politischen Institutionen zu verändern, wie es Generationen von Aktivisten und Reformern vor ihnen schon versucht hatten. Erst als untereinander Richtungskämpfe ausbrachen und die Konfrontationen mit dem Establishment immer frustrierender wurden, entdeckten sie die wahre Vorhut der Revolution: Die ‹Front› im Innern.» [8] Ein ehemaliger radikaler Aktivist, der in den sechziger Jahren in den USA durch Schlagzeilen in den Zeitungen weithin bekannt war, meint im Rückblick auf seine Tätigkeit: «Ohne Selbsterkenntnis verewigt der politische Aktivismus nur den Kreislauf der Wut . . . Ich konnte niemanden verändern, bevor ich mich nicht selbst veränderte.» [8]

Wenn sich viele Menschen in der Bevölkerung – Bürger und Politiker – persönlich entwickeln und wandeln, dann *ist* dies ein geändertes politisches Zusammenleben. Ihr gewandelter Lebensstil wirkt sich unmittelbar auf die Menschen ihrer Umgebung aus und wird durch die Massenmedien einer größeren Öffentlichkeit bekannt. Die Wandlung des einzelnen ist eine persönliche *und* politische Revolution. Wenn wir uns selbst ändern, ändern sich zwangsläufig die äußeren Bedingungen. *Wir* sind die wichtigste Umweltbedingung für andere.

«Ich habe jetzt wieder mehr Selbstvertrauen. Ich habe eine eigene Meinung, die ich auch anderen gegenüber politisch vertreten kann.» Menschen, die sich seelisch weiterentwickeln, kommen zu neuen persönlichen Werten. Sie erleben sich als wertvoll und haben geänderte Wertauffassungen gegenüber ihrer Umwelt. Wenn Menschen das Gefühl haben, nicht «klein» zu sein, sondern von sich sagen können: «Ich bin genausoviel wert wie jeder andere Mensch», so hat dies bedeutsame Folgen für das politische Zusammenleben: Diese Menschen streben nicht nach Macht. Sie fühlen sich innerlich sicher genug, um zum Beispiel in einer Versammlung aufzustehen und *ihre* Empfindungen und Gedanken zu äußern oder als Politiker unkonventionelle Vorschläge zu machen. Sie können andere mehr annehmen, toleranter behandeln. Und da sie weniger seelisch eingeengt sind, sind sie freier, origineller, schöpferischer im Umgang mit Menschen.

Wächst die Selbstachtung von Menschen, dann sind sie eher bereit, sich sozial und politisch in sinnvoller Weise zu engagieren: «Ich kenne da so zwei Kollegen», sagt Wilhelm, «die hatten ein sehr niedriges Selbstbewußtsein. Die sind aber innerhalb eines Jahres selbstbewußter geworden. Sie können sich nun auch an ihrem Arbeitsplatz durchsetzen – nicht in egoistischem Sinne, sondern sie achten auch auf andere und sind sensibel für sie. Sie sind jetzt auch politisch aktiv geworden, aber keiner würde sich von politischen Ideologien einfangen lassen.»

«Lebt eure Überzeugungen, und ihr könnt die Welt aus den Angeln heben», schreibt der amerikanische Schriftsteller und Philosoph Henry David Thoreau. [8] Wünschen Menschen die Wandlung zu einem humanen Leben, einem Leben mit und nicht gegen Menschen, so ist es von entscheidender Bedeutung, daß diese politische Idee in ihrem Alltag Wirklichkeit ist. Marilyn Ferguson befragte Menschen, was sie für die beste Möglichkeit hielten, um ihre persönliche Wandlung gesellschaftlich wirksam werden zu lassen. Fast alle gaben an: das persönliche Beispiel. – Leben wir also in unserem Alltag unsere politischen Ideen, so *sind* wir politisch aktiv. *Wir* handeln als Umweltschützer, sparen Energie, verbrauchen Rohstoffe mit Überlegung und Bescheidenheit, behandeln die Dinge und Menschen in unserer Umgebung achtsam. Mario: «Ich bin in diesen Ferien in Kalabrien gewesen. Es war viel verschmutzter dort als letztes Jahr. Diese Camper werfen überall ihren Müll hin. Da hab ich mich eines Tages rangemacht und habe versucht, den Müll am Strand zu beseitigen. Ich hatte ja sowieso Zeit. Und Bewegung wollte ich mir auch verschaffen. Da kamen bald die Leute auf mich zu und sagten: ‹Was machen *Sie* denn hier?› – ‹Ich mach den Müll weg.› – ‹Wieso, das ist doch gar nicht *Ihr* Müll.› Und da hab ich gesagt: ‹Mich macht das traurig, wenn dieser schöne Strand hier so verdreckt wird!› Und es hat nicht lange gedauert, da hatte ich schon Helfer. Und nach einiger Zeit sah der Strand wie voriges Jahr aus.»

Viele von uns sind sich der Schwierigkeiten bewußt, mit denen die Menschheit heute konfrontiert ist, und wollen dazu beitragen, sie zu beseitigen. Wichtig ist, daß wir nicht nur über Veränderungen *reden* oder sie von anderen verlangen, sondern daß wir die Wurzel jeder Veränderung bei uns selbst sehen, in unserer Umwelt, in unserem Umgang mit Menschen, in unserem Energieverbrauch, in unserer Ernährung. Wenn sich jeder für die Welt, in der er lebt, verantwortlich fühlt und im Fünf-Meter-Umkreis seines alltäglichen Lebens entsprechend handelt, dann ist dies ein großer sozialer und politischer Wandel: «Ich versuche global zu denken und lokal zu handeln.» – «Ein Weg, die Dinge zu ändern, ist, mich selbst zu ändern. Ich hab früher ein Auto gebraucht und all diese Dinge, die ‹man so braucht›. Jetzt, nach einiger Zeit des Hin und Her, ist mir aufgefallen, daß ich ganz viel von dem Mist selber mache, der die Umgebung versaut. Und ich habe mit Kleinigkeiten angefangen – nehme weniger Waschpulver, hab das Auto abgeschafft, fahre jetzt mit dem Fahrrad oder gehe zu Fuß. Das sind Kleinigkeiten. Aber auf jeden Fall ist es für mich eine Möglichkeit, die Umwelt zu verändern.» – «Wer an die einfachen Wahrheiten glaubt, wie ich sie dargelegt habe», schreibt Gandhi, «kann sie nur weiterverbreiten, indem er sie lebt. Beginnt dort, wo ihr steht.» Und von Thoreau stammt der Satz: «Es spielt keine Rolle, wie klein der Anfang scheinen mag.» [8]

Die eigenen Ideen zu leben erfordert Kraft, Engagement, Mut und ehrliche Überzeugung. «Wenn Menschen nach ihren Ideen leben, dann müssen sie bei politischen Auseinandersetzungen auf die üblichen politischen Kampfwaffen verzichten. Sie wissen, daß die Mittel ebenso rechtschaffen wie die damit verfolgten Ziele sein müssen.» [8]

Gegen Machtgebrauch, gegen seelische Verletzungen und Demütigungen zu sein bedeutet, dem anderen ohne Feindseligkeit und ohne Haß zu begegnen. Dieser Weg wird häufig als unrealistisch und unwirksam abgewertet, aber er gibt vielen Menschen Kraft und ist für sie eine Möglichkeit, Brücken zum anderen, zum «Gegner» zu schlagen: «Als ich meine todkranke Mutter in der DDR in Berlin besuchen wollte», sagt eine Siebenunddreißigjährige, «habe ich ein Buch über seelische Hilfen für Krebskranke dabei gehabt, um es ihr zu geben. Ich habe es der Volkspolizei sogar gesagt, denn eigentlich durfte ich ja kein Buch dabei haben. Und dann hat mich der Polizist in eine kleine Zelle eingesperrt, ohne

Fenster, wo nur ein Tisch und ein Stuhl drin standen. Und ich saß
da. Dann kam Ohnmacht, Wut, Haß und alles in mir hoch. Ich hab
gedacht: Das ist so ein Menschenhasser! Er kann mich jetzt stundenlang hier sitzenlassen! Und als ich so verzweifelt war, habe ich
mich hingesetzt und meditiert. Das war das Beste für mich, was ich
machen konnte. Schließlich kam er wieder. Er hat mich gar nicht
so lange sitzen lassen. Er sagte, das mit dem Buch ist in Ordnung.
Ich sagte ihm, daß meine Mutter gerade operiert worden ist. Und
dann rückte er heraus damit, daß seine Mutter auch an Krebs
operiert worden ist und daß sie bestrahlt würde. Wir haben dann
noch darüber miteinander gesprochen. Da war plötzlich so ein
menschlicher Kontakt da.»

Menschen schließen sich zu politischen Gruppen und Netzwerken zusammen

*«Dadurch, daß wir uns zu einer Gruppe zusammengeschlossen haben, fällt
es mir leichter, meine Ideen zu leben.»* Manche befürchten, daß sich
Menschen, die sich persönlich zu entwickeln suchen, von «der
Politik» zurückziehen. Auf einige mag dies zutreffen. Andere ziehen sich häufig nur von der «alten» Politik zurück, sind aber bereit,
sich in solchen politischen Gruppen zu betätigen, die das Persönliche zulassen und fördern: «Früher habe ich gedacht, die da in
Selbsterfahrungsgruppen gehen und an sich selbst arbeiten, die
sind für die Politik verloren; die privatisieren nur noch. Als ich
nach vielen Jahren politischer Tätigkeit und vielen sinnlosen
Kämpfen unter uns dann auf mich selbst kam und erst mal mich zu
ändern suchte, bekam ich mehr Kontakt mit denen, und ich sah es
anders. Viele von uns sind bereit, für eine andere neue Politik zu
arbeiten, und viele von uns sind in irgendwelchen Gruppen.»
    Was können Menschen über die Änderung ihres Lebensstils
hinaus für die Gemeinschaft tun? Wie können sie zur Förderung
dieses Lebensstils bei anderen beitragen? Wie können sie ihre
Wünsche und Bedürfnisse mehr Wirklichkeit werden lassen?
    Eine wirksame und immer stärker in das Bewußtsein der Öffent-
lichkeit tretende Möglichkeit ist: Bürger mit gemeinsamen persön-

lich-politischen Ideen schließen sich zu Gruppen, zu regionalen, nationalen oder internationalen Netzwerken zusammen. Sie tun dies nicht, um mehr Macht zu erlangen und um anderen ihre Ideen aufzuzwingen. Sie suchen und bilden Gemeinschaften, denen sie sich zugehörig fühlen, in denen sie verstanden und auf ihrem Weg angeregt und ermutigt werden. Zugleich fördern sie so die Verbreitung ihrer Ideen. «Wir hatten das Gefühl, wir ziehen an einem Strang. Meine Idee war immer, es nicht allein zu machen, sondern in Gemeinschaft. Wir wollen zusammen etwas tun, und nicht gegeneinander. Wir sind uns einig, aber wir sind nicht auf eine Linie fest eingeschworen. Das ist so, als ob man zu viert einen Garten bestellt und sich abspricht.» Die meisten dieser sozialen, politisch alternativen Gruppen leben und arbeiten ohne einen herausragenden Führer und ohne eine Parteiideologie: «Der Mensch, der innerlich frei ist, will keinen unterdrücken. Er sucht die Menschen, die mit ihm gehen. Er sucht Freiwillige.»

Tatsächlich sind Millionen von Menschen bereits in Vereinigungen oder Gruppen aktiv, in Wohngemeinschaften, Initiativgruppen, Sportgruppen, Vereinen, Gesundheitsgruppen. In diesen sozialen und politischen Gruppen leben Menschen ihre Ideen, unterstützen sich in ihren Bedürfnissen, ändern sich gemeinsam. Die Anonymen Alkoholiker, Amnesty International, Greenpeace und viele andere zeigen, wie wirksam kleine Gruppen bei gleichzeitiger weltweiter Verbreitung sein können.

Im letzten Jahrzehnt haben sich viele solcher sozialen Gruppen gebildet, Selbsthilfegruppen für Krebskranke, für Anfallkranke, für Behinderte, Frauengruppen, Eltern- und Nachbarschaftsinitiativen. Gruppen der Friedensbewegung und der Umweltschützer gewinnen weltweit an Bedeutung.

Auch Psychotherapeutische Gruppen und Selbsterfahrungsgruppen leisten für diese soziale und politische Bewegung einen wichtigen Beitrag. Menschen lernen hier mit Unterstützung eines Psychologischen Helfers, ihr gefühlsmäßiges Erleben auszusprechen, sich mit sich selbst auseinanderzusetzen, die anderen zu hören, sie zu respektieren und für sie zu sorgen, ohne sie zu dirigieren. In diesen Gruppen, die nach einer Anfangsphase oft ohne Helfer als Selbsthilfegruppen weiter existieren, machen viele gleichsam die ersten Schritte in ein Gruppenleben, wo die Mitglieder ihre Ideen zu leben suchen und sich gegenseitig unterstützen und fördern. Wohngemeinschaften sind oft eine weitere Lernmöglichkeit. Die Mitglieder fühlen sich zusammengehörig, kommen sich ein Stück näher, ihre Erfahrungen und Gefühle stehen im Mittelpunkt ihres Zusammenlebens. Manche dieser Wohngemeinschaften werden auch nach außen hin aktiv, veranstalten etwa Straßenfeste oder Ausflüge: «Ich habe jetzt am Wochenende ein ganz tolles Erlebnis gehabt. In unserer Straße war ein Straßenfest. Ein paar Leute hatten Tische und Stühle besorgt, und es fing mit einem gemeinsamen Mittagessen an. Sechzig bis siebzig Leute saßen da herum, es war kein Auto auf der Straße. Und am Sonntagmorgen hatten wir gemeinsames Frühstück für jeden, der wollte. Da wurde ganz viel erzählt. Und da wurde mir klar, und ich hatte dieses Gefühl: Wieviel hängt ab von mir, von meiner eigenen Initiative!»

Nach unseren Erfahrungen fühlen sich Mitglieder von Selbsthilfegruppen den «Experten», von denen sie zum Teil abhängig sind – Ärzten, Lehrern, Psychologen oder Politikern – weniger ausgeliefert. Als eine große Unterstützung haben wir es empfunden, wenn derartige «Fachleute», etwa Ärzte, an unseren Gruppen teilnahmen; so erhielten wir gleichsam von Freunden Beratung und Hilfe. Wenn die Mitglieder einer Gruppe oder eines sozialen Netzwerks möglichst vielen «Schichten» und Berufen entstammen, so können sie sich besser unterstützen und mehr voneinander lernen.

«In unserer Gruppe ist viel Zwischenmenschlichkeit, wir können auf den anderen eingehen und dessen Argumente ein Stück annehmen.» Wie ist es möglich, daß diese sich selbst organisierenden Gruppen, Bürgerinitiativen, nationalen und internationalen Netzwerke lebensfähig und wirksam sind? Wie unterstützen sich ihre Mitglieder, wie verbreiten sie ihre Ideen – ohne Hierarchie, ohne straffen Verwaltungsapparat, ohne Parteiprogramme? Wie fördern sie einander und ermöglichen sich gegenseitig Selbstbestimmung? Wie kann es sein, daß mehr als hunderttausend Menschen, Jugendliche und Erwachsene jeden Alters, etwa auf einem Kirchentag mehrere Tage lang zusammenkommen und dort trotz großer Gegensätze friedlich zusammenleben?

Aus den Erfahrungen der Menschen in diesen Gruppen wird offenbar: Gruppen und soziale Netzwerke ohne Hierarchie und Führung sind nur lebensfähig und wirksam, wenn die einzelnen voreinander Achtung empfinden und den anderen einfühlsam hören. In diesen Gruppen *lebt* Demokratie. Jeder hat Macht über sich selbst, und niemand versucht, sie über andere auszuüben. Die Beziehungen zueinander bauen auf der unmittelbaren menschlichen Begegnung auf. Dadurch sind Veränderungen im Innern der Menschen möglich. Die Gruppen unterstützen den einzelnen. Sie geben ihm die Möglichkeit, zu lernen und sich zu entwickeln.

Im politischen Zusammenleben in solchen Gruppen ist es also wichtig, daß die Mitglieder erfahren: Ich bin eine Person von Wert, ich kann es wagen, selbständig zu sein, ich kann mir selbst und meinen Erfahrungen vertrauen. Die anderen unterdrücken mich nicht: «In unserer Gruppe ist keiner, der sich durchsetzen will. Jeden einzelnen in der Gruppe respektiere ich, auch wenn er in manchem eine andere Meinung hat. Man hört sich an und einigt sich. Wir sind innerlich immer wir selber.» – «Ich bin in eine Alternative Liste eingetreten», sagt ein Neununddreißigjähriger, der sich vorher viele Jahre in einer anderen politischen Partei engagiert hatte. «Die Art und Weise, wie die miteinander umgehen, ist für mich faszinierend. Bei der Vorbereitung zu den Wahlen – die Diskussionsformen waren viel sanfter, milder. Wir haben uns nicht angepöbelt. Da ist sehr viel mehr Bereitschaft, den anderen zu hören, den auch einfach zu akzeptieren mit seiner anderen Meinung und ihn zunächst einmal so zu lassen – den anderen nicht um jeden Preis verändern zu wollen. Und so was hab ich noch nie auf politischen Veranstaltungen erlebt.»

Es ist entscheidend, daß die Mitglieder fassadenfrei sind und daß sie *ihr* Fühlen ausdrücken, ohne zu werten. Das ist besonders bei Meinungsverschiedenheiten wichtig. Ferner wird dadurch verhindert, daß einzelne die Gruppe für parteipolitische Sonderinteressen mißbrauchen: «Die Leute sprechen über ganz persönliche Probleme sehr offen, ohne Masken», berichtet eine Frau über ihre sozialpolitische Gruppe. «Sie reden über ihre Schwierigkeiten am Arbeitsplatz, Schwierigkeiten mit ihrem Partner oder Schwierigkeiten im Umgang mit anderen Menschen. Es herrscht ein relativ großes Vertrauen.» Eine andere Frau: «In der Gruppe, da zeigten wir: Da geht's mir ja auch beschissen, und ich möchte etwas anderes. Wir haben uns zusammengesetzt und über unsere Schwierigkeiten gesprochen und was uns nicht gefällt und worunter wir leiden. Und dann haben wir zusammen überlegt: wie können wir uns ändern, wie können wir das verbessern? Die politische Idee ist: daß man das Private veröffentlicht. So nannten wir das.»

Natürlich machen auch Menschen, die sich persönlich zu entwickeln suchen und die in Gruppen zusammenarbeiten, Fehler im Zusammenleben. Sie haben beispielsweise zuwenig Erfahrungen mit manchen Machtspielen der Politiker. Sie müssen lernen, politische Helfer und Verwaltungsfachleute zu Rate zu ziehen, ohne sich von ihnen beherrschen zu lassen. Wir sehen Fehler, Versagen und Irrtümer als Lernschritte auf dem Weg an, befriedigend in Gruppen zusammenzuleben – nicht als Rückschläge, die den ganzen Weg unsinnig oder falsch erscheinen lassen. Selbst wenn sich Gruppen auflösen, können die Mitglieder daraus lernen: In einer neuen Gruppe werden sie erfahrener sein. Eine Zweiunddreißigjährige berichtet über die Wohngemeinschaft, der sie vor zehn Jahren angehörte: «Damals war diese Wohngemeinschaft eine völlig neue Idee. Wir hatten ein großes Haus, waren neun Erwachsene und zwei Kinder. Jeder hatte ein eigenes Zimmer. Einmal in der Woche haben wir ein Gemeinschaftstreffen gemacht. Zuerst war diese Wohngemeinschaft ganz nett. Aber nachher war's immer so ein Hickhack; ich muß ehrlich gestehen: Es war katastrophal. Oft waren es völlig belanglose Dinge, etwa, welches Brot gekauft wird. Und dann schrie gleich einer los: ‹Also, wenn dieses Brot gekauft wird, dann . . .› Es waren ziemlich viele Spannungen. Die konnte keiner auflösen. Es war eben für alle völlig neu. Und nach anderthalb Jahren sind wir dann auseinandergezogen. Es ist nicht so, daß ich das bereue; es war eine schöne Erfahrung; es war auch ein schönes Zusammensein, etwa das Essen zu kochen und irgend etwas zu machen. Aber es war dann auch eben so, daß die Frauen mehr im Haushalt machten als die Männer, und da mußten wir uns ewig lange damit auseinandersetzen. Aber für die Zeit – was damals so üblich war – da war das ein tolles Experiment, und ich glaube, wir haben alle daraus gelernt.»

Der folgende Auszug zeigt die Bedeutung der gegenseitigen Achtung: «Einen Sommer lang arbeitete ich bei einem sehr konstruktiven Erziehungsprogramm über den Vietnam-Krieg mit. Alle Mitarbeiter hatten selbstlose Motive, aber am Ende des Sommers brach das Projekt zusammen, weil wir nicht miteinander auskamen. Ich mußte der Tatsache ins Auge sehen, daß man nicht die Welt mit Gewaltlosigkeit und Liebe erfüllen kann, wenn man diese Eigenschaften nicht bei sich selbst verwirklicht hat.» [8]

So machen Menschen auf dem Weg zu ihrer persönlichen Entwicklung Fehler: Sie geraten in Sackgassen, verlieren die Orientierung, erleiden Verletzungen – aber sie lernen und werden reifer, wie ein Kind, das sich von einigen Stürzen nicht davon abhalten läßt, laufen zu lernen. Es liegt an uns, wie wir Fehler und Irrtümer sehen: als Versagen und als Anlaß zu resignieren oder als Möglichkeiten, zu lernen und uns weiterzuentwickeln.

Entwickelte Menschen sind die politische Kraft

«Die Veränderung und das seelische Wachstum von Menschen hat große Kraft und nimmt einen sehr bedeutsamen Einfluß auf die Politik.» – Wo ist die politische Kraft dieser Menschen und Gruppen? werden manche fragen. Wo sind sie in den Behörden, im Parlament, in der Regierung vertreten? Dies ist nicht das primäre Ziel dieser Menschen und Gruppen. Ihr Ziel ist die Wandlung, die Entwicklung, das humanere Zusammenleben im Alltag. Entscheidend ist für sie die Änderung ihres Bewußtseins und ihres Lebensstils. Als unmittelbare Folge ändert sich das politische Zusammenleben; Politiker werden von diesem veränderten Lebensstil der Bürger beeinflußt. Es ist gut, wenn Institutionen oder Erlasse diese Wandlungen der Menschen erleichtern. Aber die Wandlungen können nicht ersetzt werden durch Verordnungen und Maßnahmen von oben.

Ist das nicht eine utopische, zu idealistische Auffassung, ein Wunschbild? Die veränderte Stellung der Frau, das freier gewordene sexuelle Zusammenleben, der umfassende Wandel im Umgang mit Kindern und mit der Umwelt – diese und andere tiefgreifende Änderungen haben sich in den letzten zehn bis fünfzehn Jahren in der Bundesrepublik Deutschland und vielen anderen Ländern ereignet. Sie sind nicht durch Gesetze, nicht durch die Macht von Institutionen, Regierungen oder Parteien und nicht durch Gewalt herbeigeführt worden, sondern dadurch, daß zuerst einige wenige und dann immer mehr Menschen den Mut hatten, ihre Ideen zu leben. Sie haben Hunderttausende und Millionen angeregt, sich auch in ihrem Lebensstil zu wandeln. So haben sich enorme Veränderungen ergeben. Jeder einzelne, der seine Überzeugung lebte, trug und trägt zu dieser Wandlung des allgemeinen Lebensstils bei: «Ich bin politisch, indem ich in meinem unmittelbaren Umfeld handle, die Entwicklung anderer fördere, mich mit mir auseinandersetze und zu Konsequenzen komme für mich und meine Arbeit. So beeinflusse ich andere, und die wirken wiederum weiter.»

«Sie sind schon unter uns»: Gewandelte Menschen geben ununterbrochen ihre Botschaft – ihren Lebensstil– an andere weiter. Durch den Kontakt mit ihnen entdecken immer mehr Menschen die ungeheuren Entwicklungsmöglichkeiten in sich, zunächst in ihrer alltäglichen, unmittelbaren Umgebung, ihrem Partner gegenüber, ihren Kindern, ihren Nachbarn, ihren Kollegen: «Meine Politik beginnt in meiner Familie – wie ich meine Kinder und meine Frau behandle», sagt ein Künstler. Eine Frau, die in der Friedensbewegung engagiert ist, schreibt uns: «Mein Frieden fängt zu Hause an.» Allmählich erkennen auch unterschiedliche Gruppen, daß sie nicht in Konkurrenz zueinander stehen, Gruppen, die spirituell, ökologisch, in der Gesundheitsbewegung oder in der Verbesserung ihrer Nachbarschaft engagiert sind. Sie beginnen zu spüren, daß sie eigentlich auf dem gleichen Weg sind, einem Weg zu sich selbst und den anderen. Sie sehen den Alltag von Millionen von Menschen und die in diesem Alltagsleben stattfindenden Wandlungen als das Zentrum ihrer Politik an, nicht das Regierungsviertel in Bonn. Ein Teil der sich neu orientierenden Menschen ist in der Erziehung in Kindergärten und Schulen tätig. In der Begegnung mit ihnen lernen Kinder und Jugendliche, bewußter zu leben, sich selbst zu entwickeln und für sich verantwortlich zu werden.

Diese Bewegung der persönlichen Entwicklung ist nicht mehr aufhaltbar. Immer mehr Menschen fragen sich: Wer bin ich? Wozu mache ich das? Ist das richtig, was die Politiker tun? Was ist für mich wichtig?

Wenn Menschen sich persönlich wandeln, echter, offener, einfühlender werden und mehr für andere sorgen, dann ändern sich auch die Institutionen, in denen sie arbeiten. Sie werden Maßnahmen und Erlasse befürworten und fördern, die der Veränderung ihres Bewußtseins und ihres Lebensstils entsprechen.

Geänderte Menschen sind die neue Politik: «Wenn wir eine Gesellschaft mit den bisherigen Methoden (Organisation, Propaganda, politischer Druck, Umerziehung) neu strukturieren müßten», schreibt Marilyn Ferguson, «das wäre wohl eine hoffnungslos große Aufgabe, als wollten wir die Erdumdrehung umkehren. Aber persönliche Revolutionen können Institutionen ändern. Schließlich *sind* Einzelpersonen die Bestandteile dieser Institutionen. Regierung, Politik, Medizin und Erziehung sind in Wirklichkeit keine Dinge, sondern die fortgesetzten Handlungen von Menschen – das Erlassen von Gesetzen, das Wählen, das Geltendmachen von Einfluß, das Erstellen von Lehrplänen usw.» [8]

Ein überzeugendes Beispiel für die Kraft, die daraus erwächst, daß Menschen ihre eigenen Ideen leben, gab Gandhi. Er verzichtete konsequent auf jede Anwendung von Gewalt. Durch den Gebrauch ausschließlich gewaltloser Mittel beseitigte er viel Unrecht in seinem Land und erreichte die Befreiung seines Volkes von der Kolonialherrschaft. Um eine derartige Kraft zu gewinnen, ist es notwendig, daß der einzelne die Kontrolle über sich selber hat. Gandhi: «Wer den Geisteszustand der Gewaltlosigkeit erlangen will, braucht eine strenge Schulung. Der vollendete Zustand ist erst dann erreicht, wenn Gedanken, Handlungen und Worte völlig miteinander übereinstimmen. Jedes Problem läßt sich lösen, wenn wir uns dazu entschließen, das Gesetz der Wahrheit und der Gewaltlosigkeit zum Gesetz unseres Lebens zu machen.» [17]

Anders als in früheren Zeiten stehen uns heute wichtige zusätzliche Hilfen zur Verfügung: Medien wie Fernsehen, Zeitung oder Flugblätter ermöglichen einen schnellen, recht umfassenden Informationsaustausch. Hinzu kommen Telefon und Postverkehr. Die weitgehende Beseitigung existentieller Nöte wie Hunger und Kälte läßt viele von uns aufgeschlossener für seelische Wandlungen sein. Wir verfügen ferner über ständig umfassender werdende Erkenntnisse und Erfahrungen, die uns zeigen, welches Verhalten der Politiker und der Bürger auf die Dauer förderlich für das Zusammenleben ist. Immer mehr Menschen sehen die bisherigen Zustände in anderen Bedeutungen. Sie behindern sich weniger in sozialen Netzwerken, da sie in kleineren Gruppen gelernt haben, sich selbst und andere mehr zu verstehen. Und schließlich: der persönliche Wandel von Millionen Menschen beeinflußt die Politiker. Diese erfahren, daß ihre Losungen, ihre Propagandamittel und Aufrufe zum «Kampf» immer weniger Aufnahme finden.

Gewiß, ein solcher allgemeiner Wandel erfordert viele Jahre und Jahrzehnte. Aber nicht nur das Ziel ist wichtig, sondern auch das «Auf-dem-Weg-sein». Denken wir daran, wie die Ideen des Umweltschutzes vor zehn bis fünfzehn Jahren nur von einzelnen und von kleinen Gruppen ausgesprochen, oft belächelt, kritisiert oder gar angefeindet wurden. Heute sind diese und andere Ideen in das Bewußtsein von vielen Millionen Menschen gerückt. Sie sind für sie offener geworden und ändern ihr Verhalten.

Die durch einzelne bewegte Gesellschaft hilft wiederum dem einzelnen bei seiner persönlichen Entwicklung. Der Weg zu den anderen führt über mich – die anderen erleichtern es mir, mich zu finden. «Die neue Person schafft die neue Gemeinschaft. Und die neue Gemeinschaft schafft – ja *ist* die neue Politik.» [8]

Literatur*

1   Aspy, David; Roebuck, Flora: Our Research and Our Find-
    ings. In: C. R. Rogers, Freedom to Learn for the 80's.
    Charles Merrill, Columbus/Ohio, 1983. – [122, 208, 220]

2   Boeckel, Johannes F.: Meditationspraxis. Goldmann,
    München, 1977. – [182]

3   Caspari, Gabriele; Tausch, Reinhard: Zeitschrift für Kli-
    nische Psychologie, 1979, 8, 245–255. – [14, 32, 72]

4   Der Spiegel, 1977. 48. – [270]

5   –, 1980. 1/2. – [262, 263, 270]

6   Elgin, Duane: Voluntary Simplicity. William Morrow,
    New York, 1981. – [175]

7   Feldenkrais, Moshé: Bewußtheit durch Bewegung. Suhr-
    kamp, Frankfurt am Main, 1978. – [199]

8   Ferguson, Marilyn: Die sanfte Verschwörung. Sphinx,
    Basel, 1982. – [289, 294, 295, 296, 302, 304, 305]

9   Fest, Joachim C.: Hitler. Ullstein, Frankfurt am Main,
    1973. – [259]

10 Flemming, Hans-Curt: Annäherung. Eigenverlag, Stutt-
    gart, 1980. – [293]

* Die hinter den Literaturangaben stehenden Ziffern geben an, auf welcher
Seite des Buches diese Literatur jeweils verwendet wurde.

11 Fox, Mario R.; Tausch, Reinhard: Untersuchung über förderliche und beeinträchtigende Haltungen in der Partnerschaft. Im Manuskript, 1982. – *[208, 253]*

12 Frankfurter Allgemeine Zeitung, 11. 10. 1979. – *[155]*

13 –, 14. 1. 1981. – *[197]*

14 –, 27. 10. 1981. – *[197]*

15 –, 9. 12. 1981. – *[260]*

16 –, 19. 1. 1982. – *[138]*

17 Gandhi, Mahatma: Zitiert nach: P. Yogananda, Autobiographie eines Yogi. Barth, 1974. – *[304]*

18 Gibran, Kahlil: Der Prophet. Walter, Freiburg, 1972. – *[245]*

19 Glotz, Peter: Gespräch und Begegnung zum Prinzip der Politik erheben. In: Das Gespräch aus der Ferne, 1978, 4. – *[269, 272]*

20 Hite, Shere: Hite-Report. Das sexuelle Erleben der Frau. Bertelsmann, München, 1976. – *[187]*

21 –, Hite-Report. Das sexuelle Erleben des Mannes. Bertelsmann, München, 1981. – *[187]*

22 Höder, Jürgen: Zeitschrift für Klinische Psychologie, 1980, 9, 281–288. – *[41]*

23 Jourard, Sidney M.: The Transparent Self. Van Nostrand, New York, 1971. – *[41, 43, 44]*

24 Kennedy, Ted: Welt am Sonntag, 1981, 37. – *[139]*

25 Körner, Heinz: Johannes. Lucy Körner, Fellbach, 1978. – *[187]*

26 Kübler-Ross, Elisabeth: Leben bis wir Abschied nehmen. Kreuz, Stuttgart, 1979. – *[187]*

27 Lynch, James J.: Das gebrochene Herz. Rowohlt, Reinbek, 1979. – *[255]*

308 Literatur

28 LYSEBETH, ANDRÉ VON: Yoga. Heyne, München, 1977. – [198]

29 MORR, JOST VON: Das Tribunal von Nürnberg. Westdeutscher Rundfunk, 22. 1. 1981. – [265]

30 QUICK, 1981, 53. – [261]

31 QUITMANN, HELMUT; TAUSCH, ANNE-MARIE; TAUSCH, REINHARD: Zeitschrift für Klinische Psychologie, 1974, 3, 193–204. – [122]

32 RAM DASS: Journey of Awakening. Bantam, New York, 1978 (deutsche Ausgabe in Vorbereitung: Reise des Erwachens, Sadhana, Berlin). – [104, 132, 182, 187]

33 RICHTER, GISELA: Krankheit als Chance. Norddeutscher Rundfunk, 23. 12. 1978. – [141]

34 RODIN, JUDITH; LANGER, ELLEN J.: Journal of Personality and Social Psychology, 1977, 35, 897–902. – [249]

35 ROGERS, CARL R.: Freedom to Learn for the 80's. Charles Merrill, Columbus/Ohio, 1983. – [207, 208, 220]

36 –, Partnerschule. Fischer, Frankfurt am Main, 1982. – [87, 187]

37 –, Der neue Mensch. Klett-Cotta, Stuttgart, 1981. – [46, 162, 187, 207, 224, 227, 228, 241, 243, 249, 253, 254, 284]

38 –, Fernsehaufzeichnung, Südwestfunk Baden-Baden, 17. 4. 1981. – [137, 214, 232, 284]

39 –, Therapeut und Klient. Kindler, München, 1977. – [94, 223]

40 –, Encounter-Gruppen. Kindler, München, 1974. – [27, 31, 187, 223, 256]

41 –, Entwicklung der Persönlichkeit. Klett, Stuttgart, 1973. – [187]

42 –, Die klient-bezogene Gesprächstherapie. Kindler, München, 1973. – [223]

43   —, Because That's My Way (Gruppengespräch mit Jugendli-
      chen, 16-mm-Film). Center for the Studies of the Person.
      1125 Torrey Pines Road, La Jolla, California 92037. — *[116,
      247, 255]*

44   —, Journey into Self (16-mm-Film). Center for the Studies of
      the Person. 1125 Torrey Pines Road, La Jolla, California
      92037. — *[25, 55, 179]*

45   RUDOLPH, JÜRGEN; LANGER, INGHARD; TAUSCH, REINHARD:
      Zeitschrift für Klinische Psychologie, 1980, 9, 23–33. — *[208]*

46   SAMUELS, MIKE; SAMUELS, NANCY: Seeing with the Mind's
      Eye. Random House, New York, 1975. — *[183]*

47   SIMONTON, O. CARL; MATTHEWS-SIMONTON, STEPHANIE;
      CREIGHTON, JAMES: Wieder gesund werden. Rowohlt, Rein-
      bek, 1982. — *[146, 186, 203]*

48   STERN, 1982, 19. — *[280]*

49   —, 1982, 22. — *[264]*

50   STOSCH, THOMAS VON: Zeitschrift für Personenzentrierte
      Psychologie und Psychotherapie, 1982, 1, 111–122. — *[260,
      292]*

51   TAUSCH, ANNE-MARIE: Gespräche gegen die Angst.
      Rowohlt, Reinbek, 1981. — *[42, 80, 247]*

52   TAUSCH, CORNELIA: Diplomarbeit, Universität Hamburg,
      Fachbereich Psychologie, 1978. — *[103]*

53   TAUSCH, REINHARD; TAUSCH, ANNE-MARIE: Erziehungs-
      psychologie. Hogrefe, 9. Aufl., Göttingen, 1979. — *[115, 121,
      122, 128, 196, 207, 208, 220, 253, 254]*

54   —, Gesprächspsychotherapie. Hogrefe, 8. Aufl., Göttingen,
      1981. — *[27, 31, 32, 41, 68, 69, 84, 100, 104, 159, 187, 190, 208, 223,
      225, 229, 231, 256]*

55   TAUSCH, REINHARD; TAUSCH, ANNE-MARIE; Südwestfunk
      Baden-Baden, Redaktion PAUL SCHLECHT: Auf dem Wege

zueinander. Fernsehsendung eines Gruppengespräches mit Familienangehörigen, 30. 5. 1980. Film D 1427 (Familientherapie), Institut für den wissenschaftlichen Film, Göttingen, Nonnenstieg, 1982. – *[67, 223, 239, 252]*

56   –, Auf dem Wege zueinander. Fernsehsendung eines Gruppengespräches, 8. 2. 1980. – *[53, 134, 167, 240]*

57   –, Psychotreff – Auf dem Wege zueinander. Fernsehsendung eines Gruppengespräches mit jungen Menschen, 11. 5. 1979. – *[133]*

58   –, Psychotreff – Auf dem Wege zueinander. Fernsehsendung eines Gruppengespräches mit Paaren, 2. 3. 1979. – *[207, 233]*

59   –, Auf dem Wege zueinander. Fernsehsendung eines Gruppengespräches, 25. 11. 1978. – *[98]*

60   –, Auf dem Wege zueinander. Fernsehsendung eines Gruppengespräches mit Betriebsangehörigen, 27. 5. 1978. – *[181, 209, 211]*

61   –, Reise zum unbekannten Ich – Ausschnitte aus einer zweitägigen personzentrierten Gruppenpsychotherapie. Fernsehsendung, 12. 3. 1976, Film D 1296, Institut für den wissenschaftlichen Film, Göttingen, Nonnenstieg, 1980. – *[16, 223, 239]*

62   TEEGEN, FRAUKE; GRUND, MARITA; PRAETORIUS, MARIANNE; WIRTH, MARIA: Zeitschrift für Klinische Psychologie, 1981, 10, 301–312. – *[138]*

63   WEBER, ALEXANDER: «Ich fühle mich unglaublich wohl». Warum Läufer laufen. Psychologie heute, 1981, 8. – *[198]*

64   WEINGARTZ, REGINA: Diplomarbeit, Universität Hamburg, Fachbereich Psychologie, 1983. – *[258]*

65   WESTERMANN, BIRGIT: Dissertation, Universität Hamburg, Fachbereich Psychologie, 1982. – *[31, 68, 104, 187, 190, 208, 229]*

Sachverzeichnis

Anne-Marie Tausch

Gespräche gegen die Angst

284 Seiten. Kartoniert. 4. Aufl. 1982

«Die Autorin ist selbst an Krebs erkrankt. Sie spricht die Sprache einer Betroffenen. ‹Gespräche gegen die Angst› weisen einen Weg, nicht nur für die 700 000 Tumorpatienten, die jährlich in der Bundesrepublik der Behandlung bedürfen, sondern auch für die Angehörigen der ‹helfenden› Berufe. Und für alle, die Angst vor der Krankheit haben.»

Michael de Ridder, Stern

«Der Bericht belegt mit eindrucksvollen Beispielen, daß die Betroffenen durch die Auseinandersetzung mit ihrer Situation und durch die einfühlende Unterstützung anderer lernen können, ihre Erkrankung, ja sogar die Möglichkeit ihres baldigen Todes zu akzeptieren und als Chance zur Besinnung und Neuorientierung zu begreifen.» *Ärztliche Praxis*

«Auch für den, der weder krank ist noch sich mit der Krankheit des Angehörigen auseinandersetzen muß, ist dieses Buch wichtig, weil es ihn einer Situation gelassener entgegensehen läßt, die jeden Tag eintreten kann.» *Erik Verg, Hamburger Abendblatt*

«Der Autorin ist es mit diesem Buch gelungen, ein Stück Gesundheitsaufklärung zu leisten, die weder belehrend noch langweilig ist. Hier erfährt man mehr über Krebs als in naturwissenschaftlichen Abhandlungen. Und man erfährt auch, daß man diese Krankheit in vielen Fällen bessern, oft sogar überwinden kann. Das Buch kann dazu beitragen, die weitverbreitete Angst vor dem Schreckgespenst Krebs ein wenig zu mildern.»

Doris Gothe, Deutsche Welle

Rowohlt